DIE WIKINGER

DIE WIKINGER

HERAUSGEGEBEN VON

GARETH WILLIAMS
PETER PENTZ
MATTHIAS WEMHOFF

DÄNISCHES NATIONALMUSEUM, KOPENHAGEN
BRITISH MUSEUM, LONDON
MUSEUM FÜR VOR- UND FRÜHGESCHICHTE DER
STAATLICHEN MUSEEN ZU BERLIN

Museum für Vor- und Frühgeschichte
Staatliche Museen zu Berlin

HIRMER

Dieser Katalog erscheint anlässlich der Ausstellung

Die Wikinger

Museum für Vor- und Frühgeschichte
der Staatlichen Museen zu Berlin

10. September 2014 bis 4. Januar 2015

Direktor: Matthias Wemhoff
Kuratoren: Marion Bertram, Bernhard S. Heeb
Kuratorische Assistenz/Wissenschaftliche Mitarbeit: Benjamin Wehry
Museum für Vor- und Frühgeschichte
Staatliche Museen zu Berlin – Preußischer Kulturbesitz
Geschwister-Scholl-Straße 6
10117 Berlin

Die Ausstellung wurde organisiert vom Dänischen Nationalmuseum, Kopenhagen, dem British Museum, London, und dem Museum für Vor- und Frühgeschichte der Staatlichen Museen zu Berlin

Katalog
Herausgeber: Gareth Williams, Peter Pentz, Matthias Wemhoff
Redaktion: Bernhard S. Heeb
Projektleitung Hirmer: Kerstin Ludolph
Projektmanagement Hirmer: Karen Angne, Sabine Frohmader
Übersetzung aus dem Englischen: Birgit Lamerz-Beckschäfer, Datteln
Lektorat: Uta Barbara Ullrich, Berlin
Übersetzung, Lektorat, Satz Anhang: Barbara Delius, Berlin
Grafische Gestaltung: Will Webb Design
Satz: Petra Ahke, Berlin
Papier: GardaMatt Art 150g
Schrift: Minion Pro, Akzidenz Grotesk
Druck und Bindung: Printer Trento S.r.l., Trient
Printed in Italy

Bibliografische Information der Deutschen Nationalbibliothek
Die Deutsche Nationalbibliothek verzeichnet diese Publikation in der Deutschen Nationalbibliografie; detaillierte bibliografische Daten sind im Internet über http://www.dnb.de abrufbar.

ISBN 978-3-7774-2232-9

www.hirmerverlag.de

Gefördert durch:

Museumsinsel Berlin
Das Kuratorium

KRAKS FOND

Allianz BERTELSMANN Daimler Financial Services DB Mobility Networks Logistics

und Vattenfall Europe Wärme AG

e·on J.P.Morgan KPMG THE LINDE GROUP

SIEMENS Union Investment WÜRTH ZDF

Inhalt

Geleitwort 7
Joachim Gauck
Bundespräsident

Geleitwort 8
Ihre Majestät Königin Margrethe von Dänemark

Vorwort der Direktoren 10

Die Wikinger in Berlin 11
Matthias Wemhoff

Karte: Die Welt der Wikinger 12

Einleitung 14
Gareth Williams

1. Kontakte und Austausch 28
Sunhild Kleingärtner und Gareth Williams

Die Wikinger in arabischen Quellen 70
Gareth Williams

Wiskiauten – Handelsplatz an der südlichen Ostseeküste? 72
Timo Ibsen

Die Übernahme fremder Objekte 74
Sunhild Kleingärtner

2. Krieg und Eroberung 76
Gareth Williams

Wikingerkrieger 116
Neil Price

Kontinentale Verteidigungsanlagen gegen die Wikinger 118
Simon Coupland

Wikingerlager in England und Irland 120
Gareth Williams

3. Macht und Herrschaft 122
Anne Pedersen

Festhallen und Pfalzen 156
Matthias Wemhoff

Das königliche Jelling 158
Anne Pedersen

Nachbarn an der südlichen Ostseeküste 160
Sunhild Kleingärtner

4. Glaube und Ritual 162
Neil Price

Das Frauengrab in Fyrkat 196
Peter Pentz und Neil Price

Ritualplätze am See Tissø 198
Lars Jørgensen

Das Oseberg-Schiffsgrab 200
Jan Bill

5. Die Schiffe der Wikinger 202
Peter Pentz

Die *Roskilde 6* 228
Jan Bill

Die Konservierung der *Roskilde 6* 234
Kristiane Strætkvern

Anmerkungen 238
Bibliografie 249
Leihgeber 259
Exponate 260
Chronologie der Wikingerzeit 272
Dank 276
Bildnachweis 278
Register 282

Geleitwort

Die Wikinger – Kulturen im Kontakt: Schon der Titel dieser Ausstellung klingt für mich wie eine Einladung, einige Klischees über die berühmten Nordmänner auf den Prüfstand zu stellen. Faszination und Furcht liegen bei diesem Thema bekanntlich dicht beieinander, denn was wir an Kraft und Kampfeswillen einerseits bewundern, das bedeutete oft auch Erbarmungslosigkeit, Plünderei, Brandschatzung und Tod. Oft, aber eben nicht immer. Wann liefen die imposanten Schiffe zu Raubzügen aus, wann zum Handel? Wann kamen die überraschenden Gäste in kriegerischer, wann in friedlicher Absicht?

Wer sich auf die Welt der Wikinger einlässt, wird vermeintliche Gewissheiten bald hinterfragen und mit den spektakulären Ausgrabungsstücken neue, vielschichtige Antworten vorfinden. Kunstvolle Helme, Schwerter, Runensteine und Grabbeilagen, Münzen, Schmuck und Edelmetalle – sie alle erzählen Geschichte: von Eroberungen in Südengland, Frankreich oder am Schwarzen Meer genauso wie von Handelsrouten bis in den Orient. Ganz offenkundig waren die Wikinger beides: kompromisslose Krieger hier, mutige Entdecker dort, vielleicht sogar kombiniert in einem einzigen Leben.

Facettenreichtum wie Ambivalenzen gleichermaßen aufzuzeigen ist das große Verdienst dieser Ausstellung. Man sieht und spürt, dass die Organisatoren und Partner dafür nationenübergreifend zusammengefunden haben. Die Summe aller Beiträge schreibt nun in europäischen Metropolen Museumsgeschichte, sie erschließt und präzisiert das Bild einer fernen Zeit, die dank der hervorragenden Exponate auch den heutigen Betrachtern zugänglich wird.

Macht und Ohnmacht, Glaube und Zwang, Freiheit und Versklavung, so vieles gewinnt hier Kontur. Wer die farbig illustrierte Epoche durchschreitet, wird »die Wikinger« nicht als homogene Gruppe, sondern als höchst unterschiedliche Repräsentanten eines Kulturraums kennenlernen, der mit unseren heutigen Kategorien schwer zu fassen ist: weder geografisch noch ethnisch klar abgegrenzt, weder politisch noch moralisch einheitlich verortet. Vom Seefahrer bis zum Honighändler, vom Bauern bis zum Aristokraten – nichts verbindet diese Menschen im Rückblick mehr als die Erkenntnis: Ihr Wikinger-Sein war vor allem eine Zuschreibung von außen, oft ein Etikett der Angst, keine gewachsene Identität oder Gemeinschaft.

Entsprechend differenziert sollten wir mit ihrem kulturellen Erbe umgehen. Das heißt zum einen: Vorsicht vor jeder Art der Vereinnahmung oder Pauschalisierung. Das heißt zum anderen aber auch: selbstbewusstes Geschichtsverständnis. Viele Europäer haben sich schon aufgemacht, die zivilisatorischen Leistungen der Wikinger als Teil ihrer Vergangenheit zu entdecken und anzunehmen. Norweger, Schweden und Dänen etwa berufen sich mitunter voller Stolz auf ihre wikingischen Wurzeln, vor allem auf die mentale Stärke ihrer Vorfahren.

Können wir mit dieser Interpretation leben? Ich glaube: Ja, sehr gut sogar, solange das Expansionsstreben auf Kosten anderer nicht verbrämt oder verherrlicht wird. Gerade als Deutscher sind mir spätere Phasen der europäischen Geschichte, in denen sich mein Volk über andere erhob, Lebensraum und Lebensrecht allein für sich selbst reklamierte, in schmerzvoller Erinnerung. Deshalb gehört für mich nicht nur die Blütezeit, sondern auch das Ende zu den aufschlussreichen Kapiteln der Wikingergeschichte. Dort findet sich die Begründung, warum es die dominierenden »Barbaren« eines Tages nicht mehr gab: weil Schutzbedürfnis und Gemeinschaftsgefühl die Menschen enger zusammenrücken ließen. Weil man an mehr zu glauben begann als an den eigenen Stamm, seine Überlegenheit und seine Bestimmung. Und weil ein großer europäischer Traum seine Vorboten sandte: der Traum von friedlicher Nachbarschaft.

Joachim Gauck
Bundespräsident

1.
Die *Havhingsten fra Glendalough* ist eine originalgroße Rekonstruktion des Kriegsschiffs *Skuldelev 2*, das um 1042 bei Dublin gebaut wurde und eine Generation später bei Skuldelev nahe Roskilde in Dänemark sank.

Geleitwort

Warum fasziniert uns die Wikingerzeit mehr als jede andere Epoche unserer frühen Vergangenheit? Unser Wissen über sie stammt teils aus heroischen Sagas, teils von Dingen, die aus dem Erdboden und vom Grund seichter Küstengewässer geborgen wurden, vor allem aber von rekonstruierten Wikingerschiffen. Sie erwecken die Vergangenheit wieder zum Leben. Wer einmal ein Wikingerschiff auf dem Wasser gesehen oder selbst an Bord gestanden hat, wird dieses Erlebnis nie mehr vergessen (Abb. 1).

Die Wikinger ist die seit Langem größte internationale Ausstellung über die Wikinger. Konzipiert wurde sie von drei Museen in drei Ländern. Zahlreiche aktuelle Funde und umfangreiche neue Erkenntnisse kamen hinzu, seit die Wikingerzeit zuletzt in großem Umfang aufbereitet wurde. Der im wörtlichen wie übertragenen Sinn größte neue Fund ist dabei das gut 37 Meter lange Schiffswrack *Roskilde 6* aus dem Hafen von Roskilde. Es bildet das Herzstück dieser Ausstellung.

In keiner anderen Epoche der Geschichte Skandinaviens waren Schiffe, Seefahrt und Gesellschaft so eng miteinander verknüpft wie in der Wikingerzeit. Ohne Schiffe hätte es diese Epoche nicht gegeben. Sie waren jedoch nicht nur Transportmittel und auch nicht nur auf dem Meer zu Hause. Sie waren überall präsent: in Kunst, Religion und Symbolik. Schiffe und die dafür benötigten Besatzungen bildeten möglicherweise die Grundlage für die Aufteilung des Landes in Verwaltungsbezirke. Nicht zuletzt prägten sie die Architektur. Um in diesem Umfang Schiffe zu bauen, benötigte man Macht über Menschen und Material.

Wie dachten die Menschen an Bord dieses prachtvollen, dieses königlichen Schiffs? Denn genau das war die *Roskilde 6* aller Wahrscheinlichkeit nach. Was ging in den Köpfen derjenigen vor, die auf ihm zur See fuhren, die es bauten und die an Land zurückblieben? Ganz zu schweigen von denen, die besorgt Ausschau hielten, wenn die Langschiffe vor ihrer Küste auftauchten? Kamen die Boote in feindlicher Absicht? Anhand der vielen neuen Funde wissen wir mehr über die Menschen der Wikingerzeit, ihre Denkweise und ihr Tun. Solche Informationen können Licht ins Dunkel bringen, dennoch sind unsere Kenntnisse begrenzt. Hier, auf der Schwelle zwischen Wissen und Dunkelheit, kommt die Fantasie ins Spiel. Hier im Zwielicht beginnen die Träume.

In der norwegischen Stadt Bergen fand man ein Stückchen Holz, in das irgendwann im Mittelalter jemand ein flüchtiges Bild eingeritzt hat: eine Kriegsflotte in all ihrem Glanz (Abb. 2). Steven an Steven liegen die herrlichen Schiffe, einige von ihnen mit Drachenköpfen, die wie sehnsüchtig zu den Wetterfahnen hinaufschauen. Die Standarten der Wikinger zeigten an, in welche Richtung der Wind das Schiff treiben würde.

Das kleine Kunstwerk ist in ein Stück Wacholderholz eingeritzt. Wacholder ist ein Zypressengewächs und die am weitesten verbreitete Konifere. Dies war schon in der Wikingerzeit so: Wacholder wächst auch in Regionen, in denen keine anderen Bäume mehr gedeihen, von den trockenen Berghängen des Mittelmeerraums bis zu den windumtosten Färöern und selbst im baumlosen Grönland am Rand des Eismeers – überall in der Wikingerwelt. Der Künstler, offensichtlich auch ein Meister der Runenschrift, schrieb unter sein Bild: *Hér ferr hafdjarfr* (»Hier kommt der Meerbezwinger«). Vielleicht war das Schiff aus dem Roskilder Hafen in seiner Glanzzeit ja dieser »Meerbezwinger«!

Es ist weltweit das längste Wikingerschiff, gebaut aus norwegischem Holz. Gefällt wurden die Bäume in der Frühphase der Regierungszeit Knuts des Großen (gest. 1035) und seines Nordseereichs. Als das Schiff in Roskilde auf der dänischen Insel Seeland seine letzte Reise beschloss, war die Wikingerzeit bereits vorüber. Wer neben dem riesigen Wrack im Hafen dieser Stadt den Blick hob, sah eine oder zwei der ersten steinernen Kirchen Dänemarks.

Welche Meere der fünf Meter hohe Bug durchpflügte und zu welchen Ufern der »Meerbezwinger« in Krieg oder Frieden segelte, ist uns unbekannt. Die Antwort kennt nur der Wind, der vor tausend Jahren seine gewaltigen Segel blähte. Doch wenn die Realität uns keine Antworten gibt, bleibt uns noch die Fantasie. Träume überwinden die Grenzen unseres Wissens und geben uns die Antworten, die uns die Wirklichkeit verweigert. Und diese Träume gehören jedem von uns ganz allein.

Ungebrochen sind Zauber und Faszination der Wikingerzeit!

Ihre Majestät Königin Margrethe von Dänemark

2.
Geschnitzte Darstellung eines Schiffsverbands auf einem Holzstück aus Bergen, Norwegen. Obwohl die Schnitzerei erst Ende des 13. Jahrhunderts entstand, lassen die Drachenköpfe und Windfahnen am Bug einiger Schiffe Parallelen zur Wikingerzeit erkennen.
Holz. L ca. 25 cm
Museum der Universität Bergen

Vorwort der Direktoren

Die rund 250 Jahre von etwa 800 bis 1050, die wir heute als »Wikingerzeit« bezeichnen, waren für das riesige Gebiet Nordeuropas einschließlich der Regionen an Ostsee, Nordsee und Nordatlantik, Irischer See und Ärmelkanal eine entscheidende Zeitspanne. In praktischer wie historischer und sogar ideologischer Hinsicht wurden viele Nationen unserer heutigen Welt dauerhaft durch die Wikinger geprägt. Für den größten Teil dieses Gebiets war die Wikingerzeit eine Epoche des Wandels. Aus ihr gingen die mittelalterlichen christlichen Königreiche hervor, die in den modernen Staaten und Nationen weiterexistieren. Die Nordmänner waren zu allen Zeiten Abenteurer, Bauern, Kaufleute, Eroberer, Seefahrer und vieles mehr. Ebenso friedfertig wie gewaltbereit, gelangten sie mit Schwert und Verhandlungsgeschick bis nach Konstantinopel im Osten, Grönland und Nordamerika im Norden, zu den Britischen Inseln und nach Nordfrankreich im Westen sowie nach Spanien und in den Mittelmeerraum.

Das verbindende Element zwischen all diesen Menschen und Kulturen bildeten zweifellos Meere und Flüsse, und allein das Wikingerschiff ermöglichte diese Kontakte. Es gilt als eine der überragenden Errungenschaften der Wikingerzeit.

Deshalb ist es nur angemessen, wenn das größte je gefundene Wikingerschiff das Herzstück und themenübergreifende Symbol unserer Wikingersonderausstellung bildet. In Kopenhagen, London und Berlin wird das Schiff aus Roskilde erstmals der Öffentlichkeit vorgestellt. Es ist von außergewöhnlicher Qualität und stellte selbst für einen Großgrundbesitzer, ja sogar einen König eine erhebliche Investition dar. In ihm spiegelt sich ein hohes Maß an technologischem Wissen und Können. Obwohl ein Kriegsschiff, diente es zugleich als Machtsymbol und zeugt vom Selbstverständnis der maritimen Gesellschaft der Wikinger. Für die Themen unserer Ausstellung und ihres Begleitbuchs bildet es den zentralen Bezugspunkt.

Die Ausstellung soll die vielfältigen bekannten wie neuen Erkenntnisse über die Wikinger sichtbar machen und verdeutlichen, wie ausgedehnt ihre Kontakte innerhalb und außerhalb ihrer eigenen Welt waren. Die Wikinger zeigen sich als Kulturwandler und -förderer, Siedler und Reichsgründer in einem Umfang, der den anderen europäischen Völkern in nichts nachsteht. Seit den letzten großen Wikingerausstellungen in unseren drei Hauptstädten vor rund zwanzig bis dreißig Jahren haben viele neu entdeckte Zeugnisse unsere Vorstellung von der Gesellschaft und Geschichte der Wikingerzeit nachhaltig gewandelt. Komplexe Fundstellen von riesigen Ausmaßen wie die königlichen Grabhügel und Runensteine im dänischen Jelling haben unsere Vorstellung von der gesellschaftlichen Elite der Wikinger verändert. Aktuelle Forschungsmethoden wie die Isotopenuntersuchung zeichnen ein modifiziertes Bild der Wanderzüge etwa der Männer, die sich als Söldner bei König Harald Blauzahn verdingten. Aktuelle Schatzfunde wie der Vale-of-York-Hort, die mithilfe von Metalldetektoren gefundenen einzelnen Gold- und Silbergegenstände oder die Befunde archäologischer Grabungen belegen die weitgespannten Kontakte und die Komplexität von Wirtschaft und Austausch in dieser Epoche. Forschungsarbeiten zu den altnordischen Göttern im übergeordneten Glaubenskontext werfen ein neues Licht auf Glauben und Rituale der Wikingerzeit. Das großartige Wikingerschiff aus Roskilde dokumentiert zudem, wie außerordentlich fortschrittlich die technologischen Errungenschaften der Zeit waren.

Verändert hat sich aber auch die Art, wie wir unsere Forschungsergebnisse und Erkenntnisse dem Ausstellungspublikum zugänglich machen. Innovative virtuelle Verfahren und Präsentationsweisen eröffnen den Besuchern unmittelbarere Erfahrungen. Sie wecken Neugier und tragen so dazu bei, dass unsere Museen ihren Zweck erfüllen können. Natürlich brauchen die Häuser genügend Platz, um eine Ausstellung dieses Umfangs überhaupt bewältigen zu können – ein rund 37 Meter langes Drachenboot ist schließlich eine echte Herausforderung!

Dass sich Ausstellung und Katalog in erster Linie mit den kulturellen Wechselwirkungen zwischen den Wikingern und ihren Nachbarn beschäftigen, hat viel mit der Kooperation zwischen unseren drei Museen zu tun. Dieser Fokus trägt zugleich der Tatsache Rechnung, dass jedes dieser Häuser ein Miteinander aus globalen, regionalen und nationalen Sammlungen bewahrt und in Forschung, Sammeltätigkeit und Wissensverbreitung starke Traditionen pflegt. Da darüber hinaus viele andere Institutionen in verschiedensten Ländern ihr Wissen und Objekte aus ihren Sammlungen zu diesem Projekt beisteuerten, danken wir nicht nur den Projektteams unserer eigenen Häuser, sondern in gleichem Maße den Freunden und Kollegen aus allen Teilen der Wikingerwelt für ihre hervorragende Arbeit. Ohne ihre Mitwirkung und Unterstützung wäre diese Ausstellung nicht zustande gekommen.

Michael Eissenhauer, Staatliche Museen zu Berlin
Neil MacGregor, British Museum, London
Per Kristian Madsen, Dänisches Nationalmuseum, Kopenhagen

Die Wikinger in Berlin

Es ist schon bemerkenswert, dass sich das Dänische Nationalmuseum in Kopenhagen, das British Museum in London und das Museum für Vor- und Frühgeschichte der Staatlichen Museen zu Berlin entschlossen haben, gemeinsam eine Wikingerausstellung zu konzipieren. Unsere dänischen Kollegen sind dabei zweifellos die Initiatoren dieser auf den ersten Blick ungewöhnlichen Verbindung gewesen. Ihr großes Forschungsprojekt in Jelling, einem der zentralen Orte der Wikingerzeit, und das Vorhaben, das größte bisher ergrabene Schiff dieser Epoche zu präsentieren, sind der Ausgangspunkt der Planungen gewesen. Daher bin ich dem Direktor des Dänischen Nationalmuseums, Per Kristian Madsen, sehr dankbar, dass er vor fünf Jahren das Angebot einer gemeinsamen Ausstellung an uns herangetragen hat. Auch das British Museum konnte er für diese Idee schnell begeistern.

In Deutschland sind – im Gegensatz zu Dänemark und Großbritannien – die Wikinger kein zentraler Faktor des eigenen Geschichtsverständnisses. Für unsere Geschichte sind sie zunächst einmal nur eine wenn auch bedrohliche Erscheinung am nördlichen Rand. Gerade vor dem Hintergrund dieser Wahrnehmung ist die gemeinsame Konzeption dieser Ausstellung eine große Bereicherung. Sie verändert die Weltsicht. Der Norden und die Meere erweisen sich als eine Zone großer Dynamik und weitgespannter Beziehungen und werden keineswegs mehr als »Rand« verstanden. Gleichzeitig schärft gerade der Blick auf die Entwicklungen im fränkisch-deutschen Reich in der dänischen Perspektive die Bewertung der epochalen Veränderungen, die mit der dänischen Reichseinigung und der Hinwendung zum Christentum verbunden sind. Das Dänische Nationalmuseum hat es somit gewagt, für zentrale, das dänische Selbstverständnis prägende Perioden den nationalen Standpunkt zugunsten eines internationalen Fokus zu verlassen, ein beispielhafter Vorgang, der durch den Perspektivwechsel neue Beobachtungen ermöglicht.

In Berlin legen das Schiff und die Ausstellung nun zum dritten Mal an. Auch wenn ein Großteil der Objekte an allen drei Orten gezeigt wird, so hat doch jede Station einen ganz eigenen Charakter. In London wurde mit den Wikingern zugleich die neue Sonderausstellungshalle des British Museum eröffnet, die das Schiff, von der Schmalseite her zu sehen, auf andere Art als in der dunkleren, von einer eindrucksvollen Medieninstallation begleiteten Kopenhagener Präsentation zur Geltung kommen ließ. Im Berliner Martin-Gropius-Bau füllt das Schiff mit Segel den gewaltigen Lichthof. Die Ausstellung ist in mehrere große Themen aufgeteilt, die alle einen individuellen gestalterischen Zugang aufweisen.

Die Wikinger sind ein Thema, das alle Generationen fesselt. Es sind nicht immer nur die qualitätvollen, künstlerisch oft herausragenden Objekte, die das Interesse wecken. Es ist auch die Faszination, die die Entdeckungen und die weiten Fahrten der ebenso abenteuerlichen wie kenntnisreichen Seefahrer heute ausüben. Diese Faszination wollen wir weitergeben. Die dänische Krak-Stiftung hat es mit einer großzügigen Zuwendung ermöglicht, dass die Schiffbauer des Wikingerschiffsmuseums in Roskilde während der gesamten Laufzeit der Ausstellung hier ihr Können zeigen und Berlin somit zur Baustelle eines Wikingerschiffes wird. In Roskilde selbst ist die *Skuldelev 2*, ein nachgebautes Wikingerschiff, die Attraktion. Dieses Schiff ist schon von Dänemark bis nach Irland gefahren und hat gezeigt, was es heißt, mit solchen Booten die Nordsee und den Atlantik zu überqueren. Mit ihr fährt nach unserem Kenntnisstand ein Wikingerschiff zum ersten Mal auf der Spree. Dies ist dem Engagement der Dänischen Botschaft in Berlin und dem Wikingerschiffsmuseum in Roskilde zu verdanken, die den Transport des Schiffes und die Reise der sechzig Mann zählenden Besatzung ermöglicht haben.

Die Ausstellung in Berlin ist in schwieriger Zeit wesentlich mit Eigenmitteln der Staatlichen Museen zu Berlin finanziert worden. Dafür danke ich sehr herzlich. Ohne die Zuwendung des Kuratoriums Museumsinsel wäre diese große Präsentation dennoch nicht machbar gewesen. Auch die Wikinger brauchen heute Förderer, um ihre spannende Geschichte erlebbar zu machen!

Matthias Wemhoff
Direktor, Museum für Vor- und Frühgeschichte
der Staatlichen Museen zu Berlin

Die Welt der Wikinger.

Da Südskandinavien in dieser Darstellung nicht am oberen Rand positioniert ist wie auf den meisten Europakarten, sondern den Mittelpunkt bildet, sind die Außengrenzen der Wikingerwelt hier besser nachvollziehbar. Nordamerika, Zentralasien und Nordafrika sind etwa gleich weit von der Heimat der Wikinger entfernt. Diese waren in den rot markierten Gebieten sesshaft.

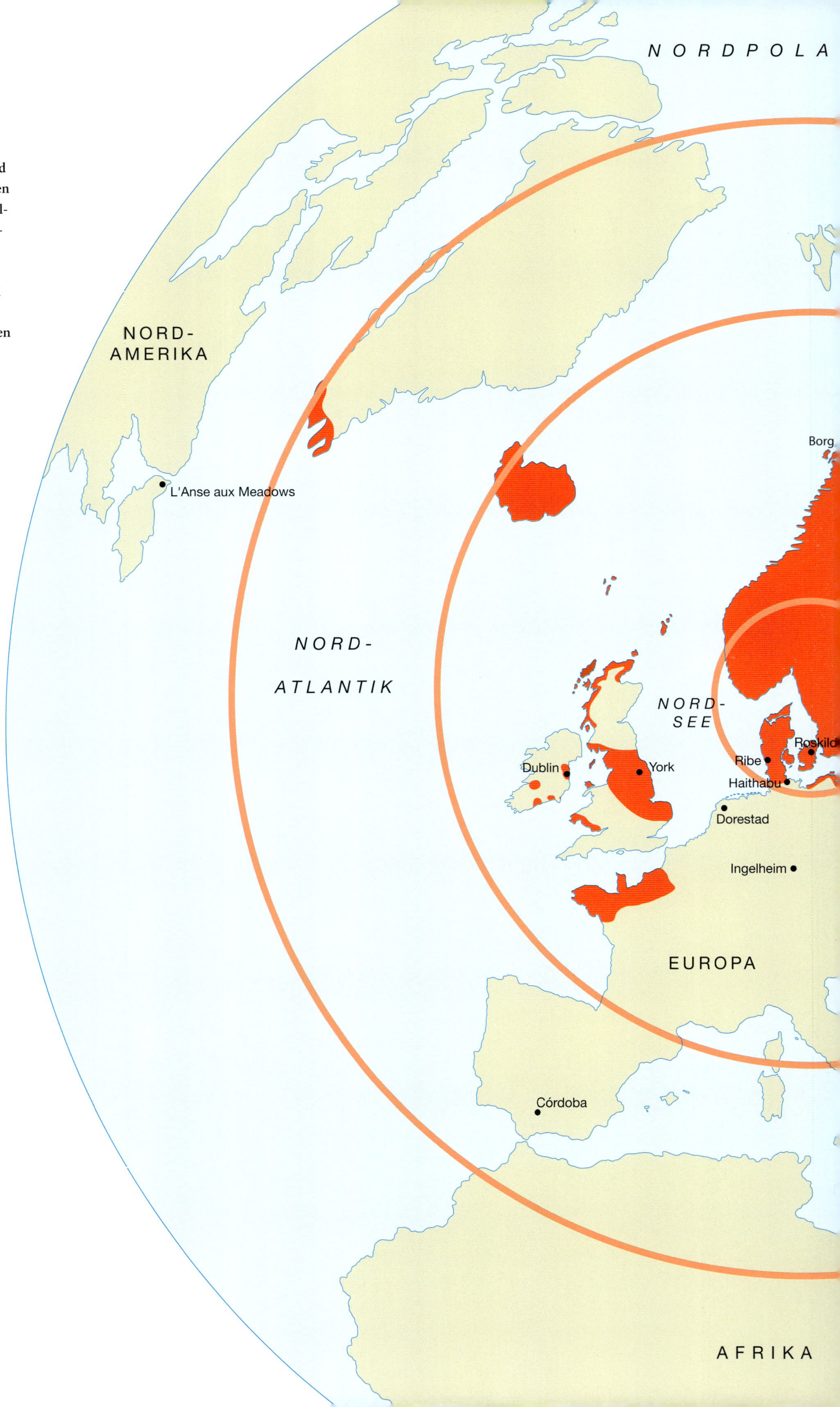

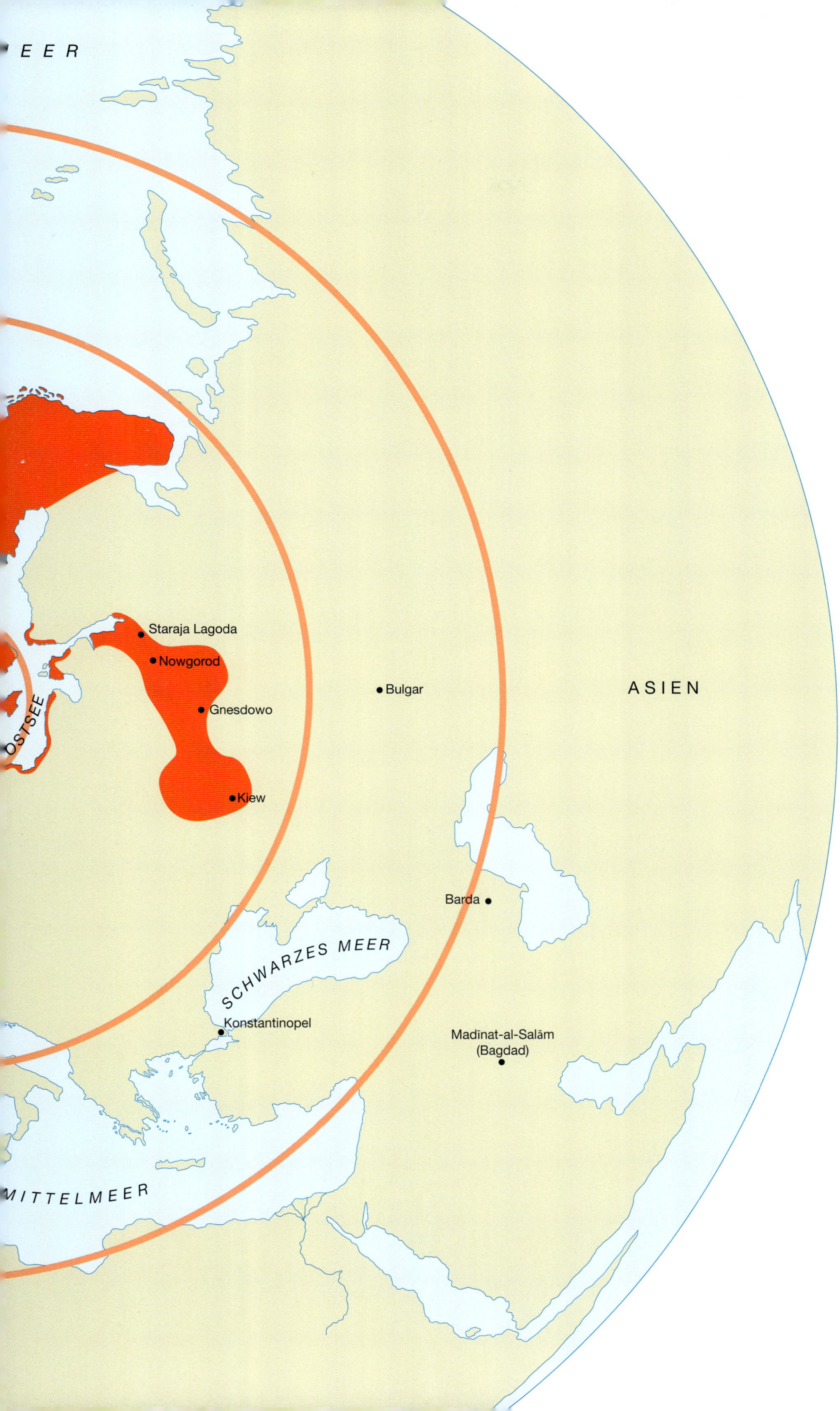

EER
OSTSEE
Staraja Lagoda
Nowgorod
Gnesdowo
Kiew
Bulgar
ASIEN
Barda
SCHWARZES MEER
Konstantinopel
Madīnat-al-Salām
(Bagdad)
MITTELMEER

EINLEITUNG

Gareth Williams

Sie fuhren mannhaft
Fern nach Gold,
Gaben im Osten
Dem Adler Speise,
Sie starben im Süden
Im Sarazenenland.

INGVARSTEIN VON GRIPSHOLM (UM 1050)

EINLEITUNG

DIESER KATALOG UND DIE AUSSTELLUNG, die er begleitet, beschäftigen sich mit der Wikingerzeit. Gemeint ist der Zeitraum vom Ende des 8. bis zum späten 11. Jahrhundert, in dem sich die skandinavischen Völker von ihrer Heimat aus weiter als je zuvor verbreiteten. Dabei trafen sie mit vielen anderen Kulturen zusammen, nicht nur innerhalb Nordeuropas, sondern bis nach Nordamerika im Westen, Zentralasien im Osten und Nordafrika im Süden. Diese Kontakte waren unterschiedlich geartet. Während man die Wikinger im 19. Jahrhundert noch pauschal als Räuber und Mörder betrachtete, setzte sich Ende des 20. Jahrhunderts angesichts ihrer Leistungen als Kaufleute, Kolonisatoren, Handwerker, Dichter, Entdecker, Schiffbauer und Seeleute eine differenziertere Vorstellung durch. Sie stützt sich auf eine Vielzahl archäologischer Entdeckungen insbesondere seit den 1970er-Jahren, aber auch auf den kritischeren Umgang mit den vorhandenen historischen Quellen. Von diesen stammen zahlreiche von anderen Völkern, mit denen die Wikinger in Berührung kamen. Dass solche Begegnungen trotz aller friedlichen Errungenschaften der Wikingerzeit oft gewaltsam verliefen, belegen die Schilderungen ihrer Gegner. Vor einem allzu friedfertigen Bild der Wikinger sollten wir uns deshalb hüten.

Konzept

Zwei Hauptthemen durchziehen diesen Katalog: Zum einen sind die Ereignisse und Entwicklungen der Wikingerzeit allein im skandinavischen oder nur nordeuropäischen Kontext nicht nachvollziehbar. Die Wikinger verfügten über ein riesiges Netzwerk externer Kontakte und wirkten in unterschiedlichem Maße auf die Völker ein, mit denen sie es dabei zu tun hatten. Zugleich prägte eine Reihe äußerer Faktoren die Entwicklungen in ihrer skandinavischen Heimat. Auf diese Zusammenhänge geht Kapitel 1 näher ein, doch stehen auch in den übrigen Kapiteln immer wieder die kulturelle Interaktion und der damit verbundene Einfluss und Wandel im Fokus.

Das zweite Hauptthema knüpft an den Gegenstand an, der im konkreten wie im übertragenen Sinn das Herzstück dieser Ausstellung bildet: das Kriegsschiff *Roskilde 6*. Sie wurde um 1025 gebaut und sank vermutlich zwei oder drei Jahrzehnte später (der genaue Zeitpunkt ist ungewiss). 1996/97 kam es bei der Anlage der »Museumsinsel« des Wikingerschiffsmuseums im einstigen Hafengebiet der wikingerzeitlichen und mittelalterlichen Stadt Roskilde in Dänemark wieder zutage. Mit einer rekonstruierten Länge von gut 37 Metern ist die *Roskilde 6* von allen bisher entdeckten Wikingerschiffen das bei Weitem größte. Sie wurde in einem speziellen Verfahren konserviert und für die Ausstellung montiert (siehe S. 228–237). Das Schiff datiert aus der Zeit, in der die modernen Staaten Dänemark, Norwegen und Schweden allmählich Gestalt annahmen, genauer gesagt aus der Regierungszeit Knuts des Großen (1016–1035). In den Fußstapfen seines Vaters, des Dänenkönigs Sven Gabelbart (um 986–1013), eroberte Knut 1016

England, wurde kurz darauf auch Herrscher über Dänemark und unterwarf 1028 Norwegen. In Schweden fungierte er Münzinschriften zufolge offenbar als eine Art Oberkönig über die damals regierenden schwedischen Könige.[1] Nach Knuts Tod als vergleichsweise junger Mann konnten seine Söhne das Reich nicht zusammenhalten, sodass es schon bald zerfiel. Das längste bekannte Wikingerschiff stammt also aus der Zeit der größten Ausdehnung, die das Wikingerreich je besaß: Nie zuvor oder danach umfasste es ein so riesiges Gebiet rings um die Nordsee. Die Themen in diesem Katalog nehmen auf die *Roskilde 6* und generell auf Wikingerschiffe in unterschiedlicher Weise Bezug.

Anders als in vielen Büchern und Ausstellungen zu den Wikingern geht es diesmal nicht darum, einen Überblick über sämtliche Aspekte ihrer Epoche zu geben. Die Themenkreise betreffen hingegen Teilbereiche der Wikingerzeit, zu denen es in letzter Zeit wichtige archäologische Entdeckungen zu verzeichnen gab oder in denen neuere Forschungsergebnisse unser Verständnis des vorhandenen Materials verändert haben. Diese vier Themenkreise – »Kontakte und Austausch«, »Krieg und Eroberung«, »Macht und Herrschaft«, »Glaube und Ritual« – stehen im Mittelpunkt separater Kapitel mit jeweils eigenen Bezügen zur *Roskilde 6* und zu anderen Wikingerschiffen. »Kontakte und Austausch« beschäftigt sich mit der Seefahrerkultur: Nur dank ihres Geschicks als Schiffbauer und Seeleute konnten die Wikinger ein Netzwerk etablieren, das ihnen einen Kultur- und Handelsaustausch über vier Kontinente ermöglichte. »Krieg und Eroberung« knüpft an die Funktion der *Roskilde 6* als »Langschiff« an, das speziell für den Krieg gebaut wurde; mit Schiffen dieser Art eroberte Knut die Nachbargebiete der Dänen und errichtete sein Nordseereich. Im Zentrum von »Macht und Herrschaft« stehen die Dimensionen der *Roskilde 6*: Sie ist nicht nur das längste bisher von Archäologen entdeckte Wikingerschiff, sondern gehört gerade wegen ihrer Größe in die vornehmste Klasse der in historischen Quellen beschriebenen Boote. Da für den Bau eines solchen Gefährts erhebliche Ressourcen nötig waren, ist mit relativer Sicherheit davon auszugehen, dass es im königlichen Auftrag entstand, sei es für den Herrscher selbst oder im Rahmen der nationalen Seerüstung (siehe S. 113). »Glaube und Ritual« schließlich stellt gleich zwei Bezüge her. Die *Roskilde 6* diente zwar offenbar nicht als Schiffsgrab, sondern sank oder wurde versenkt, doch waren Boote und Schiffe in der Wikingerzeit grundsätzlich eng mit der Jenseitsfahrt verknüpft – teils in direkter Form von Schiffsbestattungen, teils in bildlichen Darstellungen oder in Dichtung und Mythen. Zudem löste Anfang des 11. Jahrhunderts das Christentum allmählich die älteren Glaubenssysteme in dieser Region ab; die *Roskilde 6* wurde etwa zu der Zeit gebaut, als der norwegische Nationalheilige Olaf II. Haraldsson den Märtyrertod erlitt (gest. 1030). In der Ausstellung ist das Schiff genauso allgegenwärtig wie die Seefahrt und Schiffstechnik. Um die Bedeutung der Drachenboote geht es deshalb auch im Schlusskapitel dieses Katalogs, »Die Schiffe der Wikinger«.

Das terminologische Dilemma

Mit »Wikinger« können ganz unterschiedliche Aspekte assoziiert werden. Im Altnordischen hatten *víkingr* und *víking* festgelegte Bedeutungen im Zusammenhang mit Raubzügen und Piratentum (siehe S. 78–79). Heute jedoch ist »Wikinger« ebenso eine gängige Bezeichnung für die skandinavischen Völker und Kulturen der »Wikingerzeit« (800–1050) allgemein, gelegentlich sogar ein ethnisches Etikett. Die Ursprünge des Worts (ebenso in der altenglischen Form *wicing*) liegen im Dunkeln. Es könnte sich von *vik* (»Bucht« oder »Meeresarm«) ableiten, das in Ortsnamen vorkommt, etwa dem isländischen Reykjavík (»Rauchbucht«), Lerwick (»Schlammbucht«) auf Shetland und Uig (»Bucht«) auf der Hebrideninsel Lewis (Abb. 1). Nach dieser Ableitung könnten »Wikinger« ursprünglich Seeräuber gewesen sein, die von Fjorden und Buchten aus vorbeifahrende Schiffe überfielen, oder zunächst einfach die Bewohner einer bestimmten Bucht. In diesem Fall käme vor allem der Oslofjord im Südosten Norwegens

1.
Waffen waren wichtige Symbole für die kulturelle Identität der Wikingerkrieger und wurden oft mit ihnen bestattet. Diese Gegenstände stammen aus einem Grab in Steinsvik in Nordnorwegen. Der zweite Teil des Ortsnamens bedeutet »Bucht« oder »Meeresarm«.

Karolingisches Schwert, skandinavische Lanzenspitze und Axt, 800–850. Steinsvik, Tjeldsund, Nordland, Norwegen.
Eisen, Kupferlegierung, Silber.
Schwert L 100,1 cm
Museum für Kulturgeschichte der Universität Oslo

infrage, doch abgesehen davon, dass er bis heute auch *Viken* (»Bucht«) genannt wird, gibt es hier keine Anhaltspunkte für eine verstärkte Wikingeraktivität.[2] Als dritte Möglichkeit kommen Handelsplätze rings um die Nordsee in Betracht, denn ihre Namen enthielten oft das lateinische *vicus* oder das altenglischen *wic*, die sich in Ortsnamen wie Wijk bij Duurstede (Niederlande; Abb. 2), Quentovic (Frankreich) oder Ipswich (England) erhalten haben. In der Wikingerzeit fand sich dieser Wortteil gleichermaßen im Namen anderer großer Handelszentren in England, darunter Hamwic/Hamwih (Southampton), Eoforwic (York) und Ludenwic (London). Die meisten von ihnen lagen an Küsten oder schiffbaren Flüssen und dienten offenbar zumindest teilweise als Anlaufstellen für ausländische Waren, die von dort aus über ein Netz kleinerer Zentren weiterverteilt worden sein könnten. Wie genau das vonstattenging, ist allerdings umstritten.[3]

Die Ableitung von *wic* hat den Vorteil, dass sie zum weiter gefassten modernen Bild der Wikinger passt. War der *wicing*, wie von der Wikingerforschung ab den 1970er-Jahren angenommen, ursprünglich ein friedlicher Kaufmann, der aus legitimen Gründen in ein *wic* reiste oder von dort kam? Immerhin ist schon für die Mitte des 8. Jahrhunderts eine Handelstätigkeit zwischen Ribe in Westdänemark und Handelszentren in England sowie Friesland (den heutigen

2.
Goldsolidus aus der Regierungszeit Karls des Großen (König der Franken und Langobarden 768/774–814, Kaiser 800–814). Die Inschrift »VICO DURISTAT« auf der Rückseite der Münze deutet darauf hin, dass sie in der Handelssiedlung Dorestad geprägt wurde (heute Wijk bij Duurstede in den Niederlanden).
Gold. Dm 2,1 cm
British Museum, London

In England rühmte Coenwulf von Mercia (796–821), ein Zeitgenosse Karls des Großen, Londons Status als *wic* (*vicus*). Diese Münze trägt die Aufschrift »IN VICO LVNDONIAE«: »[geprägt] im Handelszentrum London«.
Gold. Dm 2,0 cm
British Museum, London

Niederlanden) belegt. Oder war der *wicing* doch mehr der archetypische Seeräuber, der ebendiese Zentren überfiel, etwa mehrmals Dorestad?[4] Oder war er einfach ein Ausländer ungeklärter Herkunft, der solche Orte wahlweise in friedlicher oder gewalttätiger Absicht aufsuchte (siehe Kapitel 2)? Die Trennlinie zwischen Überfall und Handel ist manchmal verschwommen. Das gilt etwa für den Sklavenhandel, denn beschafft wurden die Sklaven durch Überfälle, verkauft jedoch durch legalen Handel, beides aller Wahrscheinlichkeit nach durch dieselben Personen. Leitet sich »Wikinger« tatsächlich von *wic* ab, könnte diese Zweideutigkeit dazu geführt haben, dass bei dem Begriff letztlich die gewaltsame Komponente überwog, die im Altnordischen zweifellos dominierte.

Obwohl die Wikinger eher als Seeräuber und Händler bekannt wurden, arbeiteten die meisten Skandinavier als grundbesitzende Bauern, freie Landarbeiter bzw. Leibeigene in der Landwirtschaft oder aber als Handwerker. Viele versorgten Haus und Hof. Nichts davon lässt sich als »Wikinger« nach altenglischem oder altnordischem Verständnis auslegen. Ist es also überhaupt sinnvoll, diese Völker »Wikinger« oder auch nur ihre Epoche »Wikingerzeit« zu nennen? Diese Frage wird in der Wikingerforschung seit Jahrzehnten immer wieder diskutiert. Dass sie überhaupt noch gestellt werden muss, spiegelt zum einen die Erkenntnis, dass der Begriff letztlich der Sache nicht gerecht wird, zum anderen die Schwierigkeit, eine geeignete Alternative zu finden. »Späteisenzeitliches Skandinavien« grenzt beispielsweise das Kerngebiet der Wikinger aus archäologischer Sicht weitgehend richtig ein, klammert jedoch ihre Expansion nach Übersee aus und würde im allgemeinen Sprachgebrauch wohl kaum Fuß fassen.

Als Alternative wurde vorgeschlagen, die modernen Nationalitätenbezeichnungen »Dänen«, »Norweger« und »Schweden« zu verwenden, aber sie sind ebenso irreführend wie »Wikinger«. Wie wir noch sehen werden (siehe S. 150–155), entstanden diese Königreiche und die dazugehörigen Identitäten erst relativ spät in der Wikingerzeit, außerdem stimmten ihre damaligen Grenzen nicht mit den heutigen überein. Vor ihrer Vereinigung bestanden alle drei Großreiche aus vielen kleinen Königtümern, deren Namen und Grenzen jedoch großenteils unbekannt sind.

Westeuropäische Quellen nennen die plündernden Wikinger überwiegend »Heiden«, betonen also stärker ihren nichtchristlichen Charakter als irgendeine ethnische Identität (Abb. 3). Die Unterscheidung etwa in irischen Quellen zwischen »weißen« und »schwarzen« Fremden wurde als Differenzierung zwischen Wikingern aus Norwegen und Dänemark gedeutet, doch ist dies eher Auslegung als Fakt und nur eine von zahlreichen denkbaren Erklärungen.[5] Besonders problematisch ist der gelegentlich verwendete Begriff »Dänen«. In manchen Fällen, etwa in fränkischen Annalen des 8. und 9. Jahrhunderts, bezieht er sich auf ein bestimmtes Königreich der Dänen, das sich im Laufe der Wikingerzeit zu dem einen Königreich Dänemark weiterentwickelte. Dessen Grenzverlauf änderte sich jedoch vom 8. bis zum 11. Jahrhundert wohl

3.
Thorshämmer gehören zu den gängigsten erhaltenen Symbolen der heidnischen Glaubenswelt der Wikinger.

Anhänger mit drei kleinen Hämmern als Symbol des Gottes Thor, vermutlich 10. Jahrhundert. Fugledegård, Nordwestseeland, Dänemark.
Eisen. L ca 3 cm
Dänisches Nationalmuseum, Kopenhagen

mehrmals. Ähnlich umstritten ist, welche Gebiete »Dänemark« bzw. das »Königreich der Dänen« konkret umfassten, als sie erstmals in historischen Quellen auftauchten. Fränkische und altenglische Quellen sprechen ebenfalls generell von »Dänen«, jedoch eher in dem Sinn, wie wir heute von »Skandinaviern« oder vielleicht »Westskandinaviern« sprechen. Das Altdänische, aber auch das Altnordische und Altisländische wurden als *dansk töngu*, die »dänische Zunge« (Sprache), bezeichnet,[6] doch definierte man als »dänisch« nicht nur diese Sprachen, sondern auch die Menschen. Dasselbe gilt für verschiedene Formen des Begriffs »Nordmänner«, mit denen man teils konkret die Menschen aus dem Gebiet des späteren Norwegen meinte, teils aber auch die Normannen (nachdem Nordmänner das Herzogtum Rouen 911 als Lehen erhalten hatten), gelegentlich sogar ganz allgemein Skandinavier oder skandinavische Auswanderer. Fränkischen Quellen aus dem 9. Jahrhundert zufolge nannten sich diese Leute, die bei den Franken »Nordmänner« hießen, selbst »Dänen« und »Svear« – offenbar gab es also mehrere Begriffe für ein und dieselbe Volksgruppe.[7] Auch der Begriff *Rūs*, der in östlichen wie westlichen Quellen in diversen Varianten verwendet wird, bezieht sich wohl ursprünglich auf ein Volk in Schweden (vielleicht auch nur auf eine Untergruppe der Svear, von deren Namen sich »Schweden« ableitet). In der Wikingerzeit hingegen nannte man so die skandinavische ebenso wie die slawische Bevölkerung der Städte in Russland und der Ukraine (siehe S. 53, 81–83), ganz generell aber auch Skandinavier.[8] Dabei ist zu bedenken, dass es in Skandinavien seinerzeit zahlreiche kleine Königreiche und Volksgruppen gab. Selbst nach deren Verschmelzung zu Dänemark, Norwegen und Schweden verstanden sich zum Beispiel die Einwohner der südnorwegischen Provinz Vestfold vermutlich nicht als Norweger, sondern weiterhin als Vestfoldbewohner, und wurden von anderen als solche wahrgenommen.[9] Die modernen Nationalitätenbezeichnungen haben zudem eine eng definierte ethnische Zuordnung des wikingerzeitlichen Skandinaviens gefördert. Andere damals dort ansässige Volksgruppen wurden dabei ausgeklammert (siehe S. 33–34), etwa die Slawen (Abb. 4) und Finno-Ugrier (Vertreter einer Sprachfamilie, die im Gebiet zwischen Baltikum und Ural entstand und zu der heute unter anderem Finnen, Esten und die Samen in Nordskandinavien gehören).

Da keine der alternativen Definitionen wirklich nahtlos passt, hält man bislang am Oberbegriff »Wikinger« fest. In diesem weitgefassten Sinn verwenden wir den Ausdruck auch in dieser Ausstellung und ihrem hier vorliegenden Katalog. Das heißt jedoch nicht, dass wir alle Wikinger über einen Kamm scheren, denn hinsichtlich ihrer ethnischen, politischen, kulturellen und religiösen Identität gab es erhebliche Abweichungen. Gerade sie interessieren uns hier weit mehr als die Gemeinsamkeiten der skandinavischen Völker. In diesem Sinn ist »Wikinger« lediglich ein nützlicher Sammelbegriff für alle Einwohner Skandinaviens und ihrer Siedlungen

4.
Teil eines Silberschatzes mit Schmuck in slawischem Stil, gefunden in Schweden, 11. Jahrhundert. Runsberga, Gårdslösa, Öland, Schweden.
Silber. Ohrringe B ca. 4 cm
Staatliches Historisches Museum, Stockholm

in Übersee im Zeitraum zwischen etwa 800 und 1050, der zumindest teilweise durch die Raubzüge geprägt war, nach denen die Wikingerzeit benannt ist.

Die Welt der Wikinger

Wer »Wikinger« hört oder liest, denkt unwillkürlich an Nordeuropa. Moderne Illustrationen zur Wikingerzeit zeigen in aller Regel hünenhafte blonde Menschen des nordischen Typus. Obwohl der Begriff anfänglich kein bestimmtes Volk, sondern eine Tätigkeit meinte, spiegelt sich darin das weitverbreitete Stereotyp des Wikingers als Vertreter einer ursprünglich rein skandinavischen (oder zumindest rein germanischen) Tradition mit gemeinsamen Wurzeln in Dänemark,

mesopotamia
chaldea
Albanorum
cappadocia
Galilea
neptalim
asia minor
ephesus
Tracia
macedonia
pannonia
Bardania
Histria
mauritania
cinoce phales
Brittannia
Hibernia
Britannia

5.
Diese Karte zeigt die Welt, wie man sie sich in der ersten Hälfte des 11. Jahrhunderts in Britannien vorstellte. Der Osten befindet sich oben. Die skandinavische Halbinsel ist als Insel nahe der linken unteren Ecke dargestellt und als »Thule« bezeichnet. Rechts darunter ist klar die dänische Halbinsel Jütland erkennbar.

Angelsächsische Weltkarte, 1025–1050. Vermutlich Canterbury, England.
Pergament, koloriert. L 26,0 cm, B 21,5 cm
British Library, London

6.
Ovalfibeln skandinavischen Typs aus einem Frauengrab, zweite Hälfte 10. Jahrhundert. Grab 124, Kiew, Oblast Kiew, Ukraine.
Kupferlegierung. L 11,0 cm
Staatliches Historisches Museum, Moskau

Norwegen und Schweden, deren externe Wirkkraft sich im Wesentlichen auf Nordeuropa und den Nordatlantik beschränkte (Abb. 5). Dieses Klischee war vor allem bei Nationalisten beliebt und gipfelte in der Vereinnahmung der Wikingerikonografie und nordischen Mythologie durch das NS-Regime für die von ihm propagierte pangermanisch-arische Reinheit und Überlegenheit.[10] Mit der gleichen Vehemenz wurden andernorts die nordischen Wurzeln verleugnet. Wer beispielsweise in der Sowjetunion die These von skandinavischen Einflüssen auf Staatsgründungen in Russland und der Ukraine vertrat, verstieß gegen das offizielle Dogma, Stadtstaaten wie Nowgorod und Kiew seien rein slawischen Ursprungs. Die »normannistische« Auslegung wurde von den Behörden ausdrücklich missbilligt (Abb. 6). Ein objektiver akademischer Dialog wurde ohnehin durch den Eisernen Vorhang behindert und durch die Vielsprachigkeit der wissenschaftlichen Publikationen erschwert.[11]

Die Deutung der Vergangenheit wird zwangsläufig vom Charakter der Gesellschaft bestimmt, die sie vornimmt. Dass die akademische Haltung zum Wikingerphänomen seit Ende des 20. Jahrhunderts etwas offener geworden ist, hat mehrere Gründe. Auch wenn nach wie vor keine Einigkeit darüber erzielt ist, wie viel kulturelle Diversität einer Gesellschaft überhaupt guttut, hat man sich zumindest an den Gedanken gewöhnt, dass es sogar in einem relativ kleinen geografischen Gebiet innerhalb der dortigen Bevölkerung ethnische und kulturelle Unterschiede geben kann. Dass eine solche Vielfalt nichts Neues darstellt, zeigen Analysen historischer DNA-Proben.[12] Die zunehmende Verfügbarkeit von Internet und E-Mails sowie der Wegfall so mancher politischen Beschränkungen erleichtert den Informations- und Meinungsaustausch zwischen Wissenschaftlern aller Herren Länder wie die Ausleihe von Museumsobjekte innerhalb der gesamten Wikingerwelt. Zahlreiche neue Funde, die in Skandinavien und andernorts in den letzten Jahrzehnten gemacht wurden, räumen überdies jeden Zweifel daran aus, dass es zwischen dem Ursprungsgebiet der Wikinger und ihren nahen und fernen Nachbarn Wechselwirkungen gab.

Wie in den meisten archäologisch oder historisch definierten Epochen gab es auch in der Wikingerzeit keinen Stillstand. Entwicklungen und Wandel sind an internen wie externen Aspekten ablesbar. Zahlreiche kleine Reiche wuchsen nach und nach zu den Vorläufern der modernen Königreiche Dänemark, Norwegen und Schweden zusammen. Um diese größeren Reiche beherrschen zu können, führte man neuartige Regierungs- und Verwaltungsformen ein. Neue Fernhandelsrouten entstanden und im Gefolge des Handels hielten Urbanisierung und Geldwirtschaft Einzug in Skandinavien (Abb. 7–9). Durch die Bekehrung der Herrscher löste das Christentum als einende Kraft zumindest offiziell die lokal begrenzten Glaubenssysteme ab. In vielen Gebieten von Russland bis Nordamerika ließen sich im Zuge von Eroberung wie von friedlicher Ansiedlung Skandinavier nieder. Partiell kam es dabei zu langfristigen Bindungen. Selbst an den Orten, an denen die Siedler nicht auf Dauer blieben, hinterließen sie fast immer das eine oder andere linguistische, kulturelle oder archäologische Erbe. Sogar dort, wo der Einfluss der Wikinger nur minimal war oder sich mit Raubzügen und Plünderungen eher negativ bemerkbar machte, wurden die bis dahin bestenfalls ignorierten Völker Skandinaviens von ihren Nachbarn nun bewusst wahrgenommen. Deshalb besitzen wir heute Berichte über die Wikinger aus ganz differenten Perspektiven.

Diese Schilderungen und der stetig wachsende archäologische Bestand geben uns heute ein globaleres Bild von den Wikingern, obgleich die Wissenschaftler die Funde zum Teil kontrovers beurteilen und für die Siedlungsgebiete der Wikinger durchaus voneinander abweichende Modelle denkbar sind. Das Spektrum reicht von Völkerwanderung und Genozid bis zu dünnen Führungsschichten, die unterworfene Bevölkerungen einer anderen Herkunft beherrschten. Zwischen diesen Polen gibt es diverse nuanciertere Vorstellungen davon, wie Interaktion, Einfluss und Koexistenz aussahen. Welcher Interpretation man sich auch anschließt (die gar nicht für alle Bereiche der Wikingerwelt dieselbe zu sein braucht), lassen sich die Belege nicht leugnen, die gleichermaßen dafür sprechen, dass die Bedeutung der Wikinger für ihr weiteres

Reich verzierte Gewichte kamen im Handel und sozialen Austausch zum Einsatz.

In England oder Irland hergestellte wikingerzeitliche Gewichte, teilweise mit lokalen Metalleinlegearbeiten.

7. (oben links)
Gewicht in Tierkopfform, spätes 9. Jahrhundert. Berg, Buskerud, Norwegen.
Blei, Gold, Silber, Kupferlegierung, vergoldet.
L 3,4 cm, H 1,6 cm
Dänisches Nationalmuseum, Kopenhagen

8. (oben Mitte)
Bleigewicht mit Edelmetalleinlage, spätes 9. Jahrhundert. Berg, Buskerud, Norwegen.
Blei, Gold, Silber, Kupferlegierung, vergoldet.
L 4,0 cm, B 3,5 cm
Dänisches Nationalmuseum, Kopenhagen

9. (oben rechts)
Gewicht in Tierkopfform, 9. Jahrhundert. Kilmainham-Islandbridge, Dublin, Irland.
Blei, Kupferlegierung, vergoldet.
L 3,3 cm, B 2,5 cm, H 2,2 cm
National Museum of Ireland, Dublin

Umfeld unterschiedlich stark zunahm, wie dafür, dass zu dieser Entwicklung äußere Faktoren beitrugen, die von mehreren Seiten her auf Skandinavien einwirkten.

Die Wikinger verstehen

Kenntnis und Verständnis der Wikingerzeit basieren auf verschiedenartigen Zeugnissen, die je nach kultureller Tradition und Erhaltungszustand qualitativ und quantitativ heterogen sind. Die Skandinavier waren meist nur mit der Runenschrift vertraut. Sie benutzten sie üblicherweise für kurze Inschriften etwa auf Gedenksteinen, Eigennamen auf persönlichen Gegenständen, Graffiti und Zauberformeln (Runen hatten nicht nur eine praktische Funktion als Alphabet, sondern wurden zudem mit Magie verknüpft).[13] Funde im norwegischen Bergen aus dem 12. und 13. Jahrhundert deuten darauf hin, dass viele Menschen zu dieser Zeit Runen kannten und im Alltag verwendeten.[14] Runeninschriften auf Holzstücken dienten ganz unterschiedlichen Zwecken, darunter beispielsweise als Kurzmitteilungen und Aufzeichnungen, ähnlich wie heutige E-Mails und Haftnotizen (Abb. 10–11). Dass Runen auch in der Wikingerzeit derartige Funktionen erfüllten, ist durchaus denkbar, doch stehen die Beweise dafür noch aus. Die erhaltenen Runeninschriften aus dieser Epoche geben uns faszinierende Einblicke in vielfältigste Themen bis hin zu wichtigen historischen Ereignissen (siehe S. 158–159). Sie bezeugen Fahrten in ferne Länder wie *Grikland* (»Griechenland«, das heißt das Byzantinische Reich), *Serkland* (»Land der Sarazenen«, also ein beliebiger Teil des Arabischen Kalifats, vermutlich auch des Kaukasus und Ostrusslands) und England, das den Ostschweden damals vermutlich nicht minder exotisch erschien. Die Runensteine liefern uns zwar solche Details, erzählen aber keine zusammenhängende Geschichte der Wikingerzeit aus skandinavischer Sicht.

Das wiederum tun die altnordischen Sagas, die überwiegend in Island, partiell auch in Norwegen zusammengetragen wurden, und einige wenige »Geschichtswerke« auf Latein aus Dänemark und Norwegen. In vielen Fällen enthalten sie durchaus Fakten, doch entstanden sämtliche erhaltenen Exemplare frühestens im späten 12. Jahrhundert, also lange nach der Wikingerzeit.[15] Probleme bereiten dabei nicht nur augenfällige Anachronismen, märchenhafte Elemente innerhalb ansonsten offenbar historischer Schilderungen und das Bemühen der Autoren oder Bearbeiter, die Geschichte interessant zu gestalten, spezifische kulturelle oder politische Botschaften zu vermitteln und gelegentlich wohlbekannte Muster und Motive einzuflechten. Grundsätzlich ist kaum zu sagen, in welchem Umfang die Sagas tatsächliche Fakten

10.
Der Stab wurde bei dem Kriegsschiff *Roskilde 6* gefunden. Dem einen Ende ist ein Stück Feuerstein angefügt, das andere ist in Form eines Vogelkopfs geschnitzt. Die Runeninschrift darauf besagt unter anderem: »Sakse schnitzte diese Runen«. Welchem Zweck der Stab diente, ist ungewiss; möglicherweise hatte er eine magische Bedeutung.

Geschnitzter Stab mit Steinkopf, 1050–1100. Hafen von Roskilde, Seeland, Dänemark.
Holz, Stein. L 46,0 cm
Wikingerschiffsmuseum, Roskilde

11.
Die Inschrift auf der Birkenrinde stammt aus Smolensk in Russland. Sinngemäß übersetzt lautet sie: »Visgeirr nahm dieses Stück [Land]«. Die Aussage bezieht sich vielleicht auf die Gründung eines skandinavischen Handelszentrums in Smolensk.

Runeninschrift auf Birkenrinde, 12. Jahrhundert. Smolensk, Oblast Smolensk, Russland.
Rinde. L 13,2 cm
Staatliches Historisches Museum, Moskau

bewahrt haben könnten und inwieweit die Ereignisse bis zu ihrer mehrere Generationen später erfolgten Niederschrift verzerrt wurden (Abb. 12). Man darf Sagas deshalb nicht als verlässliche Quellen für die Wikingerzeit werten (für spätere Epochen sind sie aussagekräftiger), sollte sie aber auch nicht einfach außer Acht lassen. In viele Sagas eingebettet sind »skaldische« Gedichte. Sie werden meist bestimmten Skalden zugeordnet, die oft Augenzeugen oder zumindest Zeitzeugen der Ereignisse waren, die sie in ihre Dichtungen schilderten. Da das starre Versmaß und die Stabreime keine Änderung einzelner Wörter erlaubten, ohne dass sich die Textstruktur insgesamt veränderte, wurden die Gedichte auswendig gelernt und mündlich tradiert, sodass sie eher als Prosatexte über zwei oder drei Jahrhunderte unverändert blieben. Der Sinn skaldischer Dichtung ist oft nur schwer zu entschlüsseln, da sie Geschehnisse gern in Metaphern und mit Verweisen auf die altnordische Mythologie wiedergibt. Trotzdem enthält sie wichtige Informationen über eine Reihe historischer Ereignisse. Vor allem aber bildet sie eine sprachliche und terminologische Fundgrube hinsichtlich einer Vielzahl von Gegenständen und Tätigkeiten.[16]

Zeitgenössische Schilderungen der Wikinger finden sich häufiger bei den Völker, mit denen sie im Austausch standen. Die Ureinwohner Nordamerikas und die Nachbarn der Skandinavier rings um die Ostsee und in Russland waren mit dem Lesen und Schreiben nicht besser vertraut als die Wikinger selbst. Ebenso waren in den christlichen Reichen Europas die meisten Laien Analphabeten, doch gab es dort gebildete Geistliche. In Byzanz und der arabischen Welt war die Alphabetisierungsrate insgesamt höher. Aus all diesen Gebieten sind schriftliche Schilderungen erhalten. Sie liefern den geschichtlichen Rahmen für unser Verständnis der Wikingerzeit. Annalen und Chroniken verzeichnen wichtige Geschehnisse mit Datumsangaben manchmal detailliert, meist jedoch in Kurzform. Hinweise auf die Wikinger sind auch in Briefen, Predigten, Königsbiografien und Heiligenviten sowie in geografischen Werken enthalten: Als der westsächsische König Alfred der Große (871–899) die *Historiarum adversum paganos libri septem* des römischen Schriftstellers Orosius ins Altenglische übersetzen ließ, ergänzte man die geografische Beschreibung Europas durch Schilderungen der Reisen des nordnorwegischen Großbauern Ottar durch Norwegen und Dänemark sowie der Fahrt eines Mannes mit dem angelsächsischen Namen Wulfstan entlang der südlichen Ostseeküste.[17] Darüber hinaus bergen die Schriften arabischer Geografen Verweise auf Wikinger in Skandinavien und anderswo (siehe S. 70–71). Zeitgenössische Quellen aus Ost und West geben wertvolle Einblicke in die Wikingerwelt, sind jedoch unter Vorbehalt zu sehen, denn ihre Beschreibungen könnten durch religiöse und politische Absichten eingefärbt sein oder schlicht auf ungenügendem Wissen basieren. Manchmal handelt es sich hierbei wohl nur um gezielte Entlehnungen aus älteren Werken.

Eine weitere wichtige Quelle für Belege aus Skandinavien und darüber hinaus ist die Archäologie (Abb. 13). Zu den materiellen Hinterlassenschaften der Wikinger zählen ganze Siedlungen (darunter Städte, Festungen, Bauern- und Gutshöfe), Einzelgebäude, Schiffe und andere Transportmittel sowie zahlreiche Werkzeuge, Waffen, Handelsgüter, Haushaltsgegenstände, Schmuckstücke, Kleidung und sogar Schuhe. Obwohl die Gegenstände je nach Material und Fundortbedingungen unterschiedlich gut erhalten sind, geben archäologische Artefakte Einblick in das Siedlungsverhalten und die Aktivitäten zur Wikingerzeit sowie in interne und externe kulturelle Kontakte, selbst in den Fällen, zu denen die historischen Quellen wenig sagen. Die Archäologie liefert uns ständig weitere Informationen. Immer neue Grabungen erfolgen zu reinen Forschungszwecken, aber auch im Vorfeld von Bauvorhaben. Neben den herkömmlichen Ausgrabungen bringen systematische Untersuchungen mit Metalldetektoren vor allem in Dänemark und England inzwischen große Mengen von Funden ans Licht, darunter ganze Silberschätze, Schmuckstücke aus unedlen Metallen oder Gewandnadeln.[18] Ausgefeiltere archäologische Methoden ermöglichen des Weiteren eine Neuinterpretation des vorhandenen Materials, sei es durch erneute Grabungen an bekannten Wikingerstätten, genauere Datierungsverfahren oder Vergleiche mit aktuellen Funden. Die Archäologie verändert insofern fortlaufend unsere Kenntnis und unser Verständnis der Wikingerzeit.

Die Numismatik (Münzkunde) gehört zur Geschichtswissenschaft wie zur Archäologie, denn Münzen sind – wenn auch kurze – historische Texte und archäologische Fundstücke zugleich. Indem sie Inschriften, ikonografische Elemente und Informationen über die ausgebenden Behörden tragen, geben Münzen wertvolle Aufschlüsse darüber, welche politischen, religiösen und kulturellen Kräfte zur Zeit ihrer Prägung an ihrem Ausgabeort maßgeblich waren. Als archäologische Funde veranschaulichen sie die Bewegungen von Zahlungsmitteln durch Raub oder Handel. Im Gegensatz zu Texten sind Münzfunde bei Ausgrabungen keine Seltenheit, sodass sie kontinuierlich neue geschichtliche Informationen liefern können (Abb. 14).

Auch weniger greifbare Quellen wie Sprache und Ortsnamen belegen die Expansion der Wikinger nach Übersee. Dass diese ihre Sprache dabei natürlich mitführten, ist vielerorts in unterschiedlichem Umfang nachweisbar. Dort, wo die Bevölkerung ganz oder überwiegend skandinavischen Ursprungs war und später vergleichsweise wenig mit anderen Siedlern in Kontakt kam, dominierte das Altnordische und blieb weitgehend erhalten. Das moderne Isländisch und Färöisch steht dem Altnordischen in mancher Hinsicht näher als das heutige Norwegisch. In anderen Gebieten mit stärkerer Durchmischung beschränkt sich der altnordische Einfluss auf

12.
Der spätmittelalterlichen *Egils saga* zufolge war Egil Skallagrimsson ein wilder Krieger, aber auch ein begnadeter Skalde. Zur Strafe dafür, dass er den Sohn König Eriks I. Blutaxt tötete, wurde er zum Tode verurteilt, bekam jedoch aufgrund eines wunderschönen Preislieds, das er auf den Herrscher dichtete, Leben und Freiheit geschenkt.

Egil Skallagrimsson, Buchmalerei in einer isländischen Handschrift, 17. Jahrhundert. Island.
Árni Magnússon-Institut, Reykjavík

13.
Bei jüngsten Ausgrabungen in Hungate im englischen York entdeckten Archäologen eine Wikingerstraße mit einem Gebäude aus wiederverwendetem Schiffsholz.

Lehnwörter in anderen Sprachen. Teilweise wurden Begriffe im Ganzen übernommen (zum Beispiel *egg*, *sister* und *window* im heutigen Englisch), andere kommen nur als Dialektwörter in Gebieten vor, in denen viele Wikinger sesshaft waren (in Nordengland beispielsweise *fell* für »Hügel« oder *beck* für »Bach«). Diese Spuren zeigen sich in der gesprochenen Sprache, aber auch in Ortsnamen. Während etwa auf den Shetlandinseln, deren Dialekt starke nordische Einflüsse aufweist, fast alle Ortsnamen altnordischen Ursprungs sind und auf eine sehr intensive Besiedlung durch die Wikinger hindeuten, treten altnordische Elemente in anderen Gegenden nur neben anderen lokalen Sprachen in Erscheinung; das gilt etwa für Teile Westschottlands, weite Teile Nord- und Ostenglands sowie für die Normandie. Wieder in anderen Regionen wie zum Beispiel Russland lassen die wenigen skandinavischen Ortsnamen eine weit geringere Wikingerbesiedlung vermuten.[19]

14.
In Britannien machten sich die skandinavischen Eroberer christliches Gedankengut bemerkenswert schnell zu eigen. Diese Münze entstand nur eine Generation nach dem Märtyrertod Edmunds, des letzten englischen Königs von East Anglia, der 870 von Wikingern getötet wurde.

Silber-Penny zum Andenken an den hl. Edmund, geprägt von den skandinavischen Herrschern über East Anglia, um 895–910. Cuerdale, Lancashire, England.
Silber. Dm 1,9 cm, 1,5 g
British Museum, London

Das Ende der Wikingerzeit

Ein absolutes Enddatum für die Wikingerzeit haben wir nicht, doch bis zur Mitte des 11. Jahrhunderts machte sich ein grundlegender Wandel in der skandinavischen Gesellschaft bemerkbar. Aus den vielen kleineren Völkern, die zu Beginn der Wikingerzeit existierten, hatten sich die christlichen Königreiche Dänemark, Norwegen und Schweden herausgebildet. Die Expansion nach Westen über den Nordatlantik hatte mit der Besiedlung Grönlands und dem gescheiterten Siedlungsversuch in Nordamerika (*Vinland*) ihre größte Ausdehnung erreicht (siehe S. 43). Die zuvor im Osthandel dominierenden Verbindungen zum Arabischen Kalifat waren durch die Chasaren unterbrochen worden (siehe S. 48–49). Sogar die berühmt-berüchtigten Raubzüge der Wikinger nahmen nach dieser Periode offenbar ab, ohne allerdings ganz aufzuhören.

Aus Sicht der Engländer bietet sich das Jahr 1066 als Endpunkt der Wikingerzeit an: Harald der Harte von Norwegen (1046–1066) war in seiner Jugend gewiss auf *Viking* gegangen, und sein Einfall in Nordengland in eben diesem Jahr (der mit seiner Niederlage und seinem Tod in Stamford Bridge bei York endete) wird oft mit früheren Überfällen auf England verglichen, obwohl er wohl eher einen »Nationalkrieg« darstellte als einen Raubzug. Wilhelm der Eroberer (1066–1087) war ebenfalls ein Abkömmling der »Nordmänner«, nach denen die Normandie benannt ist, und wie der Teppich von Bayeux zeigt, bestand seine Flotte augenscheinlich aus »Wikingerschiffen«. In seinem Heer kämpften die Normannenkrieger bei Hastings Seite an Seite mit Verbündeten und Abenteurern – genauso wie die Truppen, mit denen die Dänenkönige Sven Gabelbart und Knut ein halbes Jahrhundert zuvor England erobert hatten.

Keiner dieser Aspekte ist so simpel wie hier dargestellt. Als die christliche Zentralmacht des schwedischen Königtums Mitte des 11. Jahrhunderts zusammenbrach, endete auch die offizielle Vorrangstellung des Christentums. Selbst dort, wo es die Herrscher zur Staatsreligion erklärt hatten, waren die anderen Religionen nicht samt und sonders verschwunden. Bis ins späte Mittelalter segelten die Wikinger weiterhin gelegentlich nach Nordamerika. Ihre Beziehungen nach Osten pflegten sie durch politische Bündnisse mit dem jungen russischen Staat und die Entsendung skandinavischer Krieger nach Byzanz. Die Ereignisse von 1066 waren zwar für England einschneidend, andernorts jedoch weit weniger spürbar. Die schottischen Hebriden blieben bis 1266 norwegisch, die Orkney- und Shetlandinseln bis 1468/69. Sogar in England war Haralds Überfall von 1066 nicht der letzte skandinavische Raubzug. 1069 und 1072 fiel der Dänenkönig Sven Estridsson (1047–1074) ein, und Haralds Enkel Magnus III. Barfuß von Norwegen (1095–1103) plünderte mehrfach in Irland, Schottland und in den Gebieten rings um die Irische See.

Die in der Wikingerzeit eingeleiteten Außenkontakte bewirkten in Skandinavien bis 1050 (1066) tiefgreifende Veränderungen. Auch wenn der skandinavische Einfluss in Übersee seinen Höhepunkt zu dieser Zeit bereits überschritten hatte, ist das Erbe der Wikinger in weiten Teilen ihres riesigen Geltungsbereichs nachweisbar.

1
KONTAKTE UND AUSTAUSCH

Sunhild Kleingärtner und Gareth Williams

Ohthere berichtete, der Gau, in dem er wohne, heiße Hålogaland. Er erzählte, kein Mensch wohne nördlicher als er. Von dort aus südwärts hat das Land einen Hafen, den man Sciringesheal [Scirings Bucht] *nennt. Dorthin, sagte er, könne man nicht in einem Monat segeln, wenn man bei Nacht raste und täglich günstigen Wind habe …*

OHTHERES (OTTARS) REISEBERICHT AN KÖNIG ALFRED DEN GROSSEN (UM 890)

KONTAKTE UND AUSTAUSCH

DAS RIESIGE SIEDLUNGSGEBIET DER WIKINGER und die Vielzahl der Völker, mit denen sie in Berührung kamen, sind zwei der bemerkenswerten Aspekte ihrer Epoche. Prägend für die Zeit vom späten 8. bis zum frühen 11. Jahrhundert war die enorme Ausweitung der Wikingerwelt weit über Skandinavien hinaus. Handel, Raubzüge, Eroberungen und friedliche Ansiedlung förderten intensivere Kontakte und Wechselwirkungen mit den Kulturen in den besuchten und zum Teil besiedelten Gebieten. Am Anfang ihrer Expansion standen kleine Königreiche, die sich im Laufe der Wikingerzeit zu den Vorläufern der modernen Staaten Dänemark, Norwegen und Schweden entwickelten. Die Auswirkungen dieser Ausdehnung waren vor allem in der näheren Umgebung spürbar: im Osten rings um die Ostsee, im Westen entlang der Nordseeküste und in den dort angrenzenden Gebieten. Allerdings blieb der Einfluss der Wikinger nicht auf Nordeuropa beschränkt. Obwohl Skandinavien nicht zuletzt aufgrund seiner Lage außerhalb der Grenzen des ostfränkisch-deutschen Reichs im Vergleich zu anderen Hochkulturen eher eine Nebenrolle zukam, entspann sich von dort aus in der Wikingerzeit ein Kontaktnetz, das sich über vier Kontinente von Zentralasien im Osten bis

1.
Die Platte diente offenbar zum Einüben von Steinmetztechniken. Dass die Motive typisch skandinavisch sind (im Urnes-Stil), der Stein aber in Irland gefunden (und vermutlich dort auch hergestellt) wurde, ist ein Beleg dafür, dass die künstlerischen Stile in der Wikingerzeit auch über weite Strecken mit den Menschen reisten. Spätes 10./frühes 11. Jahrhundert. Killaloe, County Clare, Irland.
Stein. L 8,9 cm, B 7,7 cm
British Museum, London

nach Grönland und Nordamerika im Westen und vom Polarkreis im Norden bis zur Mittelmeerküste Afrikas im Süden erstreckte.

Schon die Völker im Herkunftsgebiet der Wikinger waren kulturell und ethnisch heterogener als meist angenommen. Die für diese Zeit charakteristische Kombination aus Raubzügen, Handel, Eroberung und Besiedlung brachte sie darüber hinaus mit fremden Zivilisationen in Berührung. Dadurch kam es zum wirtschaftlichen Austausch unter anderem durch Plünderungen und Handel, aber auch zu vielschichtigen sozialen Verflechtungen in Form von Bündnissen, Geschenken, politisch motivierten Heiraten und sogar der Übernahme von Taufpatenschaften für Wikingerherrscher durch christliche Könige wie den fränkischen Kaiser Ludwig den Frommen (814–840) und Alfred den Großen von Wessex (871–899).[1] Diese Beziehungen hatten unmittelbare Auswirkungen auf die skandinavische Gesellschaft, zugleich nahm deren Einfluss andernorts in dieser Phase erheblich zu. Interaktionen mit Fremden ergaben sich nicht nur durch die Eroberungszüge der Wikinger, sondern im selben Maße durch die Präsenz von Angehörigen anderer Völker im ihrem eigenen Gebiet etwa als Händler, Einwanderer, Missionare und Diplomaten. Dass die Skandinavier in dieser Zeit, in der Gewalt nach wie vor das weitaus gängigste Werkzeug der internationalen Politik darstellte, nicht immer die Aggressoren waren, verdeutlichen Überfälle ihrer Nachbarn.

Die Begegnungen und Wechselwirkungen mit anderen Völkern gestalteten sich in Art und Bedeutung innerhalb des erweiterten Siedlungsgebiets der Wikinger und auch zeitlich innerhalb ihrer Epoche verschieden (Abb. 1). Die Rahmenbedingungen waren einerseits langfristige Beziehungen und Veränderungen wie die allmähliche Christianisierung weiter Teile Skandinaviens und die Herausbildung der ersten auf Edelmetallen und später auf Münzen basierenden Wirtschaftsformen, andererseits vorübergehende Anpassungsversuche und Experimente wie die Gründung nordischer Königreiche in England vom Ende des 9. bis in die Mitte des 10. Jahrhunderts oder die nach kurzer Zeit wieder aufgegebene Besiedlung des nordamerikanischen Festlands um 1000. Ob der Kontakt zu Fremden in eine kulturelle Interaktion mündete, war abhängig von diversen Faktoren wie dem Zeitpunkt und Ort der Begegnung, der Haltung der beteiligten Zivilisationen, ihrem technischen Kenntnisstand und der friedlichen oder aggressiven Natur des Umgangs. Beeinflusst wurde die Wechselwirkung auch durch das unmittelbare Umfeld, denn innerhalb der Lebenswelt der Wikinger gab es erhebliche geografische und klimatische Unterschiede. Dieses Kapitel führt in die Welt der Wikinger ein und untersucht die Ausdehnung ihres Kontaktnetzes sowie Aspekte ihrer Interaktion mit anderen Kulturen.

Die Heimat der Wikinger

Die Herkunftsgebiete der Skandinavier unterschieden sich geografisch, politisch, wirtschaftlich und kulturell. Skandinavien wird zu Nordeuropa gerechnet, doch erstreckt sich die riesige Halbinsel mit dem modernen Norwegen und Schweden insgesamt über eine Länge von 1871 Kilometern von der Nordspitze Norwegens bis zum südlichsten Punkt Schwedens. Der hohe Norden dieser Landmasse gehört bereits zum Polarkreis, doch betrifft dies nur einen relativ geringen Teil Norwegens (Abb. 2) und Schwedens. Weiter südlich ist das Klima milder, besonders in Dänemark.

Das in den skandinavischen Sprachen als »Kiel« bezeichnete Gebirge verläuft mittig durch die skandinavische Halbinsel und bildet eine Trennlinie zwischen dem größten Part Norwegens im Westen und dem Oslofjord sowie Schweden im Osten. Westlich des »Kiels« reichen die Berge vielerorts fast bis ans Meer; zwischen den einzelnen Bergketten schneiden Fjorde die Küste ein. Nur ein relativ schmaler Landstreifen an Küste und Fjordufern ist bewohnbar. Vor der Westküste liegt eine Inselkette, in deren Schutz küstennahe Schiffsrouten verliefen – der »Nordweg«, nach dem das heutige Norwegen benannt ist. Das Gebirge war zwar mit Skiern,

2.
Das zerklüftete Relief der norwegischen Westküste schafft natürliche Häfen und geschützte Meeresarme (»Fjorde«), die den idealen Rahmen für die Herausbildung einer Seefahrerkultur boten. Helgeland, Nordland, Norwegen.

Schlittschuhen und Schlitten, wie man sie schon in der Wikingerzeit kannte, überwindbar, als natürliche Barriere begünstigte es aber die Herausbildung verschiedenartiger Gemeinschaften. Wie die übrigen skandinavischen Reiche bestand auch Norwegen zu Beginn der Wikingerzeit aus mehreren kleineren Königtümern, die erst gegen Ende dieser Periode miteinander verschmolzen (siehe S. 150–155)[2] und bis dahin in Teilen so gut wie autonom regiert wurden.

Die östlich vom »Kiel« gelegenen Regionen Norwegens und Schwedens sind weniger bergig, hingegen aber stark zerklüftet. Eine weitere Bergkette durchzieht den Süden Schwedens im Zentrum. Dort fehlen die tief einschneidenden Fjorde Westnorwegens, dafür wird die Landschaft durch enge Buchten, Flüsse und Seen gegliedert und ist mit ausgedehnten Wäldern durchsetzt. Die Bevölkerung bildete deshalb keine landesweite Einheit, sondern zerfiel in viele separate Gruppen. In der Wikingerzeit waren in Schweden lange Zeit im Wesentlichen zwei Stämme ansässig: im Osten – in Uppland und im Umkreis des Mälarseetals – die Svear, deren Name sich im Wort »Schweden« erhalten hat, und im Süden die Götar, die aus einer östlichen und einer westlichen Untergruppe bestanden und namengebend für das moderne Göteborg waren. Zwei weitere eigenständige Völker lebten vor der Küste Schwedens auf den Inseln Öland und Gotland. Wie in Norwegen spiegelt diese Unterteilung eher die geografische Zerstückelung als grundlegende kulturelle Differenzen. Allerdings finden sich regionale Varianten wie die Vorliebe der gotländischen Frauentracht für kleine Tierkopffibeln (Abb. 3) anstelle der größeren Ovalfibeln, die überall sonst in der Wikingerwelt in Frauengräbern zutage kamen (siehe S. 64).

3.
Eine von zwei Tierkopffibeln aus einem Frauengrab; sie sind typisch für die gotländische Frauentracht. Grab 218A, Ire, Hellvi, Gotland, Schweden.
Kupferlegierung.
Gotlands Museum, Visby

Zwar besitzt Dänemark keine Gebirge wie Nordskandinavien, es ist jedoch ebenfalls durch natürliche Grenzen strukturiert (Abb. 4). Die Halbinsel Jütland ist mit dem europäischen Festland durch eine Landenge verbunden, mit einem Fluss im Osten und einem Moor im Westen. Die Lücke dazwischen wurde schon vor der Wikingerzeit durch das Danewerk abgeriegelt (wie, ist indes nicht genau bekannt). Es bildet eine rund dreißig Kilometer lange massive Verteidigungsanlage aus Holzpalisaden, Erdwällen und Gräben. Freilich ist Jütland nur ein kleiner Teil Dänemarks, das darüber hinaus kleine und große Inseln umfasst. Einige davon besitzen einen ganz eigenständigen Charakter wie zum Beispiel Bornholm, das vermutlich ab dem späten 9. Jahrhundert zum Reich der Burgunden gehörte.[3] »Dänenkönige« sind schon vor der Wikingerzeit belegt, doch ist bis Mitte des 10. Jahrhunderts selten klar, auf welches Gebiet sich dieser Begriff bezieht. Ob das moderne Dänemark davor bereits vollständig vereint war, ist ungewiss. Das Herrschaftsgebiet der dänischen Könige schloss jedoch zeitweise auch die Provinz Vestfold westlich vom Oslofjord im südlichen Norwegen mit ein und in der späteren Wikingerzeit sicher mehr oder weniger kontinuierlich auch Regionen des heutigen Südschwedens. Könige wie Harald Blauzahn und Knut der Große hatten ganz Norwegen unter sich, Letzterer vorübergehend vielleicht außerdem Schweden.

Die Bezeichnungen zeitgenössischer Autoren wie moderner Wissenschaftler für die diversen Völker und Gebiete stiften Verwirrung. Trotz unterscheidbarer politischer Identitäten, die sich schon im 9. Jahrhundert herauszubilden begannen, bedienten sich die Menschen im Gebiet des heutigen Dänemarks, Norwegens und Schwedens Spielarten der »dänischen Zunge«, die sich allerdings bereits in mehrere Sprachen und Dialekte verzweigte. Außerhalb Skandinaviens verfasste Werke aus dieser Zeit sprechen von »Dänen« oder »Nordmännern« (neben weiteren, wenig schmeichelhaften Benennungen wie »Heiden« oder »Seeräuber«), doch ist nicht immer klar, ob diese Begriffe ethnische oder kulturelle Diversität ausdrücken sollten.[4]

In Skandinavien siedelten in dieser Epoche nicht nur nordisch bzw. »dänisch« sprechende Stämme, sondern auch mehrere finno-ugrische Völker (siehe S. 20). Ottars Reisebericht aus dem späten 9. Jahrhundert (siehe S. 25) erzählt von mehreren Stämmen in Nordnorwegen und benachbarten Gebieten, unter anderem von den Finnas, Terfinnas, Kvenen und Biarmen. Ottar weiß genug, um Unterschiede, aber auch Übereinstimmungen zwischen diesen Volksgruppen

4.
Satellitenbild von Skandinavien.

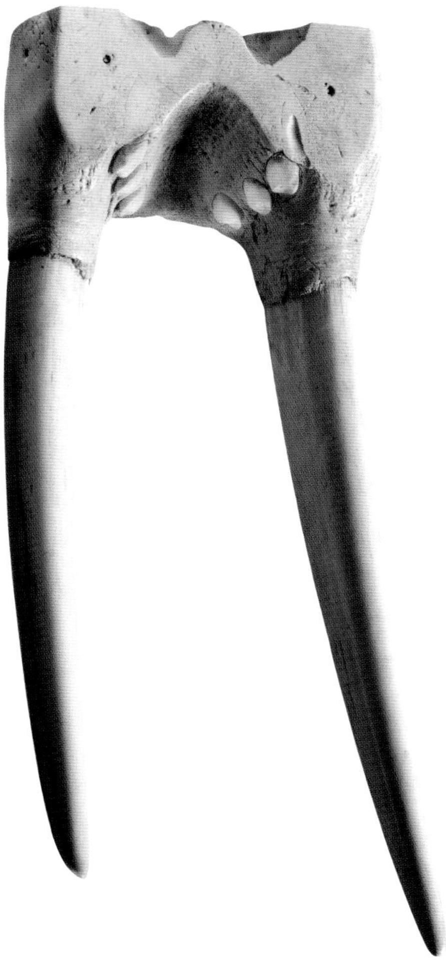

5.
Teil eines Walrossschädels mit Stoßzähnen. Grönland.
Walrossknochen und -elfenbein.
B 19,5 cm, H 47,0 cm
Privatbesitz

zu sehen: »Die Finnas und Biarmen [aus Nordrussland] sprachen, so schien es ihm, praktisch ein und dieselbe Sprache.« Er schildert seine eigenen Beobachtungen bei den einzelnen Völkern und hütet sich, nur wiederzugeben, was sie selbst über sich sagen: »Die Biarmen erzählten ihnen [bzw. ihm] viele Geschichten über ihr eigenes Land und die ringsum gelegenen Länder, aber er wusste nicht, wie viel Wahres daran war, denn er sah sie nicht mit eigenen Augen.«[5] Zu den von Ottar erwähnten Völkern gehörten vermutlich die Vorfahren der heutigen Samen Nordnorwegens und Schwedens, der finnischen Finnen sowie möglicherweise andere Völker, deren Identität heute nicht mehr zu ermitteln ist.[6] Da diese Stämme nomadisch lebten und zum Leidwesen der modernen Archäologie keine aufwendigen Bestattungsriten pflegten, sind sie für uns ununterscheidbar. Spätere Sagas (siehe S. 25) benannten sie durchweg als »Finnas«. Auch zeitgenössische angelsächsische Schilderungen differenzierten wohl nicht zwischen einzelnen skandinavischen Volksgruppen, sondern bezeichneten sie generell als »Dänen«.

Aufgrund der geografischen und kulturellen Diversität bildeten sich in der Region voneinander abweichende Wirtschaftsformen heraus. Im Kerngebiet Skandinaviens betrieben viele Völker Ackerbau und Viehzucht, andere hielten Rentiere als Fleisch-, Milch- und Fell-Lieferanten oder handelten mit Pelzen, Walrossstoßzähnen (Abb. 5), Bernstein und anderen natürlichen Rohstoffen. Die Anfänge einer spezialisierten Produktion und des Fernhandels sind schon vor dem Beginn der Wikingerzeit erkennbar, doch gab es zunächst nur wenige große Handelszentren wie das westdänische Ribe und das schwedische Helgö. Handel und Urbanisierung entwickelten sich maßgeblich erst in der Wikingerzeit (siehe S. 49).

Bei aller Vielfalt wiesen die Gesellschaften dieser Regionen auch Gemeinsamkeiten auf, nicht zuletzt die sich zumindest partiell deckenden Glaubensvorstellungen und Rituale, auf die wir in Kapitel 4 eingehen werden. Ähnlichkeiten gab es des Weiteren bei den Sozialstrukturen und Hierarchien. Sie spiegeln sich geografisch in den sogenannten Zentralplätzen – Fürstensitzen und lokalen Machtzentren, die eine präurbane Produktions- und Handelstätigkeit begünstigten und gelegentlich auch Ritualfunktionen erfüllten (siehe S. 124–128, 156–157, 198–199). Mit Ausnahme der Nomadenvölker in Nordnorwegen und -schweden waren technische Kenntnisse und Herstellungsgeschick in weiten Teilen Skandinaviens etwa auf dem gleichen Stand. Nur hier und da bedingten geschmackliche Präferenzen eigenständige lokale Gestaltungsstile und Verzierungen.

Eine entscheidende Gemeinsamkeit war auch das Verhältnis vieler skandinavischer Gesellschaften der Vorwikingerzeit zur Schifffahrt: Meere, Fjorde, Flüsse und Seen waren für sie keine Barrieren, sondern Hauptverkehrswege, die Gelegenheit zu Kontakten boten. Die Bedeutung der Seefahrerkultur ist nicht nur an fluss- und seetauglichen Booten ablesbar, sondern auch an Gräbern und Häusern. Da Wasserfahrzeuge für diese Gesellschaften von essenzieller Relevanz waren, überrascht es nicht, dass Verstorbene oftmals in Booten und Schiffen oder zumindest in schiffsförmigen Steinsetzungen bestattet wurden. Auch die gebogenen Seitenwände von Langhäusern überall in der Wikingerwelt – gleichgültig ob aus Holz, Stein oder Torf – knüpfen an die Form von Schiffen an (Abb. 6). Der Bedarf an seetüchtigen Fahrzeugen förderte zahlreiche Entwicklungen im Schiffbau – erhaltene Drachenboote gehören zu den erstaunlichsten und eindrucksvollsten Zeugnissen der Wikingerzeit. Auf die technologischen Fortschritte und die Bedeutung der Schiffe gehen wir in Kapitel 5 im Einzelnen ein; dennoch sei an dieser Stelle bereits auf ihre zentrale Rolle bei der Expansion der Wikingersphäre hingewiesen.

Die Seefahrerkultur der Skandinavier beförderte die Nutzung und Kontrolle der lokalen wie regionalen Schifffahrtswege für wirtschaftliche Zwecke und zur Verteidigung. Eine zentrale Funktion fiel dabei künstlichen Barrieren zu, die die Wasserstraße nicht ganz sperren, sondern die Schiffsbewegungen regeln sollten. Wichtig war auch die Kontrolle der für Schiffbau und -ausstattung benötigten Ressourcen. Zwischen der Beherrschung der Schifffahrtswege und Rohstoffe sowie der Herausbildung größerer Königreiche und Militärorganisationen besteht offensichtlich ein Zusammenhang.

6.
Rekonstruktion eines Wikingerlanghauses im Vikinge Center, Ribe, Dänemark, auf Basis eines in Gammel Hviding in Jütland, Dänemark, ausgegrabenen Hauses aus der Zeit um 980.

Diese Fokussierung auf die Schifffahrt war ein wesentlicher Impuls für die Ausbreitung der Wikinger und erleichterte sie zugleich, denn die skandinavische Heimat grenzte im Westen an die Nordsee und den Atlantik, im Osten an die Ostsee und besaß dagegen nur wenige Landgrenzen in Südjütland und im Norden Norwegens bzw. Schwedens. Schon Ende des 8. Jahrhunderts bestanden Handelsverbindungen zu Gebieten jenseits der Ost- und Nordsee. Als sie in der Wikingerzeit ausgedehnt wurden, kam es vermehrt zu – friedlichen wie gewalttätigen – Begegnungen mit Nachbarn in Übersee. Wie schnell man zur See vorankam, hing zwar weitgehend von den Wetterverhältnissen ab, doch konnte man unter idealen Bedingungen sämtliche Regionen rings um Nord- und Ostsee grundsätzlich innerhalb weniger Tage zu Wasser erreichen. Von dem jeweils den Küsten am nächsten gelegenen Gebiet des Wikingerkernlands aus war es dorthin nicht weiter als von der Nord- bis zur Südspitze Norwegens oder vom westlichsten bis zum östlichsten Teil Dänemarks, das heißt, die Wikinger standen mit vielen Völkern in Kontakt, die als direkte Nachbarn eingestuft werden können.

Direkte Nachbarn

Im Süden grenzte Dänemark unmittelbar an das Frankenreich. Dort waren ursprünglich mehrere westgermanische Stämme ansässig, die nach und nach miteinander verschmolzen. Seine größte Ausdehnung erreichte das fränkische Reich unter Karl dem Großen (Frankenkönig 768–814), der sich im Jahr 800 zum Kaiser krönen ließ. Die Karolinger beherrschten das mächtigste aller damaligen europäischen Reiche. Es reichte von der Nordsee bis zum Mittelmeer über den größten Teil Westeuropas, zerfiel später allerdings in mehrere kleinere Königreiche.[7] Die christlichen Frankenkönige wählten keine Hauptstadt, sondern reisten von einer Pfalz zur anderen und hielten dort Hof. Gestützt auf eine wohlorganisierte, gebildete Verwaltung unterhielten sie zahlreiche Königshöfe, Ländereien und Bedienstete. In bewusster Nachahmung des Römischen Reichs beanspruchten die Karolinger sowohl weltliche als auch kirchliche Macht. Dies reflektieren

7.
Behältnisse wie dieses dienten vermutlich zum Transport größerer Warenmengen über Flüsse und das Meer. In diesem Fass wurde wahrscheinlich Wein transportiert. Später kleidete man damit einen Brunnen aus.
Fass, 800–1050. Haithabu, Deutschland.
Tannenholz. H ca. 190 cm, Dm ca. 100 cm
Archäologisches Landesmuseum, Schloss Gottorf, Schleswig

Riten, Insignien sowie aufwendige steinerne Kaiserpfalzen, Kirchen und Klöster.[8] Um das Verlangen der Elite nach kostbaren Gütern zu stillen, konzentrierten sich bestimmte Bereiche der Wirtschaft auf den Fernhandel mit Luxuswaren, besonders in den Hochburgen der königlichen und religiösen Macht sowie in den Handelszentren an der Küste (Abb. 7).[9] Die rege Handelstätigkeit lockte Kaufleute aus nah und fern an, darunter auch Skandinavier, machte die Orte aber vor allem zum Ziel von Wikingerüberfällen. Dass der Fernhandel die spezialisierte Produktion von Exportgütern beförderte, belegen die industrialisierte Herstellung rheinischer Keramik oder der Abbau von Basaltlava.

Anders als die herrschende Oberschicht und die Kaufleute lebten die meisten Franken auf Gehöften aus Holz in bäuerlichen Gemeinschaften. Die zunehmende gesellschaftliche Kluft spiegelte sich in der Herausbildung eines Grundbesitzsystems, in dem die adlige Minderheit als Großgrundbesitzer Land verpachtete. Das soziale Gefälle lässt sich unter anderem an der Lage von Grabstellen innerhalb bzw. außerhalb von Kirchen auf christlichen Friedhöfen ablesen: je näher am Altar, desto höher der Status des Bestatteten.

Die ursprünglich aus Dänemark, Norddeutschland und den Niederlanden stammenden Angelsachsen siedelten sich im 5. und 6. Jahrhundert in England an. Mehrere kleinere Stammesgruppen verbanden sich allmählich zu größeren Königreichen, die im 6. und 7. Jahrhundert nach und nach zum Christentum bekehrt wurden. Sie waren das Vorbild für ein römisch geprägtes christliches Königtum, das andere germanische Völker einschließlich der Franken übernahmen. Die angelsächsischen Siedlungen lagen zunächst überwiegend im Süden und Osten der Insel. Zur Zeit der ersten Wikingereinfälle Ende des 8. Jahrhunderts erstreckten sie sich bereits weitenteils über das Gebiet des heutigen Englands, wobei randständige Regionen wie das Hochland nur dünn besiedelt waren (Abb. 8).[10] Vereinigt wurde England erst im 10. Jahrhundert, nicht zuletzt weil die Wikinger mehrere angelsächsische Königreiche erobert hatten. Zu Beginn der Wikingerzeit waren in England in erster Linie die fünf Königreiche Northumbria, Mercia, East Anglia, Kent und Wessex relevant. Kent wurde dabei zunächst von Mercia, dann von Wessex beherrscht und existierte schon vor den Wikingereinfällen Ende des 9. Jahrhunderts nicht mehr als eigenständiges Königreich (siehe S. 85).[11]

Vergleichbar der fränkischen Gesellschaft war die angelsächsische strikt hierarchisch gegliedert. Grundbesitz und Macht lagen in den Händen einer relativ kleinen Aristokratie. Auch die Kirche war reich und mächtig. Kirchen und Klöster partizipierten aktiv am Ausbau des Handels. Zu Beginn der Wikingerzeit erreichten nur wenige Siedlungen in England die Größe von Städten. Dafür sind in historischen Quellen und durch archäologische Funde zahlreiche Handelszentren nachweisbar, die vermutlich zum guten Teil der Kirche unterstanden.[12] Der Fernhandel reichte bereits in der ersten Hälfte des 8. Jahrhunderts von Ostengland rings um die Nordsee bis nach Ribe im westlichen Dänemark.

Landschaftlich ähnelte England bestimmten Regionen Skandinaviens: Die ostenglischen Agrargebiete haben viel mit Dänemark gemeinsam, das Hochland im Nordwesten erinnert dagegen eher an Norwegen. Die altenglische Sprache hat dieselben Wurzeln wie das Altnordische, das sich jedoch schon im 8. Jahrhundert getrennt entwickelte. Inwieweit man sich wechselseitig verstand, bleibt umstritten, doch ist anzunehmen, dass eine Verständigung prinzipiell möglich war.[13]

Die übrigen Einwohner Britanniens und Irlands unterschieden sich linguistisch stärker von den Wikingern. In Schottland, Irland, Wales und Teilen Westenglands siedelten viele keltisch sprechende Stämme, die den drei Hauptgruppen Iren, Briten und Pikten angehörten. Die Iren bevölkerten ganz Irland. Es war in diverse Kleinkönigreiche untergliedert, doch da es traditionell Hochkönige gab, besaß vermutlich je eines dieser Reiche zeitweise eine Art Vormachtstellung gegenüber den anderen. Irische Siedler gründeten schon in der Vorwikingerzeit im Gebiet des heutigen Westschottlands das Königreich Dál Riata. Nach Süden hin gab es vom Südwesten Schottlands über Nordwestengland und Wales bis nach Cornwall eine Reihe eigenständiger britischer Königreiche; sie gehörten einem anderen keltischen Sprachzweig an, auf

8.
Bevölkerungsverteilung in Britannien und Irland zu Beginn der Wikingerzeit.

9.
Piktischer Bildstein, 7.–9. Jahrhundert. Burghead, Moray Forth, Schottland.
Stein. B 55,0 cm, H 53,0 cm
British Museum, London

dessen Grundlage Kornisch und Walisisch entstanden. In Nord- und Ostschottland siedelten die Pikten (Abb. 9), die oft als eigenständige Volksgruppe angesehen werden, obwohl diese Deutung aufgrund der Seltenheit erhaltener piktischer Schriftquellen problematisch ist. Erst jüngst wurde postuliert, die Pikten seien enger mit anderen Keltenvölkern verwandt als bisher angenommen. Wie die irischen Königreiche unterstanden die vielen kleinen Piktenreiche offenbar einem Oberkönig.[14]

Alle diese Reiche konvertierten noch vor der Wikingerzeit zum Christentum, doch bestand in anderer Hinsicht Ähnlichkeit mit der skandinavischen Gesellschaft. Es gab keine Städte und keine Geldwirtschaft, obgleich wie im Falle Englands vermutlich einige Klöster als Handelszentren fungierten. Wohlstand beruhte vorrangig auf Grundbesitz und Vieh. Edelmetalle dienten als Statussymbol (Abb. 10) und als Gegenstände des sozialen Austauschs; mit Armreifen und anderen öffentlich sichtbaren Attributen wurden beispielsweise treue Dienste oder Tapferkeit im Kampf belohnt (siehe S. 128–131).

Die Landschaft, in der diese Völker lebten, war fast so vielfältig wie in Skandinavien; in Schottland (Abb. 11), Wales und Nordwestengland gab es neben fruchtbarem Ackerland auch dünn besiedelte Hochlandregionen. Zusammen mit dichten Wäldern, Lochs und Inseln bildeten

10.
Fibeln wie diese dienten als Statussymbol. Skandinavische Siedler kopierten ihre Form und auffallende Größe mit diversen Modifikationen.

Piktische Fibel mit Flechtmotiven, 8. Jahrhundert. Rogart, Sutherland, Schottland.
Silber. L 13,3 cm, Dm 7,7 cm
National Museums Scotland, Edinburgh

diese Highlands natürliche Grenzen zwischen den Gemeinschaften. Wie in Skandinavien waren Transporte zu Wasser oft einfacher als auf dem Landweg. Das wiederum begünstigte die Entstehung von Seefahrerkulturen, deren Technologien allerdings aufgrund anderer Schiffbautraditionen für eine weitreichende Expansion weniger gut geeignet waren als die Drachenboote der Wikinger.[15]

Östlich des Karolingerreichs lagen die Gebiete mehrerer noch heidnischer Slawenstämme. Sie trugen traditionell anderen Schmuck als die Karolinger und Wikinger, darunter Ohrringe, Schläfenringe (von Frauenhauben über die Schläfen herabhängende Ringe; Abb. 12), Perlen, halbmondförmige Anhänger und *gombiky* (runde Anhänger aus unterschiedlichen, häufig vergoldeten Metallen). Der Schmuck bestand überwiegend aus Silber, doch sind auch Stücke aus Gold und Bronze bekannt.[16] Unterschiede gab es darüber hinaus im Schiffbau: Die Skandinavier bevorzugten Nägel aus Eisen, die Slawen solche aus Holz. Dass über den Seeweg dennoch enge Kontakte nach Skandinavien bestanden, belegen Handelsplätze an der Küste. Die südliche Ostseeküste mit ihren weitläufigen Sandstränden, Flussmündungen, geschützten Gewässern und Bodden bot ideale Voraussetzungen für den Aufbau wettergeschützter Handelsposten. Natürliche Rohstoffe wie Salz, Pelze und Holz sowie vermutlich Agrarüberschüsse konnten über Binnenwasserstraßen leicht an die Küste geschafft werden. Solche Rohstoffe sowie Bernstein spielten eine entscheidende Rolle, denn diese Handelsplätze bestanden bereits, bevor arabische Silbermünzen – sogenannte Dirhams – ab Ende des 8. Jahrhunderts ins Baltikum gelangten (siehe S. 54–57).[17] Neben Hacksilber (zerkleinerten Silbergegenständen) verwendeten die Slawen für bestimmte Formen des sozialen Austauschs vermutlich sogenannte Eisenschüsseln des Schlesischen Typs als Zahlungsmittel.

Nachweisbar sind unbefestigte Bauernsiedlungen, aber auch viele kreisrunde Ringwälle mit Holzpalisaden, deren Funktion nicht restlos geklärt ist.[18] Aufgrund der erheblichen Ressourcen, die zu ihrem Bau benötigt wurden, dürften sie von der Oberschicht errichtet worden sein, je nach den politischen Umständen der jeweiligen Zeit vermutlich zu unterschiedlichen Zwecken. Die älteren waren vielleicht Zentrallager für Agrarüberschüsse, andere dienten aufgrund politischer Erwägungen wahrscheinlich als Militärstützpunkte. In jüngeren Ringwällen sind zahlreiche Wertgegenstände zutage gekommen. Als zentrale Anlaufstellen der regionalen Wirtschaft könnten sie zum Lagern von Tributen und zur Weiterverteilung von Waren angelegt worden sein.

12. (rechte Seite)
Zwei für eine Frauenhaube gedachte slawische »Schläfenringe« aus der späten Wikingerzeit. Bakkegård, Bornholm, Dänemark.
Silber. 2,8 g; 3,9 g
Dänisches Nationalmuseum, Kopenhagen

11.
Küste einer der Shetlandinseln 170 Kilometer nördlich vom schottischen Festland.

Mehrere als »Balten« bezeichnete Stämme im Gebiet des heutigen Lettlands und Litauens sowie Nordwestrusslands lebten und wirtschafteten ähnlich wie die Slawen. Typisch für sie sind kleine, mit Erdwällen und Holzpalisaden eingefriedete Siedlungen,[19] die ab dem 10. Jahrhundert zunehmend Kaufleute und Handwerker anlockten. Dass dort schon früh auch Skandinavier siedelten, zeigen Grabbeigaben und ein Bildstein aus der Umgebung von Grobiņa sowie zwei Schiffsgräber auf der Insel Saaremaa, in denen vierzig bewaffnete Männer bestattet wurden.[20] Ab Mitte des 9. Jahrhunderts sind dann in lettischen Gräbern keine Spuren der skandinavischen Kultur mehr erkennbar. Dafür finden sie sich ab dieser Zeit in den Hügelgräbern von Wiskiauten (siehe S. 72–73). Baltischer Schmuck mit geometrischen Verzierungen in Form von Kreisen, Dreiecken und Linien unterscheidet sich deutlich von dem der Wikinger mit zoomorphen (tierförmigen) Motiven (Abb. 13–14). Dass es dessen ungeachtet eine gewisse wechselseitige Beeinflussung zwischen Balten und Skandinaviern gegeben hat, belegen Armreife und Fibeln mit stilisierten Tierköpfen ebenso wie lokale Nachahmungen eines ovalen Fibeltyps, der am unteren Rand eine Öse zum Anhängen von Perlen und dergleichen besitzt (Abb. 15–17).

13.
Geometrische Motive sind typisch für Metallarbeiten aus dem östlichen Baltikum.

Kreuzkopfnadel mit Kettengehänge, 10.–12. Jahrhundert. Anduln (Zeipen-Görge)/ Ėgliškiai-Anduliai, Rajon Kretinga, Litauen.
Kupferlegierung, Silber. Nadel L 38,6 cm
Museum für Vor- und Frühgeschichte der Staatlichen Museen zu Berlin

14. (oben Mitte)
Feuerstahl, an ihm wurden zum Feuermachen mit einem Feuerstein Funken geschlagen. Obwohl die Gestaltung finno-ugrisch ist, wurden mehrere Exemplare in Skandinavien gefunden.

Feuerstahl. Gyldensgård, Bornholm, Dänemark.
Eisen, Kupferlegierung. B 7,2 cm
Dänisches Nationalmuseum, Kopenhagen

15. (oben rechts)
Armreif baltischen Typs mit Tierkopfenden, 10.–13. Jahrhundert. Oberhof/Aukðtkiemiai, Rajon Klaipėda, Litauen.
Kupferlegierung. Dm 7,7 cm
Museum für Vor- und Frühgeschichte der Staatlichen Museen zu Berlin

16.–17.
Zwei Hufeisenfibeln baltischen Typs mit Drachenkopfenden, 13.–15. Jahrhundert. Stangenwalde bei Rossitten, Kurische Nehrung/ Rybatschi, Oblast Kaliningrad, Russland.
Kupferlegierung. Dm 6,2 cm; Dm 5,2 cm
Museum für Vor- und Frühgeschichte der Staatlichen Museen zu Berlin

Die Balten verehrten die Geister der Natur, insbesondere der Erde, aber auch der Berge, Gewässer und Wälder. Bis ins 13. Jahrhundert hinein, partiell sogar noch länger, hielten sie an heidnischen Riten fest. Grabbeigaben lassen vermuten, dass Pferde für sie von großer Relevanz waren. Ihre gebogenen Steigbügel ähneln eher den bei Nomadenvölkern der südrussischen Steppen verbreiteten Formen als denen anderer Völker Westeuropas.

In finnischen Gräbern fand man hingegen Bärenknochen, -klauen und -zähne sowie tönerne und bronzene Nachbildungen von Bärenklauen und -zähnen, die als Amulette an Ketten getragen wurden – dieses Wildtier scheint für die Finnen, vermutlich aufgrund russischer Einflüsse (siehe S. 175), große Bedeutung gehabt zu haben. Das heutige Finnland war gegen Ende der Eisenzeit geprägt von einer Wirtschaftsgemeinschaft aus Kleinbauern, die ohne eine Zentralmacht auf einzelnen

18.
Dirhams gelangten aus dem Arabischen Kalifat nach Skandinavien über das östliche Baltikum, wo sie gelegentlich zu Schmuck umfunktioniert wurden. Diese Funde aus einem Frauengrab in Finnland zeigen unter anderem Dirhams als Anhänger, die an einer Perlenkette befestigt wurden.

Trachtenschmuck aus einem Frauengrab mit einem Paar Scheibenfibeln, Ketten, einer gleicharmigen Bügelfibel, Anhängern, Armreifen und Fingerringen, 1050–1100. Grab C23, Kjuloholm, Kjulo, Finnland.
Silber, Kupferlegierung, Glas, Karneol.
Finnisches Naticnalmuseum, Helsinki

Gehöften ansässig waren. Aufgrund der Eisenverhüttung und der Lage zwischen dem Baltikum und dem russischen Flusssystem diente Finnland als Transitgebiet; davon zeugen unter anderem fränkische Schwerter, deren Griffe mit zoomorphen Figuren geschmückt sind, und Hortfunde mit Münzen arabischer und westeuropäischer Herkunft (Abb. 18). Vom Nordteil Skandinaviens aus besetzten Finno-Ugrier die Gebiete entlang der Nord- und Nordostküste der Ostsee. Dabei kam es sowohl in der Heimat der Wikinger als auch im Nordteil des heutigen Russlands zu engen Kontakten mit Skandinaviern, so etwa am bedeutenden Handelsplatz Staraja Ladoga (siehe S. 49, 51).[21]

Fernkontakte

Dank ihrer seetüchtigen Schiffe konnten die Wikinger ihr Siedlungsgebiet ausweiten und auch mit entfernteren Kulturen in Kontakt treten. Im Zuge ihrer Expansion überquerten sie den Nordatlantik und erreichten entlang der Atlantikküste Westeuropas das Mittelmeer sowie über die Flussnetze Russlands und Osteuropas das Schwarze und das Kaspische Meer.

Bei Erkundungsfahrten über den Nordatlantik kam es zu Begegnungen mit fremden Kulturen lediglich in begrenztem Umfang, doch gaben sie den Anstoß zu meist friedlicher Landnahme. Die Färöer, Island und Grönland waren bis zur Ankunft der Wikinger Ende des 9. Jahrhunderts fast gänzlich unbewohnt. Die wenigen irischen Mönche, die dort die Weltabgeschiedenheit gesucht hatten, wanderten ab, als die Nordmänner kamen. Die gebirgigen Färöer eigneten sich eher für Viehhaltung und Fischerei als für den Ackerbau. Island besaß an den Küsten gutes Ackerland, doch waren das zentrale Hochland und die vergletscherten Gebiete nur beschränkt für Besiedlung geeignet (Abb. 19).[22]

Die Nordatlantikinseln wirken landschaftlich nicht sehr einladend, wiesen allerdings gegen Ende der Wikingerzeit ein milderes Klima auf als heute. Der Name »Grönland« – »Grünland« – war wohl nicht ironisch gemeint, sondern sollte das Neuland für Auswanderungswillige attraktiver machen, obwohl man die Inseln in erster Linie als Quelle von Seehundfellen, Walrosshäuten (für Seile) und Walrosselfenbein schätzte (Abb. 20). Federführend bei der Landnahme auf den

19.
Die für Island typische offene Landschaft wurde teilweise erst durch die Wikinger geformt. Dem Bedarf der Siedler an Bauholz und Weiden für ihre Herden fielen in kurzer Zeit die Wälder zum Opfer. Þorsmörk, Island.

20.
Walknochen waren für die Siedler im Nordatlantikraum ein leicht beschaffbarer Rohstoff.

Axtkopf, 11.–13. Jahrhundert. Sandnæs (Kilaarsarfik), Nuuk, Sermersooq, Grönland.
Walknochen. L 13,9 cm
Dänisches Nationalmuseum, Kopenhagen

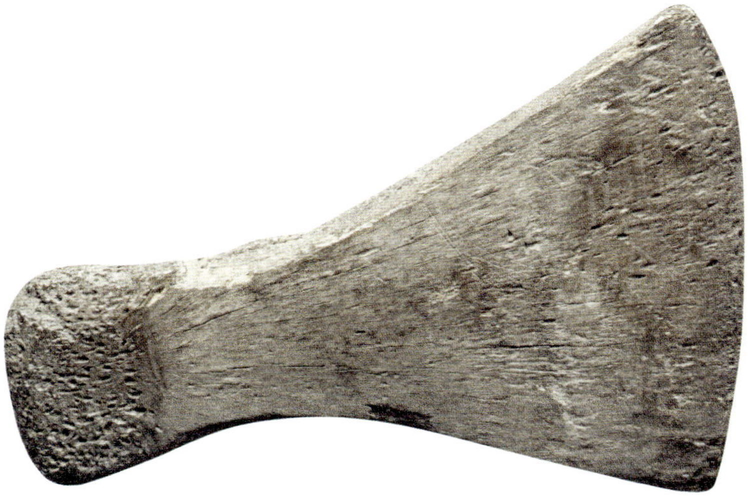

Nordatlantikinseln waren primär Anführer aus Westnorwegen und den Wikingerkolonien in Schottland, wo gutes Ackerland so rar war, dass die neuen Gebiete im Westen den Siedlern die Chance boten, ihren sozialen Status durch große Landgüter zu erhalten oder aufzuwerten.[23]

Im Gegensatz zu den Färöer und Island war Nordamerika bei der Ankunft der Wikinger schon besiedelt. Angehörige der Dorset-Kultur bewohnten Teile des kanadischen Nordostens und vielleicht sogar den Nordwesten Grönlands. In Labrador und Neufundland lebten die Vorfahren der Innu und Beothuk. Im Gegensatz zu anderen Völkern, mit denen die Wikinger in Kontakt kamen, hatten sie allein schon wegen der wenigen Berührungspunkte kaum Einfluss auf die nordische Kultur.[24] In Grönland ließen sich die Wikinger nur in zwei relativ kleinen Gebieten nieder und der eine bekannte Siedlungsversuch in Nordamerika scheiterte an der feindseligen Haltung der Ureinwohner von *Vinland*. Ob die in L'Anse aux Meadows an der Nordspitze Neufundlands entdeckte Wikingersiedlung (Abb. 21) aus dieser Phase stammt, ist nicht sicher. Später holten die Skandinavier von Grönland aus dort Holz, begegneten den Bewohnern Nordamerikas jedoch wohl nur sporadisch. Angesichts ihrer hoch entwickelten Technologien konnten sie von den vergleichsweise rückständigen Jägern und Sammlern Nordostkanadas ohnehin nicht viel lernen. Andererseits übten sie selbst ebenfalls nur sehr

21.
Rekonstruktion der ausgegrabenen Grassodenhäuser der Wikingersiedlung L'Anse aux Meadows, Neufundland, Kanada.

eingeschränkten und nicht immer günstigen Einfluss auf die anderen Völker aus. Die wenigen Funde deuten darauf hin, dass sie in geringem Umfang mit den Dorset-Eskimos Handel trieben. Man vermutet, dass sie ihnen zugleich aus Europa Krankheiten mitbrachten, die den Untergang der Dorset-Kultur in Nordgrönland beschleunigt haben könnten.[25]

Das geografische und kulturelle Gegenstück bildeten die beiden Großreiche am Südostende der Wikingerwelt. Das Byzantinische Reich war in dieser Epoche im Wesentlichen auf Südosteuropa und Kleinasien begrenzt. Seine Hauptstadt war Konstantinopel (das heutige Istanbul). Eine ständige Bedrohung ging von äußeren Feinden aus, nämlich von den Arabern und diversen halbnomadischen Stämmen wie den Bulgaren, den (nicht mit Letzteren verwandten) Wolgabulgaren, den Chasaren und den Petschenegen (siehe unten). Drohende Konflikte wendete Byzanz partiell durch Allianzen ab, indem seine Kaiser sich zu verschiedenen Zeiten mit einigen dieser Völker sowie im 10. Jahrhundert auch mit den Herrschern der Kiewer Rus verbündeten. Dennoch war die Verteidigung des Imperiums so schwierig, dass sich seine Nordgrenze im Laufe der Wikingerzeit mehrmals verschob. Byzanz setzte seine erhebliche Macht ein, um seinen politischen Einfluss zu wahren und auszuweiten sowie zugleich die Christianisierung voranzutreiben. Aufgrund dieser Interessen richtete es den Blick eher nach Norden auf die Gebiete zwischen Schwarzem Meer und Ostsee und förderte deshalb den Austausch mit den Wikingern, als diese zu expandieren begannen.[26]

Konstantinopel selbst war eine glanzvolle Metropole mit Gebäuden aus Stein und Aquädukten. Mit seinen Großstädten und urban konditionierten Strukturen war das Reich in der frühen Wikingerzeit völlig anders organisiert als Nordeuropa. Die Wirtschaft basierte zwar

22.
Die riesige Hagia Sophia wurde 360 zur christlichen Kirche geweiht und bildete das spirituelle Herzstück der byzantinischen Kaiserstadt Konstantinopel. Das heutige Gebäude stammt von 532 bis 537. Minarette und Strebewerk wurden nach 1453 von den Osmanen angefügt.

23.
Byzantinische Flasche, 8./9. Jahrhundert. Süditalien.
Elfenbein. H 23,0 cm
British Museum, London

vorrangig auf Geld, doch achteten die byzantinischen Kaiser angesichts der Metallknappheit strenger als ihre arabischen Nachbarn darauf, dass möglichst wenige Münzen das Reich verließen. Gleichwohl war das wohlhabende Byzanz für skandinavische Kaufleute ein interessanter Markt. Staatswesen, Traditionen und Selbstverständnis waren römisch geprägt. Allgegenwärtig war die weltliche und kirchliche Zentralmacht, verkörpert durch den Kaiserpalast und diverse Kirchen sowie ablesbar an der kaiserlichen und christlichen Ikonografie auf Münzen und Siegeln (Abb. 22–23). Der byzantinische Kaiser bildete den Mittelpunkt eines großen, straff organisierten Staatsapparats, der selbst die Höfe der Franken und Angelsachsen an Fortschrittlichkeit und Komplexität übertraf und den skandinavischen und baltischen Herrschern weit überlegen war.[27]

Byzanz besaß zudem ein hoch entwickeltes Militär mit durchstrukturiertem Heer und fortschrittlicher Waffentechnik. Über die Landstreitkräfte hinaus kontrollierte eine umfangreiche Kriegs- und Handelsmarine das Schwarze Meer und sicherte die eindrucksvolle Dominanz von Byzanz im Mittelmeerraum ab. Ihr exklusiver Gebrauch des »griechischen Feuers« (eine Art Flammenwerfer) verschaffte ihr in Seeschlachten einen Vorteil, auch gegen die Wikinger (siehe S. 82). Da gleich mehrere Außengrenzen ständig bedroht waren, war das Heer stark beansprucht; darüber hinaus achteten die byzantinischen Kaiser darauf, dass die Soldaten ihnen persönlich ergeben waren und nicht irgendwelchen höfischen Fraktionen oder Familien, die ihre Macht womöglich infrage gestellt hätten. Die Lösung für beide Probleme waren ausländische Söldner. Diese Nachfrage zu decken war für die Wikinger ein Leichtes.

Das zweite mächtige Großreich, zu dem die Wikinger Kontakte unterhielten, war das Arabische Kalifat. Da es sich von Zentralasien im Osten über den gesamten Mittleren und Nahen

24.
Kalksteinplatte mit arabischer Inschrift, 10./11. Jahrhundert. Hama, Syrien.
Kalkstein. B 25,0 cm, H 24,5 cm
Dänisches Nationalmuseum, Kopenhagen

Osten (Abb. 24) sowie die nordafrikanische Küste bis Marokko und Spanien im Westen erstreckte, erreichten die Wikinger es sowohl über die Atlantikroute nach Spanien und Nordafrika als auch über die Flüsse in Richtung Naher Osten und Zentralasien.[28]

Dank seiner großen Edelmetallvorkommen hatte sich im Kalifat eine komplexe münzbasierte Wirtschaft herausgebildet. Neben einer riesigen Handelsflotte und günstig gelegenen Seehandelshäfen verfügte es zu Lande über ein ausgedehntes Handelsstraßennetz. Im Inland und an den Küsten gab es viele große und kleine Städte. Das Kalifat lag am westlichen Ende der Seidenstraße, die es mit Gewürzen, Seide und anderen Luxusgütern aus Asien versorgte (Abb. 25). Karneol und Bergkristall wurden im Inland und in Indien geschürft und waren vor allem im Ostteil des Reichs und entlang der Handelsstraßen zum Baltikum weit verbreitet (Abb. 26). Für die Wikinger bildete das Arabische Kalifat so eine Brücke zu weiteren Handelspartnern.

Wie Byzanz war auch dem Arabischen Kalifat an einer Ausweitung seines politischen und religiösen Wirkungsbereichs gelegen. Weltliche und geistliche Macht waren in der Person des Kalifen vereint. Das politische und kulturelle Zentrum des Kalifats war Madīnat-al-Salām (Bagdad), das mit seiner Größe, seinen kostbaren Moscheen und anderen Prunkbauten jede Großstadt in Europa in den Schatten stellte, von skandinavischen Dörfern ganz zu schweigen. Die Blütezeit des Kalifats war in vielerlei Hinsicht das 9. Jahrhundert, doch begann es zu dieser Zeit bereits zu zerfallen und war von inneren Kämpfen und einer Umstrukturierung der Beamtenschaft geschwächt. Dispute zwischen rivalisierenden Dynastien führten zudem zur Gründung unabhängiger Emirate und Königreiche, die dem Kalifat in Bagdad nur noch formal verpflichtet waren.

Obwohl man vom »Arabischen« Kalifat spricht und im Reichsgebiet die arabische Sprache intensiv genutzt wurde (beispielsweise auf Münzen), war es faktisch ein Vielvölkerstaat. Vor allem in der späten Wikingerzeit bestanden Kontakte in die arabische Welt weniger über die abbasidischen Kalifen in Madīnat-al-Salām als über die östlichen Dynastien wie die Samaniden im Norden Afghanistans, die sich als Nachfahren der persischen Sassaniden verstanden, und

25.
Seidenfragmente, gefunden in Dublin, einem Handelsplatz der Wikinger, vermutlich spätes 10./frühes 11. Jahrhundert. Fishamble Street, Dublin, Irland.
Seide. L 22,0 cm; L 19,5 cm
National Museum of Ireland, Dublin

26.
Halbedelsteinperlen und eine Filigranperle aus Silber, 9./10. Jahrhundert. Fund aus der wikingerzeitlichen Siedlung in Janów Pomorski/Truso, Polen.
Glas, Silber, Karneol, Bergkristall, Amethyst.
Archäologisches und Historisches Museum, Elbląg

die Saffariden in Persien. Während die Samaniden und Saffariden die persische Sprache wiederbelebten, führten die Abbasiden persische Verwaltungstraditionen in die bürokratische Organisation des gesamten Kalifats ein (Abb. 27).

Im Gebiet zwischen dem östlichen Baltikum und den Nordgrenzen des Byzantinischen Reichs wie des Arabischen Kalifats lebten diverse Turkvölker, die als Nomaden zugewandert waren, sich jedoch mehr oder weniger fest angesiedelt hatten. In einigen Fällen waren dauerhafte Herrschaftsgebiete entstanden, die diplomatische Beziehungen zu Byzanz und/oder zum Kalifat unterhielten. Das wichtigste dieser Territorien war das Chasaren-Khaganat. Mit ihrer an der Wolgamündung gelegenen Hauptstadt Itil hatten die Chasaren ihr reines Nomadentum aufgegeben, beherrschten jedoch ein riesiges Gebiet nördlich des Schwarzen Meers, des Kaukasus und des Kaspischen Meers und kontrollierten damit potenziell die Flussrouten zur Ostsee. Wie das Kalifat war auch der östliche Teil des Khaganats an die Seidenstraße angebunden und etablierte über sie Handelsverbindungen nach Süd- und Ostasien. Selbst lieferte das Khaganat Waren wie Honig, Sklaven und Pelze. Vor der Wikingerzeit waren die Chasaren mit Byzanz verbündet gewesen, doch im 9. und 10. Jahrhundert standen sie unter dem Einfluss des Kalifats. Trotzdem gab die Chasarenelite im Laufe des 9. Jahrhunderts ihre schamanistische Religion zugunsten des Judentums auf. Das Volk als Ganzes bestand allerdings aus diversen ethnischen Gruppen und hing verschiedenartigen Glaubensvorstellungen an.[29]

Das Judentum unterschied die Chasaren von den Wolgabulgaren, dem anderen großen halbnomadischen Turkvolk, mit dem die Wikinger Kontakte unterhielten. Diese lebten im

27.
Der östliche Teil des Abbasiden-Kalifats mit Nachbarländern vom 9. bis zum 11. Jahrhundert.

Bereich der oberen Wolga und konnten von dort aus Handel mit den Wikingern treiben oder aber deren Geschäfte nach Süden hin stören. Über große Strecken des 9. und 10. Jahrhunderts wurden sie von den Chasaren beherrscht und bemühten sich um engere Bindungen an das Kalifat, um ihre eigene Stellung zu untermauern. Sie traten zum Islam über und prägten Dirhams des arabischen Typs, obwohl ihr Hauptzahlungsmittel eigentlich Marderfelle waren (siehe S. 53).[30]

Westlich der Chasaren und südlich der Wolgabulgaren lebte ein drittes halbnomadisches Volk, die Petschenegen. Durch ihr Gebiet verliefen die Handelsrouten zwischen Osteuropa und Byzanz. Auch sie waren primär ein Turkvolk, dabei religiös und ethnisch stark durchmischt. Zeitweise verbündeten sie sich mit dem Byzantinischen Reich und mit den noch jungen Rus-Staaten im Norden, führten zu anderen Zeiten jedoch gegen die Kiewer Rus offenen Krieg, der den Handel zwischen deren Gebieten und Byzanz unterbrach.[31]

Handel und Austausch

Eines der wichtigsten Motive für die Expansion außerhalb Skandinaviens und die dadurch begünstigte Kontaktaufnahme und Interaktion mit anderen Kulturen war das Streben der Wikinger nach Reichtum. Dass sie dazu bevorzugt auf Plünderungen, Tribute und Eroberungen setzten, ist allseits bekannt (siehe Kapitel 2), aber sie erwarben Wohlstand auch durch Handel. Eine Besonderheit der Wikinger sind die Fernhandelsrouten, die sie in dieser Epoche entwickelten. In begrenztem Umfang trieben sie schon Ende des 8. Jahrhunderts, vor dem Beginn ihrer Ausbreitung, Fernhandel. So stieg im Osten Skandinaviens die Insel Helgö im Mälarsee ab dem 6. Jahrhundert zu einem präurbanen Handelsplatz mit Kontakten ins Baltikum und darüber hinaus auf. Im 9. Jahrhundert übernahm das nahe gelegene Birka diese Sonderstellung. Mitte des 8. Jahrhunderts entstand im russischen Staraja Ladoga ebenfalls ein Handelsplatz; archäologische Funde machen wahrscheinlich, dass dort Skandinavier, Slawen und Balten lebten (Abb. 28).[32]

Im Westen Skandinaviens bildete sich wiederum im jütländischen Ribe im frühen 8. Jahrhundert ein Handelsplatz heraus. Er markierte die Ostgrenze eines Handels- und Währungsverbunds, der sich von Friesland bis Ostengland entlang der Nordsee erstreckte. Vermutlich durch die in diesem Rahmen möglichen Begegnungen waren die Wikinger mit den Küsten Nordwest-

28.
Hügelgrab in der wikingerzeitlichen Siedlung Staraja Ladoga, Russland.

29.
Drachenköpfe stellt man sich vor allem am Bug von Wikingerschiffen vor, sie konnten jedoch auch Gegenstände des Alltags schmücken, in diesem Fall eine Gewandnadel.

Gewandnadel mit Drachenkopf, 950–1000. Haithabu, Deutschland.
Kupferlegierung. L 16,2 cm
Archäologisches Landesmuseum, Schloss Gottorf, Schleswig

europas und insbesondere den Klöstern und anderen wohlhabenden Handelszentren vertraut und nutzten dieses Wissen bei ihren ersten Raubzügen.[33] Die wohl älteste Schilderung eines Wikingerüberfalls erzählt, ein Beamter des westsächsischen Königshofs in Portland (Dorset) habe die Wikinger wie Händler empfangen und sei zum Dank dafür von ihnen erschlagen worden. Denkbar ist, dass es sich gar nicht um einen gezielten Raubzug handelte, sondern um eine entgleiste Handelsfahrt.[34] Offenbar gab es während der ganzen Wikingerzeit neben Beutezügen gleichermaßen friedliche Handelsfahrten. An der Loire erwirkten skandinavische Plünderer 862 für die Dauer des Winters einen Waffenstillstand einschließlich der Erlaubnis, auf einem Markt Handel mit der lokalen Bevölkerung zu treiben. Im 9. Jahrhundert hatten Wikingerlager in Britannien und Irland in der Regel neben der militärischen auch eine wirtschaftliche Funktion (siehe S. 120–121). Obwohl England unter Alfred dem Großen (871–899) besonders häufig Ziel von Überfällen war, empfing der Herrscher den norwegischen Anführer Ottar an seinem Hof. Ottar berichtet von seinen Reisen durch Nordnorwegen und von dort über *Sciringesheal* (Skíringssalr/Kaupang) in Südnorwegen zum Handelsplatz Haithabu in Süddänemark (Abb. 29). Warum er Alfred aufsuchte, ist nicht überliefert; vermutlich wollte er am Hof von Wessex unter anderem Luxuswaren aus Nordnorwegen verkaufen. Ottar erwähnt in seinem Reisebericht, er habe bei den Finnas Tribute in Form von Pelzen, Federn, Walknochen und Seilen aus Walross- und Robbenhaut eingetrieben. Besonders die Walrösser seien wertvoll, »weil ihre Zähne sehr feines Elfenbein liefern – sie brachten dem König einige der Zähne«.[35] Vergleichbar stammen die angelsächsischen Münzen in zahlreichen skandinavischen Depotfunden der späten Wikingerzeit zwar partiell aus Raubzügen in England, zu einem guten Teil aber vermutlich ebenso aus Handelsgeschäften.[36]

Es ist nicht immer leicht, zwischen gewaltsamen Überfällen und friedlichem Handel zu trennen. Die arabische Welt betrieb Sklavenhandel mit Slawen und Wikingern. Letztere hielten selbst Leibeigene und in Schilderungen ihrer Überfälle auf Britannien und Irland ist vielfach die Rede von Gefangenen, die mit Sicherheit als Sklaven oder Geiseln dienten. Wie neuere DNA-Studien in Island belegen, sind die männlichen Gene dort fast durchweg skandinavischer Herkunft, dagegen weisen die weiblichen eine ausgeprägte irisch-schottische Komponente auf. Sie stammt vermutlich von irischen Sklavinnen, von denen die Sagas über die Besiedlung Islands erzählen.[37] Im Hinblick auf Sklavenhandel und -haltung war Irland sicher für die Wikinger attraktiv und es ist kein Zufall, dass man gerade in Dublin eine Sklavenhalsfessel und Fußfesseln aus der Wikingerzeit ausgrub (Abb. 30–31). Gewalt wurde zudem oft bei der Steuerung der Handelsaktivitäten angewendet. Der große Handelsplatz Haithabu an der dänischen Südgrenze entstand nicht zuletzt durch die Zwangsumsiedlung von Kaufleuten aus dem slawischen Reric, das zwar nahe der Ostseeküste, aber außerhalb des dänischen Herrschaftsgebiets lag.[38]

Geschäfte mit Luxusgütern ebenso wie mit Waren des Alltags wurden sowohl lokal als auch über größere Entfernungen abgewickelt. Dazu gehörten unter anderem Nahrungsmittel und Rohstoffe für

30. (oben)
Sklavenhalsfessel, etwa 10.–12. Jahrhundert. St John's Lane, Dublin, Irland.
Eisen. B 15,0 cm
National Museum of Ireland, Dublin

31. (oben rechts)
Neben Dublin werden weitere Fundstätten mit dem Sklavenhandel der Wikinger in Verbindung gebracht. Diese Fessel stammt aus Norddeutschland.

Fußfessel, wikingerzeitlich. Parchim Löddigsee, Mecklenburg, Deutschland.
Eisen.
Archäologisches Landesmuseum, Schloss Gottorf, Schleswig

32.
Wetzsteine dienten zum Schärfen der Klingen von Waffen und Werkzeugen. Dieses Exemplar wurde in Irland gefunden, ist aber aus norwegischem Stein gefertigt.

Wetzstein, vermutlich 9./10. Jahrhundert. Irland.
Norwegischer Schiefer. L 9,3 cm, B 1,4 cm
National Museum of Ireland, Dublin

Schmuck, Werkzeug und Waffen (Abb. 32). Da Metalle in den Wikingergebieten nicht überall erzeugt wurden, goss man sie zu Barren und transportierte sie zu den Abnehmern. Dasselbe galt für andere Materialien, die nur an bestimmten Stellen vorkamen, beispielsweise Bernstein von der Ostseeküste, Gagat aus Nordostengland und Walrosselfenbein aus dem Nordatlantik (Abb. 33–35). Schiefer aus Owrutsch (Ukraine) findet man in Norddeutschland und Ostseebernstein gelangte über noch weitere Wege bis nach Irland oder Zentral- und Ostasien.[39] Nach Skandinavien importiert wurden Waffen (siehe S. 102–104), Wein, Glasgefäße, Mahlsteine für Handmühlen, Töpferwaren sowie edle und unedle Metalle. Exportiert wurden Falken, Bernstein, Häute und vor allem Pelze. Trockenfisch, der im späten Mittelalter zu einer der wichtigsten Exportwaren Skandinaviens aufstieg, wurde offenbar gegen Ende der Wikingerzeit interessant, als neue Fischereimethoden erstmals kommerziellen Fischfang ermöglichten.

In Größe und Charakter unterschieden sich die Handelsplätze stark. Nur einige wenige stiegen zu Knotenpunkten innerhalb eines Netzwerks entlang vielbenutzter Fernhandelsstrecken auf. In Skandinavien selbst waren die wichtigsten Handelsplätze der frühen Wikingerzeit Haithabu und Ribe in Dänemark, Åhus und Birka in Schweden und Kaupang am Oslofjord. Gemeinsam mit Truso (Janów Pomorski) in Polen und Staraja Ladoga in Russland dominierten sie den Handel im Ostseeraum[40] und waren ihrerseits eingebunden in ein weitläufiges Geflecht kleiner Handelsplätze, die eher den lokalen Bedarf deckten. Produktion und Austausch setzten sich an den Fürstenhöfen und anderen Zentralplätzen fort. Tatsächliche Städte entstanden erst

33. (oben)
Armreif und Fingerring, vermutlich 10. Jahrhundert. Fishamble Street, Dublin, Irland.
Gagat/Lignit. Fingerring Dm 2,3 cm;
Armreif (Fragment) L 5,7 cm
National Museum of Ireland, Dublin

34. (oben)
Facettierte Perle aus durchscheinendem gelbrotem Bernstein, 9./10. Jahrhundert. Janów Pomorski/Truso, Polen.
Bernstein. Dm 2,1 cm
Archäologisches und Historisches Museum, Elbląg

35. (rechts)
Ungeschliffener Bernstein aus dem wikingerzeitlichen Handelsplatz Janów Pomorski/Truso, Polen.
Archäologisches und Historisches Museum, Elbląg

in der späten Wikingerzeit im Zuge der zunehmenden Macht des Königtums sowie aufgrund der immer größer werdenden Bedeutung des Handels (siehe S. 150–155). Diese Städte waren als Macht- und Verwaltungszentren gezielt geplant, ähnlich wie im späten angelsächsischen England und im Reich unter den Ottonen. In Dänemark bildeten sich im 10. Jahrhundert vereinzelt erste Städte heraus, im 11. Jahrhundert folgten weitere, allen voran Aarhus, Roskilde, Schleswig (das später Haithabu ablöste), Ribe, Ålborg, Odense und Lund (heute Südschweden). In Schweden löste Sigtuna gegen Ende des 10. Jahrhunderts Birka ab. In Norwegen entwickelten sich im 11. Jahrhundert mehrere Städte, darunter Oslo, Bergen und Trondheim.[41]

Vergleichbar wuchsen die Handelszentren entlang der russischen Flusssysteme nach und nach zu den Städten Gnesdowo, Gorodischtsche, Tschernihiw, Nowgorod und Kiew heran. In Irland beschränkte sich die erste Besiedlungswelle auf befestigte Lager, sogenannte *longphuirt*. Sie erfüllten militärische wie wirtschaftliche Funktionen (siehe S. 120–121), wurden indes im 10. Jahrhundert von einer Handvoll Städte mit Umland abgelöst (Abb. 36). Ähnlich wurden im England des 10. Jahrhunderts in den Gebieten sowohl der Angelsachsen als auch der Wikinger Handelsplätze zu Städten. Für die Wikinger war die Urbanisierung jedoch nur ein Nebenaspekt ihrer Geschäfte. Bis heute wurde keine einzige Wikingerstadt in Schottland gefunden, obwohl die Orkney- und Shetlandinseln genau wie die Äußeren Hebriden an viel befahrenen Handelsrouten zwischen Irland und Skandinavien lagen. Den Sagas zufolge trieben die Wikinger in Island Handel stattdessen von den Gütern ortsansässiger Anführer aus, deren Gastfreundschaft und Schutz sie genossen.[42]

Gehandelt wurde gleichermaßen mit Luxuswaren wie mit Dingen des täglichen Bedarfs. Münzen und Barren wurden anfangs nur in sehr geringem Umfang als Tauschmittel genutzt. In Ribe brachten Angelsachsen und Friesen im 8. Jahrhundert Münzen in Umlauf und in Haithabu wurden sie unter karolingischem Einfluss ab Beginn des 9. Jahrhunderts benutzt, doch blieben dies lokal begrenzte Versuche.[43] Außerhalb der großen Handelsplätze wurde vermutlich eher Tauschhandel mit verschiedenen Produkten betrieben. Die Wechselkurse wurden dabei jeweils von den Umständen diktiert.

Heute geht man davon aus, dass zusätzlich erhebliche Mengen an »Warengeld« im Gebrauch waren, das heißt, man setzte wertvolle Dinge ähnlich wie Geld zum einen als Tauschmittel ein, zum anderen aber auch als Wertmaßstab für die Preise anderer Waren. Da solche Mechanismen nicht viele archäologische Spuren hinterlassen und für Skandinavien kaum historische Quellen vorliegen, lässt sich Warengeld für die Wikingerzeit nicht eindeutig nachweisen, wenngleich die Wikinger solche Systeme mit Sicherheit aus Russland kannten, denn arabischen Quellen zufolge benutzte man dort als Währung Glasperlen (im Wert von je einem Silber-Dirham) und Marderfelle (im Wert von zweieinhalb Dirhams). Da auch an den skandinavischen Handelsplätzen der Wikinger häufig Glasperlen gefunden werden, könnten sie dort eine ähnliche Funktion gehabt haben (Abb. 37).[44]

36.
Zu Beginn der Wikingerzeit war das technische Wissen der Handwerker in Irland und Skandinavien etwa auf demselben Stand, obwohl kulturell grundlegende Unterschiede bestanden. Im Gegensatz zu Skandinavien war Irland schon seit mehreren Jahrhunderten christianisiert.

Schaftunterteil eines Krummstabs (eines Bischofsstabs), 8. Jahrhundert. Irland.
Kupferlegierung, vergoldet, Bernstein.
L 19,9 cm
National Museum of Ireland, Dublin

37.
Halskette aus Glasperlen mit zwei eisernen Anhängern, 9./10. Jahrhundert. Janów Pomorski/Truso, Polen.
Glas, Eisen. Hammerförmiger Anhänger (links) L 3,3 cm; hammerförmiger Anhänger (rechts) L 2,8 cm
Archäologisches und Historisches Museum, Elbląg

Ein grundlegender Wandel setzte im 9. Jahrhundert durch die Einführung von Silber als Tauschmittel ein. Zu Beginn der Wikingerzeit zeigten Edelmetalle vorrangig den sozialen Status an, während sie wirtschaftlich praktisch keine Relevanz hatten. Gold und Silber waren begehrt, um persönlichen Reichtum zu demonstrieren; durch Verschenken und Austauschen kostbarer Gegenstände untermauerte man gern gesellschaftliche Beziehungen (siehe S. 128–133, 138–140). Die dadurch bedingte Nachfrage nach Edelmetallen als Rohstoff für die Herstellung von Statussymbolen wurde durch den massiven Zufluss arabischer Silbermünzen befriedigt. Über 100000 davon sind für die Wikingerzeit in Skandinavien belegt (Abb. 38–41) und ständig kommen neue Hortfunde hinzu. Allerdings stockte die Beschaffung von Dirhams, wenn die Handelswege durch die Chasaren und Wolgabulgaren unterbrochen wurden, und Ende des 10. Jahrhunderts versiegte diese Quelle völlig. Inzwischen hatten jedoch angelsächsische und deutsche Münzen die arabischen in Skandinavien abgelöst.[45]

Wurden Münzen anfangs vor allem als Rohmaterial geschätzt, eigneten sie sich aufgrund der Haltbarkeit von Gold und Silber besser als viele andere Waren als geldwertes Tauschmittel. Die arabischen Länder, Byzanz, die Karolinger und die Angelsachsen verwendeten bereits Münzen. Sehr wahrscheinlich gaben diese Vorbilder, vor allem das arabische Münzwesen, den Anstoß für den ersatzweisen Gebrauch ungemünzter Edelmetalle (Abb. 42–45). Anders als Münzen unterlagen Barren, Hackgold und -silber keiner formalen »Qualitätskontrolle«, doch prüfte man ihren Feingehalt mit diversen sehr flexiblen Methoden: Durch Einkerben und Anpicken der Oberfläche testete man die Härte der Legierung und wies Metallauflagen nach (Abb. 46). Den Wert ermittelte man gern nach dem Gewicht. Die Edelmetallwirtschaft verwendete ganze und gestückelte Münzen, aber auch größere Barren sowie »Hacksilber«, also Teilstücke von Barren, Schmuck, Geschirr und dergleichen (Abb. 47).

Die soziale und symbolische Bedeutung arabischer Münzen für die Zurschaustellung von Reichtum und Prestige belegen vor allem die zahlreichen Dirham-Imitate, die in der Wikingerzeit in Skandinavien entstanden.

38. (oben links)
Silber-Dirham Ismail b. Ahmads (892–907), geprägt in Samarkand im AH 291 (902/903). Vale-of-York-Hort, vergraben um 927/928. North Yorkshire, England.
Silber. Dm 2,2 cm
British Museum, London

39. (oben Mitte)
Bruchstück einer skandinavischen Form, mit der Imitate arabischer Münzen hergestellt wurden. Haithabu, Deutschland.
Geweih. L 3,3 cm, B 2,6 cm, H 1,0 cm
Archäologisches Landesmuseum, Schloss Gottorf, Schleswig

40.
Goldbrakteaten (dünne, einseitig geprägte Schmuckscheiben) wurden in Skandinavien ab dem 5. Jahrhundert hergestellt. Bei diesem Exemplar ist die Verzierung von der kufischen Kalligrafie inspiriert.

Pseudo-kufischer Brakteat. Gotland, Schweden.
Gold.
Dänisches Nationalmuseum, Kopenhagen

41.
Identische zeitgenössische Nachahmungen eines Silber-Dirhams Harun-ar-Raschids, 807/808, Bagdad. Hafen von Haithabu, Deutschland.
Zinn-Blei-Legierung. Dm 2,2 cm
Archäologisches Landesmuseum, Schloss Gottorf, Schleswig

42. (rechts)
In der edelmetallbasierten Wikingerwirtschaft wurden Edelmetalle eingeschmolzen und zu transportablen Barren gegossen.

Gussform und Silberbarren. Birka, Uppland, Schweden.
Silber, Stein. Form L 11,0 cm
Staatliches Historisches Museum, Stockholm

43. (oben links)
Hackgold mit Prägemuster, spätes 9. Jahrhundert – 1000. Aldbrough, Yorkshire, England.
Gold. L 1,1 cm, 1,0 g
British Museum, London

44. (oben rechts)
Hackgold mit Prägemuster, spätes 9. Jahrhundert – 1000. Torksey, Lincolnshire, England.
Gold. L 1,1 cm, B 1,0 cm
British Museum, London

45. (unten)
Barren, vermutlich 9.–11. Jahrhundert. Askeaton, County Limerick, Irland.
Gold. L 4,0 cm, B 1,0 cm
National Museum of Ireland, Dublin

47. (rechte Seite)
Bei den Barren und Armreifen in diesem Silberhortfund zeigen die Einkerbungen an den Rändern, dass jemand die Qualität des Silbers geprüft hat.

Depotfund bestehend aus Armreifen und Barren, 900–1100. Skomentnen/Skomętno, Woiwodschaft Warmińsko-Mazurskie, Polen.
Silber. Armreife Dm 8,5–9,5 cm;
Barren L 5,7–14,5 cm
Museum für Vor- und Frühgeschichte der Staatlichen Museen zu Berlin

46.
Die Oberfläche dieser angelsächsischen Münze weist typische »Pickstellen« auf, an denen eine Messerspitze ins Metall getrieben wurde, um dessen Reinheit zu prüfen.

Silber-Penny Æthelreds II., Long-Cross-Typ (978–1013 und 1014–1016).
British Museum, London

Während Münzen in dieser Zeit nur einige wenige Nennwerte aufwiesen, konnte man Edelmetalleinheiten beliebig unterteilen. Die winzigsten Hacksilberstücke waren viel kleiner und leichter als Münzen und deshalb nützlicher für geringwertige Geschäfte. Die größten Barren von über einem Kilo Gewicht eigneten sich dagegen für große Transaktionen und waren praktisch zu lagern.[46]

Die Edelmetallstücke mussten exakt gewogen werden. Auch hierin zeigt sich der eminente arabische Einfluss (Abb. 48). Vor allem zwei Arten Waaggewichte wurden offenbar zusammen mit Dirhams importiert: polyedrische »Kubooktaedergewichte« (»Würfelgewichte«) und »Kugelzonengewichte«. Beide wurden in verschiedenen Größen angefertigt. Aufschriften gaben das jeweilige Gewicht an (Abb. 49). Importierte Gewichte wurden ebenso verwendet wie vor Ort hergestellte Imitationen; manche Kugelzonengewichte tragen sogar pseudoarabische Inschriften. Solche Waaggewichte wurden überall in der Wikingerwelt bis nach Irland verwendet und waren ab dem späten 9. Jahrhundert weit verbreitet. Zu dieser Zeit begannen die Wikinger in Britannien und Irland, zum Abwiegen von Silber eigene Bleigewichte herzustellen und sie mit Emaille, eingelegten Münzen oder dekorativen Metallfragmenten zu verzieren. Anders als Polyeder- und Kugelzonengewichte war jedes dieser reich dekorierten Bleigewichte ein Unikat, das bei einer Transaktion nicht heimlich vertauscht werden konnte (Abb. 50–52). Beide Gewichtstypen richteten sich mehr oder weniger streng nach den arabischen Standardgewichten

48.
Klappwaage mit Behälter und zwei Waaggewichten, 11.–12. Jahrhundert. Rugard bei Bergen, Lkr. Vorpommern-Rügen, Deutschland.
Kupferlegierung. Waage H 38,0 cm
Museum für Vor- und Frühgeschichte der Staatlichen Museen zu Berlin

49. (rechte Seite oben)
Fünf Polyedergewichte (»Kubooktaeder-« oder »Würfelgewichte«) im arabischen Stil und ein Kugelzonengewicht, um 865–900. Yorkshire, England.
Kupferlegierung, Blei. Dm 1,1 cm; H 0,9 cm; H 0,8 cm; H 0,6 cm; H 0,7 cm; H 1,4 cm
British Museum, London

50. (rechte Seite Mitte)
Wikingergewichte aus Blei, eingelegt mit angelsächsischen Münzen; die Münzen stammen aus den frühen 870er-Jahren und wurden vermutlich noch im selben Jahrzehnt zu Gewichten verarbeitet. England.
Blei, Silber. Dm 3,0 cm, 71,5 g;
Dm 2,2 cm, 10,6 g
British Museum, London

51. (rechte Seite unten links)
Wikingergewicht aus Blei mit emaillierter Oberseite, spätes 9./frühes 10. Jahrhundert. East Yorkshire, England.
Blei, Emaille. H 0,8 cm, Dm 1,2 cm, 13,0 g
British Museum, London

52. (rechte Seite unten rechts)
Wikingergewicht aus Blei mit eingelegtem Bruchstück einer Metallarbeit von den britischen Inseln, spätes 9./frühes 10. Jahrhundert. East Yorkshire, England.
Blei, Kupferlegierung. L 1,4 cm, B 1,1 cm, 9,4 g
British Museum, London

In Britannien verwendeten die Wikinger unterschiedliche Typen von Gewichten.

53.
Silberhort bestehend aus skandinavischen und baltischen Objekten, darunter fünf Armreife mit standardisiertem Gewicht. Malmsmyr, Rone, Gotland, Schweden.
Staatliches Historisches Museum, Stockholm

(letztlich nach der römischen Unze). Inwieweit im gesamten Siedlungsgebiet der Wikinger einheitliche, kontrollierte Gewichtsstandards verwendet wurden, ist dabei umstritten.[47]

Die Verknüpfung zwischen dem Edelmetallwert von Silber und seiner Funktion als Statussymbol und gesellschaftliches Wertobjekt wird bei Schmuckstücken mit standardisiertem Gewicht anschaulich (Abb. 53). Halsreife aus Nordrussland und deren skandinavische Nachbildungen sowie mehrere Arten Armreife aus Skandinavien, Irland und Schottland wurden offenbar gezielt so hergestellt, dass sie ein Vielfaches einer Unze wogen, wenngleich das exakte Gewicht einer Standardunze von Region zu Region abwich. Wie es zur Verwendung von standardisiertem Schmuck gekommen sein könnte, schildert der arabische Schriftsteller Ibn Fadlān. Zum Zeichen ihres Wohlstands kauften die Rus-Kaufleute ihren Frauen möglichst viele Halsreife:

> *Um den Hals trugen* [die Frauen der Rus] *Torques aus Gold oder Silber, denn jeder Mann lässt, sobald er 10000 Dirhams beisammen hat, für seine Frau einen Halsreif anfertigen. Hat er 20000, kann er zwei Torques schmieden lassen und so weiter. Jedes Mal, wenn er sein Vermögen um 10000* [Dirhams] *vergrößert, kauft er einen Torques zu denen hinzu, die seine Frau schon besitzt, sodass manche Frau viele Halsreife trägt.*[48]

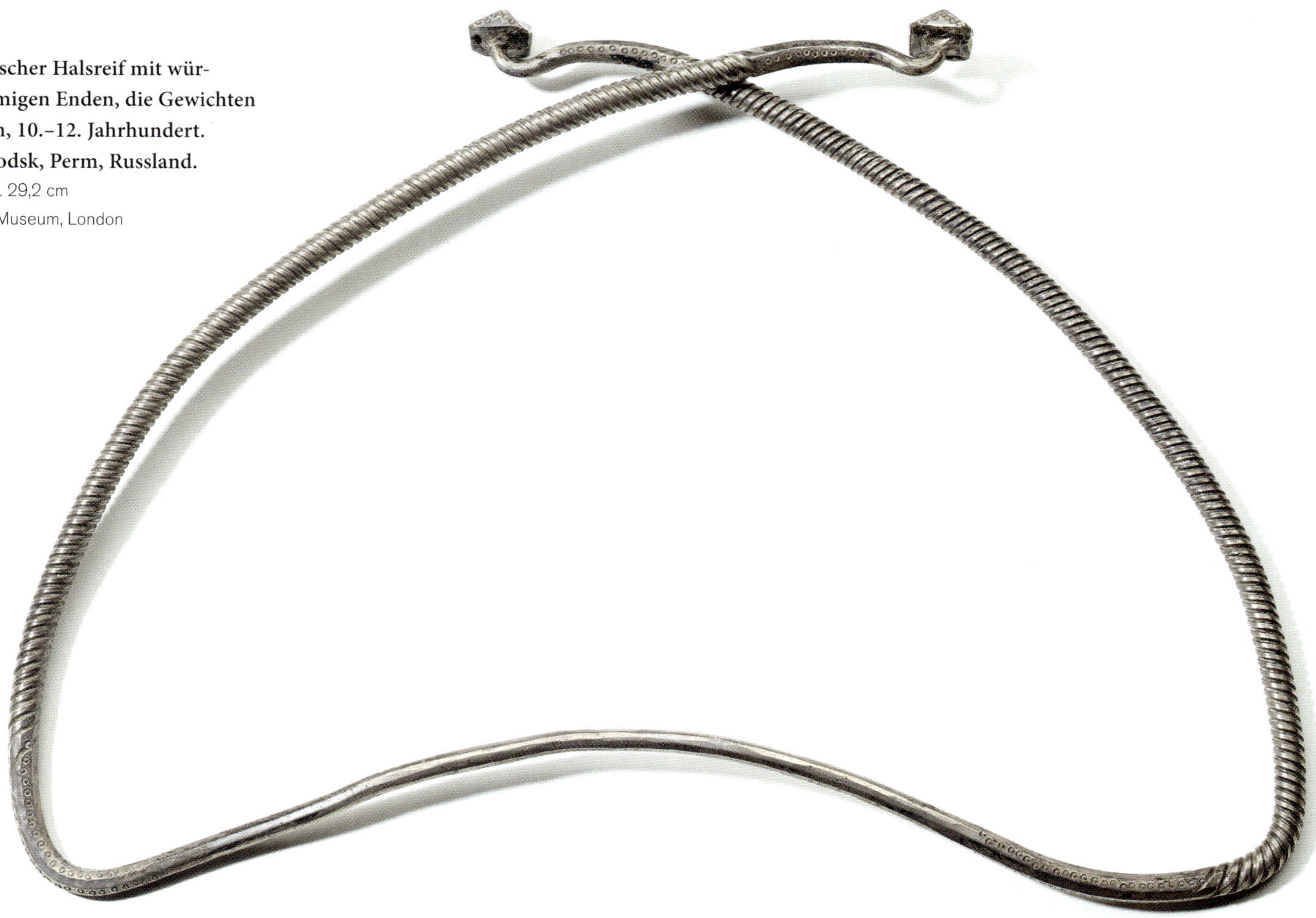

54.
Permischer Halsreif mit würfelförmigen Enden, die Gewichten ähneln, 10.–12. Jahrhundert. Bilowodsk, Perm, Russland.
Silber. L 29,2 cm
British Museum, London

55.
Halsreife mit standardisiertem Gewicht aus Russland und Skandinavien wurden manchmal zu Armreifen gewickelt.

Hortfund mit drei spiralförmigen Armreifen, 9. Jahrhundert. Hoffmanslyst, Ostjütland, Dänemark.
Silber. Dm 3,9 cm; Dm 3,9 cm; Dm 3,5 cm
Dänisches Nationalmuseum, Kopenhagen

Ein standardisierter Halsreif signalisierte demnach erheblichen Reichtum. Die Verknüpfung mit Waaggewichten zeigt sich besonders in den dekorativen Endstücken russischer Halsreife, denn ihre Formen leiten sich von den Kugelzonengewichten ab, mit denen man Silber abwog (Abb. 54–55).[49]

In der Wikingerzeit zirkulierten nach und nach fast überall in den Siedlungsgebieten der Wikinger Münzen, wenn auch auf den Inseln im Nordatlantik nur in geringem Umfang.[50] Bedeutsam war dabei wohl vor allem der Einfluss ihrer Nachbarn. Freilich war es durchaus üblich, einheimische und importierte Münzen ebenso wie Silber in anderer Form als geldwertes Edelmetall zu verwenden und nicht als Geld innerhalb einer strikt regulierten münzbasierten Wirtschaft wie später im angelsächsischen England oder in der arabischen Welt. Eng verknüpft war die Übernahme des Münzsystems indes mit der Christianisierung und der Herausbildung königlicher Macht. In diesen Kontexten werden wir auf das Thema Münzgeld noch detaillierter eingehen (siehe S. 153–154).[51]

Kulturaustausch

Handel treiben ist nur eine Form des Austauschs. Auch in anderen Bereichen sind für die gesamte Wikingerzeit Wechselwirkungen erkennbar. Schriftquellen erwähnen individuelle skandinavische Händler in Ost und West sowie arabische Kaufleute, die Beziehungen zu den Rus in Russland und Skandinavien pflegten. Daneben wissen wir von angelsächsischen und fränkischen Missionaren im Norden, skandinavischen Siedlern im Westen und politischen Gesandten unterschiedlicher Herkunft, die in der Wikingerwelt unterwegs waren. Einerseits waren die Kontakte gewalttätig wie der Wikingerüberfall auf das Kloster Lindisfarne vor der Küste Northumberlands im Jahr 793,[52] andererseits verliefen sie oft friedlich in Form von Handelsgeschäften, Reisen oder Heiraten zwischen vornehmen Familien, im 10. Jahrhundert zum Beispiel zwischen Wikingern und Slawen (siehe S. 133).[53]

Noch vor der Plünderung von Lindisfarne entstanden Handelsverbindungen über Südskandinavien bis in Gebiete jenseits der Nord- und Ostsee, also zwischen mehreren Kulturkreisen. Die Zentren dieser Handelstätigkeit förderten einen regen Austausch von Meinungen, religiösen Vorstellungen, technischen Fertigkeiten und sogar Kleidungs- und Haarmoden, sodass manche Zeitgenossen den Überfall auf Lindisfarne sogar als Strafe Gottes für die Nachahmung der heidnischen nordischen Haartrachten ansahen.[54] Die Bedeutung dieser Handelsplätze zeigt sich sowohl in den vielen dokumentierten Plünderungen als auch in ihrer Position als Zentren der christlichen Mission.

Bei Raubzügen und Geschäften kam es zu eher kurzfristigen, obgleich teils wiederholten Kontakten. Andere Tätigkeiten boten mehr Gelegenheit zu längerfristigen Beziehungen. Ein Beispiel ist die Warägergarde. Das Regiment innerhalb des byzantinischen Heers mit festem Rang- und Soldgefüge stellte die kaiserliche Leibgarde, kämpfte indes ebenso in diversen Kriegen an den Reichsgrenzen als Feldeinheit (siehe S. 97). Die Männer lebten vielfach jahrelang am Hof in Konstantinopel. Missionare und Diplomaten blieben unterschiedlich lange an ihren Einsatzorten, gewannen jedoch selbst bei kurzen Aufenthalten nachhaltige Eindrücke, die sie an andere weitergaben. Rimberts Biografie des hl. Ansgar, der Mitte des 9. Jahrhunderts in Dänemark und Schweden missionierte, und die Berichte des maurischen Gesandten al-Tartūshi, der sich Ende des 10. Jahrhunderts in Haithabu aufhielt (siehe S. 71), liefern der modernen Geschichtswissenschaft zwar nicht allzu viele brauchbare sachliche Angaben, dafür aber interessante Einblicke in die fränkische und arabische Haltung gegenüber den Wikingern. Beide richteten sich freilich von vornherein auch an ein zeitgenössisches Publikum.[55]

Langfristige Beziehungen mit tief greifenden Konsequenzen ergaben sich vor allem durch die Bekehrung der skandinavischen Herrscher zum Christentum. Obwohl Missionare schon ab dem frühen 9. Jahrhundert in Skandinavien tätig waren, ließen sich einige der nordischen Könige bemerkenswerterweise nicht in ihrer Heimat, sondern im Ausland taufen. Harald Klak etwa nahm als erster dänischer König das Christentum durch die Taufe in Ingelheim an und 1015 wurde der Norweger Olaf Haraldsson in Nordfrankreich getauft.[56] Diese spezifische Form des Kontakts mit dem Ausland sollte offensichtlich externe Bündnisse und damit zugleich die innenpolitische Stellung des Herrschers stärken.[57] Sie änderte nicht nur dessen persönlichen Glauben, sondern auch seine Rolle innerhalb der Gesellschaft sowie die Strukturen des Königtums. Die Monarchen demonstrierten dies durch karolingisch inspirierte Ornate und Insignien und die öffentliche Zurschaustellung königlicher Macht durch Bauwerke und Münzen, wie sie es bei den Karolingern beobachteten (siehe S. 141, 151–153, 156–157). Dass der materielle Einfluss der Christianisierung nicht nur König und Adel betraf, belegt beispielsweise die Übernahme von Rundfibeln fränkischen Stils im 9. Jahrhundert in der skandinavischen Kleidung.[58]

Die kulturelle Interaktion beschränkte sich nicht auf die Elite und Gesandte. Landnahmen in Übersee unterstanden oft hochrangigen Machthabern (in Dublin regierten Könige, in Kiew Großfürsten, in der Normandie Herzöge, auf Orkney Jarls), aber die Kolonisten selbst gehörten ganz verschiedenen sozialen Schichten an, von rangniederen Anführern über Bauern bis zu Leibeigenen (Sklaven). In den dauerhaften Siedlungsgebieten der Wikinger sind nordische Ortsnamen sehr verbreitet, etwa in weiten Teilen Nord- und Ostenglands, Teilen von Schottland, Irland und Wales (Abb. 56) sowie in der Normandie. In manchen Regionen wie auf den Shetlandinseln existieren fast gar keine Ortsnamen aus der Vorwikingerzeit, in England und der Normandie dafür partiell nordische und einheimische Toponyme nebeneinander. In anderen Gebieten sind die Muster komplexer, etwa im Westen Schottlands und auf der Isle of Man. Da sich dort nach der Wikingerzeit das Gälische erneut durchsetzte, ist heute in vielen Fällen schwer zu entscheiden, ob ein keltischer Ortsname vor oder nach der Wikingerzeit entstand. Umgekehrt belegen slawische Ortsnamen auf dänischen Inseln und in Südschweden, dass sich

56.
Regionen in Britannien und Irland mit Belegen für ausgeprägte skandinavische Einflüsse, meist in Verbindung mit wikingerzeitlichen Siedlungen.

dort Menschen von der südlichen Ostseeküste auf Dauer ansiedelten. Auch sie hinterließen linguistische Spuren in Form von Lehnwörtern in beiden Sprachrichtungen. Aufgrund der Bedeutung der Seefahrt für die Wikinger wundert es nicht, dass gerade maritime Begriffe aus dem Altnordischen vermehrt in andere Sprachen eingingen.

Informationen über die Völkerwanderungen liefert seit einiger Zeit außerdem die Naturwissenschaft. Durch die Strontiumisotopenanalyse kann man anhand der Zähne ermitteln, wo eine Person aufwuchs und lebte. Bei DNA-Analysen von Skelettresten vergleicht man das Erbgut von Individuen mit den DNA-Mustern, die in einer ethnischen Gruppe vorherrschen, doch wird die Sicherheit der Zuordnung gern überschätzt. Dasselbe gilt für DNA-Untersuchungen, mit denen man die genetische Herkunft moderner Bevölkerungsgruppen zu eruieren versucht. Da diese Verfahren von den Abermillionen Ahnenreihen, die jeder Mensch besitzt, nur eine einzige identifizieren, sagen sie über das Individuum wenig aus. Vermag man jedoch bei einem statistisch signifikanten Teil der Bevölkerung in einer Region denselben Trend nachzuweisen, können solche Ergebnisse interessant sein, zum Beispiel ein starker norwegischer Einfluss auf den Orkney- und Shetlandinseln sowie auf den Äußeren Hebriden und in Nordwestengland.[59]

Bei archäologischen Funden ist die Situation ähnlich. Kleine Gegenstände, die als Souvenirs oder Geschenke dienten, wurden mit Vorliebe an einen anderen Ort mitgenommen. Ein Einzelfund besagt deshalb noch nicht, dass es einen kulturellen Einfluss oder auch nur eine direkte Begegnung gab. Lediglich auf Umwegen dürfte etwa ein bronzener Buddha ins schwedische Helgö und ein norwegischer Penny nach Maine (USA) gelangt sein. Findet man aber eine ganze Objektgruppe an einer ungewöhnlichen Stelle, etwa in einem bestimmten Grab, lässt sich eher ein unmittelbarer Kontakt vermuten. Erst wenn eine ganze Reihe von Gegenständen einer ortsfremden Kultur belegt werden kann, ist eine dauerhafte Siedlung oder zumindest ein starkes Einwirken auf kultureller Ebene denkbar. Bootsgräber beispielsweise sind typisch für das wikingerzeitliche Skandinavien (siehe S. 178–179) und gelten als Indikator für die Präsenz von Wikingern in ihrem Einflussgebiet. Das Gleiche gilt für Ovalfibelpaare aus nordischen Frauengräbern, denn sehr ähnliche Fibeln sind auch für viele Regionen nachweisbar, zu denen die Wikinger Beziehungen unterhielten (Abb. 57). Wurden solche Schmuckstücke nachgeahmt, was vielfach der Fall war, entstanden andere, eigenständige Versionen mit lokalen und skandinavischen Elementen wie zum Beispiel die lettischen Fibelsets aus der späten Wikingerzeit.

Solche Kulturvermischungen kommen bei unterschiedlichsten Gegenständen vor. Manchmal kombinierte man mehrere fremde Formen; so wurde etwa bei Schwertern mit fränkischer Klinge das Heft in skandinavischen Stilen verziert (Abb. 58).[60] Zudem gibt es viele hybride Kunststile. In Irland wandelten Silberschmiede ihre traditionellen Fibelformen nach nordischem Geschmack zum Hiberno-Wikinger- oder hiberno-skandinavischen Stil ab (Abb. 59).[61] Auch für England sind solche Stilmischungen bekannt. Da hiesiger Schmuck in skandinavischer ebenso wie in anglo-skandinavischer Machart oft aus geringwertigen Kupferlegierungen besteht, ist anzunehmen, dass nicht alle Siedler der Elite angehörten.[62]

Gegenstände anderer Kulturkreise konnten auch zweckentfremdet oder anderen Zwecken entsprechend angepasst werden. Die Hunterston-Fibel entstand in der Vorwikingerzeit in Schottland mit rein keltischem Dekor. In die Rückseite ritzte jemand eine Runeninschrift ein, die übersetzt lautet: »Diese Fibel gehört Mælbrigða«. Der Name ist keltisch (und christlich), Sprache und Schrift sind hingegen altnordisch – dieses Objekt aus der Vorwikingerzeit wurde somit augenscheinlich noch in der schottisch-skandinavischen Mischkultur wertgeschätzt (Abb. 60).[63]

Runen- und andere Inschriften unterstreichen, wie viele verschiedene Kontakte über weite Entfernungen die Wikinger unterhielten. Runen wurden bevorzugt bei persönlichen Widmungen auf den mehr oder weniger genormten Runensteinen verwendet,[64] in erster Linie in Skandinavien selbst, aber auch in Britannien und Russland. Die Steine gedenken der Toten und manchmal ihrer besonderen Leistungen. Gelegentlich gehören dazu Fahrten in ferne Länder, laut schwedischen Runensteinen etwa nach England, *Grikland* (Byzanz) und *Serkland* (Russland,

57. (unten)
Ovalfibeln mit Perlenschnüren, 9. Jahrhundert. Lilleberge, Namdalen, Nord-Trøndelag, Norwegen.
Kupferlegierung, Glas. Fibel. L 10,4 cm
British Museum, London

58. (links)
Die Klinge dieses Schwerts ist eine fränkische Arbeit, der Schwertgriff ist skandinavisch.

Zweischneidiges Schwert vom Typ Mannheim, um 800. Sjørring Volde, Thy, Dänemark.
Eisen. L 91,5 cm
Dänisches Nationalmuseum, Kopenhagen

Kaukasus und Arabisches Kalifat). In Skandinavien wie in Übersee findet man ebenso alltägliche Runeninschriften, etwa Graffiti an Monumentalbauten wie der Megalithanlage Maes Howe auf Orkney, am Steinlöwen von Piräus oder an den Wänden der Hagia Sophia, genauso wie auf tragbaren Gegenständen, beispielsweise ein Futhark (die ersten Buchstaben des Runenalphabets) auf einer Fibel aus Penrith in Cumbria (Abb. 61). Sogar Münzen tragen Futharks und andere Arten von Graffiti, so etwa arabische Dirhams Thorshämmer und Kreuze, womit vermutlich eine bewusste Ablehnung des Islams bekundet werden sollte.[65]

Besonders eindrucksvolle Beispiele für die Verflechtungen innerhalb der Wikingerwelt sind Hortfunde. Die einzelnen Stücke sind geografisch häufig heterogener Herkunft und ihre Wege lassen sich meist durch die diversen Aktivitäten der Zeit erklären. Der Schatz von Ljubojescha in der Nähe des Ilmensees in Russland (Abb. 62) stammt aus dem 10. und 11. Jahrhundert und enthält vollständigen sowie zerkleinerten Silberschmuck ganz disparaten Ursprungs,

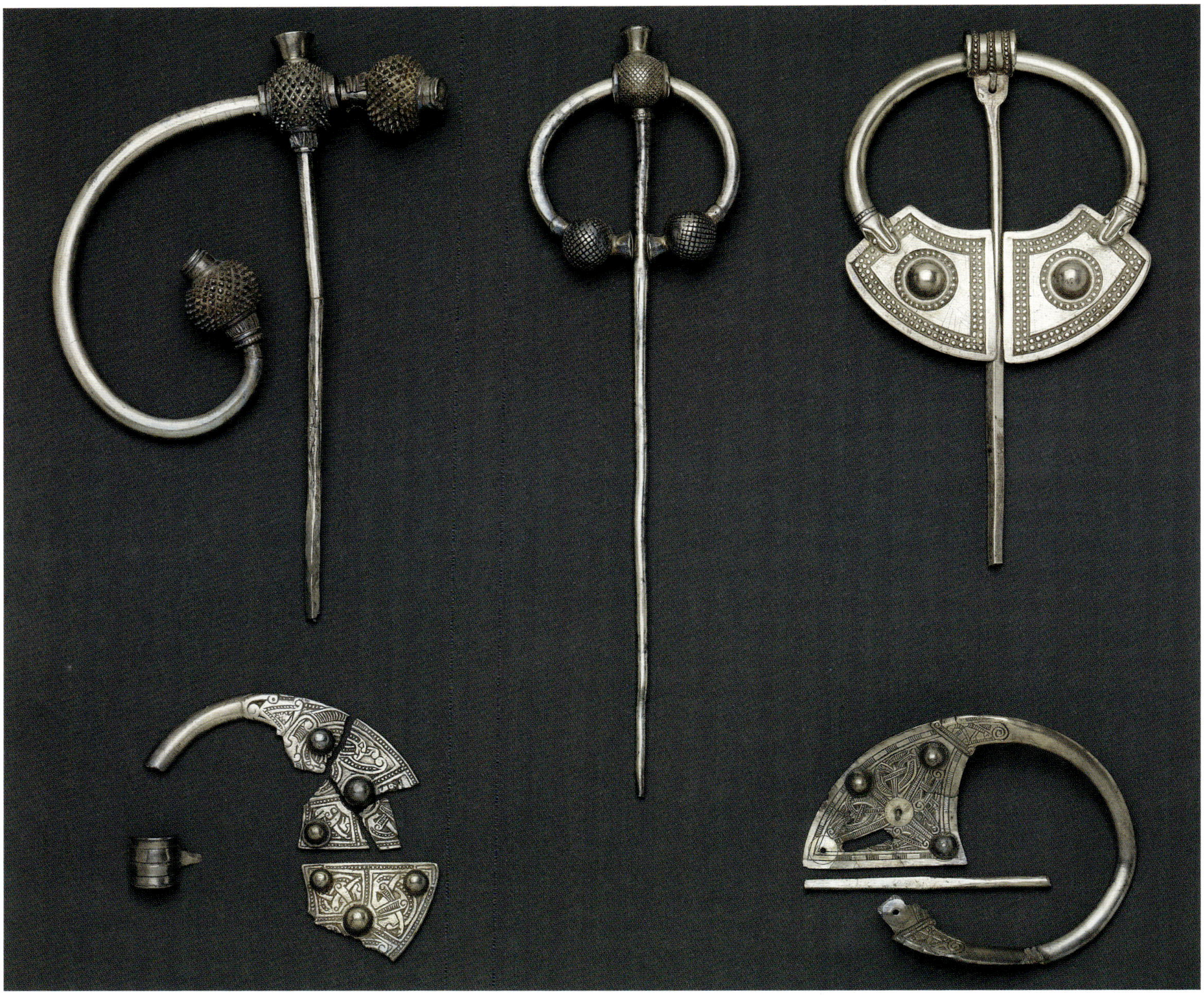

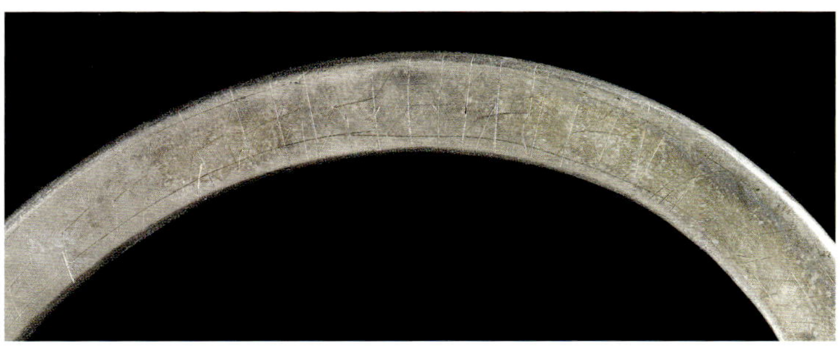

59. (oben)
Bei sogenannten hiberno-skandinavischen Verzierungen vermischen sich skandinavische und irische Elemente. Man findet sie nicht nur in Irland, sondern überall rings um die Irische See.

60. (rechte Seite)
Diese Fibel aus der Vorwikingerzeit trägt die Inschrift »Diese Fibel gehört Mælbrigða«. Sprache und Runenschrift sind altnordisch, der Name »Mælbrigða« ist jedoch keltisch. Es liegt also eine Vermischung zweier Kulturen vor.

61.
Die Runen auf dieser Fibel ergeben ein Futhark, die ersten Buchstaben des Runenalphabets. Der Laut »th« wird durch die Rune þ dargestellt.

Detail einer Fibel, um 900. Penrith, Cumbria, England.
Silber. Vollständige Fibel Dm 10,4 cm
British Museum, London

Fibelhort, um 900. Penrith, Cumbria, England.
Silber. Mittlere Fibel L 26,0 cm
British Museum, London

Fibel, um 700. Hunterston, Ayrshire, Schottland.
Gold, Silber, Bernstein. Dm 12,2 cm
National Museums Scotland, Edinburgh

62. (unten)
Silberhort mit Schmuckstücken slawischer Machart sowie Anhängern mit Verzierungen im skandinavischen Borre-Stil, 10./11. Jahrhundert. Ljubojescha, Region Ilmensee, Russland.
Staatliches Museum, Nowgorod

63. (rechte Seite)
Ein karolingischer Becher aus dem 9. Jahrhundert diente als Behältnis für einen Schatz aus goldenen und silbernen Armreifen, Hacksilber, Barren und Münzen. Der Hortfund enthält Gegenstände aus so entlegenen Ländern wie Afghanistan und Usbekistan.

Vale-of-York-Hort, 10. Jahrhundert. North Yorkshire, England.
Silber, teils vergoldet, Gold.
Becher H 9,2 cm, Dm 12,0 cm
British Museum, London/
Yorkshire Museum, York

darunter slawische, skandinavische und asiatische Anhänger sowie drei vergoldete altindische Münzen, die ebenfalls als Anhänger dienten.[66] Auch der Ende der 920er-Jahre vergrabene Vale-of-York-Hort (Abb. 63) birgt arabische Dirhams und ein Stück eines russischen Halsreifs, wohl ein Hinweis auf Fernhandel, ebenso ein liturgisches Gefäß aus vergoldetem Silber, das sehr wahrscheinlich aus einer fränkischen Kirche entwendet wurde, zudem Armreife aus Skandinavien und aus dem Gebiet der Irischen See, die eher Geschenke darstellten. Mit Gegenständen aus so weit entfernten Ländern wie Irland und Afghanistan, die durch Plünderung und Handel erworben wurden, und Objekten mit Bezügen zu Christentum, Islam und Thor-Kult deckt dieser eine Schatz ebenso das ganze Spektrum des Waren- und Kulturaustauschs ab wie dasjenige der Völker, mit denen die Wikinger in Berührung kamen.[67]

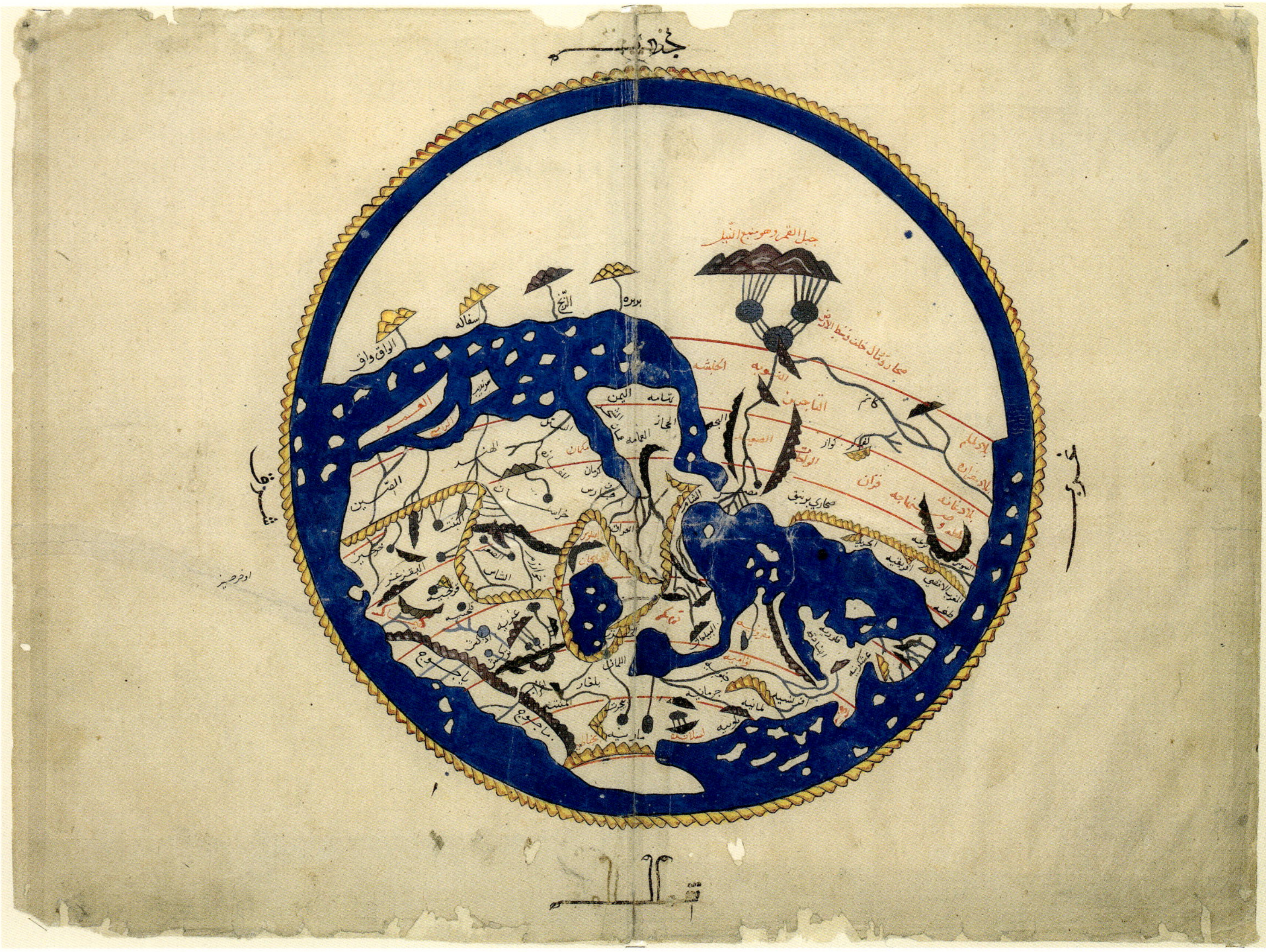

Die Wikinger in arabischen Quellen

Gareth Williams

Berührungspunkte zwischen den Wikingern und der arabischen Welt gab es in zwei Richtungen: nach Süden mit dem maurischen Spanien und Marokko, die sich beide vom Kalifat abgespalten hatten, und über den Handel mit dem Vorderen Orient nach Osten sowie noch weiter bis nach Zentralasien hinein. Im Kalifat konnten viele Menschen trotz ethnischer sowie partiell auch linguistischer und kultureller Unterschiede lesen und schreiben, sodass arabische Quellen mehrfach Kontakte mit den Wikingern in Ost wie West erwähnen (Abb. 1).[1]

In einigen Fällen handelt es sich um unverblümte Schilderungen ihrer Beutezüge. Der Überfall 844 in Südspanien, von dem Ibn Hayyān erzählt, war der erste dokumentierte Wikingerraubzug im Mittelmeerraum, dem weitere folgten. Der Historiker aus al-Andalus verwendete für die Skandinavier den Begriff *majūs* (persisch *magus/magi*), den arabische Texte aus dieser Zeit sonst für Zoroastrier im Iran und in angrenzenden Gebieten gebrauchen, meinte damit jedoch allgemein »Ungläubige«.[2] Der Historiker Ibn Miskawayh wiederum berichtet von der vorübergehenden Eroberung Bardas im Kaukasus durch die Rus (siehe S. 82–83).[3]

Auch in arabischen Geografiewerken ist von den Wikingern die Rede. Die in solchen Schriften enthaltenen Informationen über Völker

1. (linke Seite)
Im 15. Jahrhundert angefertigte Kopie der Weltkarte des Muhammad al-Idrisi von 1154. Norden ist unten.
Bodleian Library, Oxford

2.
Innenraum der Mezquita von Cordoba, die 987 als Moschee fertiggestellt wurde und Teile eines Vorgängerbaus inkorporiert.

außerhalb des Kalifats basierten teils auf eigener Anschauung des jeweiligen Verfassers, teils auf Berichten von Diplomaten, Kaufleuten oder Reisenden. Ähnlich wie moderne anthropologische Arbeiten äußerten sie sich oft zu Erscheinungsbild, Bräuchen und Religion der betreffenden Völker.

Mehrere dieser Schilderungen nennen die Rus. Abweichungen in Einzelheiten sprechen dafür, dass es zwischen diesen teilweise normannischen Einwohnern Russlands und der Ukraine kulturelle Differenzen gab. Ähnlich wie die Bezeichnung *Saqāliba* (eigentlich für »Slawen«) wird auch *Rus* hier nicht einheitlich verwendet. Hinzu kommt, dass nicht alle Quellen glaubwürdig sind.[4]

Sehr anschaulich ist die Erzählung des Gelehrten Ibn Dihya (gest. 1235), die häufig in Wikingergeschichten zitiert wird. Eine diplomatische Mission führt darin einen gewissen al-Ghazāl aus al-Andalus (Abb. 2) zu einer nicht namentlich genannten Wikingersiedlung. Dort versuchen die Nordmänner, ihn zu demütigen, indem sie ihn auf Knien durch eine niedrige Tür zwingen (was gelegentlich als Scherz gedeutet wird). Die Königin lässt sich sogar auf eine Romanze mit ihm ein. Jüngere wissenschaftliche Arbeiten vermuten, dass die Details aus ganz anderen Geschichten entlehnt wurden und über die Wikinger deshalb nichts aussagen.[5] Behauptungen arabischer Quellen lassen sich indes hin und wieder durch andere Schriften belegen. So sind etwa die weiten Hosen der Rus, die der persische Geograf Ibn Rustah beschreibt, auch auf Bildsteinen aus Gotland zu sehen und die von ihm aufgezählten Grabbeigaben bei einem Begräbnis stimmen in etwa mit den Bestattungsriten der Wikinger überein.[6]

Die bekannteste Darstellung der Rus stammt von Ahmad ibn Fadlān, der 921/922 in diplomatischer Mission für den Kalifen al-Muqtadir (908–932) zum König der Wolgabulgaren reiste. Er erläutert seine Reise von Bagdad nach Osten bis Buchara (Usbekistan), dann in Nordwestrichtung nach Kasan an der Wolga (Russland) und schließt mit bunt gemischten Aussagen über eine Gruppe Rus, die er irgendwo an der Wolga getroffen habe, von ihrer Körpergröße (»wie Palmen«) über ihre Hautfarbe bis zu ihrer Kälteunempfindlichkeit. Er schwärmt, er habe »niemals vollkommenere Körper gesehen als ihre«, empört sich aber über ihre sexuelle Freizügigkeit und mangelnde Hygiene: In seinen Augen sind sie »von allen Geschöpfen Gottes die schmutzigsten«. Immerhin liefert uns Ibn Fadlān nützliche Angaben zu Waffen, Kleidung und Bräuchen, darunter auch zu Handelsgeschäften (siehe S. 60). Das gängige Wikingerbild prägte er vor allem mit seiner dramatischen Beschreibung der Bestattung eines Anführers, bei der man unter anderem eine junge Sklavin tötete, damit sie ihren Herrn ins Jenseits begleite, und beide Leichen in seinem Schiff verbrannte (siehe S. 181–182).[7]

Arabische Quellen über die Wikinger beziehen sich meist auf ihre Siedlungen außerhalb Skandinaviens, nur eine berichtet aus ihrer Heimat. Der spanische Maure Ibrahim ibn Yaqub al-Tartūshi kam auf seinen Reisen Ende des 10. Jahrhunderts nach Haithabu. Dessen Einwohner seien, abgesehen von einer kleinen christlichen Gemeinde, heidnische »Anhänger des Sirius«. Er schildert ihre rituellen Festgelage und Tieropfer und erwähnt, ihr Hauptnahrungsmittel sei Fisch, Männer wie Frauen trügen Augen-Make-up und die Frauen dürften sich von ihren Ehemännern scheiden lassen. Nur der Gesang der Leute von Haithabu klang in seinen Ohren ausgesprochen hässlich, »wie Hundegebell, oder sogar eher noch wie von wilden Tieren«.[8] Dieses Detail kommt zwar in keiner anderen arabischen Quelle vor, erklärt sich aber wohl daraus, dass man die Wikinger im kulturell höher stehenden Kalifat generell eher als Barbaren wahrnahm.

1.
Lage von Wiskiauten an der Ostseeküste (in der Mitte der Karte).

Wiskiauten – Handelsplatz an der südlichen Ostseeküste?

Timo Ibsen

Wiskiauten (heute Mochowoje) liegt am Südende der Kurischen Nehrung drei Kilometer südlich der Ostsee in der russischen Oblast Kaliningrad nahe der Stadt Selenogradsk (ehemals Cranz; Abb. 1). Berühmt wurde der 1865 von deutschen Archäologen entdeckte Fundort durch die 500 Hügelgräber aus den Jahren 850 bis 1050, die dicht an dicht in einem Wäldchen namens Kaup in der Nähe einer früheren Erweiterung des Kurischen Haffs liegen. Mehr als 300 der Tumuli wurden bisher ausgegraben, das Material ist aber nur ansatzweise publiziert.[1]

Die 1,50 Meter hohen Hügel mit einem Durchmesser von bis zu 12 Metern enthalten sowohl Brand- als auch Körpergräber von Männern und Frauen. Die Grabbeigaben stammen überwiegend aus Skandinavien (Abb. 2). Da in Frauengräbern 44 Ovalfibeln typisch nordischer Machart gefunden wurden, nimmt man an, dass sich an dieser Stelle an der südlichen Ostseeküste ein skandinavischer Handelsplatz befand.[2] Schriftquellen erwähnen, dass dänische Wikinger zu Raubzügen auf die samländische Halbinsel an der Südostküste der Ostsee kamen, nennen jedoch keinen konkreten Ort.

Andere Handelsplätze wie Truso im polnischen Weichseldelta oder Grobiņa in Lettland gelten als Zentren eines multikulturellen Austauschs, üblicherweise mit geschützten, für Schiffe der Wikingerzeit leicht zugänglichen Naturhäfen. Sie waren Teil des Handelsnetzes zwischen den Völkern im gesamten Ostseeraum. Wiskiauten war aller Wahrscheinlichkeit nach für skandinavische Händler interessant wegen der reichen Bernsteinvorkommen auf der Halbinsel (über 90 Prozent des weltweit gefundenen Bernsteins stammen aus Lagerstätten in Samland).[3] Den Grabbeigaben und Bestattungsriten nach zu urteilen, kamen diese Menschen vermutlich vorwiegend von Gotland und aus der Gegend um Birka in Schweden, aber es finden sich auch dänische und baltische Elemente.

Im Frühmittelalter siedelten in der Gegend um Wiskiauten die baltischen Prußen. Sie bestatteten ihre Toten in Flachgräbern, oft zusammen mit Pferden. Eine kleinere Gruppe solcher prußischen Gräber, die in den 1930er-Jahren im Ostteil der Kaup entdeckt worden war, wurde kürzlich von einem deutsch-russischen Forscherteam erneut untersucht.[4] Diese Männer- und Pferdegräber stammen aus dem 11. und 12. Jahrhundert, sind also jünger als die Hügelgräber. Es ist deshalb anzunehmen, dass die dazugehörige, vermutlich nahe gelegene Siedlung nach der Abwanderung der Wikinger Mitte des 11. Jahrhunderts weiterbestand, bis die Deutschordensritter im 13. Jahrhundert diese Region des Baltikums eroberten (das spätere Ostpreußen im heutigen Polen und Russland).

Seit 2005 wurden über 150 Hektar Land rings um das Gräberfeld im Zuge geophysikalischer Prospektionen sondiert.[5] Bei 22 Ausgrabungskampagnen in einem insgesamt 2250 Quadratmeter großen Areal fand man die Grundrisse von Häusern in Pfostenbauweise mit Lehmflechtwerk, Werkstatt- und Abfallgruben, Feuerstellen und andere Hinweise auf eine Siedlungskammer, die von der Mitte des 1. Jahrtausends n. Chr. bis zur Mitte des 13. Jahrhunderts bewohnt war. Die Funde lassen auf kleinere Siedlungsbereiche ohne Verteidigungsanlagen schließen, sodass von einer weitgehend friedlichen Handelstätigkeit auszugehen ist. Die Hausspuren liegen im ganzen Siedlungsgebiet verstreut, ein Ortskern ist nicht erkennbar.

Anhand der Ausgrabungen lassen sich drei Hauptnutzungsphasen unterscheiden. In der ersten Phase vom 5. bis zur Mitte des 9. Jahrhunderts lebten einheimische Siedler an den Ufern zweier kleiner

Flüsse, die nördlich und östlich des Gräberfelds zum Haff fließen. Die zweite Phase im 9. und 10. Jahrhundert verlief zeitgleich mit der Entstehung der Hügelgräber. Ausgrabungen am Ufer eines heute verlandeten Binnengewässers mit Verbindung zum Haff brachten Kulturschichten, Häuser und Gruben mit einer Vielzahl von Funden zutage, die sich lose den Wikingern zuordnen lassen. Da jedoch bis auf wenige Einzelstücke (Abb. 3) typisch skandinavische Gegenstände im Siedlungsbereich fehlen, ist nicht sicher von einer Wikingersiedlung auszugehen. Die meisten Funde sind offenbar lokaler Herkunft. Die letzte Phase von der Mitte des 11. Jahrhunderts bis zur ersten Hälfte des 13. Jahrhunderts ist anhand typischer Schmuckstücke und Trachtelemente der einheimischen prußischen Kultur zuzuordnen (Abb. 4).

Wiskiauten war vermutlich ein untergeordneter Handelsplatz, in dem vom 5. bis zum 13. Jahrhundert überwiegend Prußen siedelten und der in einem Zeitraum von 150 bis 200 Jahren von Skandinaviern besucht oder teilweise sogar bewohnt wurde. Die Bedeutung anderer Handelsplätze wie Haithabu, Wolin, Birka, Truso oder Staraja Ladoga erreichte Wiskiauten nie. Es war aber sicher eine Station im überregionalen Handelsnetz, das die Skandinavier rings um die Ostsee errichteten.

2. (links)
Wikingerschwert, 10. Jahrhundert. Wiskiauten, Kr. Fischhausen/ Mochowoje, Oblast Kaliningrad, Russland.
Eisen, Silber, Kupfer. L ca. 73 cm
Museum für Vor- und Frühgeschichte der Staatlichen Museen zu Berlin

3. (oben rechts)
Schwertknauf, 10. Jahrhundert. Wiskiauten, Kr. Fischhausen/ Mochowoje, Oblast Kaliningrad, Russland.
Eisen mit Silbereinlage. B 7,0 cm, H 2,8 cm
Regionales Geschichts- und Kunstmuseum, Oblast Kaliningrad

4. (unten rechts)
Prußischer Schmuck, 11./12. Jahrhundert. Wiskiauten, Kr. Fischhausen/Mochowoje, Oblast Kaliningrad, Russland.
Bronze. Hufeisenfibel (Fragment) L 5,0 cm, H 3,1 cm; Fingerring Dm 2,2 cm; Ringfibel Dm 4,2 cm; Gürtelhaken (Fragment) L 3,2 cm, H 1,4 cm; vollständiger Gürtelhaken L 6,1 cm, H 1,5 cm
Regionales Geschichts- und Kunstmuseum, Oblast Kaliningrad

Die Übernahme fremder Objekte

Sunhild Kleingärtner

Für die Wiederverwendung von Objekten gibt es unterschiedliche, häufig pragmatische Motive, so etwa das Einsparen von Ressourcen. Dort, wo einzelne Rohstoffe knapp oder bestimmte Techniken nicht verfügbar sind, ist dies von besonderer Bedeutung. Zahlreiche Funde aus dem Kerngebiet der Wikinger belegen, dass unter anderem Objekte fremder Herkunft oftmals in neuem Zusammenhang wiederverwertet wurden. Dies konnte wie im Falle von Haithabu rein praktische Gründe haben: Hier wurden aus dem Rheinland stammende, ursprünglich zum Transport von Wein dienende Fässer als Brunnenröhren genutzt.[1]

Fremde Gegenstände aus ursprünglich andersartigem Nutzungskontext wurden während der Wikingerzeit auch gezielt dazu eingesetzt, Wohlstand und Status zu visualisieren. Dazu zählen insbesondere von Frauen getragene kleeblattförmige Fibeln, deren Form sich an der Gestaltung karolingischer Schwertgurtbeschläge orientierte (Abb. 1).[2] Des Weiteren fanden orientalische Beschläge von Gürteln, die ursprünglich von Männern getragen wurden, Verwendung als Anhänger von Frauenketten (Abb. 2).[3] Waffen und Gürtel hatten für ihre Träger statusanzeigende Funktion.[4] Insbesondere darin darf der Grund für die Umarbeitung dieser Beschlagformen zu Trachtbestandteilen vermutet werden.

Wikingerzeitlicher Schmuck bestand darüber hinaus aus Objekten, die in ihren Herkunftsgebieten nicht als Schmuck oder Beschlag, sondern als Zahlungsmittel verwendet wurden. Dazu gehören Münzen, die mit einer Befestigung versehen waren, um so als Fibeln getragen zu werden (Abb. 3),[5] sowie vor allem aus dem arabischen Raum stammende Münzen, sogenannte Dirhams, die mithilfe einer Öse oder Durchlochung als Anhänger an Ketten getragen wurden. Durch den arabischen Bericht des Ibn Fadlān ist der Brauch, Dirhams als Schmuck zu tragen, sogar schriftlich überliefert.[6] Der Fund aus Kullaberg (Abb. 4) zeigt die Verbindung von arabischen Münzen und einheimischer Ringform besonders deutlich auf.[7] Dabei unterstreichen die Münzen den Wert des Objektes, der Ring hingegen, welcher zur Wikingerzeit häufig zur Bekundung sozialer Allianzen weitergegeben wurde,[8] hat statusanzeigende Funktion (Abb. 5). Eine noch stärkere Verschmelzung dieser beiden Funktionen wird in der Kombination von Schmuck und Gewichten offenkundig: Die insbesondere im Ostseeraum verbreiteten Ring- und Hufeisenfibeln sowie die permischen Ringe sind unter anderem mit kubooktaedrischen Enden in Nachahmung von Gewichtsformen verziert,[9] welche aus dem Vorderen Orient übernommen wurden (siehe S. 59).

Die genannten Objekte wurden, wenn sie gerade nicht in Gebrauch waren, zum Schutz vor dem Zugriff Dritter in der Erde deponiert.[10] Dort fanden sich weiterhin Trinkgeschirrsets, die ebenfalls erst nachträglich in den Norden gelangten, um dort auf ganz eigene Weise benutzt zu werden. Diese Sets bestehen aus mehreren Silberschalen und je einem verzierten Silberbecher (siehe S. 146). Diese Becher wurden ursprünglich als liturgische Gefäße im Rahmen der christlichen Eucharistiefeier in Kirchen eingesetzt, nämlich zunächst als Hostienbehältnisse zur Aufnahme des geweihten Brotes.[11] Ihre Auffindung zusammen mit Schalen im Boden lässt darauf schließen, dass sie im skandinavischen Raum stattdessen als materiell hochqualitative Trinkgefäße im Rahmen der Herrschaftsrepräsentation fungierten. Sie werden für ihre Besitzer von besonderem Wert gewesen sein, da sie nicht nur im Material exquisit sowie fremden Ursprungs waren, sondern

1. (linke Seite)
Darstellung eines karolingischen Soldaten in der *Vivian-Bibel*. Interessant ist der kleeblattförmige Gürtelbeschlag am Schwertgriff.

***Vivian-Bibel*, um 845/846.**
Tours, Frankreich.
Pergament. L 49,5 cm, B 34,5 cm
Nationalbibliothek, Paris

2.
Inventar eines Frauengrabs, darunter ein kleeblattförmiger karolingischer Riemenbeschlag, der neben skandinavischen Fibeln als Gewandnadel getragen wurde, 10. Jahrhundert. Birka, Uppland, Schweden.
Kupferlegierung, Glas, Silber, Achat, Bergkristall. Ovalfibeln L 10,8–10,9 cm
Staatliches Historisches Museum, Stockholm

individuell gefertigt, was sie zu einer Rarität machte. Es ist davon auszugehen, dass die Seltenheit eines Objektes und eine möglichst große Distanz zwischen seinem Ursprungs- und seinem Auffindungsort seinen Wert im neuen Kontext um ein Vielfaches erhöhten.

Für die Adaption dieser Objekte war also vermutlich nicht ihre Provenienz als solche von Bedeutung, sondern die Tatsache, dass sie einen exotischen oder status- und wohlstandsanzeigenden Charakter aufwiesen. Ihre – wenn auch artfremde, so doch systematisch erscheinende – Wiederbenutzung zeigt, dass es in der Wikingerzeit nicht zu einer zufälligen Übernahme beliebiger, sondern zu einer gezielten Verwendung bzw. Umformung bestimmter Elemente kam. Die auf diese Weise neu entstandenen Objekte sind einerseits Ausdruck einer generellen eigenständigen wikingerzeitlichen Identität, andererseits waren sie von wichtiger individueller Relevanz für ihre Nutzer. Durch die Inanspruchnahme von Objekten fremder Herkunft grenzten sich Personen von anderen innerhalb der Gesellschaft visuell ab, um damit ihre herausgehobene soziale Position einmal mehr zu unterstreichen. Der Gebrauch dieser Gegenstände ist somit Spiegelbild von zweierlei, einerseits von einem zur Schau getragenen Reichtum und andererseits von einer während der Wikingerzeit zunehmend komplexer werdenden Gesellschaft.[12]

3.
Gefalteter Dirham mit Anhängeröse, 10. Jahrhundert. Grisebjerggård, Seeland, Dänemark.
Silber. 0,9 g
Dänisches Nationalmuseum, Kopenhagen

4.
Armreif mit eingehängten kleineren Ringen und gefalteten Dirhams, 10. Jahrhundert. Kullaberg, Brunnby, Schonen, Schweden.
Silber. Dm ca. 8 cm
Staatliches Historisches Museum, Stockholm

5.
Zum Anhänger umgearbeitete sassanidische Silber-Drachme, vermutlich des persischen Königs Chosrau II. (591–628).
Silber.
Landesamt für Kultur und Denkmalpflege Mecklenburg-Vorpommern, Schwerin

2

KRIEG UND EROBERUNG

Gareth Williams

Die Frist verstrich. Das Fahrzeug lag auf den Wellen,
das Boot unter dem Berge. Die braven Krieger
stiegen auf den Steven. Die Strömungen wanden sich,
die Wogen wälzten sich gegen den Strand.
Die Bewaffneten trugen
in den Schoß des Schiffes Schätze voll Glanz,
reichverzierte Rüstungen. Die Recken schoben hinaus,
wiesen auf die erwünschte Fahrt das wohlgefügte Schiff.
Es wanderte über das wogende Meer,
vom Winde getrieben,
das Schiff schaumhalsig, einem Schwan gleichend ...

BEOWULF, 210–218 (8.–11. JAHRHUNDERT)

KRIEG UND EROBERUNG

1.
In den vergangenen Jahrhunderten betonten Darstellungen von Wikingern in erster Linie ihre Gewalttätigkeit, insbesondere gegenüber der Kirche. Ein differenzierteres Bild setzte sich Ende des 20. Jahrhunderts durch.

Sébastien Le Clerc (1637–1714), Wikingerüberfall auf ein englisches Kloster, um 1705.
Buchillustration. L 18,0 cm, B 14,0 cm
British Museum, London

SEIT DEM 19. JAHRHUNDERT IST UNSER BILD von den Wikingern im Wesentlichen auf ihre Krieger und Beutezüge konzentriert. Grundlage hierfür sind zeitgenössische angelsächsische, fränkische und irische Schilderungen, vermischt mit Geschichten, die im späten 12. und im 13. Jahrhundert in den isländischen Sagas verarbeitet wurden, sowie einem kräftigen Schuss Romantik. In diesem Verständnis war die Expansion der Skandinavier nach Übersee ab Ende des 8. Jahrhunderts weitgehend von Gewalt geprägt: Mit ihren Langschiffen landeten sie ohne Vorwarnung an den Küsten Westeuropas, brandschatzten, plünderten und eroberten mit stetig wachsenden Truppenverbänden (Abb. 1). Wikingerkrieger waren äußerst gewaltbereit, blutrünstig und heimtückisch (wenngleich manchmal auch heldenhaft). Wieder und wieder siegten sie mit einer Mischung aus List, überlegenen Waffen und Rüstungen, größerer Kampferfahrung und Brutalität sowie ihren ungemein wendigen Schiffen. Im Gegensatz zu ihren Opfern waren sie keine Christen, sondern verehrten eine Reihe heidnischer Götter und verherrlichten den Krieg. Skrupellos plünderten sie Kirchen und Klöster, brachen

Walküren – wörtlich »Erwählerinnen der Gefallenen« – geleiteten nach Vorstellung der Germanen die toten Helden vom Schlachtfeld nach Walhall.

Üblicherweise als Walküren gedeutete skandinavische Frauenfiguren.

2.
»Walküren«-Fibel, 9. Jahrhundert. Galgebakken, Vrejlev, Vendsyssel, Dänemark.
Silber. H 3,8 cm
Dänisches Nationalmuseum, Kopenhagen

3.
»Walküren«-Figur, 9. Jahrhundert. Wickham Market, Suffolk, England.
Silber. H 4,0 cm
Colchester and Ipswich Museum Service

4.
»Walküren«-Fibel, 9. Jahrhundert. Fugledegård/Bulbrogård, Nordwestseeland, Dänemark.
Kupferlegierung. H 3,5 cm
Dänisches Nationalmuseum, Kopenhagen

heilige Eide, begingen alle möglichen Gräueltaten, besaßen keinen Funken Moral und sehnten sich glühend danach, als Helden auf dem Schlachtfeld zu sterben, um sich danach in Walhall mit Festessen, Trinkgelagen und Kampfspielen die Zeit zu vertreiben, bis sie zur letzten Schlacht antreten würden, wenn die Götterdämmerung (Ragnarök) den Weltuntergang einläutet (Abb. 2–4).

Wie die meisten Stereotype beruht dieses Wikingerklischee teils auf Fakten, teils auf Fiktion. Die Wikinger waren weder außergewöhnlich grausam noch in jeder Schlacht überlegen. Seit den 1960er-Jahren interpretieren Historiker zeitgenössische Geschichtsquellen und die später entstandenen Sagas kritischer, anstatt die reißerischen Erzählungen weiterhin für bare Münze zu nehmen. Parallel dazu wurde dieses ausschließlich von Gewalt geprägte Image der Nordmänner partiell durch ein friedlicheres Bild ihrer Zeit abgelöst. Die Neubewertung der Sagas und umfangreiche Ausgrabungen an verschiedenen Stellen ihres Siedlungsraums lenkten den Blick auf ihre positiven Errungenschaften: die Entdeckung und friedliche Besiedlung des Nordatlantikraums, Fernhandel und Städtebau, technische Neuerungen in Seefahrt und Schiffbau, handwerkliche Leistungen und die Freude an schönen Dingen, komplexe, von Gesetzen geregelte Gesellschaften, Dichtung und später Literatur. Alles zusammen verleiht unserer Idee von der Wikingerzeit eine erheblich größere Ausgewogenheit. Heute geht man allgemein davon aus, dass die Wikingerkrieger nur einen kleinen und nicht einmal besonders repräsentativen Teil der skandinavischen Gesellschaft ausmachten.

Eine erweiterte Vorstellung von der Wikingerzeit ist also sinnvoll, doch darf darüber nicht vergessen werden, dass gerade die kriegerischen Aspekte der skandinavischen Gesellschaft zwischen dem späten 8. und dem 11. Jahrhundert unser Verständnis von »den Wikingern« und »der Wikingerzeit« geprägt haben. Die genaue Herkunft des Begriffs ist umstritten (siehe S. 17–18), doch bezeichnet das maskuline Substantiv *víkingr* im Altnordischen zweifellos einen Piraten oder Räuber und das feminine Substantiv *víking* einen Beutezug. Keines der beiden Wörter ist in offiziellen wikingerzeitlichen Quellen belegt, beide tauchen aber in zeitgenössischen skandinavischen Gedichten und Runeninschriften auf, ebenso in den späteren

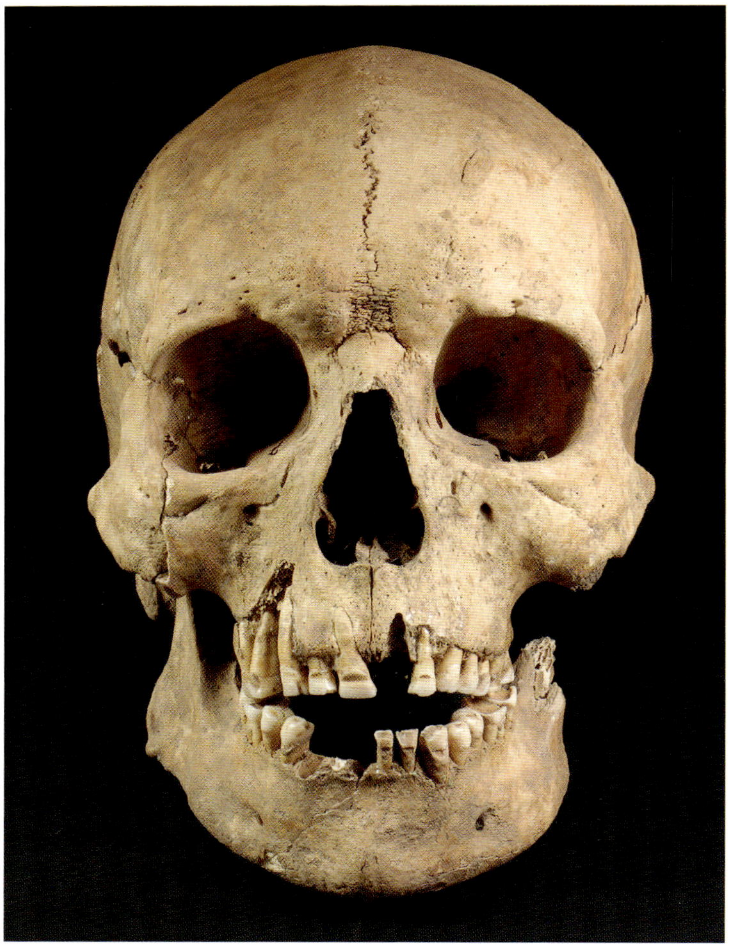

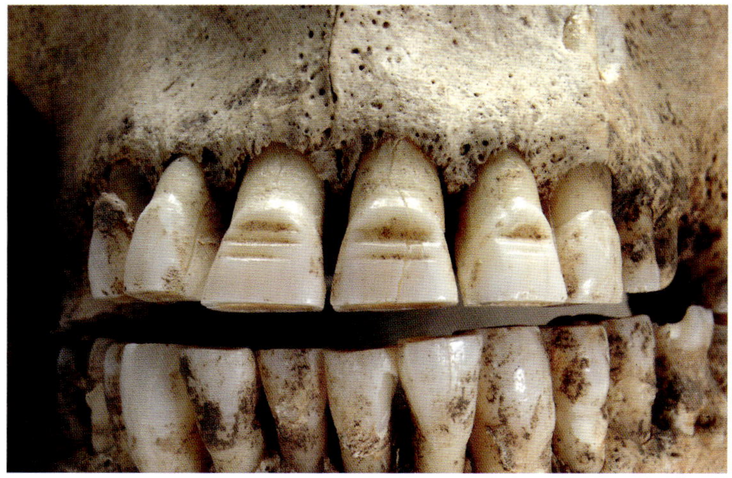

5.
Männerschädel mit angefeilten Zähnen, 900–1050. Köpingsvik, Gotland, Schweden.
Gotlands Museum, Visby

6.–8. (rechte Seite)
Waffen und Amulette aus einem skandinavisch geprägten Kriegergrab in Russland.

Grab 4, Gnesdowo, Oblast Smolensk, Russland.

Fränkisches Schwert mit VLFBERH+T(Ulfberht)-Inschrift, 10. Jahrhundert.
Eisen, Kupferlegierung. L 98,5 cm
Staatliches Historisches Museum, Moskau

Lanzenspitze skandinavischen Typs mit damaszierter Klinge, 10. Jahrhundert.
Eisen, Kupferlegierung. L 52,3 cm
Staatliches Historisches Museum, Moskau

Ring mit Thorshämmern, 10. Jahrhundert.
Eisen, Kupferlegierung. Max. Dm 15,9 cm
Staatliches Historisches Museum, Moskau

Sagas, in denen ihnen oftmals eine negative Konnotation anhaftet. Es entsteht der Eindruck, als sei ein »Wikinger« nicht allzu hoch angesehen gewesen, obwohl die Gesellschaft ihre Krieger eigentlich in Ehren hielt. Immerhin zeigen die Runeninschriften, dass man Beutezüge durchaus als denkwürdige Ereignisse betrachtete. Dass *víkingr*, wie wir von Münzen wissen, gelegentlich als Name oder Spitzname diente,[1] könnte bedeuten, dass manche Krieger sich gern mit der Aura eines Seeräubers umgaben, auch wenn sie sich damit teilweise an den Rand der Gesellschaft stellten. Unter Umständen erfolgte diese Normabweichung bewusst, wie zum Beispiel die dekorativ angefeilten Zähne in einer ganzen Reihe skandinavischer Kriegergräber vermuten lassen (Abb. 5): Den heutigen Piercings und Tattoos vergleichbar, war die Behandlung sicher schmerzhaft, das Ergebnis unübersehbar.[2] Arabischen Autoren zufolge trugen zumindest einige Wikingerkrieger Körperschmuck. Ibn Fadlān erwähnt, von den Kriegern der Rus an der Wolga sei »jeder Mann von den Zehenspitzen bis zum Hals dunkelgrün mit Mustern und dergleichen tätowiert«, und al-Tartūshi fiel auf, dass Frauen wie Männer in Haithabu die Augen schminkten.[3] Vielleicht wurde die Außenseiterstellung noch durch besondere Kleidung unterstrichen. Auch hierzu gibt es moderne Parallelen wie Punker und Hell's Angels, die sich durch eine wilde äußere Erscheinung gegen gesellschaftliche Konventionen auflehnen. Der Archäologe Neil Price hat die Wikinger mit Seeräubern des 17. und 18. Jahrhunderts verglichen, die ihren Status als Geächtete mit extravaganter Ausstaffierung zur Schau trugen.[4] So gesehen waren zwar alle »Wikinger« Krieger, indes nicht alle skandinavischen Krieger des 8. bis 11. Jahrhunderts »Wikinger«. Um Verwirrung zu vermeiden, benutzen wir den Begriff »Wikinger« in diesem Kapitel wie im übrigen Katalog prinzipiell im allgemeineren Sinn (siehe S. 17–20).

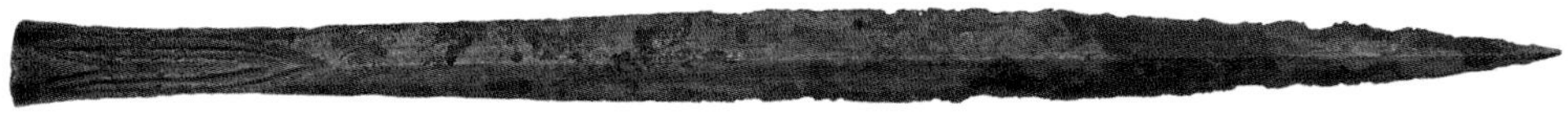

Expansion und Krieg

Beutezüge und Kriege spielten bei der Expansion der Nordmänner sicher eine große Rolle, doch waren nicht alle Aktivitäten der Wikinger in Übersee martialischer Natur. Im Nordatlantik kolonisierten sie überwiegend unbewohnte Gebiete, die sie nicht zu erobern brauchten. Für Island sind zahlreiche Auseinandersetzungen zwischen den Siedlerfamilien wie innerhalb der Sippen überliefert, bei denen es wie auch anderswo um Grundbesitz, Reichtum und Macht ging, jedoch in so kleinem Maßstab, dass man nicht von Kriegen sprechen kann.

Auch der Vorstoß nach Osten wurde gutteils durch den Handel gefördert und verlief wohl weitgehend friedlich. Doch obwohl die Stadtgründungen am Rand des russischen Flussnetzes zunächst nur dem Fernhandel dienten, wird sich die skandinavische Führungsschicht gegen die gemischte Bevölkerung nicht immer gewaltlos durchgesetzt haben können. Das bezeugen unter anderem die zahlreichen Kriegergräber in Russland und der Ukraine (Abb. 6–10). Auseinandersetzungen von so geringem Umfang, dass sie nicht im Einzelnen überliefert sind, kamen sicher relativ oft vor, jenseits dessen gab es aber auch schwere Zusammenstöße mit den Großmächten im Osten. Sie werden den Rus zugeordnet, gelegentlich auch einzelnen Herrschern, doch war der Begriff *Rus* nicht durchweg einem spezifischen Volk vorbehalten, sondern meint einerseits die Einwohner der aufstrebenden

9. (unten links)
Axtkopf ostbaltischen Typs, Mitte 10./11. Jahrhundert. Viehhof, Kr. Labiau/Tjulenino, Oblast Kaliningrad, Russland.
Eisen. L 15,5 cm, B 5,5 cm
Museum für Vor- und Frühgeschichte der Staatlichen Museen zu Berlin

10. (unten rechts)
Axtkopf, spätes 10./frühes 11. Jahrhundert. Löbertshof, Kr. Labiau/Region Slawjanskoje, Oblast Kaliningrad, Russland.
Eisen. L 24,0 cm, B 19,0 cm
Museum für Vor- und Frühgeschichte der Staatlichen Museen zu Berlin

11.
Mittelalterliche Darstellung des Warägerangriffs auf Konstantinopel im Jahr 860.

***Radziwiłł-Chronik*, 13. Jahrhundert, hier in einer Abschrift aus dem 15. Jahrhundert. Vermutlich Russland.**
Papier. L 31,5 cm, B 21,0 cm
Bibliothek der Russischen Akademie der Wissenschaften, Moskau

russischen Städte, andererseits die Wikinger im Allgemeinen; außerdem reflektieren einige Schilderungen stellenweise wohl eher die politische Lage einer späteren Phase (siehe S. 25). 860 überfielen die Waräger Konstantinopel, plünderten Außenbezirke und Umgebung, um dann an den Stadtmauern zu scheitern (Abb. 11). Die *Nestorchronik* verzeichnet für 907 einen zweiten Großangriff der Rus auf Konstantinopel, der jedoch in byzantinischen Quellen nicht genannt wird, entweder weil seine Stärke geringer war als in der russischen Überlieferung suggeriert oder weil das Datum falsch ist und der Bericht sich auf den Überfall von 860 bezieht. Beide Raubzüge mündeten offenbar in Handelsabkommen als Grundlage für ein friedliches Miteinander; zudem dienten Waräger Ende des 9. und Anfang des 10. Jahrhunderts häufig als Söldner im byzantinischen Heer.[5]

Bei einem weiteren Rus-Überfall auf Konstantinopel zerstörten die Byzantiner 941 die gegnerische Flotte mit »griechischem Feuer«, gegen das die Wikingerschiffe wehrlos waren.[6] Chasarischen Quellen zufolge (siehe S. 48–49) geschah dies, nachdem die Nordmänner im Auftrag von Byzanz zunächst die Chasaren angegriffen hatten, diesen jedoch unterlagen und nun im Gegenzug von den Chasaren zur Attacke gegen Konstantinopel gezwungen wurden. Erneut handelten sie im Anschluss einen Vertrag aus, der die Handelsbeziehungen und die Bedingungen für warägische Söldner im byzantinischen Heer neu regelte.[7] Mit oder ohne Aufforderung vonseiten Konstantinopels zerschlugen die Kiewer Rus 965 schließlich unter Großfürst Swjatoslaw das Chasaren-Khaganat (Abb. 12). Als Verbündeter von Byzanz griff Swjatoslaw 968 erfolgreich die Bulgaren an (nicht die Wolgabulgaren), wurde dann aber 972 seinerseits von den Petschenegen besiegt (siehe S. 49), die aus seinem Schädel einen Trinkbecher anfertigten.[8]

Auch mit den Arabern lagen die Rus trotz ausgedehnter Handelsbeziehungen häufig im Streit. Ein Großangriff südlich des Kaspischen Meers im heutigen Iran wurde 913 vermutlich mit Zustimmung des Chasaren-Khagans realisiert, denn die Rus mussten sein Hoheitsgebiet durchqueren. Der Angriff ging mit massiven Plünderungen einher, doch letztlich unterlagen die Rus; auf dem Heimweg nahmen ihnen Chasaren und/oder Wolgabulgaren ihre Beute wieder ab – wahrscheinlich auch diesmal mit zumindest stillschweigender Zustimmung des Khagans.[9]

Ein Überfall auf Barda im heutigen Aserbeidschan verlief 943 zunächst glücklicher. Wie der arabische Historiker Miskawayh berichtet, hielten die Rus die Stadt monatelang und trotzten mehreren Versuchen des arabischen Statthalters, sie abzuwehren bzw. zu vertreiben. Dieser große Wikingerzug zielte ersichtlich auf die Errichtung einer dauerhaften Siedlung ab. Dabei ging es zunächst nur um die Übernahme der Herrschaft. Der Bevölkerung versprachen die Rus Frieden, falls sie sich unterwerfe: »Zwischen uns gibt es keinen Streit über religiöse Fragen; wir wollen nur herrschen. Es ist unsere Pflicht, euch gut zu behandeln, und eure Pflicht ist es, uns ergeben zu sein.« Während die einen Einwohner dazu bereit waren, unterstützten andere die Truppen des Statthalters. Die Rus schlugen diese Angriffe nieder und befahlen der gesamten Bevölkerung, die Stadt zu verlassen, doch nur wer ein Reittier besaß, leistete dem Befehl Folge. »Am vierten Tag richteten die Rus [unter den übrigen] ein Blutbad an und töteten Unzählige. Nach dem Massaker nahmen sie über 10000 Männer und Knaben gefangen, ebenso das Weibervolk, ihre Ehefrauen und Töchter.« Für die Männer forderten sie Lösegeld, viele töteten sie. Frauen und Kinder behielten sie als Sklaven. Nach längerer Besetzung der Stadt fielen die Waräger einer Epidemie zum Opfer, die Miskawayh auf den übermäßigen Verzehr von Obst zurückführt (vielleicht die Ruhr). Schließlich zogen sie mitsamt ihren Schiffen und ihrer Beute wieder ab.[10] Der letzte Wikingerzug nach *Serkland* (altnordisch für die arabische Welt) unter

12.
Die Völker Osteuropas im 10. Jahrhundert.

13.
Dieser Runenstein (U 644) im schwedischen Ekilla bro schildert den Tod eines Wikingers namens Gunnleifr bei Ingvars Expedition nach Osten. Die Runen lassen sich wie folgt übersetzen:

Runenschwedische Transkription:
Andvettr ok ‹kiti› ok Karr ok Blesi ok DiarfR þæiR ræistu stæin þenna æftiR Gunnlæif, faður sinn. Hann fell austr með Ingvari. Guð hialpi andinni.

Deutsche Übersetzung:
Andvettr und Gildi [?] *und Karr und Blesi und DjarfR, die errichteten diesen Stein nach* [zum Gedenken an] *Gunnlæif, ihrem Vater. Er fiel ostwärts* [im Osten] *mit Ingvar. Gott helfe der Seele* [wörtlich »Geist«].

einem schwedischen Anführer namens Ingvar mündete 1040 in einer Katastrophe. Wohin genau er führte, ist umstritten, denn die einzige detaillierte Beschreibung ist in der stark mit fiktionalen Elementen durchsetzten (und geografisch verworrenen) *Ingvars saga* enthalten. Dass eine solche Expedition stattfand, belegen allerdings 26 Runensteine in Ostschweden, die man zum Gedenken an die mit Ingvar Gefallenen errichtete (Abb. 13).[11]

Solche Raubzüge waren für die Waräger im Osten untypisch, für die westeuropäischen Wikinger hingegen Alltag. Ihre Überfälle hatten eine nachhaltige Wirkung auf Britannien, Irland und den Kontinent. Anfangs waren sie begrenzt und zielten eher auf Kostbarkeiten, die man nach Skandinavien mitnehmen konnte. Da wikingerzeitliche Metallarbeiten aus Großbritannien und Irland zwar in ganz Skandinavien (Abb. 14), vorwiegend aber in Westnorwegen zu finden sind, ist anzunehmen, dass die frühen Raubzüge in erster Linie von dort ausgingen.[12]

Dieses Phänomen kleinerer Raubzüge war in vielerlei Hinsicht charakteristisch für eine etwas frühere Epoche Westeuropas, denn nicht nur die Wikinger eigneten sich gewaltsam Reichtümer an. Die Vorstellung, junge Männer könnten sich durch Überfälle auf Nachbarvölker »bewähren«, ist in vielen frühmittelalterlichen Gesellschaften und ebenso in anderen Perioden

14.
Runder anglo-irischer Beschlag, gefunden in Dänemark, 8./9. Jahrhundert. Gamborg, Vindinge, Fünen, Dänemark.
Kupferlegierung, vergoldet. Dm 3,3 cm
Dänisches Nationalmuseum, Kopenhagen

und Kulturen präsent. Bei den Wikingern war ein solches Verhalten jedoch Ende des 8. Jahrhunderts, als die Beutezüge erstmals aufgezeichnet wurden, schon zunehmend verpönt. Unter dem Einfluss des Christentums wurde Gewalt als legitimes Vorrecht von Königen gesehen und Krieg war unter bestimmten Vorzeichen moralisch vertretbar – aber Menschen (und vor allem Kirchen) frechweg auszurauben, galt als moralisch verwerflich und als Bedrohung der legitimen Autorität.[13]

Dieses Verständnis von Gewalt erklärt, warum angelsächsische Quellen einen Begriff verwenden, der die Wikingerangriffe massiver erscheinen ließ, als sie augenscheinlich waren: Sie charakterisieren nordische Kriegergruppen oft als *here*. Dieses Wort wird auch im Gesetzeswerk Ines von Wessex (688–726) benutzt. Dort heißt es, wenn ein Raub von weniger als 7 Personen verübt werde, nenne man diese »Diebe«; seien es 7 bis 35 Personen, nenne man sie eine »Bande«, und seien es über 35, ein *here*. Bezogen auf die Nordmänner, wurde dieses Wort immer wieder als »Heer« übersetzt, sodass der falsche Eindruck entstand, jeder mehr als 35-köpfige Verband sei groß genug gewesen, um ein Heer zu bilden, und die Wikingerheere seien sehr klein gewesen.[14] Tatsächlich aber ist der übliche Begriff für ein Heer im Altenglischen nicht *here*, sondern *fyrd*. *Here* sollte die Wikinger gerade nicht als rechtmäßige Krieger, sondern als Räuber im großen Stil brandmarken, ähnlich wie das häufige Beiwort »Heiden«, das sie ebenfalls außerhalb der sozialen Normen des christlichen Europas stellte.[15]

Mit der Zeit nahm der Umfang der Wikingerüberfälle zu. Im zweiten Viertel des 9. Jahrhunderts ist von Flottenverbänden von dreißig und mehr Schiffen die Rede, im dritten Viertel bereits von hunderten. Ob diese Zahlen übertrieben sind, ist unter Historikern umstritten. Der »minimalistische« Standpunkt, schon ab 35 Mann habe man es mit einem Heer zu tun, wurde inzwischen weitgehend verworfen, Fakt ist dennoch, dass die Truppen mit meist nur ein paar hundert Kriegern tatsächlich eher klein waren. Gelegentlich vereinigten sich mehrere Verbände zu Armeen von tausenden Kriegern wie bei dem »Großen Heidnischen Heer« (*micel here*), das von 865 bis 878 plündernd durch England zog.[16] In diesem Fall konnten Ausgrabungen die in den Quellen genannte Truppenstärke anhand der Dimensionen der Lager bestätigen (siehe S. 120–121). Einige der Truppenführer sollen Söhne des halblegendären Dänenkönigs Ragnar Lodbrok gewesen sein, eher setzten sich solche gemischten Heere jedoch aus kleineren Verbänden vieler Kleinkönigtümer unter jeweils eigenen Anführern zusammen. Das Gleiche dürfte für die in fränkischen Quellen erwähnten Truppen gelten. So wurde etwa die Flotte, die in den 850er-Jahren die Seine hinaufsegelte, 853 von Sidricus (Sigtryggr) und Gotafridus (Guðfriðr) befehligt; 855, so heißt es ausdrücklich, sei Sidricus' Flottenverband durch einen weiteren unter Bernus (Björn) verstärkt worden.

Der Umfang der Wikingerzüge ist auch an ihrem Ergebnis ablesbar (Abb. 15). Die zunächst reinen Raubzüge wurden Ende des 9. Jahrhunderts zu Eroberungszügen. Ob sie von vornherein als solche geplant waren, weiß man nicht. Das »Große Heidnische Heer« eroberte die Königreiche East Anglia, Northumbria und Mercia. Gemäß dem Vertrag von 878 siedelten sich die Nordmänner in England an und beherrschten das ganze Land mit Ausnahme von Wessex und dem südwestlichen Teil von Mercia.[17] Dank einer ähnlichen Vereinbarung wurde der Wikingerfürst Rollo 911 Graf von Rouen, die Normandie unter seinen Nachkommen Herzogtum.[18] Auch in Friesland besaßen Nordmänner vorübergehend Lehensgebiete (siehe S. 98) und in der Bretagne Siedlungen, wenngleich diese langfristig keinen Bestand hatten. In anderen Regionen des Frankenreichs überwinterten mehrfach große nordische Armeen; sie erpressten vor ihrem Abzug erhebliche Summen, ohne dauerhafte Siedlungen zu hinterlassen. In Irland besetzten die Wikinger zwar keine großen Gebiete, gründeten indes Kolonien an der Küste, aus denen die einheimischen Herrscher sie trotz mehrfacher Anläufe nicht vertreiben konnten.[19] Über die Eroberung Schottlands wissen wir überwiegend nur das, was die Sagas später davon erzählten; dort beherrschten die Nordmänner weite Teile im Norden und Westen des Landes einschließlich der Orkneyinseln und der Äußeren Hebriden.[20] 1016 eroberte eine dänische Armee England

15.
Umfangreiche Silberschätze wie dieser Hort aus Cuerdale in Nordengland lassen erkennen, welche Reichtümer die Skandinavier bei Wikingerfahrten ansammeln konnten.

Silberhort, Auswahl, um 905–910. Cuerdale, Lancashire, England.
British Museum, London

und 1066 scheiterte ein ebensolcher Versuch eines norwegischen Heers nur knapp, doch handelt es sich hierbei offenbar bereits eher um Nationalkriege als um Wikingerzüge (siehe S. 98–101).

Obwohl für einige dieser Expeditionen in großem Umfang Männer mobilisiert wurden, partizipierte nur ein kleiner Prozentsatz der skandinavischen Bevölkerung an Beutezügen und Kriegen. Plünderungen waren gewiss nicht der Elite allein vorbehalten, setzten aber kostspielige Investitionen und deshalb betuchte Geldgeber voraus. Im 19. Jahrhundert kam die Vorstellung auf, in der Wikingergesellschaft seien alle freien Männer mehr oder wenig gleichgestellt gewesen, so wie man es für alle frühgermanischen Völker dieser Epoche einschließlich der Angelsachsen und Franken postulierte.[21] Dabei stützte man sich unter anderem auf die isländischen Sagas, die von einer Gesellschaft gleichrangiger freier Bauern ohne formale Aristokratie oder gar König berichten. Doch ebenso wie die griechische Demokratie Freiheit für jedermann versprach (mit Ausnahme von Frauen, Kindern, Sklaven, Ausländern etc.), waren auch im wikingerzeitlichen Skandinavien manche freien Männer gleicher als andere. Selbst in der relativ flachen Hierarchie Islands übten einige wenige Goden (*goði*) in ihrer Region weltliche und bis zur Christianisierung zusätzlich geistliche Macht aus. Skandinavien war in der frühen Wikingerzeit noch in viele Kleinkönigreiche zergliedert. Selbst als diese nach und nach in den neuen Großreichen Dänemark, Norwegen und Schweden aufgingen, waren lokale Anführer weiterhin nicht nur mächtiger, sondern auch reicher als ihre Mitbürger.

Besonders kostenintensiv waren Schiffe. Man benötigte entweder große Mengen Rohstoffe für Rumpf, Segel und Takelage sowie Fachleute und Hilfsarbeiter für den Bau eines Schiffs, oder

16.
Langbogen.
Haithabu, Deutschland.
Eibenholz. L 191,0 cm
Archäologisches Landesmuseum,
Schloss Gottorf, Schleswig

17.
Blattförmige Pfeilspitzen, 800–1050. Sørup, Måløv, Seeland, Dänemark.
Eisen. L 9,0–12,5 cm
Dänisches Nationalmuseum, Kopenhagen

man war so vermögend, dass man sich ein fertiges Boot kaufen konnte (siehe Kapitel 5). Waffen und Rüstung gab es in unterschiedlichen Preisklassen. Einfache Lanzen, Äxte, Bogen und Pfeile dürften recht preiswert gewesen sein, da man dafür nur wenig Eisen brauchte. Viele dieser Waffen eigneten sich zudem für andere Zwecke: Lanzen, Pfeile und Bogen für die Jagd, bestimmte Äxte als Werkzeug (Abb. 16–21). Schilde waren ebenfalls recht billig, denn den Eisenbuckel konnte man für einen neuen Schild wiederverwenden und einzelne Bretter bei Bedarf erneuern (Abb. 22–23). Im Laufe der Wikingerzeit wurden jedoch auch spezielle Lanzen, Äxte und Pfeilspitzen als Kriegswaffen entwickelt. Lanzenspitzen und Axtköpfe mit kostbaren Einlegearbeiten (Abb. 19–21) stellten begehrte Statussymbole dar. Bei Schwertern gab es keine »Billigprodukte«, denn selbst für die einfachsten Ausführungen bedurfte es sehr viel Eisen oder Stahl, ganz zu schweigen von den versierten Handwerkern, die sich die Anfertigung einer guten Klinge und eines womöglich mit Gold und/oder Silber verzierten Hefts gut bezahlen ließen. Die Schriftzüge auf vielen Schwertern lassen auf einen Fernhandel mit fränkischen Klingen schließen. Wie die Analyse von Wikingerschwertern heterogener Provenienz ergeben hat, bestehen sie aus hochwertigem Tiegelstahl, der aus der arabischen Welt importiert worden sein wird, denn dieses Produktionsverfahren ist für Westeuropa zu dieser Zeit sonst nicht belegt.[22] Ibn Rustah spricht von den »Suleiman-Schwertern« der Rus und meint damit vermutlich, dass sie aus Zentralasien stammten. Nach Ibn Miskawayhs Beschreibung des Angriffs auf Barda 943 stahlen die Einheimischen Schwerter aus den Hügelgräbern der Rus: »Nach ihrem Abzug öffneten die Muslime die Gräber und fanden darin zahlreiche Schwerter, die bis heute wegen ihrer Schärfe und Güte sehr gefragt sind.«[23] Auch Rüstungen waren sehr teuer. Für Helme benötigte man ein hohes Quantum an Eisen oder Stahl, es sei denn, man griff auf preiswertere und leichtere Alternativen aus gekochtem Leder zurück. Ringpanzerhemden kosteten viel Metall und vor allem viel Arbeit, denn sie erforderten zwar keine besonderen Fertigkeiten, dafür aber einen erheblichen Zeitaufwand für die Herstellung tausender Ringe für ein Kettenhemd, die manchmal noch einzeln vernietet wurden, damit sie nicht aufsprangen (Abb. 24).

Ob jeder Wikingerkrieger mit all diesen Waffen und Rüstungselementen ausgestattet war, ist fraglich. Dass nur sehr wenige Helme und Körperpanzer erhalten sind, sagt eher etwas über die Bestattungspraktiken aus als darüber, was in der Schlacht tatsächlich zum Einsatz kam. In zeitgenössischen Illustrationen tragen Krieger fast immer Helme, und Schriftquellen zufolge waren Ringpanzerhemden offenbar keine Seltenheit. Unter dem angelsächsischen König Æthelred II. trug jeder Krieger des englischen *fyrd* Helm und Brünne. Die Kampferfolge der Wikinger in dieser Zeit legen nahe, dass sie ähnlich gut ausgestattet waren. Ein voll gerüsteter Krieger

18.
Bartaxt, 9. Jahrhundert. Øverli, Lom, Oppland, Norwegen.
Eisen. H 16,0 cm
British Museum, London

19.
Verzierter Axtkopf, 11.–13. Jahrhundert. Teterow, Lkr. Ostvorpommern, Deutschland.
Eisen, Kupferlegierung. L 16,0 cm, B 15,0 cm
Landesamt für Kultur und Denkmalpflege Mecklenburg-Vorpommern, Schwerin

20.
Axtkopf mit Einlegearbeiten, 1000–1050. Zentrales Wolgagebiet (Kasan), Russland.
Eisen, Gold, Silber, Niello. L 6,0 cm
Staatliches Historisches Museum, Moskau

21.
Lanzenspitze mit Einlegearbeiten an der Tülle. London, England.
Eisen, Silber. L 37,9 cm
British Museum, London

22.
Schildbuckel, 9. Jahrhundert. Bolstad, Sogn og Fjordane, Norwegen.
Eisen. Dm 14,0 cm
British Museum, London

23.
Das Holz von Schilden steht nur in den seltensten Fällen als archäologischer Beleg zur Verfügung.

Schild, spätes 9. Jahrhundert. Gokstad, Vestfold, Norwegen.
Fichtenholz, Metall. Dm 94,0 cm
Museum für Kulturgeschichte der Universität Oslo

24.
Die moderne Nachbildung verdeutlicht, dass jeder einzelne Ring mit einem Niet geschlossen wurde, um der Brünne mehr Festigkeit zu geben.
Privatbesitz

25.
Manche Kriegergräber enthalten das komplette Waffenarsenal, andere nur eine einzige Waffe.

Waffen aus einem Männergrab, unter anderem eine Breitaxt, spätes 10./frühes 11. Jahrhundert. Grab 222B, Ire, Hellvi, Gotland, Schweden.
Eisen, Kupferlegierung, Knochen. Axt L 16,0 cm. Gotlands Museum, Visby

26. (rechte Seite)
Das Middleton-Kreuz B zeigt eine der seltenen wikingerzeitlichen Darstellungen eines voll gerüsteten Kriegers, 10. Jahrhundert. St Andrew's Church, Middleton, North Yorkshire.
Stein. H 157,5 cm

schützte sich mit Helm, Ringpanzerhemd und Schild; als Waffen trug er Lanze, Langschwert und/oder Streitaxt und ein einschneidiges Kampfmesser, den Sax (Abb. 25). Dieses Waffenarsenal schildert Miskawayh in Bezug auf die Rus bei ihrem Angriff auf Barda; es findet sich auch bei einem Kriegerbild auf einem anglo-skandinavischen Steinkreuz aus Middleton in North Yorkshire (Abb. 26).[24] Dies heißt aber nicht, dass alle Wikinger so gut ausgerüstet waren. Nur wenige Kriegergräber enthalten sämtliche Komponenten. Das Vorhandensein mehrerer Stücke bezeugt jedoch zumindest, dass ihr Eigentümer entweder selbst wohlhabend war oder einem reichen Herrn diente, der seine Gefolgschaft teuer ausrüsten konnte. Weiterhin gehörten manche einer weniger begüterten Gruppe an, die gemeinsam einen aus ihrem Kreis ausstattete. Letzteres geschah etwa im Rahmen des sogenannten Leidangs, doch da diese regionale Seerüstungspflicht in der späten Wikingerzeit und danach (siehe S. 113), nicht jedoch in der Frühphase praktiziert wurde, waren die ersten Plünderfahrten wohl im Wesentlichen denen vorbehalten, die sich Schiffe, Waffen und Rüstungen leisten konnten, sowie ihren Gefolgsleuten und mutmaßlich ärmeren, leichter bewaffneten Ruderern.

Aus dieser Perspektive unterschieden sich die Wikingerzüge nicht essenziell von der formalen Kriegspraxis benachbarter Reiche. Bezüglich der Militärorganisation der Angelsachsen und Franken zu Beginn der Wikingerzeit hat man sich seit den 1980er-Jahren von der Vorstellung gelöst, Kriege seien von freien Germanen geführt worden, die das Recht und die Pflicht hatten, Waffen zu tragen. Stattdessen war die Kriegspraxis in dieser Zeit eher eine elitäre Tätigkeit, der

sich Adlige mit ihrem Haushalt widmeten, unterstützt durch Gefolgsleute, die sie aus eigenen Mitteln besoldeten. Krieg zielte gewöhnlich auf materielle oder politische Vorteile ab. Angriffe endeten in der Regel mit der Eroberung des unterlegenen Reichs und der Zahlung von Tributen in Form von Edelmetallen, Vieh oder anderen Wertgegenständen zum Zeichen der Unterwerfung unter die Fremdherrschaft. Blieben die Tribute aus, verschafften sich die Sieger die Wertsachen durch Plünderung; ihre Anführer belohnten damit ihre Gefolgsleute und versetzten sie ihrerseits in die Lage, sich und eigene Gefolgsleute für die nächste Saison auszurüsten. Manche halten es für wahrscheinlich, dass auch die mächtigsten Herrscher ihrer Zeit wie Karl der Große oder Offa von Mercia nach diesem Schema vorgingen und eine systematischere Militärorganisation erst unter dem Druck nicht zuletzt der Wikingerüberfälle eingeführt wurde (siehe unten).[25]

Wenn diese Vorgehensweise Karl dem Großen und Offa gut genug war, dann sicher auch den Wikingern. Neben der Plünderung von Klöstern und Handelsplätzen waren die Nordmänner nicht abgeneigt, Tribute zu kassieren, ohne dafür kämpfen zu müssen. Während angelsächsische Quellen aus dem späten 9. Jahrhundert schildern, man habe mit den Wikingern »Frieden geschlossen«, sprechen fränkische Texte unverblümt von »Tributen«: Was die einen als Geschenke im Gegenzug für Frieden verbrämten, empfanden die anderen schlichtweg als Zwangsabgabe. Im Zuge des schrittweisen Übergangs von Plünderungen über regelmäßige Tribute bis zur völligen Unterwerfung werden auch die skandinavischen Kleinkönigreiche in ihren mächtigeren Nachbarreichen aufgegangen sein, die in der Folge zu den Großreichen der späten Wikingerzeit aufstiegen.

Zur Zeit der Plünderfahrten scheinen Kriege also primär von denen geführt oder finanziert worden zu sein, die bereits reich waren und ihren Wohlstand noch zu mehren hofften. Aus dem Rahmen fällt dabei eine Kriegerkategorie, die auch ohne kostspielige Rüstungen gefürchtet war. Den späteren Sagas zufolge kämpften die Berserker (*berserkir)* nämlich nackt oder zumindest ohne Rüstung und steigerten sich in der Schlacht in eine solche Raserei, dass sie keine Schmerzen spürten. Tobende Berserker, die in ihre Schilde beißen, stellen einige der berühmten Lewis-Schachfiguren dar (Abb. 27; hier ausnahmsweise mit Kleidung und Helm). Allerdings entstanden die Schachfiguren erst Ende des 12. Jahrhunderts, also zur selben Zeit, in der man mit der Niederschrift der Sagas begann; wie diese stehen sie für den Versuch, lange nach dem Ende der Wikingerzeit etwas rational zu erklären, das zutiefst anders gewesen ist. Die ohne Rüstung kämpfenden Berserker mögen wie eine preiswerte Alternative zu Kriegern in voller Montur erscheinen, doch wie wir noch sehen werden (siehe S. 116–117), ging es dabei ursprünglich wohl weniger um Nacktheit als um den Glauben an animalisch starke Krieger im Blutrausch.[26]

27.
Die drei Schachfiguren beißen in ihre Schilde. Dieses Verhalten wiesen die Sagas den Berserkern zu. Allerdings entstanden die Sagas ebenso wie diese Schachfiguren lange nach der Wikingerzeit.

Schachfiguren, spätes 12. Jahrhundert. Uig, Isle of Lewis, Äußere Hebriden, Schottland.
Walrosselfenbein. Mittlere Figur H 9,2 cm
British Museum, London

Krieger und Kriegsschiffe

Die Besonderheit der Wikinger im Vergleich zu anderen Völkern ihrer Zeit war der strategische Kriegseinsatz ihrer Schiffe. Angriffe zu Wasser waren dabei ebenso wenig etwas Neues wie Migrationsbewegungen zur See. Vor allem die Franken nutzten offensichtlich schon in der Völkerwanderungszeit im 5. und 6. Jahrhundert Schiffe für Raubzüge. Für mehrere germanische Völker, darunter Franken, Angelsachsen und Dänen, sind aus den Jahrhunderten vor der Wikingerzeit Plünderungen von Küstenorten und Piraterie belegt.[27] Die Angelsachsen setzten im 5. und 6. Jahrhundert mit Booten nach England über und siedelten sich dort an. Das Schiff im Grabhügel 1 in Sutton Hoo stammt aus dem frühen 7. Jahrhundert, also einer frühen Entwicklungsphase des nordeuropäischen Schiffbaus, weist indes auffallende Bezüge zu den jüngeren Wikingerschiffen auf (Abb. 28).[28]

Dank technologischer Weiterentwicklungen konnten die Nordmänner ihre Boote im Krieg effizienter einsetzen als ihre Vorgänger. Dabei waren diese nicht in erster Linie für Seeschlachten konstruiert, denn aufgrund ihrer Bauweise konnte man mit ihnen andere Schiffe nicht rammen. Beschreibungen von Seeschlachten vermitteln stattdessen den Eindruck, dass sie vorwiegend als Plattformen für eine ähnliche Mischung aus Distanz- und Nahkampf dienten, wie sie an Land praktiziert wurde. Einen Vorteil bot allein die Differenz in der Höhe gegenüber kleineren Schiffen.

Die Überlegenheit der Schiffe basierte auf drei Faktoren. Sie waren schnell und beweglich, eigneten sich wegen ihrer Konstruktion für die Hochsee wie für flachere Gewässer und konnten neben den Truppen auch Beute und Vorräte aufnehmen. Vor allem die frühen Wikingerfahrten dürften Überraschungsüberfälle gewesen sein: Die Nordmänner tauchten aus dem Nichts auf, plünderten und verschwanden wieder, bevor die Überfallenen sich verteidigen, geschweige denn einen Gegenangriff starten konnten. Ab dem 10. Jahrhundert ist im Schiffbau nachweislich eine Spezialisierung auf unterschiedliche Bauarten für Kriegs- und Lastschiffe zu konstatieren. Nach den erhaltenen archäologischen Funden zu urteilen, besaßen die Boote bis dahin eine Art Mehrzweckdesign und boten Platz für Truppen und Fracht (Abb. 29). Ob an Bord Händler oder

28. (rechte Seite)
Das Bootsgrab von Sutton Hoo bei den Ausgrabungsarbeiten 1939. Die Bootskonturen sowie die Anordnung der Planken und Nieten sind nach Entfernen des Boots im Sand klar erkennbar. Sutton Hoo, Suffolk, England.

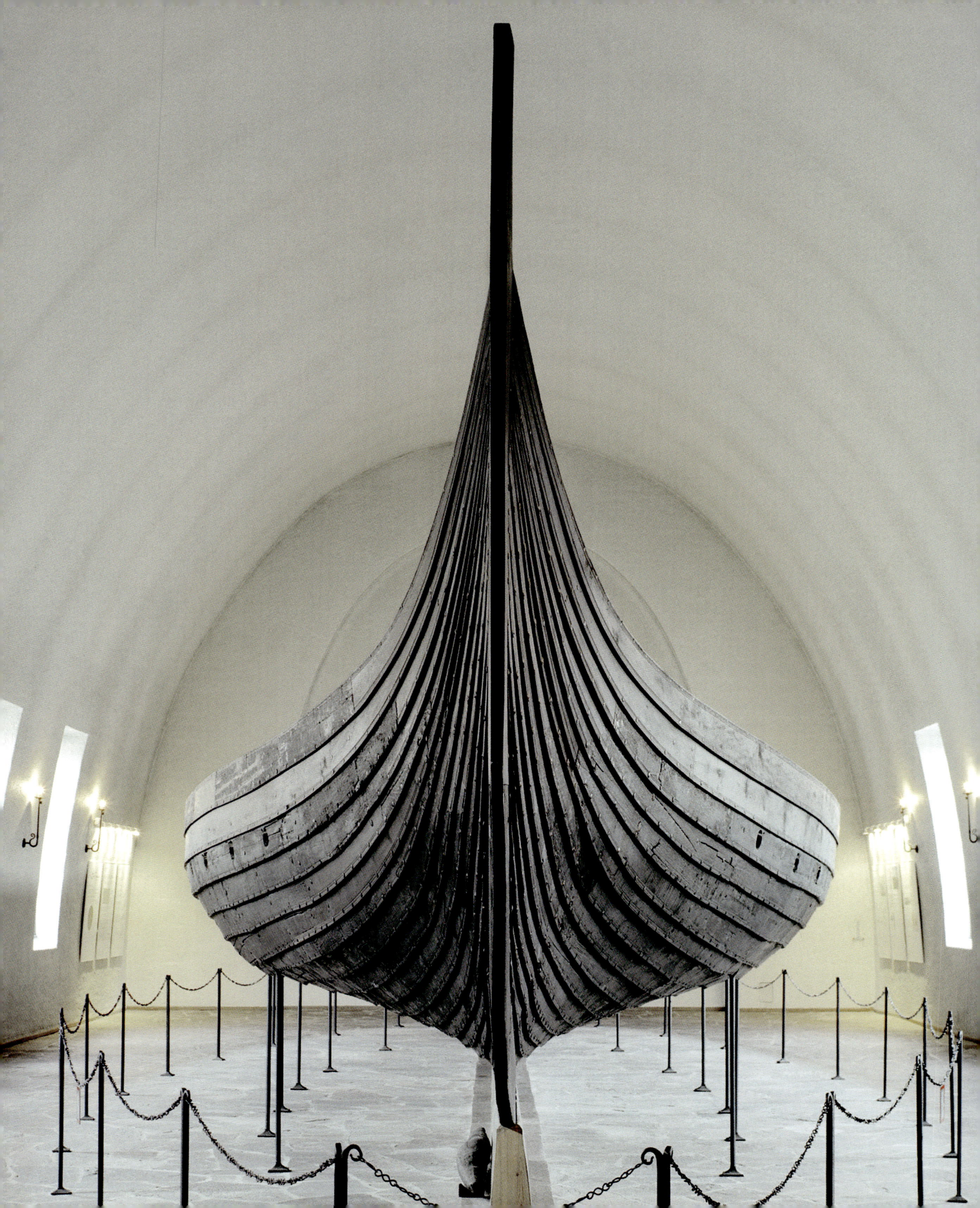

29. (linke Seite)
Das Gokstad-Schiff stammt aus den späten 890er-Jahren und war für Handelsfahrten vermutlich ebenso geeignet wie für den Krieg.
Eichenholz, Eisen. L 23,24 m
Museum für Kulturgeschichte der Universität Oslo

30.
Massengrab in Weymouth, Dorset, England, um 1000.
Die Männer wurden enthauptet und die Köpfe separat am Rand des Grabs aufgestapelt.
Dorset County Council und Oxford Archaeology

Plünderer waren, konnte man deshalb oft erst erkennen, wenn das Schiff angelegt hatte. Wie in Kapitel 1 besprochen, trieben die Skandinavier schon vor der Wikingerzeit auf dem Seeweg Handel mit Nachbarregionen und führten dies offenbar parallel zu den Raubzügen weiter fort. Auf den Küstenrouten müssen so viele Boote verkehrt haben, dass man sicher nicht jedesmal Alarm geschlagen haben wird, wenn ein Segel oder ein kleiner Schiffsverband am Horizont erschien. Um Angriffen vorzubeugen, hätte jedes Handelszentrum, jedes Kloster und jedes Dorf an der Küste über eine ständige Garnison oder andere Verteidigungsanlagen zur See hin verfügen müssen, was selbstverständlich illusorisch war. Da niemand über Schiffe solcher Stärke und Schnelligkeit verfügte, konnten sich die Angreifer ohnehin meist unbehelligt in Sicherheit bringen.

Doch nicht immer verliefen die Attacken problemlos, und gelegentlich wurden Verteidigungsflotten aufgestellt, wenn Überfälle bekannt wurden. Einhard schreibt in seiner Biografie Karls des Großen, der Frankenkönig habe in allen wichtigen Häfen und an Flussmündungen Küstenwachen, Festungen und Schiffe stationiert.[29] Die *Angelsächsische Chronik* berichtet im Detail, sechs Wikingerschiffe seien 896 bei der Plünderung der Südküste von einer großen angelsächsischen Flotte überrascht worden, als die meisten Skandinavier gerade an Land waren. Im Kampf, der teils auf den Booten, teils am Ufer entbrannte, wurden die Wikinger vernichtend geschlagen und die Überlebenden anschließend hingerichtet. Lediglich zwei Schiffe konnten entkommen: das eine mit nur fünf Mann, das andere mit »schwer verwun-

deter« Besatzung.[30] Bei einem ähnlich Vorfall könnte das Massengrab entstanden sein, das man 2009 bei Weymouth in Dorset fand (Abb. 30). Es enthielt rund fünfzig Skelette aus dem frühen 11. Jahrhundert. Isotopenanalysen zufolge stammten die Toten aus Skandinavien. Da man sie geköpft und sämtlicher Wertsachen beraubt hatte (jedenfalls wurde nichts gefunden), dokumentiert das Grab mit hoher Wahrscheinlichkeit eine Massenhinrichtung.[31] Was tatsächlich geschah, lässt sich nicht mehr rekonstruieren, doch ist Fünfzig eine realistische Zahl für die Besatzung eines mittelgroßen Kriegsschiffs. Da auch die Datierung in der Zeit der Wikingerüberfälle anzusetzen ist, ist anzunehmen, dass hier eine ganze Schiffsmannschaft überwältigt und exekutiert wurde. Eine so effiziente Abwehr war nichtsdestominder augenscheinlich eher die Ausnahme.

Der zweite Vorzug der Wikingerschiffe war ihre flexible Nutzung. Dank ihrer besonderen Bauweise waren selbst kleinere Boote hochseetüchtig und die größeren hatten einen so geringen Tiefgang, dass sie nicht auf Tiefwasserhäfen angewiesen waren, sondern mühelos ans Ufer gezogen werden konnten sowie in der Lage waren, flussaufwärts ins Landesinnere vorzudringen. Die Hochseetüchtigkeit garantierte den Wikingern ein Überraschungsmoment, denn auf den Küstenrouten wurde ein Schiff – erst recht eine ganz Flotte – leichter gesichtet und abgefangen, als wenn es sein Ziel direkt vom offenen Meer aus ansteuerte. Dank des geringen Tiefgangs konnten die Nordmänner auf allen befahrbaren Flüssen ins Landesinnere vorstoßen, ohne von Bord gehen zu müssen. Dadurch waren selbst weit vom Meer entfernte Orte wie das irische Kloster Clonmacnoise am Shannon, Paris an der Seine und Orléans an der Loire, Köln am Rhein und Trier an der Mosel sowie Nottingham und Repton am Trent keineswegs vor ihnen sicher, auch wenn jeweils erst eine längere Flussreise dorthin erforderlich war.

Dies war auch im Hinblick auf den dritten Vorzug der Wikingerschiffe wichtig: Auf Plünderfahrten boten sie eine beeindruckende Ladekapazität für Krieger, Beute und Vorräte. Bis zur Industriellen Revolution eigneten sich Schiffe für schwere oder voluminöse Fracht stets besser als jedes Transportmittel zu Lande.[32] Aufgrund des Fassungsvermögens ihrer Boote konnten die Wikinger Vorräte und Beute mit sich führen, ohne auf einen schwerfälligen Tross angewiesen zu sein, der seinerseits überfallen werden konnte. Solange sie in der Nähe ihrer Schiffe blieben, waren sie deshalb für lange Plünderfahrten zur See und ausgedehnte Feldzüge an Land bestens gerüstet.

Eine Besonderheit der Wikinger war zudem die Tatsache, dass sich ihre Raubzüge ohne Unterbrechung über Jahre hinziehen konnten. Normalerweise waren Kriege in dieser Epoche fast immer saisonal begrenzt, schon allein deshalb, weil selbst die mächtigsten Herrscher ihre Gefolgsleute nur zu einem befristeten Wehrdienst verpflichten konnten. Der Hauptgrund waren jedoch logistische Schwierigkeiten bei jeder längerfristigen Versorgung von Truppen im feindlichen Ausland, besonders im Winter. Die Wikinger hingegen konnten auf ihren Schiffen größere Vorräte mitnehmen, sie unterwegs in den geplünderten Gebieten wieder auffüllen und so auch im Feindesland überwintern. Oft wählten sie als Winterlager reiche Klöster und Gutshöfe mit reichlichen Nahrungsmittelvorräten und direktem Zugang zum Meer oder zu einem Fluss, darüber hinaus konnten sie sich aus den mitgebrachten Vorräten versorgen.[33] Auf die Varianten der Schiffstypen der Wikinger gehen wir in Kapitel 5 noch ein. Interessant ist hier, dass die Mehrzweckschiffe in der Hochzeit der Beutezüge im Verhältnis zu ihrer Länge merklich breiter waren als spätere reine Kriegsschiffe wie die *Roskilde 6* und dadurch mehr Ladekapazitäten für Vorräte und Beute besaßen. Wann genau sich dieser Schiffstyp herausbildete, weiß man nicht. Fest steht, dass die Entwicklung Ende des 10. Jahrhunderts abgeschlossen war, denn aus dieser Zeit stammen zum einen die bekannten schmalen »Langschiffe«, auf denen eine große Anzahl bewaffneter Seeleute Platz fand, zum anderen kürzere, breitere Boote mit mehr Tiefgang, die mit relativ kleiner Besatzung deutlich umfangreichere Fracht transportieren konnten (siehe S. 208–209). Kleine Frachtschiffe mit minimaler Mannschaft dürften jedoch bereits im späten 9. Jahrhundert die Kriegsschiffe auf längeren Plünderfahrten versorgt haben.

Aus Räubern werden Siedler

Dass vor allem Klöster Ziel der ersten Überfälle waren (Abb. 31) und es im ganzen 9. Jahrhundert blieben, wird manchmal als Reaktion der heidnischen Skandinavier auf die militante Verbreitung des Christentums durch Karl den Großen interpretiert.[34] Zutreffender wird jedoch sein, dass es deshalb zu den ersten Beutezügen kam, weil die Wikinger aufgrund schon existierender Handelsbeziehungen genau wussten, dass küstennahe Klöster wie Lindisfarne und Iona reich und wehrlos waren. Geplündert wurden auch die ebenfalls vertrauten Handelszentren wie Dorestad, doch hatten diese Überfälle wohl geringere Auswirkungen als bisher angenommen. Dorestad erholte sich wirtschaftlich von den wiederholten Raubzügen; dass es seine Relevanz als Handelsplatz im Laufe des 9. Jahrhundert einbüßte, hing offenbar eher mit dem Versanden der Rheinmündung zusammen.[35]

Die Dimension der zunächst vereinzelten Raubzüge steigerte sich in der ersten Hälfte des 9. Jahrhunderts. Die zunehmende Größe der Schiffsverbände basierte vermutlich auf den Erfolgen der ersten Überfälle und auf den Gegenmaßnahmen ihrer Opfer. Wie Karl der Große seine Küsten verteidigte, haben wir oben erwähnt. Nach einer Urkunde Offas von Mercia wurden bereits in den 790er-Jahren in Kent Verteidigungsanlagen »gegen die Heiden« errichtet.[36] Eine kleiner Wikingertrupp konnte unverteidigte Klöster so gut wie gefahrlos überfallen, geriet freilich in die Bredouille, wenn sich ihm auch nur ein kleines Heer entgegenstellte. Erst als an den Raubzügen dutzende Schiffe und hunderte Krieger beteiligt waren, hatten die lokalen Machthaber und königlichen Beamten Mühe, wirksamen Widerstand zu organisieren, denn es dauerte länger, entsprechend große Heere aufzustellen. Dank ihrer größeren Schlagkraft konnten die Wikinger außerdem bedeutendere Handelsplätze und Städte ins Visier nehmen und nicht nur plündern, sondern auch Schutz- und Lösegelder kassieren.

Durch ihre größere Truppenstärke waren die Nordmänner gefährlicher – und zugleich für Dritte nützlicher. Da die Wikinger bei ihren Fahrten in erster Linie auf Reichtümer zielten, konnten ausländische Herrscher einzelne Anführer und ihr Gefolge als Verbündete oder Söldner »kaufen«. Die Gründung der berühmten Warägergarde in Byzanz wird zwar üblicherweise auf 988 datiert, doch befehligte schon Kaiser Basileios II. in seinen Kriegen gegen die Bulgaren 6000 warägische Söldner und alle Handelsabkommen zwischen Byzanz und den Rus aus dem späten 9. und im 10. Jahrhundert sahen vor, dass Letztere im byzantinischen Heer dienten (Abb. 32).[37] Fränkische Fürsten warben gelegentlich Wikingertruppen gegen ihre Konkurrenten

31.
Klöster waren das bevorzugte Ziel der Beutezüge. In Skandinavien gefundene Kirchenschätze wie dieses Reliquiar bezeugen diesen Aspekt der Wikingerkultur.

Irisches oder schottisches Reliquiar, spätes 8. Jahrhundert. Herkunft unbekannt, Norwegen.
Kupferlegierung, vergoldet, Eibenholz.
L 13,5 cm, B 5,5 cm, H 10,3 cm
Dänisches Nationalmuseum, Kopenhagen

32.
Byzantinische Gedenktafel mit Darstellung des hl. Theodor in militärischer Ausrüstung des 11. Jahrhunderts.

Gedenktafel, 11. Jahrhundert. Konstantinopel (Istanbul), Türkei.
Vergoldete Bronze. B 6,7 cm, H 12,5 cm
British Museum, London

an, etwa der Bretonenfürst Salomon und Robert von Anjou, die 862 jeweils Wikingerflotten aufstellten. Ebenso beschäftigten irische Könige skandinavische Söldner oder verbündeten sich mit Wikingerkönigen. Die Schlacht von Clontarf 1014 gilt traditionell als Kampf zwischen Iren und Wikingern, in Wahrheit standen auf beiden Seiten irische Könige mit nordischen Verbündeten oder Söldnern.[38]

Da die Wikinger kein homogenes Volk waren, konnte man sich durch eine Gruppe vor einer anderen beschützen lassen, oft gegen eine einmalige Zahlung. Karl der Kahle beispielsweise bezahlte 860 den Wikingeranführer Weland dafür, dass er eine konkurrierende Wikingerflotte bei Oissel an der Somme angriff; Weland handelte jedoch mit seinen Gegnern eine noch höhere Summe aus, damit er den Angriff abbrach, und verbündete sich mit ihnen. Anschließend versöhnte er sich wieder mit Karl, um im Jahr darauf von seinen eigenen Männern ermordet zu werden. Wie die Geschichte illustriert, waren Beziehungen auf Basis von Einmalzahlungen nicht allzu belastbar. Gelegentlich erhielten die Nordmänner als Gegenlohn Lehen in gefährdeten Küstengebieten, damit sie Angriffe von außen nicht zuletzt im eigenen langfristigen Interesse abwehrten. Das bekannteste und gewinnbringendste Lehen war die Normandie (das »Land der Nordmänner«), das der Wikingeranführer Rollo 911 als Graf von Rouen erhielt und das unter seinen Erben Herzogtum wurde. Auch in Friesland erhielten im 9. Jahrhundert mehrfach dänische Wikingeranführer Lehen, wenngleich mit weniger Glück verbunden, weil einige Angriffe gegen das Frankenreich zumindest mit stillschweigender Zustimmung, gelegentlich sogar aktiver Unterstützung des Dänenkönigs realisiert wurden. Göttrik fiel 810 mit angeblich 200 Schiffen (einer für das frühe 9. Jahrhundert ungewöhnlich großen Flotte) in Friesland ein. Die Frankenkönige warfen ihren dänischen Pendants vor, Plünderungen bei ihren Untertanen nicht zu unterbinden, überschätzten dabei aber wohl die Autorität der Dänenkönige dieser Zeit. Durch die Vergabe von Lehen an dänische Exilanten, darunter auch rivalisierende Anwärter auf den dänischen Thron, versuchten nacheinander mehrere fränkische Könige, den Wikingerüberfällen in Friesland einen Riegel vorzuschieben und für den Fall, dass ihre Vasallen eines Tages in Dänemark an die Macht kämen, mächtige Verbündete zu haben. Der Erfolg hielt sich allerdings in Grenzen.[39]

Im dritten Viertel des 9. Jahrhunderts veränderte sich die Kriegsführung zumindest in Westeuropa nochmals nachhaltig in Art und Umfang. Die Streitkräfte wurden immer größer. Die Flotten waren nun in der Regel einige hundert Schiffe stark, oftmals anscheinend durch vorübergehenden Zusammenschluss verschiedener Wikingergruppen. In der Schlacht von Ashdown 870 sollen zwei Könige und mindestens fünf Jarls an der Spitze des Wikingerheers gestanden haben.[40] Darüber hinaus wurden die Kriegszüge ausgedehnter und komplexer. Bis Mitte des 9. Jahrhunderts verliefen Angriffe der Wikinger in der Regel nach einem einfachen Schema: Sie segelten zu ihrem Ziel, plünderten es oder erpressten Schutzgeld und kehrten wieder heim. Manchmal steuerten sie mehrere Ziele hintereinander an und waren tagelang oder sogar die gesamte Segelsaison im Sommer unterwegs, doch verlief alles nach demselben Muster, und die Krieger fuhren zum Überwintern nach Hause oder zumindest in einen sicheren Hafen zurück. So mussten sie zwar nur eine überschaubare Menge Vorräte mitführen, waren jedoch vom Wetter abhängig und hatten genügend Zeit einzuplanen, um erneut in ihrer Heimat zu sein, bevor das Meer unpassierbar wurde – denn trotz ihrer herausragenden Vielseitigkeit hatten Wikingerschiffe Stürmen auf See wenig entgegenzusetzen.

Ab Mitte des 9. Jahrhunderts begannen Wikingerverbände, im Feindesland zu überwintern, auch wenn kürzere Plünderfahrten wie gewohnt fortgeführt wurden. Um 841 überwinterten sie in Duiblinn (Dublin) und Linn Duachaill (Annagassan, County Louth) in Irland und etwa zur gleichen Zeit auf einer Insel vor der Loiremündung im westlichen Frankenreich, 850 dann erstmals in England, auf der Insel Thanet.[41] Der vorrangige Zweck dieser Wikingerzüge war offensichtlich nicht Eroberung, sondern Erwerb von Beute und Lösegeldern. Mit Ausnahme der kurzlebigen Lehen in Friesland und später in der Normandie gab es auf fränkischem Gebiet

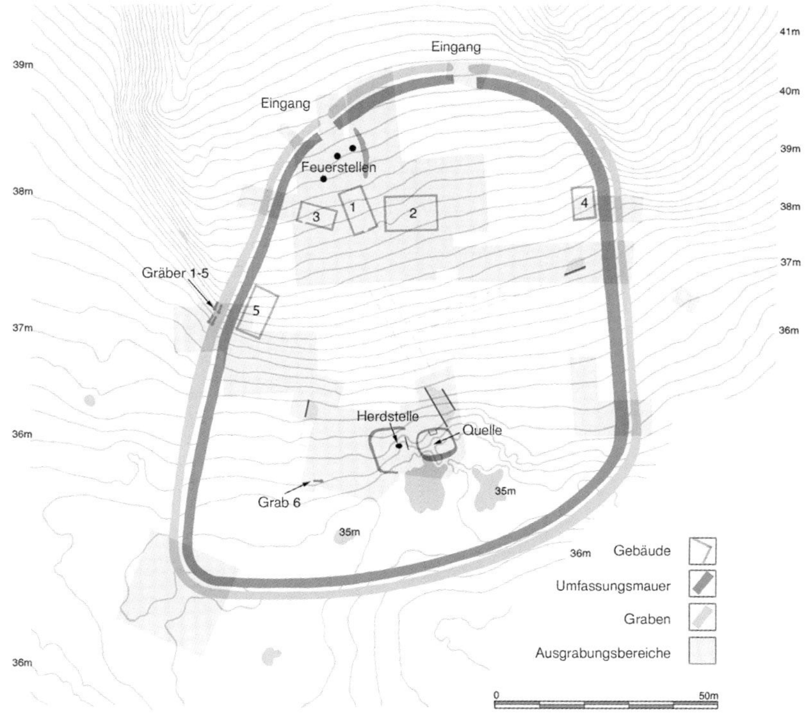

33.
Wozu die befestigte Siedlung in Llanbedrgoch (Anglesey) diente, ist umstritten. Fest steht, dass die Wikinger dort Ende des 9. Jahrhunderts Handel trieben. Die Anlage ähnelt Wikingerlagern in England und Irland.

keine Wikingersiedlungen, und in Irland ließen sich im 9. Jahrhundert nur einige wenige Nordmänner nieder. Von den vielen Winterlagern und anderen temporären Siedlungen war im späten 9. Jahrhundert lediglich Dublin mehr oder weniger ständig bewohnt und erst im 10. Jahrhundert entstanden weitere Kolonien in Limerick, Cork, Waterford und Wexford. Alle diese Orte versorgten sich über ihr Umland, doch größere Territorien wie anderswo eroberten und besiedelten die Nordmänner in Irland nie.[42] Ungefähr gleichzeitig plünderten sie nachweislich in Wales, ließen sich dort jedoch nur in begrenztem Umfang nieder. Immerhin weist eine in Llanbedrgoch auf Anglesey entdeckte Siedlung Parallelen zu Wikingerlagern in England und Irland auf (Abb. 33). Anglesey ist zwar ein skandinavischer Ortsname, doch existieren an der walisischen Küste nicht genügend weitere nordische Toponyme, um eine dichtere Besiedlung in Betracht zu ziehen.[43]

Anders stellte sich die Situation in England dar. Dort fiel 865 das »Große Heidnische Heer« ein, eroberte 866 Northumbria, 870 East Anglia und 874 weite Teile von Mercia. Doch anstatt sich die unterworfenen Gebiete zunutze zu machen, zog das *micel here* Jahr für Jahr weiter. Sein ursprüngliches Ziel war offenkundig nicht die Landnahme; dass sich nach dem Ende des Feldzugs 876 dennoch Skandinavier in ganz Nord- und Ostengland ansiedelten, kann anhand von Ortsnamen, Bildwerken, Ausgrabungsstätten, Gräbern sowie weit verstreuten Hort- und Einzelfunden nachgewiesen werden. Obwohl heute das gesamte Siedlungsgebiet der Wikinger in England als *Danelag* bezeichnet wird, vermittelt dieser erst später entstandene Begriff einen falschen Eindruck von Einheit, denn tatsächlich waren die englischen Territorien der Wikinger politisch ebenso stark zersplittert wie die Regionen in ihrer skandinavischen Heimat. Deshalb konnten die Westsachsen, die sich unter Alfred dem Großen (871–899) gegen die Nordmänner behauptet hatten, ihrerseits deren Gebiete erobern und ihren eigenen Einflussbereich allmählich nach Norden ausweiten, um Mitte des 10. Jahrhunderts schließlich das Königreich England zu vereinigen (Abb. 34).[44]

Ende des 10. Jahrhunderts geriet die nordische Welt erneut in Bewegung, wahrscheinlich weil der Nachschub an Silber-Dirhams aus Zentralasien stockte: Ab den 980er-Jahren gelangten verhältnismäßig wenige Dirhams nach Skandinavien. In den 990er-Jahren begannen erneut umfangreiche Plünderungen in England[45] und auch diesmal war das Hauptziel nicht Eroberung, sondern Beute. Dennoch mündete einer der ersten Überfälle in dieser Phase 991 in die große Schlacht bei Maldon in Essex, an die wenige Jahre später ein Gedicht mit einer der detailreichsten Schilderungen dieser Zeit erinnert:

Da sprach Byrhtnoth Mut den Mannen zu.
Er ritt umher und gab Rat den Kriegern,
Wie sie stehen sollten und standhalten könnten.
Er gebot, dass sie stets die Schilde hielten
Fest mit den Händen und furchtlos seien.

Die überschritten – sie scheuten nicht das Wasser,
Die Wikingerscharen – nach Westen den Panta.
Die Schiffsleute trugen schnell über das Wasser
An Land die Schilde aus Lindenholz.
… ein Gefecht stand bevor,

34.
Die Eroberung von Wikingersiedlungen durch die Westsachsen im 10. Jahrhundert trug zur Entstehung des vereinigten Königreichs England bei.

Ein ruhmvoller Kampf. Es kam die Zeit,
Da Todgeweihte auf der Walstatt fielen.
Der Kriegsruf ertönte. Es kreisten die Raben
Und der gierige Adler. Auf der Erde war Lärmen.
Sie ließen aus den Fäusten fliegen die Gere,
Die wohlgeschärften, die Speere, die harten.
Vom Bogen flogen Pfeile, das Breitschwert schlug auf Schilde.
Schrecklich war der Kampfsturm, Krieger fielen
Auf jeder Seite, Jungmannen stürzten.[46]

Als Sieger der Schlacht forderten die Wikinger von den Angelsachsen Tribute, zunächst *geld*, später *Danegeld* genannt. Im Gegenzug versprachen sie Frieden, doch gerade die Zahlungen lockten weitere Räuber an. Münzhorte aus dieser Zeit wurden in vielen Regionen Skandinaviens entdeckt, alles in allem umfassten sie im Vergleich mehr spätangelsächsische Münzen als analoge Funde in England (Abb. 35).[47] Wie bereits Ende des 9. Jahrhunderts gingen Plünderungen in Eroberungen über: England war nicht nur Ziel der Raubzüge von Wikingeranführern wie Thorkell dem Hohen, sondern auch eines groß angelegten Einmarschs unter Dänenkönig Sven Gabelbart. Obwohl zu Svens Truppen auch Freibeuter gehört haben werden, die es nur auf Wertsachen abgesehen hatten (siehe unten), wirkt die Invasion in vielerlei

Hinsicht eher wie ein nationaler Eroberungskrieg. Es gelang dem Dänenkönig 1013, England gegen den Widerstand Æthelreds II. und seines Sohns Edmund Eisenseite partiell zu unterwerfen. 1016 vollendete Svens Sohn Knut der Große die Eroberung, nachdem alle übrigen Hauptakteure gestorben waren. Kurz darauf ließ er sich überdies zum König von Dänemark ausrufen und regierte bis zu seinem Tod 1035 beide Reiche sowie ab 1028 zusätzlich Norwegen.[48] Dieser Fall demonstriert erneut, dass während der gesamten Wikingerzeit auch innerhalb Skandinaviens Kriege keine Seltenheit waren und sich die Expansionsbewegung nicht immer nach außen richtete.

Im 9. und 10. Jahrhundert eroberten und besetzten die Wikinger ergänzend weite Teile Nord- und Westschottlands, trotzdem Ortsnamen und archäologische Funde vermuten lassen, dass dies nicht überall in identischem Maße geschah. Am dichtesten war die Besiedlung auf den Shetlandinseln, die Skandinavien am nächsten liegen. Fast sämtliche Ortsnamen dort sind nordischen Ursprungs, dennoch bleibt umstritten, ob dies allein auf der politischen und kulturellen Dominanz der Wikingersiedler und ihrer Nachkommen oder auf einer Art Genozid oder Versklavung der einheimischen Bevölkerung beruht.[49] Wikingerreiche entstanden auf der Isle of Man und den Äußeren Hebriden, und die Jarls von Orkney beherrschten die gleichnamigen Inseln und den Norden des schottischen Festlands. Der Einfluss der nordischen Eroberer war auch in diesen Gebieten vorwiegend im späten 10. und 11. Jahrhundert spürbar.[50] Sie müssen zum Herrschaftsgebiet Knuts des Großen gehört haben,[51] unterstanden ab Ende des 10. Jahrhunderts zeitweise aber auch zumindest nominell den norwegischen Königen, denn die Jarls Paul und Erlend von Orkney begleiteten 1066 Harald den Harten von Norwegen bei seinem glücklosen Einmarsch in England. Wie schon zuvor unter Sven und Knut waren auch diese Angriffe eher Nationalkriege als Beutezüge, denn Harald bot die Ressourcen eines ganzen Königreichs auf, um seine Ansprüche auf den englischen Thron geltend zu machen.[52] Ob Herrscher wie Sven Gabelbart und Harald der Harte im Einzelfall als »König« oder nur als »Wikingeranführer« handelten, lässt sich oftmals nicht eindeutig entscheiden. Haralds Tod in Stamford Bridge 1066 wird, auch wenn die herkömmlichen Wikingerzüge in Britannien und anderswo zweifellos weitergingen, der Bequemlichkeit halber meist als Ende der Wikingerzeit gewertet.

35.
Spätangelsächsische Silbermünzen kamen massenhaft in skandinavischen Hortfunden zutage.

Münzschatz aus Long Cross. Pennys aus der Regierungszeit Æthelreds II., um 1000. Tyskegård, Bornholm, Dänemark.
Silber.
Dänisches Nationalmuseum, Kopenhagen

Die Kriegsführung der Wikinger

Trotz aller Erfolge in den Kämpfen waren die Wikingerkrieger nicht grundsätzlich überlegen oder besser ausgerüstet. Gerade von ihren besten Waffen waren offenbar viele importiert, obwohl fränkische Gesetze Anfang des 9. Jahrhunderts ausdrücklich verboten, Waffen oder Pferden durch Verkauf oder als Lösegeld an die Nordmänner abzugeben. In der Skaldendichtung (siehe S. 25) ist in diesem Zusammenhang die Rede von *vigra vestœnna ok valskra sverða* (»westlichen Speeren und fränkischen Schwertern«).[53] Entsprechend viele Waffen fränkischer Machart hat man überall in der Wikingerwelt entdeckt, darunter vollständige Schwerter wie nur einzelne Klingen. Die Schwertgriffe waren in dieser Zeit unterschiedlich geformt und oft aufwendig verziert. Ihre Herkunft lässt sich häufig an den Formen der einzelnen Elemente und

(Von links nach rechts)

36.
Karolingisches Schwert, 800–850. Steinsvik, Tjeldsund, Nordland, Norwegen.
Eisen, Kupferlegierung, Silber. L 100,1 cm
Museum für Kulturgeschichte der Universität Oslo

37.
Schwert, spätes 8./frühes 9. Jahrhundert. Kalundborg oder Holbæk, Seeland, Dänemark.
Silber, Eisen. L 59,4 cm
Dänisches Nationalmuseum, Kopenhagen

38.
Schwert karolingischen Typs mit Silbereinlagen an den Parierstangen, 9. Jahrhundert. Nahe Kilmainham, Dublin, Irland.
Eisen, Silber. L 56,8 cm, B 11,3 cm
National Museum of Ireland, Dublin

39.
Schwert mit VLFBERH+T-Klinge, Heft skandinavischen Typs mit Silbereinlagen, 10. Jahrhundert. Schwedt, Lkr. Uckermark, Brandenburg, Deutschland.
Eisen, Silber. L 73,8 cm
Museum für Vor- und Frühgeschichte der Staatlichen Museen zu Berlin

40.
Schwert mit VLFBERH+T-Klinge, 800–950. Peltomaa, Hämeenlinna (Tavastehus), Häme, Finnland.
Eisen, Kupfer, Silber. L 91,6 cm
Finnisches Nationalmuseum, Helsinki

41.
Lanzenspitze, erste Hälfte 11. Jahrhundert. London, England.
Eisen. L 58,0 cm
British Museum, London

42.
Lanzenspitze, 9./10. Jahrhundert. London, England.
Eisen. L 28,7 cm
British Museum, London

dem Dekorstil ablesen. Karolingische Griffe sind überall in der Wikingerwelt von Russland bis Irland nachweisbar (Abb. 36–38).[54] In manchen Fällen bildeten sich an verschiedenen Orten die gleichen Vorlieben heraus. Schwerter aus dem 10. Jahrhundert vom Typ S nach Petersen mit gebogenen Parierstangen und charakteristisch geformtem Knauf kamen in großer Zahl sowohl in England als auch Skandinavien zutage, manche davon mit typisch angelsächsischen oder typisch skandinavischen Verzierungen, andere mit weniger charakteristischem Dekor. Woher der Stil ursprünglich stammte und wer wessen Machart kopierte, bleibt im Dunkeln.

Fränkische Klingen waren eine begehrte Handelsware und wurden oft mit skandinavischen Griffen versehen. Klingen mit den eingelegten fränkischen Namen »Ulfberht« und »Ingelrii« wurden ursprünglich im 9. Jahrhundert im Rheinland entwickelt und danach mindestens 200 Jahre lang weiter hergestellt. Auch wenn sich die Inschriften und ihre Anbringung im Detail unterscheiden (Abb. 39–40),[55] legt die Beibehaltung der Gestaltung nahe, dass man diese Schwerter nach dem Tod ihrer Schöpfer in deren Schmieden weiter produzierte. Sie werden aber aber auch von anderen kopiert worden sein, denn die Namenszüge galten als Garant für Spitzenqualität oder waren einfach als modisches »Markenzeichen« begehrt. Metallurgische Analysen ergaben, dass einige vorgebliche Ulfberht-Klingen in Wirklichkeit von miserabler Qualität sind. Da Schwerter nicht nur als Waffen, sondern auch als Statussymbol dienten, entsprach solche minderwertige »Markenware« möglicherweise den modernen Billigimitaten von Rolex-Uhren oder Louis-Vuitton-Handtaschen.

Schwerter waren nicht als einzige Waffen Moden unterworfen, auch Lanzenspitzen wurden in diversen Formen und Größen hergestellt (Abb. 41–42). Solche mit seitlichen »Flügeln« zwischen Blatt und Tülle stammten von den Franken, doch nicht alle erhaltenen Exemplare wurden im Frankenreich geschmiedet. Ebenso gab es eigene lokale Stile wie die weder typisch skandinavischen noch typisch irischen Schildbuckel, die wohl ausschließlich in Dublin in Gebrauch waren (Abb. 43). Analog sind bei Helmen Moden erkennbar; für die Hörner oder Flügel, die man sich seit dem 19. Jahrhundert an Wikingerhelmen vorstellt, fehlt allerdings jeder Beweis. In der Vorwikingerzeit waren Helme offensichtlich nach Vorbildern aus der spätrömischen Reiterei individuell gestaltet und mit Schutzelementen für Gesicht, Hals, Nacken und Oberkopf versehen. Diese Praxis wurde wohl noch in der Wikingerzeit beibehalten, denn in einem Grab aus dem 10. Jahrhundert im norwegischen Gjermundbu fand man einen Helm mit brillenförmigem Gesichtsschutz und Ringketten-Halsschutz, der Helmen der Vorwikingerzeit aus Vendel

43.
Schildbuckel vom Typ Dublin, 9. Jahrhundert. Nahe Kilmainham, Dublin, Irland.
Eisen. H 6,5 cm, Dm 8,9 cm
National Museum of Ireland, Dublin

44.
Konischer Helm, 10. Jahrhundert. Tschernaja Mogila, Oblast Tschernihiw, Ukraine.
Eisen, Kupferlegierung, vergoldet.
H 25,0 cm, Dm 25,0 cm
Staatliches Historisches Museum, Moskau

und Valsgärde stark ähnelt.[56] Bildliche Darstellungen sprechen dafür, dass Helme überwiegend konisch und mit einem Naseneisen ausgestattet waren. Mit unterschiedlichen Verzierungen war dieser Grundtyp bei Angelsachsen, Franken und Slawen verbreitet und ging wahrscheinlich auf fränkische Einflüsse zurück (Abb. 44).

Die Wikinger waren somit nicht besser ausgerüstet als die meisten ihrer Zeitgenossen und auf dem Schlachtfeld nicht wesentlich erfolgreicher. Neben Triumphen wie dem Sieg, der zur Eroberung von Northumbria und East Anglia führte, mussten sie durchaus schwere Niederlagen hinnehmen. Die Schlacht gegen die Westsachsen 851 in Acleah etwa ging in die Geschichte ein als »größtes Massaker am Heidenheer, von dem wir je gehört haben«.[57] Offenen Feldschlachten wichen die Nordmänner nach Möglichkeit aus. Auch wenn der Heldentod als glorreicher Höhepunkt eines Kriegerlebens und als Eintrittskarte nach Walhall galt, bargen Kämpfe gegen schwerbewaffnete, gut organisierte Gegner hohe Risiken und boten im Gegenzug wenig unmittelbaren Nutzen, denn auf dem Feld waren die Wikinger nicht per se im Vorteil. Kleinere Niederlagen ereigneten sich sicherlich ebenso häufig wie Siege, wurden indes seltener dokumentiert. Obwohl zum Beispiel das erwähnte Massengrab in Weymouth (siehe S. 95–96) die Hinrichtung der gesamten Besatzung eines Wikingerschiffs vermuten lässt, sprechen die Schriftzeugnisse dieser Periode in erster Linie von ergebnisreichen Plünderfahrten. Die fränkischen Annalen enthalten in der Regel lebhafte Schilderungen der Siege und angeblichen Gräueltaten der Wikinger, erzählen aber durchaus auch von vielen Schlachten, aus denen die Franken siegreich hervorgingen, darunter von der Vernichtung einer großen Wikingerflotte durch den ostfränkischen König Arnulf von Kärnten 891 an der Dijle bei Löwen.

Aus Kriegern werden Soldaten

Erst im Laufe der Wikingerzeit erfolgte der Übergang von Gruppen individueller Krieger zu mehr oder weniger organisierten Heeren. Diese Entwicklung spiegelt zum einen die zunehmend zentralisierte Macht der Herrscher in den skandinavischen Königreichen (siehe S. 150–155), zum anderen Einflüsse von außen. Die vielen tausend nordischen Söldner im Dienst des Kaisers von Byzanz waren zwar anfangs Hilfstruppen unter eigenen Befehlshabern, aber ab Ende des 10. Jahrhunderts als offizielle Warägergarde (siehe S. 97) mit Aufbau und Abläufen im gesamten byzantinischen Heer vertraut. Auch Franken und Angelsachsen dienten als Vorbilder für eine straffe Militärorganisation. Aus der Pflicht der Grundbesitzer, eine bestimmte Anzahl bewaffneter Männer mit festgelegter Ausrüstung bereitzustellen, resultierte dabei eine gewisse Standardisierung.[58]

Waffen und Rüstungen der Wikinger waren zu Beginn unter anderem durch Verzierungen an Griffen, Scheiden und sogar Schwertklingen individuell gestaltet (Abb. 45). Waren Schwerter im Allgemeinen aus einem Stück geschmiedet (Abb. 46), wurden manche Prunkschwerter

45.
Aufwendig verzierte Waffen wurden bis zum Ende der Wikingerzeit hergestellt, wenn auch mit einer Tendenz zur Standardisierung.

Lanzenspitze mit Silbereinlagen an der Tülle, 11. Jahrhundert. Vilusenharju, Tampere, Satakunta, Finnland.
Eisen, Silber.
Finnisches Nationalmuseum, Helsinki

46.
Einschneidiges Schwert, 8.–9. Jahrhundert. Digeråkeren, Øverli, Lom, Oppland, Norwegen.
Eisen. L 97,0 cm
British Museum, London

Als »Ortband« bezeichnet man einen Metallbeschlag, der auf die Spitze einer Schwertscheide aufgesetzt wird. Reich verzierte Exemplare wie diese wurden ständig zur Schau getragen, während die Schwertklinge in der Scheide verborgen blieb.

47.
Schwertortband mit Tierkopf im Borre-Stil, 10. Jahrhundert. Korosten, Oblast Schytomyr, Ukraine.
Kupferlegierung. L 7,3 cm
Staatliches Historisches Museum, Moskau

48.
Schwertortband im Borre-Stil, 10. Jahrhundert. England.
Kupferlegierung. L 5,8 cm, B 4,7 cm
British Museum, London

49.
Schwertortband im Jelling-Stil, 10. Jahrhundert. Selling Hedelod, Ødum, Ostjütland, Dänemark.
Kupferlegierung. L 9,0 cm, B 4,2 cm
Dänisches Nationalmuseum, Kopenhagen

50.
Schwertortband mit Vogelmotiv, 10. Jahrhundert. Bjergene, Ballerup, Seeland, Dänemark.
Kupferlegierung. L 9,0 cm, B 4,4 cm
Dänisches Nationalmuseum, Kopenhagen

51.
Damaszierte Lanzenspitze, 10. Jahrhundert. Nahe des Flusses Lodden/Twyford, Berkshire, England.
Eisen. L 34,7 cm
British Museum, London

52.
Damaszierte Lanzenspitze, 9./10. Jahrhundert. Themse, England.
Eisen. L 37,0 cm
British Museum, London

hingegen damasziert (mustergeschweißt), das heißt, man verschweißte, wand und hämmerte mehrere Metallstäbe zu einem dekorativ gemusterten Klingenkern, an den beiderseits die Schneiden angesetzt wurden. Diese Schmiedetechnik beherrschten auch die Franken und Angelsachsen. Manche neuzeitlichen Quellen behaupten, mit diesem Verfahren habe man besonders hochwertige Klingen hergestellt, in denen sich die Härte von Eisen mit der Biegsamkeit von Stahl vereint habe, doch hat sich in jüngerer Zeit (nicht zuletzt anhand von Experimenten) herausgestellt, dass sie Schwertern aus einem einzigen Stück guten Stahls wohl sogar unterlegen waren. Das Damaszieren wird eher dekorativen als funktionalen Zwecken gedient haben; vielleicht bevorzugte man deshalb stattdessen ab dem 9. Jahrhundert nach und nach dekorative Einlegearbeiten.[59]

Die Schwertklingen mochten reich verziert sein, jenseits der Schlacht bekam sie kaum jemand zu Gesicht. Zu einem Unikat wurde jedes Schwert durch die Griffstücke und Schwertscheiden (Abb. 47–50). Durch sie waren die kostbaren Stücke ebenso wie andere Waffen immer und überall erkennbar. Damasziert wurden auch Lanzenspitzen und Messer. Axtköpfe und Lanzenspitzen verzierte man ebenfalls mit Einlagen (Abb. 51–52). Wikingerhelme aus der Frühphase sind nicht erhalten, doch weisen die Exemplare aus vorwikingerzeitlichen Gräbern in Vendel und Valsgärde in Ostschweden unverkennbare individuelle Formen und Verzierungen auf (Abb. 53–54). Da sich ähnliche Waffen und Helme auch andernorts finden, gehen sie wohl bei Angelsachsen, Franken und diversen nordischen Völkern auf gemeinsame Ursprünge zurück. Die Einmaligkeit solcher Ausrüstungsstücke erhöhte den persönlichen Status des jeweiligen Kriegers.

Kostbare Waffen spielten während der gesamten Wikingerzeit eine wichtige Rolle, doch trotz der mannigfaltigen Verzierungen wurde das eigentliche Spektrum an Waffentypen stetig kleiner (bei Schwertern in erster Linie definiert durch die Form von Parierstange und Knauf). Dies galt vor allem für Dänemark, wo man Verstorbenen im 10. Jahrhundert zunehmend standardisierte Waffen mitgab, meist Schwert, Lanze und Schild, dagegen nur selten anstelle des Schwerts eine Axt, lediglich in den reichsten Gräbern beides. Das zusätzlich häufig

53.
Dieser Augenschutz eines Helms stammt vermutlich aus der frühen Wikingerzeit. Er weist verblüffende Ähnlichkeit mit Helmen aus vorwikingerzeitlichen Gräbern in Vendel und Valsgärde auf (Abb. 54).

Verzierter Augenschutz für einen Helm, späte Eisenzeit/ Wikingerzeit. Gevninge, Seeland, Dänemark.
Kupferlegierung, teilweise vergoldet.
L 8,0 cm, B 5,0 cm
Roskilde Museum, Roskilde

54.
Die wenigen erhaltenen Helme wie dieses Exemplar aus dem vorwikingerzeitlichen Grab in Vendel geben eine Vorstellung davon, wie die frühesten Wikingerhelme ausgesehen haben könnten.

Brillenhelm, spätes 6.–8. Jahrhundert. Grab 1, Gräberfeld in Vendel, Uppland, Schweden.
Staatliches Historisches Museum, Stockholm

anzutreffende Reitzubehör (primär Steigbügel) deutet darauf hin, dass viele Elitekrieger beritten waren (Abb. 55). Eine bewaffnete Reiterei hatte in Skandinavien zwar bereits vor dem 10. Jahrhundert existiert, doch nun bildete sich eine Kavallerie heraus, die dem König vermutlich nach fränkischem Vorbild Wehrdienst nach dezidierten Vorgaben leistete (Abb. 56–57).[60] Dass sich Waffen und Rüstungen in Nordeuropa in der späten Wikingerzeit mehr und mehr anglichen, ist etwa an den schlichten konischen Helmen ablesbar, die komplexere Formen ablösten. Einige typisch skandinavische Elemente blieben jedoch erhalten und entwickelten sich sogar weiter, Ende des 10. und im 11. Jahrhundert etwa die große Zweihandaxt (Abb. 58).[61]

55.
Zwei Trensen, 900–1100. Popelken, Kr. Wehlau/Cholmy, Oblast Kaliningrad, Russland.
Eisen. L 22,0 cm; L 22,7 cm
Museum für Vor- und Frühgeschichte der Staatlichen Museen zu Berlin

56.
Miniatur eines Panzerreiters, 11. Jahrhundert. Leissower Mühle, Kr. Weststernberg/Lisów, Woiwodschaft Lebus, Polen.
Silber. B 3,2 cm, H 3,5 cm
Museum für Vor- und Frühgeschichte der Staatlichen Museen zu Berlin

57.
Waffen aus dem Grab eines offenbar berittenen Kriegers: Schwert, Schildbuckel, Axt, Lanzenspitzen, Sporen, Trense, Steigbügel und Specksteingefäß, 900–950. Asak, Skedsmo, Akershus, Norwegen.
Eisen, Speckstein.
Museum für Kulturgeschichte der Universität Oslo

58.
Axtkopf, 950–1050. Hammersmith, Themse, England.
Eisen. L 21,5 cm, B 20,7 cm
British Museum, London

59.
Lage der wikingerzeitlichen Ringburgen.

Standardisierung, Organisation und Disziplin waren daneben beim Bau der dänischen Ringburgen in den 980er-Jahren von großer Relevanz (siehe S. 151–152). Trelleborg (Seeland), Fyrkat und Aggersborg (beide Jütland) entstanden nach denselben Vorgaben, wenngleich mit Unterschieden in Größe und baulichen Details. Die Burgen in Nonnebakken (Fünen) und Borgeby (Schonen) sind ähnlich, allerdings nicht ganz so regelmäßig konzipiert. Die Grundrisse der Burgen in Trelleborg, Fyrkat und Aggersborg waren gezielt geplant: Die Häuser weisen eine Einheitsgröße und -form auf und sind geometrisch angeordnet. Ringsum verliefen massive Erdwälle, ursprünglich mit hölzernen Palisaden. Obwohl den Ausgrabungsbefunden zufolge nicht alle Häuser ständig bewohnt waren und in der Siedlung auch Frauen und Kinder lebten, werden sie zumindest partiell für die Unterbringung von Besatzungstruppen gebaut worden sein. Zusammen mit dem Königskomplex in Jelling (siehe S. 158–159), in dem mittlerweile vergleichbare Gebäude etwa aus derselben Zeit ausgegraben wurden, bildeten die Ringburgen ein Netz von Stützpunkten des dänischen Königs in allen Teilen seines expandierenden Reichs (Abb. 59).[62] Das System erinnert an das Netz der *burhs*, die im spätangelsächsischen England ebenfalls militärische wie zivile Funktionen erfüllten und wiederum als Reaktion auf die Wikingerüberfälle des späten 9. und 10. Jahrhunderts entstanden.[63] Als Militär-, Wirtschafts- und Verwaltungszentren fungierten während der gesamten Wikingerzeit analog fränkische Städte, vor allem

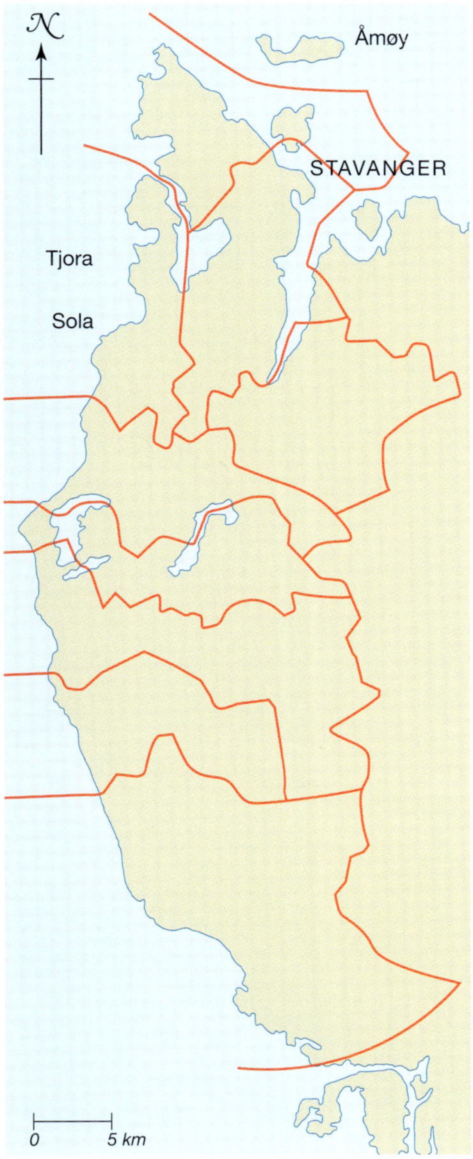

60.
Die Schiffsbezirke in Hordaland, Südwestnorwegen. Die Unterteilung war Grundlage für die vom König beanspruchte Seerüstung, den Leidang. Jeder Bezirk musste ein voll ausgerüstetes Schiff mitsamt Besatzung stellen.

unter den Ottonen im 10. Jahrhundert. Angelsächsische oder ottonische Städte (oder beide) stehen als Vorbilder für dänische Ringburgen zur Diskussion. Die Parallelen im Aufbau lassen bei Letzteren eine zentralisierte Planung erkennen; zudem erforderte der Bau in großem Umfang Holz und Arbeitskräfte, die nur auf nationaler Ebene zu beschaffen waren. Es fehlen allerdings Anhaltspunkte dafür, wie die Bauarbeiten im Einzelnen organisiert waren; es wird sich eher um ein kurzlebiges Experiment als um ein typisch dänisches Phänomen der späten Wikingerzeit gehandelt haben.[64] Nach neueren Isotopenanalysen waren in Trelleborg neben dänischen Besatzungssoldaten zusätzlich ausländische Söldner stationiert.[65]

Ein noch höheres Maß an Zentralisierung und königlicher Macht erforderte im Anschluss an die Wikingerzeit das System der Seerüstung in Dänemark, Norwegen und Schweden. Der »Leidang«, altnordisch *leiðangr* (dänisch *leding*, norwegisch *leidang*, schwedisch *ledung*) lief in allen drei Königreichen nach mehr oder weniger denselben Regeln ab. Grundsätzlich hatte der König Anspruch auf eine Flotte für die Verteidigung des Reichs. Später unterteilte man das Staatsgebiet in »Schiffsbezirke«, die eine festgelegte Anzahl Schiffe und Männer samt standardisierter Ausrüstung und Vorräten bereitstellen mussten (Abb. 60). Die Leidangspflicht galt auch für Angriffskriege, doch durfte der König in diesem Fall nur begrenzt Schiffe fordern. In Jahren, in denen er weder für Angriff noch Verteidigung Schiffe und Krieger benötigte, standen ihm zumindest die Vorräte zu.[66]

Ausführliche Beschreibungen der verschiedenen Formen des Leidangs in den drei skandinavischen Königreichen sowie in vielen ihrer Einzelregionen finden sich in den Gesetzesbüchern des 12. und 13. Jahrhunderts. Erst gegen Ende der Wikingerzeit wurden Gesetze erstmals schriftlich festgehalten. Da die frühesten Sammlungen nicht erhalten sind, ist nicht immer klar, welche Elemente zur Zeit der Niederschrift neu waren und welche man von früheren schriftlich fixierten Gesetzen oder aus dem noch älteren Gewohnheitsrecht übernahm. Seit den 1980er-Jahren wird erneut diskutiert, wie der Leidang in der Wikingerzeit wirklich aussah. Manche sind aufgrund der Skaldendichtung und möglicher Übereinstimmungen zwischen Grabungsfunden und Rechtsbüchern davon überzeugt, dass das System bereits in der Wikingerzeit praktiziert wurde. So gilt beispielsweise das ausgegrabene dänische Kriegsschiff *Skuldelev 5* als Leidang-Schiff, weil es mehrfach repariert und noch benutzt wurde, als es eigentlich nicht mehr seetüchtig war (Abb. 61). Dies lege nahe, so die These, dass die *Skuldelev 5* eher nicht das persönliche Eigentum eines Anführers oder einer sonstigen hochrangigen Person gewesen ist.[67] Das Gegenargument lautet, die Gesetzesbücher seien als Quelle für alles vor dem Ende des 12. oder gar vor dem 13. Jahrhundert wertlos; eine Leidangspflicht habe es frühestens im späten 11. Jahrhundert gegeben. Die Wikingerzüge seien private Abenteuerfahrten einzelner Anführer und ihrer Gefolgschaften gewesen und selbst dokumentierte Raubzüge unter der Leitung bedeutender skandinavischer Könige seien ohne die Unterstützung irgendeiner Art von Nationalheer erfolgt.[68]

Die Wahrheit liegt wahrscheinlich in der Mitte. Den Sagas zufolge führte Håkon der Gute Mitte des 10. Jahrhunderts den Leidang in Norwegen ein. Er wuchs vermutlich in England am Hof Æthelstans (924–939) auf und kannte die dortigen Gepflogenheiten, sodass sein Konzept des Königtums insgesamt eher angelsächsische als norwegische Züge trug.[69] Das ist deshalb interessant, weil im spätangelsächsischen England etwas Ähnliches wie der Leidang praktiziert wurde. Schon im 8. Jahrhundert gab es in einigen der dortigen Königreiche einen systematischen Wehr- und Arbeitsdienst unter anderem für Befestigungsanlagen und Brücken. Ab dem 10. Jahrhundert gibt es außerdem Hinweise auf die Untergliederung des Landes in Bezirke (*sokes*), die jeweils ein Schiff bauen und ausrüsten mussten. Die *Angelsächsische Chronik* verweist ausdrücklich auf eine Schiffsrüstung für das Jahr 1008.[70] Der Begriff *leiðangr* ist wiederum in der Skaldendichtung Norwegens vom Ende des 10. Jahrhunderts belegt. Obwohl im relevanten Kontext ebenso plausibel eine konkrete nationale Schiffsrüstung wie allgemein eine Kriegsflotte gemeint sein könnte, ist deshalb davon auszugehen, dass in Teilen Norwegens bereits im

61.
Die *Skuldelev 5* wird als Leidang-Schiff gedeutet, also als Kriegsschiff, das auf königlichen Befehl für den militärischen Einsatz gebaut wurde.
Eichenholz, L. 17,3 m
Wikingerschiffsmuseum, Roskilde

10. Jahrhundert eine Praxis namens *leiðangr* existierte. Auch wenn es sicher noch nicht das in den späteren Gesetzesbüchern beschriebene ausgereifte System war, ist eine gewisse Standardisierung zu postulieren, eventuell zunächst nur entlang der Westküste, Kerngebiet des späteren Königreichs Norwegen.[71]

Die von den Angelsachsen in England praktizierte Schiffsrüstung war wegweisend für den Leidang in Dänemark, wo er erstmals in einer Urkunde von 1085 thematisiert wird. Dass aus der Zeit davor keine Belege existieren, besagt nichts, denn es handelt sich um die älteste erhaltene dänische Urkunde überhaupt. Der Begriff wird darin nicht erläutert, die Institution an sich war also offenbar etabliert und allgemein bekannt. Neu ist zu diesem Zeitpunkt nur der Versuch, diese Form des Wehrdienstes in eine Steuer umzuwandeln. Aus Sicht des dänischen Volks brachte dies augenscheinlich das Fass zum Überlaufen, denn im Jahr darauf wurde König Knut der Heilige ermordet.[72] Es ist also anzunehmen, dass der Leidang in Dänemark vor 1085 eingeführt wurde. Ob es schon unter Harald Blauzahn im Jahrhundert zuvor etwas Vergleichbares gab, ist hingegen nicht belegt. Nach Meinung des Historikers Niels Lund waren selbst die Armeen, die 1016 unter Sven Gabelbart und Knut England eroberten, keine Nationalheere aus Wehrpflichtigen, sondern herkömmliche, allerdings sehr große Überfallkommandos.[73] Dies bestätigen zumindest teilweise die Runensteine in Ostschweden: Sie erinnern an Männer, die zu dieser

Zeit in England »Geld einnahmen« (Abb. 62). Vielleicht setzten sich Svens Heere aus Wehrpflichtigen wie aus Abenteurern zusammen. Demgegenüber war Knuts Regierungsstil als König von England und Dänemark eher der eines angelsächsischen Monarchen als der eines traditionellen nordischen Herrschers. Unter ihm gewannen auch andere angelsächsische Einflüsse in Dänemark an Wichtigkeit, darunter der Ausbau des Münzwesens, der städtischen Strukturen und der Kirche sowie eine systematische Militärorganisation, die der Verteidigung des Reichs diente wie seine Macht als König stärkte.

62.
Dieser Runenstein (U 344) in Yttergärde, Uppland, Schweden, schildert zusammen mit dem dazugehörigen Stein U 343 die Eintreibung von Tributen in England durch einen Wikinger namens Ulfr.

Altnordische Transkription:
En Ulfr hafiR [a] *Ænglandi þry giald takit. Þat vas fyrsta þe*[t]*s Tosti ga*[l]*t. Þa* [galt] *Þorkætill. Þa galt Knutr.*

Deutsche Übersetzung:
Aber Ulfr hat in England drei Tribute eingenommen. Das war der erste, den Tosti zahlte, dann [zahlte] *Thorkil, dann zahlte Knut.*

1.
Darstellungen waffentragender Frauen werden traditionell als Walküren gedeutet, könnten aber auch einfach Kriegerinnen zeigen.

»Walküren«-Anhänger, 800–1050. Kalmergården, See Tissø, Nordwestseeland, Dänemark.
Silber, Niello. B 3,5 cm, H 2,7 cm
Dänisches Nationalmuseum, Kopenhagen

Wikingerkrieger

Neil Price

Seit Jahrhunderten hält sich in der volkstümlichen Überlieferung und ihr folgend auch in der Forschung hartnäckig das Klischee des Wikingerkriegers. Durch Ausgrabungen sind uns die materiellen Aspekte des Kriegs, das heißt die Ausrüstung wikingerzeitlicher Kämpfer von diversen Messern, Lanzen, Pfeil und Bogen über Schilde und kostbare Schwerter bis zu ihrer Rüstung, wohlbekannt. Weniger gut erforscht sind hingegen die Mentalität der Wikingerkrieger und die Frage, wie die Kriegsführung in die damalige skandinavische Kultur als Ganzes eingebettet war.

Das erste Stereotyp, das es zu hinterfragen gilt, ist die Annahme, »richtige« Wikinger seien grundsätzlich Männer gewesen. Dass dies in der Regel wohl so war, belegen Schriftquellen wie archäologische Funde, aber es gibt interessante Ausnahmen. Auch in Frauengräbern findet man gelegentlich diverse Waffen, meist Lanzen und Pfeile. Oft heißt es mehr oder weniger überzeugend, es handle sich um Geschenke, um Attribute für die Stellvertreterin eines abwesenden hochrangigen Ehemanns oder um diese oder jene Symbole. Dabei gibt es keinen Grund, warum sie nicht einfach waffentragenden Frauen zu ihren Lebzeiten gehört haben sollen (Abb. 1). Bezeichnenderweise handelt es sich meist um Wurfwaffen, für deren effizienten Einsatz weniger Körperkraft erforderlich war. In jedem Fall gehörten Kriegerinnen in Gestalt der Walküren und Schildmaiden zur nordischen Vorstellungswelt. Es ist deshalb sehr wahrscheinlich, dass hin und wieder auch reale Frauen auf dem Schlachtfeld kämpften. Eine byzantinische Quelle berichtet hinsichtlich eines Feldzugs gegen die Waräger im Jahr 970, unter den gefallenen Skandinaviern seien auch bewaffnete und gerüstete Frauen gewesen; zumindest klingt die Schilderung glaubwürdig und ist von nordischen Quellen völlig unabhängig.[1]

Lassen wir es dahingestellt sein, ob Frauen tatsächlich selbst kämpften. Im Krieg übernahmen sie mutmaßlich auch andere Aufgaben. Die leider schwierig zu deutenden altnordischen Sagas und Dichtungen sprechen von Zauberinnen, die sich auf eine Magie mit militärischer Ausrichtung zum Schutz und Ansporn der männlichen Krieger spezialisierten (siehe S. 174–175, 196–197).

Diese magische Unterstützung spiegelt die generelle nordische Einstellung zu den rituellen Aspekten des Kriegs. Wikingerkrieger waren geprägt durch eine Gedankenwelt, in der sie unter dem (häufig unzuverlässigen) Schutz martialischer Götter beiderlei Geschlechts standen. Odin, Thor, Freya und andere waren alle Kriegsgötter, wenn auch entsprechend ihrem jeweiligen Charakter auf individuell verschiedene Weise. Die einen standen für geistige Klarheit im Kampf, die anderen für rohe Gewalt oder zielgerichtete Aggression. Auf dem Schlachtfeld wüteten zudem blutrünstige Dämonen, allen voran die berühmten Walküren. Doch im Gegensatz zu den schönen Jungfrauen, die sich in Wagner-Opern in Liebe zu gefallenen Helden verzehren, wurden sie in der Wikingerzeit ursprünglich als furchteinflößende

2.
Eine Matrize ist eine Art Stempel, mit dem man Motive in Bleche drückt, in diesem Fall vermutlich Platten für einen Helm. Diese Matrize aus Torslunda zeigt einen Krieger als Mischwesen aus Mensch und Ungeheuer.

Matrize. Torslunda, Oland, Schweden.
Bronze.
Staatliches Historisches Museum, Stockholm

übersinnliche Wesen empfunden, buchstäblich als Verkörperung des Gemetzels. Neben vielen anonymen Geistern sind für 51 Walküren sprechende Namen wie Schwertlärm, Schlachtweberin, Schildkratzerin, Zähneknirscherin, Töterin oder Stille überliefert, die für konkrete Erfahrungen im Kampf stehen.[2] Altnordische Prosatexte erzählen darüber hinaus von riesigen Trollen, mordlustigen Geisterhunden und anderen Bestien auf den Schlachtfeldern.[3]

Abgesehen von diesem Pandämonium glaubten einzelne Wikingerkrieger offenbar, sie selbst könnten im Kampf zu übernatürlichen Wesen werden. Berühmt-berüchtigt sind die Berserker (altnordisch *berserkir*). Dass sie im Wesentlichen erst in der Nachwikingerzeit beschrieben wurden, birgt viele Probleme, aber augenscheinlich waren die Nordmänner tatsächlich davon überzeugt, dass mancher auf dem Schlachtfeld im Blutrausch in eine von den Göttern gesandte blindwütige Raserei verfiel. Solche Bären- und Wolfskrieger hatten allem Anschein nach etwas mit dem Glauben an Formwandler zu tun, der in der nordischen Gesellschaft verbreitet war. Dargestellt wurden sie auf vielen Gegenständen aus Metall und anderen Werkstoffen aus den Jahrhunderten vor, während und nach der Wikingerzeit (Abb. 2).[4]

Bezüge zu ritueller Gewalt findet man auch in Form von Amuletten, Talismanen und anderen Symbolen für das, was Soldaten seit Menschengedenken überall auf der Welt das Kriegsglück nennen. So bestattete man etwa einen Wikingerkrieger in Repton (Derbyshire) mit seinem Thorshammer um den Hals und »Talismanen« in Form eines Eberzahns und eines Dohlenbeins. Doch offensichtlich brachte ihm dies kein Glück, denn seine Gegner streckten ihn mit zwei Lanzenstichen in Gesicht und Auge nieder, schlitzten ihm den Bauch auf und kastrierten ihn vermutlich noch. Zimperlich ging es im Kampf ganz sicher nicht zu.[5]

Alles in allem war das Dasein eines Wikingerkriegers – und vielleicht auch einer Wikingerkriegerin – komplex und facettenreich. Nicht nur die Beherrschung des Kriegshandwerks entschied in der Schlacht über Leben und Tod. Nach dem Glauben der Nordmänner waren im Getümmel bestimmte Rituale ebenso überlebenswichtig wie eine gut geschärfte Schwertklinge.

2.
Die Lage der Verteidigungsanlagen entlang der nordeuropäischen Kontinentalküste.

Kontinentale Verteidigungsanlagen gegen die Wikinger

Simon Coupland

Die Wikingereinfälle auf dem europäischen Kontinent haben wenige sichtbare Spuren hinterlassen. Eine Ausnahme bilden die Ringburgen in Middelburg (Abb. 1), Oost-Souburg auf Walcheren und Burgh auf Schouwen in den heutigen Niederlanden, die der Bevölkerung als Fliehburgen dienten. Die Anlage in Oost-Souburg wurde nach den Ausgrabungen rekonstruiert. Andernorts ist heute nur noch wenig zu sehen, doch zeigen archäologische Befunde, dass sich vom belgischen Flandern bis nach Texel eine ganze Kette ähnlicher Burgen erstreckte, die im 9. Jahrhundert errichtet oder wiederaufgebaut wurden (Abb. 2).[1] Wie man in Oost-Souburg sieht, bestanden diese Burgen aus Erdwällen mit einer hölzernen Palisade und einem umgebenden Graben. So beschreibt das *Buch der Wundertaten des hl. Bertin* aus dem 9. Jahrhundert die Befestigungsanlagen rings um das Kloster Saint-Bertin als »sehr geschickt und solide [nur] aus Holzstangen, Erde und Grassoden gebaut« und erzählt, dass die Einheimischen mit ihrer Hilfe im April 891 einen 550 Mann starken Wikingerangriff abwehren konnten. Allerdings handelte es sich bei den in zeitgenössischen Texten erwähnten »Burgen« und »Festungen« noch nicht um die steinernen Trutzburgen des Hochmittelalters (Abb. 3), sondern um Motten aus Erde und Holz, die Angriffen und Feuer weitaus weniger entgegenzusetzen hatten.

Viele fränkische Städte besaßen noch ihre römischen Stadtmauern, doch hatte man sie verfallen lassen und die Steine zum Teil als Baumaterial wiederverwendet. Als die Wikingerangriffe sich häuften und an Wucht zunahmen, wurden einige dieser Stadtverteidigungen instand gesetzt oder verstärkt, Ende der 860er-Jahre etwa in Angoulême, Tours, Le Mans und Orléans, in den 870er-Jahren in Paris und in den 880er-Jahren in Köln, Langres, Mainz und Reims. Allerdings ließen sich die Skandinavier auch von Steinmauern nicht immer einschüchtern: In Nantes kletterten sie 843 einfach mit Leitern hinauf und durchbrachen parallel dazu die verbarrikadierten Tore. In vielen Städten halfen die alten Steinmauern jedoch tatsächlich bei der erfolgreichen Abwehr von Angriffen oder gar während längerer Belagerungen. Der berühmteste Fall ist zweifellos Paris, dessen heldenhaften Widerstand gegen das »Große Heidnische Heer« im Winter 885/886 Abbo von Saint-Germain im 600 Zeilen langen Epos *Die Kriege der Stadt Paris* verarbeitete.[2]

Zeitgleich mit den städtischen Anlagen befestigten die Franken auch andere wichtige Orte. Dazu verwendeten sie neben Holz und Grassoden auch Stein, etwa in den Abteien von Arras, Saint-Denis, Saint-Quentin, Tournus und Vézelay sowie in den fränkischen Königspfalzen in Compiègne und Quierzy. Bei Ausgrabungen in Quierzy kam ein Erdwall zutage, der einst den gesamten Gebäudekomplex umschloss und selbst partiell von einem Wassergraben umgeben war.

Wenn die Wikingerangriffe schon in den 840er-Jahren zur Bedrohung wurden, warum begannen die Franken dann erst gegen Ende des 9. Jahrhunderts, systematisch Burgen zu bauen und ihre Städte zu befestigen? Vor 868 wurde nur eine Festung nachweislich eigens gegen die Skandinavier errichtet: In den 820er-Jahren wurde rings um das Inselkloster Noirmoutier ein Erdwall aufgeschüttet, nachdem es mehrfach von Plünderern von der Irischen See her heimgesucht worden war. Auch die archäologisch belegte, ähnliche Festungsanlage zum Schutz der bretonischen Abtei Landévennec entstand im frühen 9. Jahrhundert, vielleicht ebenfalls im Zusammenhang mit diesen frühen Wikingerzügen.[3]

Für das Fehlen von Befestigungsanlagen vor Ende der 860er-Jahre sind drei Gründe denkbar. Zum einen waren die frühen Plünderfahrten in der Regel Blitzüberfälle, die zwar Wertsachen und Menschenleben kosteten, aber nicht in einem solchen Umfang, dass sie den Aufwand für kostspielige dauerhafte Befestigungen rechtfertigten. Der zweite Grund könnte darin liegen, dass in den 840er- und 850er-Jahren ständig Spannungen und Konflikte zwischen den Frankenkönigen bestanden. Erst Karl der Kahle war sich seiner Stellung so sicher, dass er sich um langfristige Lösungen für das Wikingerproblem kümmern konnte. Um 870 ließ er Brücken über die Seine und die Loire befestigen und an beiden Ufern Steinburgen bauen, sodass man diese wichtigen Flüsse gegen die nordischen Flotten abriegeln und die Brücken verteidigen konnte. Diese Strategie scheiterte allerdings, vermutlich an der Unzuverlässigkeit der Wachmannschaften. Drittens mögen die fränkischen Herrscher wegen anhaltender politischer Spannungen und Loyalitätskonflikte schlicht nicht gewillt gewesen sein, Festungen zu bauen, die lokalen Fürsten als eigene Machtbasis hätten dienen können. Als die Herrschaft der Frankenkönige Ende des 9. Jahrhunderts an Stärke verlor, baute die Ringburgen in Flandern bezeichnenderweise nicht der Monarch, sondern der ortsansässige Graf Balduin II.

1. (links)
Luftaufnahme von Middelburg, Niederlande. Die Umrisse der karolingischen Burg sind heute noch klar im modernen Straßenbild erkennbar.

3. (oben)
Karolingische Ritter in einer Darstellung im *Goldenen Psalter von St. Gallen*, 9. Jahrhundert. St. Gallen, Schweiz.
Pergament. L 19,2 cm, B 14,2 cm
Stiftsbibliothek St. Gallen

1.
Die Lokalisierung der Wikingerlager in England und Irland.

Wikingerlager in England und Irland

Gareth Williams

Die ersten Wikingerzüge waren Blitzüberfälle gegen küstennahe Ziele wie Klöster und Handelsplätze. Abgesehen hatten es die Nordmänner auf Wertsachen, die sie bequem mitnehmen konnten. Mithilfe ihrer Schiffe tauchten sie aus dem Nichts auf und verschwanden wieder, bevor sich Widerstand regte. Angesichts der anhaltenden Überfälle entstanden mit der Zeit jedoch effiziente Verteidigungsanlagen, bis entlang der Küsten immer weniger lohnende Zielobjekte übrig blieben.

Die Wikinger mobilisierten daraufhin größere Besatzungen und stießen nun auch auf Flüssen weiter landeinwärts vor, oder sie ließen ihre Schiffe gut bewacht an der Küste zurück und attackierten Orte im Landesinneren zu Pferd oder zu Fuß. In beiden Fällen hielten sie sich längere Zeit in feindlichem Gebiet auf, sodass die örtlichen Machthaber Zeit für Gegenangriffe hatten. Für die größeren Mannschaften und längeren Fahrten war nun entsprechend erheblich mehr Proviant nötig.

Befestigte Lager boten Schutz gegen Angreifer und Platz zur Unterbringung von Vorräten und Plündergut, vor allem aber für die lebenswichtigen Schiffe (Abb. 1). In Irland nannte man ein solches Camp *longphort* (Plural *longphuirt*), übersetzt etwa »Schiffsanlegestelle«, »Schiffslager« oder »Schiffsfestung«. Die ersten *longphuirt* gab es nachweislich 841 in Duiblinn (Dublin) und Linn Duachaill (Annagassan). Beide gruppierten sich um vorhandene Klöster, die Beute und Proviant lieferten, und lagen im Mündungsgebiet großer Flüsse, die als Wasserwege für Überfälle im Landesinneren dienten und Grenzen zwischen lokalen Königreichen bildeten.[1] In dieser randständigen Lage waren die Wikinger weitgehend vor gezielten Gegenschlägen geschützt, da sie dort eine viel geringere Gefahr darstellten als im Inneren der Reichsgebiete; außerdem riskierten die jeweiligen Herrscher mit massiven Attacken gegen sie diplomatische Verwicklungen mit ihren Nachbarn.

Die Wikinger blieben den Winter über in Dublin und Annagassan. Dabei nahmen sie mit Vorliebe die lokalen Güter in Besitz, denn dort hatten sie Zugriff auf Nahrungsmittelvorräte, die die Einheimischen für den Winter angelegt hatten. Das Lager in Dublin war bis 902 nahezu ohne Unterbrechung bewohnt und dann nochmals ab 917. Mit der Zeit entwickelte es sich zu einer befestigten Stadt und einem wichtigen Handelsplatz mit eigenem Hinterland. Andere Lager wurden nur einen Winter lang genutzt; die Krieger beschafften sich Proviant in der Umgebung und zogen dann im Frühling weiter. Wieder andere Lager fungierten lediglich temporär als Ausgangspunkt für einen einzigen Beutezug. Ein *longphort* in Emly (County Tipperary) wurde angeblich nicht mehr als zwei Tage in Anspruch genommen.[2]

Auch wenn die meisten Lager ausschließlich kurze Zeit bewohnt waren, war die Überwinterung ab Mitte des 9. Jahrhunderts in England, Irland und Kontinentaleuropa die Regel. Schon bald blieben die Wikinger mehrere Jahre vor Ort, wechselten jedoch in jedem Winter das Lager. Zeitgenössische Schilderungen sprechen sogar davon, dass sie ihre Frauen und Kinder mitbrachten.[3] Da zugleich die Truppenstärke erheblich anschwoll, weil nun ganze Königreiche angegriffen wurden, mussten die Stützpunkte mehr Platz bieten. 865 landete ein »großes Plündererheer«, das sogenannte »Große Heidnische Heer«, in East Anglia, zog in den folgenden zehn Jahren zwischen den verschiedenen angelsächsischen Königreichen hin und her und schlug Jahr für Jahr ein neues Winterlager auf. Allein in einem dieser Lager – bei Repton in Derbyshire – fanden bisher Grabungen statt. Die Wikinger besetzten das dortige Kloster, eines der reichsten weit und breit, im Winter 873/874. Wie die Ausgrabungen zeigen, bezogen sie die Kirche in ihre Verteidigungsanlagen ein, und zwar als Torhaus in einem Erdwall, den sie rings um das Lager errichteten; an der anderen Seite grenzte das Lager an den Fluss Trent.[4]

Zwei weitere englische Camps dieses Heers wurden kürzlich mit Metalldetektoren und in begrenztem Umfang mit archäologischer Feldforschung untersucht. Das eine bei Torksey in Lincolnshire war demnach im Winter 872/873 bewohnt, das andere in North Yorkshire offenbar wenige Jahre später (Abb. 2–3). Dass beide Lager mit rund 26 bzw. 31 Hektar Fläche recht groß waren (jedenfalls erheblich ausgedehnter als das 1,46 Hektar umfassende bei Repton), hängt wiederum mit der Mannschaftsstärke des »Großen Heidnischen Heers« zusammen, das fast ganz England eroberte. Grabungen erfolgten darüber hinaus in einigen der irischen *longphuirt*, allen voran in Woodstown bei Waterford und in Annagassan.[5]

Die Befunde an diesen zwei Orten werfen ein neues Licht auf die Aktivitäten in den Wikingerlagern. Wie zu erwarten, kamen sowohl Waffen als auch Verteidigungsanlagen zutage. Die große Anzahl ausgegrabener Gewichte, Münzen und Edelmetallbarren deutet allerdings zusätzlich auf eine ausgedehnte Handelstätigkeit hin. Spielsteine lassen erkennen, wie die Krieger sich im Winter die Zeit vertrieben. Zudem finden sich Hinweise auf die Bearbeitung von Metall und interessanterweise ebenso auf die Herstellung von Textilien; Letzteres bestätigt historische Schilderungen, nach denen die Wikinger ihre Frauen mitbrachten. Diese Lager waren keine kurzlebigen reinen Militärcamps, sondern bildeten durch ihre Größe und vielseitige Nutzung die Vorläufer der Städte, die später so zentral für die Wikingerbesiedlung in England wie in Irland werden sollten.[6]

2.–3.
In einem Wikingerlager im Norden von Yorkshire fand man unter anderem Gewichte, Münzen, Bruchstücke von Waffen und Nachweise von Metallverarbeitung.

Hacksilber, Hackgold, Münzen, Gewichtsstücke, Edelmetallbarren, Wetzstein, Reste eines Schwertgriffs, spätes 9. Jahrhundert. North Yorkshire, England.
Gold, Silber, Kupferlegierung, Eisen, Blei, Stein.
British Museum, London

3
MACHT UND HERRSCHAFT

Anne Pedersen

Es schleudert an einem Samstag
der Herrscher von sich die lange Zeltbahn,
dort, wo stattliche Witwen betrachten
die Plankenwand des Schiffes von der
Stadt aus.
Nach Westen aus dem Fluss Nid
steuert das nagelneue Langschiff
der junge Allherrscher, und die Ruder
der Männer tauchen in die See.

ÞJÓÐÓLFR ARNÓRSSON, IV, 19 (11. JAHRHUNDERT)

MACHT UND HERRSCHAFT

IN DER WIKINGERZEIT ENTSTANDEN die drei skandinavischen Königreiche Norwegen, Dänemark und Schweden, die jahrhundertelangen politischen und territorialen Streitigkeiten zum Trotz bis heute existieren. Bis zum Ende der Epoche bildete sich ein neuartiges Königtum heraus. Die Könige beanspruchten größere Herrschaftsgebiete als zuvor und griffen stärker in das Leben ihrer Untertanen ein. Hauptstädte oder Regierungs- und Verwaltungsinstitutionen im modernen Sinne gab es noch nicht. Die wikingerzeitlichen Könige und ihre Nachfolger reisten von einer Residenz zur anderen. Ihre Macht basierte auf ihrer Anwesenheit und den von ihnen gestifteten Monumenten. Einige wenige Orte – Jelling in Dänemark, Gamla Uppsala in Schweden und Avaldsnes in Norwegen – waren nicht nur in dieser Phase bedeutsam, sondern gewannen später in Geschichtsdarstellungen zentrale Relevanz als Keimzellen der skandinavischen Königreiche. In Island, das nie Königreich war, kommt diese Rolle dem Versammlungsort Þingvellir (Thing) in einer landschaftlich eindrucksvollen Grabenbruchzone zu. Auf dieser Ebene hielten die Isländer von etwa 930 bis 1798 alljährlich ihre Volksversammlung (*Althing* oder *Alþingi*) ab.

Die Machtkämpfe zwischen Herrschern und mächtigen Familien lösten Kriege aus und wurden visuell in Bauwerken und Gegenständen, persönlichem Erscheinungsbild und Verhalten reflektiert. Ein Beispiel sind die in Gräbern der Elite erhaltenen eleganten Schiffe und die am Meeresgrund liegenden Wracks. Auch Monumentalbauten und bewusste Eingriffe in die Landschaft gehörten zur »Sprache der Macht« der skandinavischen Könige und ihrer Zeitgenossen im In- und Ausland. Sagas und Skaldengedichte schildern Zeremonien und herausragende Ereignisse in den prunkvollen Festhallen. Wie diese Anlagen tatsächlich aussahen, konnten Archäologen anhand der Überreste imposanter Gutshöfe und großer Bauwerke zeigen, die erhebliches technisches Know-how und die Kontrolle über personelle und natürliche Ressourcen bezeugen.

Orte der Macht

Die zahlreichen eisen- und wikingerzeitlichen Ortschaften, die in den letzten Jahrzehnten überall in Skandinavien zutage kamen, lassen vermuten, dass die gesellschaftliche Hierarchie und der Aufbau der Siedlungen weitaus komplexer waren als bisher angenommen.[1] Anders als die vielen gewöhnlichen Bauerndörfer, die sich wirtschaftlich auf die heimischen Ressourcen konzentrierten, zeichneten sich Zentralplätze und Adelssitze durch eine dichtere Wohnstruktur, ein größeres Aktivitätsspektrum und ausgiebigen Konsum aus. Wie weggeworfene und verlorene Gegenstände belegen, standen ihren Bewohnern nicht nur lokale Erzeugnisse zur Verfügung. Sie waren direkt oder indirekt in ausgedehnte soziale und wirtschaftliche Netzwerke eingebunden, über die sie ausländische und exotische Waren beschafften: ungewöhnliche Fibeln, feine Glaswaren, Halbedelsteinperlen aus Karneol und Bergkristall sowie natürlich Gold und Silber.

1.
Rekonstruktion auf Basis des ausgegrabenen Hauptgebäudes des Gutshofs in Borg auf Vestvågøy in Nordnorwegen. Das Dach ist mit Schindeln eingedeckt. Eine Verkleidung aus Grassoden schützt die innere Holzwand vor Witterungseinflüssen.

Der weit gereiste Kaufmann Ottar gelangte im späten 9. Jahrhundert vom nordnorwegischen Helgeland bis nach Haithabu an der Südgrenze Dänemarks und berichtete um 890 dem Westsachsenkönig Alfred (871–899) von seinen Reisen. Ottar wird als sehr wohlhabender Mann beschrieben, der zu den Mächtigsten in seinem Land zählte. Sein Vermögen erwarb er nicht, wie es im Süden üblich war, mit Ackerbau und Viehzucht, sondern mit Rentieren und den typischen Rohstoffen des Nordens (siehe S. 25, 34).[2]

Wo genau in Helgeland Ottar lebte, wissen wir nicht, aber sein Haus ähnelte womöglich der Residenz des Wikingeranführers in Borg auf der nördlich des Polarkreises gelegenen norwegischen Lofoteninsel Vestvågøy (Abb. 1). Dieser Hofkomplex war kein gewöhnlicher Bauernhof, sondern gibt den Reichtum und gesellschaftlichen Status seines Besitzers klar zu erkennen. Mit rund 80 Metern war das Hauptgebäude länger als alle bekannten Langhäuser aus dieser Zeit. Das 600 Quadratmeter messende Dach ruhte auf 19 Ständerpaaren und je 2 weiteren Pfosten an den Giebelseiten. Irgendwann im 8. Jahrhundert ersetzte das Gebäude einen 64 Meter langen Vorgängerbau und in der zweiten Hälfte des 10. Jahrhunderts wurde es offenbar erneut zerstört.[3] Die Wohnräume lagen in einem Teil des Langhauses, die Wirtschaftsräume einschließlich Stallung im anderen. In den Wohnräumlichkeiten war zwischen zwei Bereichen ein Vorzimmer geschaltet. Der obere Saal maß rund 120 Quadratmeter, besaß in der Mitte eine Feuerstelle und diente als Festhalle. Den Spuren nach verliefen an den Wänden niedrige Bänke. In

diesem Saal fand man vorwiegend Luxuswaren und handwerkliche Gerätschaften, unter anderem für die Textilbearbeitung. Der rund 160 Quadratmeter umfassende andere Raum enthielt vor allem Dinge des täglichen Gebrauchs und Hinweise auf gröbere Arbeiten.[4]

Den großen Bootshäusern nach zu urteilen, besaß der Herr von Borg Schiffe, die den von Ottar beschriebenen Routen gewachsen waren. Wie Ottar lebte er vermutlich vom Tauschhandel mit Trockenfisch und anderen heimischen Naturprodukten wie Pelzen, Walrosszähnen und Seilen aus Walrosshaut, für die er Getreide und andere Waren des täglichen Lebens bekam. Dass er darüber hinaus Luxuswaren wie Tatinger Kannen und Glasgefäße besaß, belegen Keramik- und Glasscherben, darunter äußerst seltene Glasfragmente mit Blattvergoldung, wohl von einem oder zwei kleinen Trichterbecher(n). Hergestellt wurden die Kannen und allem Anschein nach ebenso die Gläser zwischen etwa 750 und 850 im Rheinland.[5] Ausländische Luxuswaren beschaffte man sich einerseits durch Handel, andererseits nicht selten auch mit Gewalt. Die Runeninschrift auf einem silbernen Halsreif aus Botnhamn rund 200 Kilometer nördlich von Borg lautet: »Wir fuhren hinaus zu den Männern von Friesland und tauschten die Kampfkleidung mit ihnen« – eine Metapher für eine Schlacht (Abb. 2–3).[6] Wozu das Unternehmen diente, lässt sich nicht sagen, es könnte sich indes gut um eine Plünderfahrt gehandelt haben.

Die erhöhte Lage des Hofkomplexes in Borg war zwar angesichts der Wetterverhältnisse in dieser Region nicht allzu praktisch, aber effektvoll, denn man hatte von dort nicht nur einen guten Überblick über die Umgebung, sondern war selbst von weither sichtbar. Andere solche Herrensitze wiesen eine ähnlich prominente Lage auf. Einer davon lag nah am Westufer des Sees Tissø im dänischen Seeland (siehe S. 198–199). Bevor man die tief liegenden Felder trocken-

2.
Breitaxt mit Goldeinlagen im Ringerike-Stil, 1000–1050. Botnhamn, Lenvik, Troms, Norwegen.
Eisen, Gold. L 14,1 cm, H 14,0 cm
Universitätsmuseum, Tromsø

3.
Silberner Halsreif mit Runeninschrift (siehe Zeichnung), 11. Jahrhundert. Botnhamn, Lenvik, Troms, Norwegen.
Silber. Dm 18,0 cm
Universitätsmuseum, Tromsø

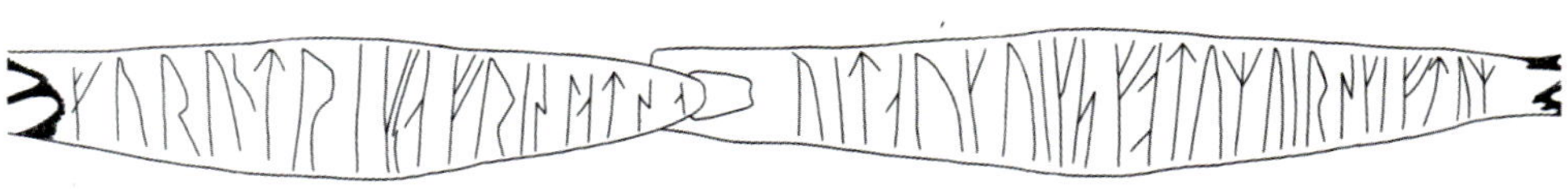

4.
Rekonstruktion einer in Lejre in Seeland, Dänemark, ausgegrabenen Festhalle.

5.
Nachbau eines Prunkbetts aus Buchenholz aus dem Schiffsgrab in Oseberg, Vestfold, Norwegen, frühes 9. Jahrhundert.
Buchenholz. L 220,0 cm,
B 190,0 cm, H 159,0 cm
Museum für Kulturgeschichte der Universität Oslo

legte und den Seewasserspiegel absenkte, sah die Landschaft völlig anders aus, und die Hochfläche mit Hofkomplex und Werkstätten war von Wasser und Feuchtwiesen umgeben. Am See Tissø wie weiter östlich in Lejre kamen bei Ausgrabungen imposante zentrale Hallen ans Licht. Dass sie im Laufe mehrerer Generationen immer wieder an derselben Stelle erneuert wurden, unterstreicht das kontinuierlich hohe Ansehen dieser Gutshöfe und ihrer Besitzer. Wie in Borg befand sich die Festhalle, obgleich Ort der Geselligkeit und Rituale, oft unter demselben Dach wie der Stall. Vor allem in Ostskandinavien baute man jenseits dessen separate Hallen, manchmal auf künstlichen Plattformen, die sehr beeindruckend gewesen sein müssen.[7] Ihre Pracht unterstrich man durch eine Bemalung und Schnitzereien (Abb. 4), wie wir sie von den frühen Holzkirchen kennen. Zudem waren sie sicherlich mit Textilien und reich verziertem Mobiliar

ausgestattet, vergleichbar den Prunkbetten aus den norwegischen Schiffsgräbern in Oseberg und Gokstad (Abb. 5).

Die Herrensitze im wikingerzeitlichen Skandinavien unterschieden sich von den steinernen Palästen und Königspfalzen in den Nachbarländern, orientierten sich aber fraglos in vielerlei Hinsicht an diesen und mögen auch denselben Zwecken gedient haben (siehe S. 156–157). Die Bauweise variierte je nach Umgebung und Zielgruppe der Botschaft, die das Gebäude vermitteln sollte. Ob einzeln stehend oder in das Hauptgebäude integriert, war die Halle ein klar definierter, überdachter Raum, mit dem die Besitzer ihre Autorität und gesellschaftliche Stellung unterstrichen. Die Aachener Pfalzkapelle, die Karl der Große ab 800 bauen ließ, galt allgemein als Wunderwerk. Zeitzeugen nannten sie »opere mirabili constructa« (»ein wunderbares Bauwerk«), »mirae magnitudinis (»von staunenswerter Größe«) und »plurimae pulchritudinis« (»von großer Schönheit«).[8] Dasselbe konnte man zweifellos über die Bauwerke und Herrensitze in Skandinavien sagen, allen voran über den Königssitz, der unter Harald Blauzahn in Jelling entstand. Dort wurden traditionelle Bauweisen und Monumenttypen erarbeitet und zu überwältigenden Bauwerken in bis dahin nie gekannter Größe weiterentwickelt. Hinzu kamen die wunderschönen, exzellent gearbeiteten Denkmale für König Gorm und seine Gemahlin Thyra.

Freunde und Verbündete

Für den Machterhalt und die Pflege gesellschaftlicher Beziehungen zwischen Gleichgestellten oder einem Herrn und seinen Gefolgsleuten benötigte man den Zugriff auf heimische und ausländische Ressourcen. Von einem würdigen Herrscher erwartete man Generosität, und ein persönliches Verhältnis wurde häufig durch die Überreichung oder den Austausch von

6.
Hortfund aus sieben skandinavischen Armreifen und einem Fragment, 11. Jahrhundert. Peenemünde, Usedom, Lkr. Vorpommern-Greifswald, Deutschland.
Gold. 390,1 g
Kulturhistorisches Museum der Hansestadt Stralsund

7. (oben)
Armreif, 800–1050. Gevninge, Seeland, Dänemark.
Gold. L 15,0 cm
Dänisches Nationalmuseum, Kopenhagen

8. (oben links)
Armreif, 800–850. Halleby, Nordwestseeland, Dänemark.
Gold. B 2,0 cm, 68,8 g
Dänisches Nationalmuseum, Kopenhagen

9. (oben rechts)
Halsreif, 10. Jahrhundert. Kalmergården, See Tissø, Nordwestseeland, Dänemark.
Gold. Dm 35,0 cm
Dänisches Nationalmuseum, Kopenhagen

Geschenken wie Schmuck (Abb. 6–9), Waffen, Kleidung oder Exotika aus fernen Ländern bestätigt und zur Schau gestellt. Loyalität wurde belohnt und die Geschenke sollten jedem Reichtum und Ansehen des Schenkenden vor Augen führen.

An ihren Röcken sieht man's
Und den Ringen von Gold,
Dass sie des Fürsten Freunde sind:
Sie tragen rote Pelze,
Reichumbortete,
Ringgeflochtene Brünnen,
Geritzte Helme,
Schwerter im Goldgehänge
Mit Griffen von Silber,
Ringe ums Handgelenk,
Die ihnen Harald schenkte.
Haraldskvæði[9]

Dieses Preisgedicht auf König Harald Schönhaar, der Ende des 9./Anfang des 10. Jahrhunderts über ganz Norwegen geherrscht haben soll, handelt von seiner königlichen Großzügigkeit und seinem prunkvollen Hof und Gefolge. Harald zählte andere Herrscher zu seinen Freunden und hatte sich als Gast an ihren Höfen königliche Sitten und Strategien angeeignet.

Ermoldus Nigellus wiederum schildert in seinem Lobgedicht auf Kaiser Ludwig den Frommen die Rituale und den Austausch von Geschenken anlässlich der Taufe des Dänenkönigs Harald Klak 826 in der Königspfalz Ingelheim bei Mainz (siehe S. 156–157).[10] Die Erzählung beginnt mit der Ankunft des Dänenkönigs: »Siehe, da kamen geflogen der Schiffe wohl hundert auf Rheines Fluten, und ihnen gesellt schimmern die Segel so weiß, welche mit dänischer Völker Geschenken beladen sich nähern.« Als Taufgeschenke erhielt Harald nicht nur ein prachtvolles Schwert und goldene Sporen, sondern auch eine Krone und kostbare Gewänder einschließlich goldener Bänder (*vincla*) für die Arme. Haralds Sohn und das übrige Gefolge wurden gleichfalls im fränkischen Stil eingekleidet. Kein Zuschauer hatte den geringsten Zweifel an Haralds neuem

10. (linke Seite)

Als Kaiser des Heiligen Römischen Reichs herrschte Otto II. über das Gebiet südlich von Dänemark, zu dem auch das heutige Deutschland sowie große Teile Italiens, Frankreichs und der Niederlande gehörten.

Registrum Gregorii, Trier, um 983.
Musée Condé, Chantilly

11.

Schrein von Cammin, um 1000 (Replik). Das in Skandinavien hergestellte Original wurde im Zweiten Weltkrieg zerstört. Kathedrale von Kamień Pomorski, Polen.
Original: Holz, Elchgeweih, Walrosselfenbein, Bronze vergoldet. L 56,1 cm, B 35,2 cm, H ca. 28 cm
Museum für Vor- und Frühgeschichte der Staatlichen Museen zu Berlin (Replik)

Status und der engen Verbundenheit seiner Familie mit dem Kaiser, der gemeinsam mit seinen Angehörigen als Taufpate aufgetreten war. Bei der Rückkehr in seine Heimat hatte Harald Priester und Mönche sowie weitere Geschenke bei sich, darunter liturgische Geräte und Gewänder.

König Haralds Taufe könnte durchaus ein politischer Schachzug gewesen sein. Ermoldus Nigellus zufolge war er längst Christ und Rimbert erwähnt in seiner Vita des hl. Ansgar, Harald habe Ludwig um Unterstützung bei der Rückeroberung Dänemarks gebeten. Daraufhin habe ihm der Kaiser geraten, sich zur Stärkung der gegenseitigen Verbundenheit taufen zu lassen, denn wenn zwei zum selben Gott beteten, komme einer dem anderen bereitwilliger zu Hilfe.[11]

Der Empfang politischer Abgesandter fremder Mächte war ein wichtiges Element des Hoflebens. Solche Delegationen brachten Geschenke (oder Tribute) mit. Sie legitimierten sich durch persönliche Empfehlungsschreiben ihres Herrn und sicherten damit nicht zuletzt ihre Weiterreise. Im Gegenzug bekamen sie von ihrem Gastgeber ebenfalls Geschenke. Als der Missionar Ansgar von Haithabu aus zum schwedischen Handelsplatz Birka aufbrach, gab ihm der Dänenkönig Horik eine Eskorte und ein Geleitzeichen mit.[12] Worin dieses bestand, wissen wir nicht. Drei Bleisiegel aus Haithabu, Ribe und vom See Tissø in Dänemark verdeutlichen jedoch, wie Empfehlungsschreiben im frühen 9. Jahrhundert in Byzantinischen Reich aussahen.[13] Die identischen Inschriften lauten: »Heilige Mutter Gottes, stehe deinem Diener Theodosios bei. [Er ist] *patrikios*, *basilikos protospatharios* und *chartoularios* des *vestiarion*.« Theodosios war als hoher Beamter für die Waffen und Vorräte der byzantinischen Streitkräfte verantwortlich. Die an offiziellen Urkunden angebrachten Siegel könnte er selbst oder einer seiner Gesandten nach Dänemark mitgebracht haben. Die Handelsplätze Haithabu und Ribe sowie der reiche Herrensitz am See Tissø waren angemessene Orte für Verhandlungen über die Lieferung von Rohstoffen und mutmaßlich auch die Bereitstellung von Söldnern. Ein gewisser Theodosios Babutzicus reiste zwischen 840 und 842 nach Venedig und nach Trier zum Hof Lothars I. Ein anderer Theodosios war 839 als Mitglied einer Delegation am Hof Ludwigs des Frommen in Ingelheim, um einen Friedens- und Freundschaftsvertrag zwischen Ludwig und dem byzantinischen Kaiser Theophilus zu bekräftigen und Unterstützung für die Heimführung einer Gruppe »Rhos« zu erbitten, die er als »Schwedenvolk« (»Sueoni«) bezeichnet.[14]

Spätere Abordnungen aus Skandinavien nach Westeuropa und darüber hinaus sind in den Chroniken der Königshöfe und der Kirche vermerkt. Unter den Gästen, die der Chronist Thietmar von Merseburg beim Osterfest Kaiser Ottos I. des Großen im März 973 in Quedlinburg aufzählt, sind die Herzöge Mieszko I. von Polen und Boleslav II. von Böhmen sowie Abgesandte der Griechen, Beneventer, Ungarn, Bulgaren, Dänen und Slawen. Das Fest bot Gelegenheit, persönliche Bündnisse zu schmieden, vielleicht mit mehr oder wenige konkret formulierten Bedingungen und wechselseitigen Verpflichtungen. Thietmar stellt fest: »Als alle Angelegenheiten friedlich geregelt und die Geschenke verteilt waren, gingen sie zufrieden heim.«[15] Welcher Art die Geschenke waren, sagt er nicht, doch bei einem Treffen in Gnesen im Jahr 1000 erhält der erste König von Polen, Bolesław I. Chroby (»der Tapfere«, 967–1025), von Otto III. eine Nachbildung der Heiligen Lanze. Als Replik der 51 Zentimeter langen karolingischen Lanze, die angeblich ein Stück eines Nagels vom Kreuz Christi enthielt und zu den Reichskleinodien gehörte, besaß das Geschenk einen hohen Symbolwert und war gewiss Teil der Insignien der ersten Herrscher der polnischen Piastendynastie.[16]

Eine ganze Reihe wertvoller Kunstwerke in europäischen Kirchen sind Beispiele für Geschenke von Vertretern der skandinavischen Elite. Ein prächtiger Schrein mit Schnitzarbeiten aus Elchgeweih und Walrosselfenbein gelangte auf diese Weise in den Domschatz der Kathedrale von Kamień in Polen (Abb. 11), ein ähnliches Exemplar in die Bamberger Stephanskirche. Ein Schwert mit Parierstangen aus geschnitztem Walrosselfenbein wird im Prager Veitsdom aufbewahrt, ein kleines Reliquiar aus Geweih mit Deckel aus vergoldeter Kupferlegierung in der Basilika St. Isidoro im spanischen León.[17] Stilistisch sind die Schnitzereien der zweiten Hälfte des 10. Jahrhunderts zuzuordnen. Auftraggeber war möglicherweise König Harald Blauzahn oder sein Sohn Sven Gabelbart im Rahmen ihrer Bemühungen um freundschaftliche Beziehungen und Allianzen mit anderen Herrscherhäusern vor allem am Rand des Frankenreichs.

Einem Runenstein in Sønder Vissing in Ostjütland zufolge war König Haralds Ehefrau Tove die Tochter des slawischen Abodritenfürsten Mistivoj.[18] Die folgende Generation festigte die Verbindungen der Königsfamilie zum Südbaltikum. Nach Darstellung Thietmars von Merseburg war Sven Gabelbarts erste Frau die Tochter von Herzog Mieszko I. von Polen und die Schwester von Mieszkos Sohn und Nachfolger Bolesław I. Chroby.[19] Eine von Svens Töchtern wiederum heiratete einen Slawenfürsten, vielleicht einen Enkel Mistivojs. Eventuell reichten die Verbindungen der Königsfamilie noch weiter nach Osten. Vor über 100 Jahren fand man auf Hiddensee vor der deutschen Ostseeküste Goldschmuck (Abb. 12), dessen Elemente – ein Halsreif, eine Fibel, vier kleine und sechs große Anhänger sowie vier Zwischenstücke – in einer königlichen Werkstatt in Dänemark entstanden sein dürften.[20] Sieben identische Kreuzanhänger von der gleichen Machart wie diejenigen von Hiddensee, freilich aus Silber, verwahrte das Michailowski-Kloster in Kiew als Teil eines umfangreichen Schatzes aus dem 12. und 13. Jahrhundert (Abb. 13).[21] Vermutlich hielt eine Kiewer Familie die Anhänger über Generationen in Ehren, möglicherweise als Erinnerung an ihre skandinavischen Urahnen.

Dynastische Verbindungen durch Heirat knüpfte nicht nur das dänische Königshaus. Die Praxis war im übrigen Europa ebenso gängig wie in Skandinavien und in den Allianzen spiegeln sich Status und Ehrgeiz der Herrscherfamilien und Eliten. Gegen Ende der Wikingerzeit war fast ganz Europa durch diese Heiratspolitik vernetzt. Wie Harald Blauzahn und sein Sohn richtete Schwedenkönig Olof Skötkonung (995–1022) den Blick ins slawische Südbaltikum: Seine Tochter Ingegerd verheiratete er mit Jaroslaw I. von Kiew, seine Tochter Astrid mit Olaf II. Haraldsson von Norwegen. Noch anspruchsvoller waren die zeitgenössischen ottonischen Kaiser. Die erste Frau Ottos I. (936–973) war Edgitha (Edith) von England, eine Tochter Eduards des Älteren und Enkelin Alfreds des Großen. Seine zweite Frau war Adelheid (Adelaide) von Italien. Otto II. (974–983) heiratete die byzantinische Prinzessin Theophanu, eine Verwandte von Kaiser Johannes I. Tzimiskes (969–976). Prinzessin Zoe, die zweite Tochter Kaiser Konstantins VIII. (1025–1028), war Otto III. versprochen, als dieser 1002 überraschend starb.

12.
Goldschatz aus 14 Filigrananhängern, Zwischenstücken, einer Scheibenfibel und einem Halsreif, vermutlich im späten 10. Jahrhundert in Dänemark hergestellt. Neuendorf, Hiddensee, Lkr. Vorpommern-Rügen, Deutschland.
Gold.
Kulturhistorisches Museum der Hansestadt Stralsund

13.
Sieben Filigrankreuzanhänger skandinavischer Machart, 10. Jahrhundert, Teil eines Hortfunds aus dem 12. oder 13. Jahrhundert. Michailowski-Kloster, Kiew, Oblast Kiew, Ukraine.
Silber. B 3,6 cm, H 4,0 cm
Staatliches Historisches Museum, Moskau

14.
Stücke aus dem Inventar eines Frauengrabs, darunter ein Paar Ovalfibeln, Glasperlen und ein Specksteingefäß, 10. Jahrhundert. Fibeln und Schale waren vermutlich lokale Arbeiten, die Perlen wurden jedoch importiert. Grab I/1954, Hagbartsholmen, Steigen, Salten, Norwegen.
Kupferlegierung, Glas, Speckstein, Knochen. Ovalfibeln B 4,5 cm, H 8,1 cm
Universitätsmuseum, Tromsø

Auch durch die Aufnahme von Ziehsöhnen konnte man Verbündete gewinnen und friedliche Beziehungen knüpfen. König Harald Klak ließ am Hof Ludwigs des Frommen seinen Sohn und einen Neffen zurück, damit sie Ludwig dienten und in fränkischem Recht unterwiesen wurden.[22] Angeblich in der Folge eines Friedensvertrags wuchs der norwegische König Håkon (934–961) am christlichen Hof König Æthelstans in England auf, was ihm den Beinamen *Aðalsteins fóstri* (»Æthelstans Ziehsohn«) einbrachte.[23] Ein späterer König von Norwegen, Magnus der Gute (1035–1047), musste gemeinsam mit seinem Vater Olaf II. und seiner englischen Mutter Alfhild nach *Garðariki* (»Land der Kiewer Rus«) flüchten, wurde indes mit elf Jahren aus dem Exil zurückgeholt und zum König ausgerufen.[24] Um sich auf ihre eigene Zukunft vorzubereiten, lernten diese Jungen fern von zu Hause die Gebräuche und die Sprache eines anderen Volks.

Symbole der Macht

Grandiose Schiffe und prunkvolle Hallen versprachen Ruhm und Ansehen und wiesen ihre Erbauer als mächtige Herren aus. Ein nicht minder beredtes Zeugnis von Macht und Reichtum ist die Grabarchitektur. Der Nordhügel in Jelling ist mit 60 Meter Durchmesser zu den größten der Wikingerzeit zu rechnen, obwohl zur Zeit seiner Errichtung das Christentum an Boden gewann und sich schlichte Grabstätten nach und nach durchsetzten. Hügelgräber und reiche Begräbnisse sind überdies in beeindruckendem Umfang in anderen Regionen Skandinaviens

15.
Grabhügel in Borre, Vestfold, Norwegen. Die Senke im großen Hügel deutet auf einen frühen Grabraub hin.

16.
Einer der vier Runensteine, die Jarlabanke in Täby, Uppland, Schweden, am Ende eines 150 Meter langen Damms errichten ließ.

bekannt. Die Schiffsgräber in Oseberg und Gokstad in Norwegen und im dänischen Ladby, das Bootkammergrab in Haithabu (Deutschland) und die Bootsgräber in Vendel und Valsgärde in Uppland (Schweden) enthielten zahlreiche kostbare Grabbeigaben, die Einblick in die materielle Kultur dieser wohlhabenden Familien geben (Abb. 14).

War der Grabhügel erst einmal angeschüttet, konnte man zwar seinen Inhalt nicht mehr sehen, sich aber noch jahrelang an die glanzvolle Bestattung erinnern, und das Bauwerk selbst blieb als deren sichtbares Zeugnis bestehen.[25] Vor Räubern schützte das allerdings nicht. Senken in den Kuppen einer ganzen Reihe von Grabhügeln zeugen von Plünderungen, manchmal nur wenige Jahre oder Jahrzehnte nach der Beisetzung (Abb. 15). Als das Schiffsgrab in Ladby ausgeraubt wurde, lag die Grabstelle vermutlich noch frei. Viele Beigaben wurden entfernt, andere absichtlich zertrümmert und wieder ins Boot gelegt.[26] Wie im Falle von anderen Gräbern wird es sich hier also nicht nur um die Suche nach Wertsachen gehandelt haben, sondern um einen absichtlichen, dramatisch inszenierten Vorgang. Die dendrochronologische Datierung[27] der von den Grabräubern in Oseberg und Gokstad zurückgelassenen Holzspaten und Korbtragen hat ergeben, dass die Schiffsgräber im Abstand von rund siebzig Jahren errichtet (ab 834 bzw. um 900–905), doch höchstwahrscheinlich beide in der zweiten Hälfte des 10. Jahrhunderts aufgebrochen wurden – zu einer Zeit, als mehrere politische Widersacher einschließlich des Dänenkönigs Harald Blauzahn um die Vorherrschaft in Norwegen kämpften.[28] In diesem Zusammenhang könnte die Zerstörung der Grabmonumente ein gezielter politischer Akt gewesen sein, der Gegner schwächen und zugleich die eigene Macht demonstrieren sollte.

Runensteine errichtete man zu Ehren von Lebenden und Toten. Vielfach heben sie die Heldentaten der Verstorbenen hervor, nicht zuletzt ihre Reisen zu fernen Orten. Die meisten wurden in Schweden aufgestellt, vorwiegend im 11. Jahrhundert, und »England« kommt darauf fast so häufig vor wie »Griechenland«. Gudmar in Spånga (Södermanland) war nach Westen

Armreif und Fingerringe skandinavischer Machart aus Britannien.

17. (links)
Armreif, 10. Jahrhundert. Ballacamaish, Isle of Man.
Silber. Dm 7,6 cm
British Museum, London

18. (unten)
Geflochtener Fingerring, 10.–12. Jahrhundert. Hamsey Churchyard, East Sussex, England.
Gold. Dm 2,5 cm
British Museum, London

Verzierte Axtbköpfe, einmal im dänischen, einmal im ostbaltischen Stil.

22.
Axtkopf mit Silbereinlagen im Mammen-Stil, 10. Jahrhundert. Bjerringhøj, Mammen, Jütland, Dänemark.
Eisen, Silber, Messing. L 17,5 cm
Dänisches Nationalmuseum, Kopenhagen

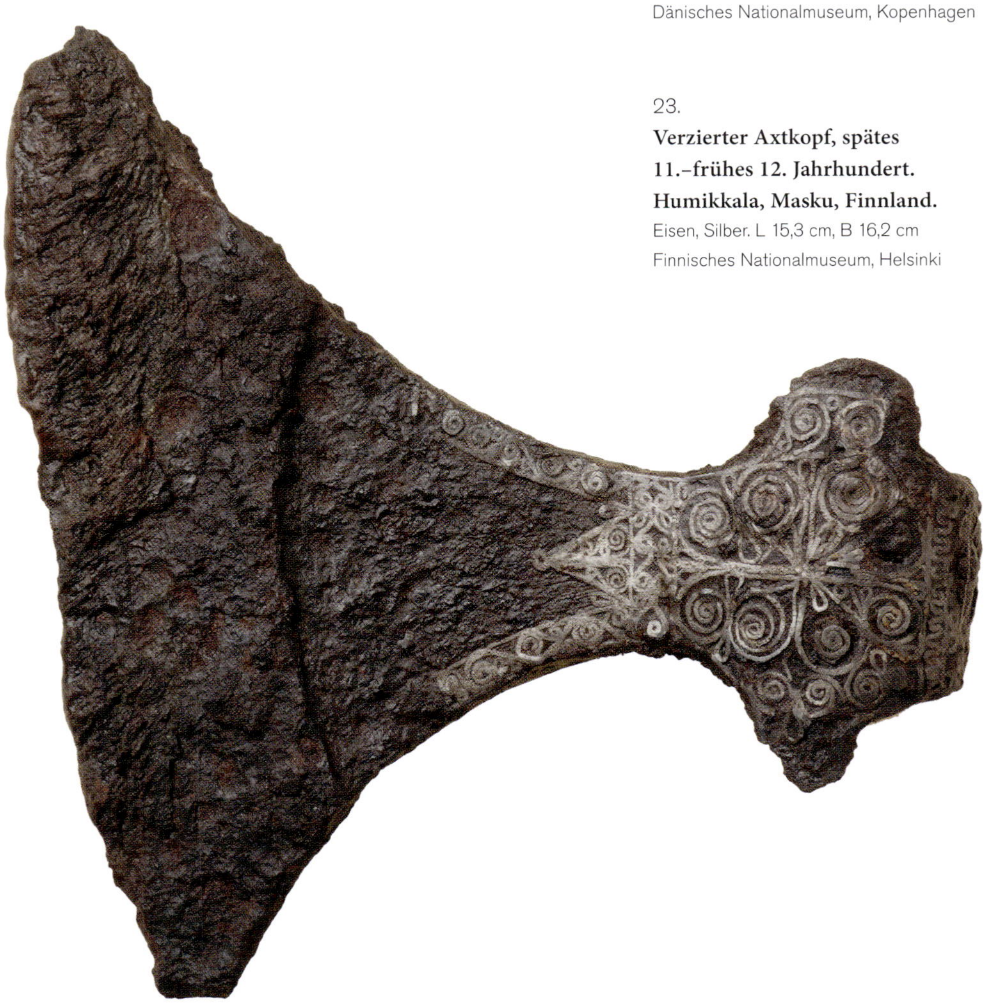

23.
Verzierter Axtkopf, spätes 11.–frühes 12. Jahrhundert. Humikkala, Masku, Finnland.
Eisen, Silber. L 15,3 cm, B 16,2 cm
Finnisches Nationalmuseum, Helsinki

19. (linke Seite, unten links)
Geflochtener Fingerring, 10.–12. Jahrhundert. St Aldates Church, Oxford, Oxfordshire, England.
Gold. Dm 2,6 cm
British Museum, London

20. (linke Seite, unten Mitte)
Tordierter Fingerring, 10.–12. Jahrhundert. Weston Turville, Buckinghamshire, England.
Gold. Dm 2,0 cm
British Museum, London

21. (linke Seite, unten rechts)
Fingerring aus tordierten Vierkantdrähten, 10.–12. Jahrhundert. East Sussex, England.
Gold. Dm 3,0 cm
British Museum, London

25.
Fragment eines persischen Seidenstoffs, frühes 9. Jahrhundert. Oseberg, Vestfold, Norwegen.
Museum für Kulturgeschichte der Universität Oslo

gefahren. Sein Denkmal rühmt: »Er stand wie ein Mann auf dem Vordersteven des Schiffs. Er liegt im Westen [begraben] …«[29] Ein weiteres, wenn auch verhaltener geäußertes Anliegen von Runensteinen war offensichtlich die Absicherung von Erbschafts- und Nachfolgeansprüchen des Stifters. Der von Kår und Kabbe in Ulunda (Schweden) errichtete Runenstein zum Beispiel preist den Verstorbenen mit den Worten: »Kühn ging er fort, Reichtum erwarb er in Griechenland, für seinen Erben.«[30]

In der Regel folgen Runeninschriften einem festgelegten Muster. Dabei steht der Name des Stifters an erster Stelle, etwa bei Harald Blauzahns großem Runenstein in Jelling. Die von Jarlabanke in Täby im südlichen Uppland (Schweden) errichteten Denkmale sind kleiner, aber genauso außergewöhnlich, weil sie ausnahmsweise den Status eines Mannes noch zu seinen Lebzeiten hervorheben (Abb. 16). So prahlen die Inschriften auf vier nahezu identischen Runensteinen: »Jarlabanke ließ diese Steine zum Gedenken an ihn selbst zu seinen Lebzeiten errichten. Und er machte diese Brücke für seine Seele. Und ihm allein gehörte ganz Täby. Gott helfe seiner Seele.« Jarlabankes Vorfahren und seine beiden Söhne sind von anderen Runensteinen bekannt. Ohne jeden Zweifel war die Familie über die Generationen hinweg mächtig und selbstbewusst.[31]

Das Ansehen, das ein Einzelner aufgrund persönlicher Qualitäten, gesellschaftlicher Stellung und wirtschaftlichen Wohlstandes genoss (unabhängig davon, ob geerbt oder selbst erworben), demonstrierte er mit vornehmer Kleidung, kunstvollem Gold- und Silberschmuck (Abb. 17–21), edlen Waffen (Abb. 22–23) und erstklassigem Pferdegeschirr. All diese Dinge sind anhand zahlloser archäologischer Funde wohlbekannt. Durch ausländische und exotische Gegenstände (Abb. 24) machten sich Familien und Individuen die als erstrebenswert geltenden Werte anderer Gesellschaften und Kulturen für alle sichtbar zu eigen.

24. (linke Seite)
Riemenverteiler in Kleeblattform waren Teil der karolingischen Militärausrüstung. Aufgrund ihrer exquisiten Ausführung und kulturellen Konnotationen waren sie begehrt. Oft wurden sie umgearbeitet oder kopiert.

Fränkischer Riemenverteiler in Kleeblattform, zur Fibel umgearbeitet, 9. Jahrhundert. Hon, Buskerud, Norwegen.
Gold, Silber. Max. B 9,7–11,0 cm;
Fibelnadel L 8,5 cm
Museum für Kulturgeschichte der Universität Oslo

26. (oben links)
Hufeisenfibel mit Kugelenden, 900–950. Flusco Pike nahe Penrith, Cumbria, England.
Silber. L 26,0 cm, Dm 7,4 cm
British Museum, London

27. (oben rechts)
Hufeisenfibel mit Kugelenden, 10. Jahrhundert. Gorodilowo, Woblasz Witebsk, Weißrussland.
Silber, Gold. L 12,9 cm, Dm 11,1 cm
Staatliches Historisches Museum, Moskau

28. (Mitte)
Hufeisenfibel mit Kugelenden, 10. Jahrhundert. Rønvika, Bodin, Salten, Norwegen.
Silber. L 46,0 cm, Dm 19,5 cm
Universitätsmuseum, Tromsø

29. (unten links)
Hufeisenfibel mit Gravur an den Kugelenden und am Nadelkopf, 10. Jahrhundert. Skaill, Sandwick, Orkney, Schottland.
Silber. L 36,0 cm, Dm 20,0 cm
National Museums Scotland, Edinburgh

30. (unten rechts)
Hufeisenfibel mit verbreiterten Enden, spätes 9./frühes 10. Jahrhundert. Nahe Virginia, County Cavan, Irland.
Silber. L 20,3 cm, B 11,5 cm
National Museum of Ireland, Dublin

Große Hufeisenfibeln in Ausführungen, die ursprünglich die Wikinger im Umfeld der Irischen See entwickelten, wurden in Skandinavien und weiter östlich übernommen.

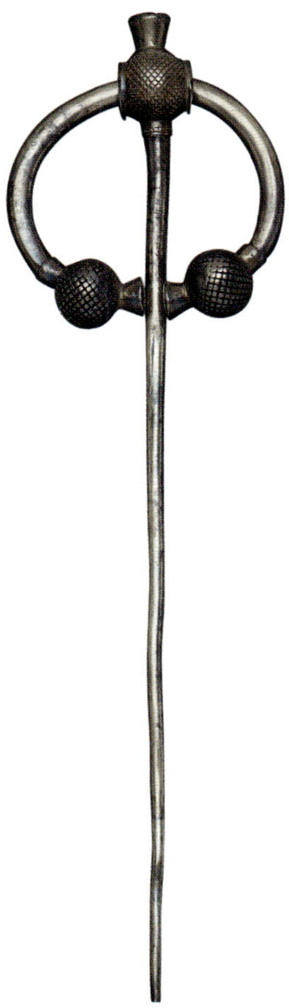

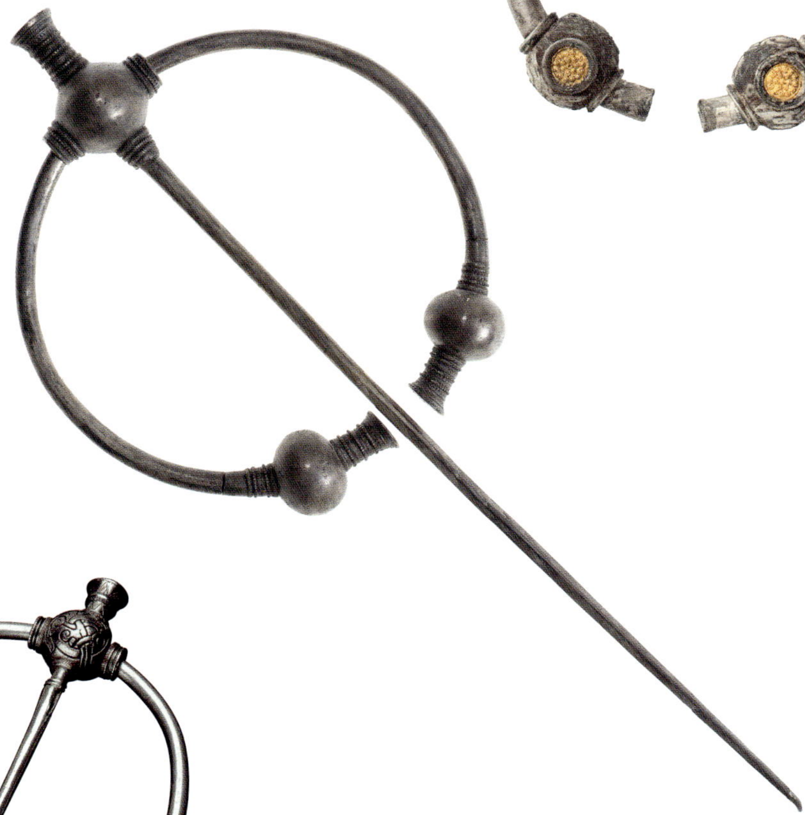

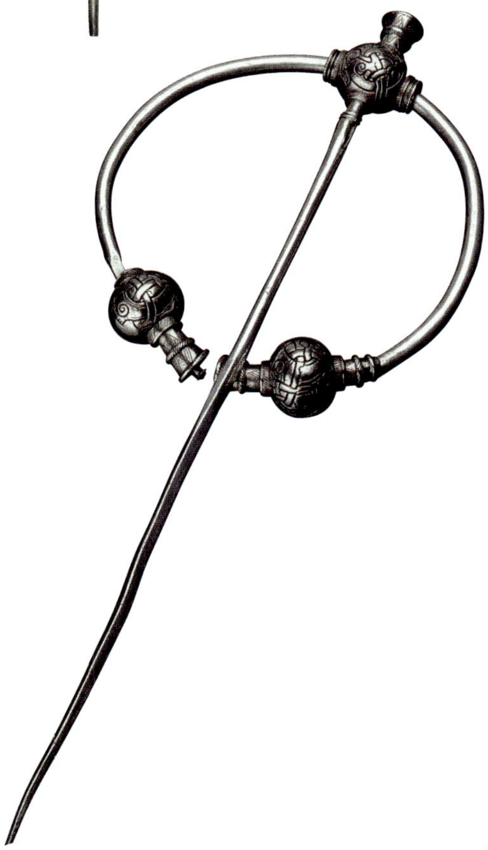

31.
Riemenzunge im Jelling-Stil, 10. Jahrhundert. Anneksgården, Lille Fuglede, Seeland, Dänemark.
Silber, Niello. L 6,4 cm
Dänisches Nationalmuseum, Kopenhagen

32.
Paar fränkischer Kniebundschnallen und Riemenzungen, 900–950. Grab 1058, Lejre, Seeland, Dänemark.
Kupferlegierung, vergoldet. Schnallen
L 4,3 cm, L 4,2 cm; Riemenzungen
L 3,6 cm, L 3,5 cm
Dänisches Nationalmuseum, Kopenhagen

Unter den begehrtesten Luxusgütern waren kostbare Textilien. Man kaufte sie oder erhielt sie auf andere Weise. Exquisite Kleidungsstücke konnten die Bezahlung für geleistete Dienste oder ein Geschenk zu besonderen Anlässen sein. In *Egils saga* erhält Egil Skallagrimsson am Hof König Æthelstans von England als Dichterlohn zwei goldene Ringe und einen Mantel.[32] Als besonders ehrenvoll empfand man, dass der König den Mantel selbst getragen hatte. Als Egil später Arinbjörn besucht, bekommt er neue Kleider aus mehrfarbigem englischem Tuch und einen seidenen Umhang mit Goldkanten und -knöpfen, diesmal nach Maß gefertigt.[33] Wie andere organische Materialien zerfielen die Textilien im Erdboden oft relativ schnell. Zumindest konnten aus staunassen Siedlungsschichten Woll- und Seidenfragmente geborgen werden und auch in einigen Gräbern sind Überreste von hochwertigen Wollgeweben, mit Brettchen gewebten Borten aus Silber- und Goldfäden, importierten Seidenstoffen (Abb. 25) und Pelzen entdeckt worden. Die Textilien haben ihre ursprüngliche Färbung weitgehend eingebüßt, doch zeigen Rekonstruktionen nach detaillierten Analysen, dass sie mit leuchtend bunten Farben Reichtum und Status ihrer Besitzer dokumentierten.[34]

Mannigfaltige Accessoires unterstrichen die optische Wirkung von Textilien und Pelzen. Die Männer befestigten ihre Umhänge an der Schulter mit auffallenden Fibeln und Ringnadeln. Durch den Austausch mit anderen Kulturen überlagerten sich die Modeströmungen, es entstanden Mischformen. Fibeln mit langer Nadel, wie sie in Irland und England beliebt waren, wurden vor allem in Norwegen und Dänemark kopiert und umgestaltet (Abb. 26–30). In Ostskandinavien galten Fibeln mit ebenso großen Ringen, jedoch kürzeren Nadeln als chic. Die Männer trugen außerdem Gürtel mit Metallschnallen, die jeweils modisch verziert waren (Abb. 31–32).

Die Skandinavierinnen befestigten ihre Tracht mit je zwei identischen, meist ovalen Fibeln aus Kupferlegierungen. Funde in den von Skandinaviern bereisten oder besiedelten Gebieten belegen, dass die Frauen auch andernorts ihre gewohnte Tracht beibehielten, weil sie ein erkennbares Bindeglied zu ihrer Heimat und Herkunft bildete. Die Fibelpaare wurden mit einer dritten Gewandnadel für den Umhang und anderen Schmuckstücken wie Halsketten aus Glas-, Karneol-, Bergkristall- und Silberperlen kombiniert. Die Autorität der Hausherrin

33. (links)
Frauen trugen reich verzierte Chatelaines (Gürtelanhänger mit angesetzten Ketten), an die sie Schlüssel und Gegenstände für die persönliche Pflege hängten.

Kette mit Tierkopfenden im Jelling-Stil, 10. Jahrhundert. Fæsted, Westjütland, Dänemark.
Gold. L 62,0 cm
Dänisches Nationalmuseum, Kopenhagen

36. (unten)
Als Filigranarbeit bezeichnet man eine Metallbearbeitungsmethode, bei der man winzige Kügelchen und verzwirnte Drähte zu Mustern anordnet. In Skandinavien kamen Filigranarbeiten durch fränkische Einflüsse zu Zeiten der Karolinger und Ottonen in Mode.

Fibel mit angesetzter Drahtöse, 950–1000. Sperrestrup, Seeland, Dänemark.
Gold. Dm 4,6 cm
Dänisches Nationalmuseum, Kopenhagen

34.
Gegenstände wie dieser goldene Ohrlöffel wurden üblicherweise am Gürtel oder an einer Chatelaine getragen.

Ohrlöffel mit Filigranarbeit am Ende und Einhängering, 10. Jahrhundert. Gedehaven, Südwestseeland, Dänemark.
Gold. L 5,4 cm
Dänisches Nationalmuseum, Kopenhagen

35.
Dieser Schlüssel wurde in einen Gürtel oder eine Chatelaine eingehängt getragen. 800–1050. Herkunft unbekannt.
Bronze. L 15,0 cm
British Museum, London

dokumentierten die Schlüssel zu Speisekammer, Truhen und Schatullen an ihrem Gürtel oder einer Chatelaine (Abb. 33–35).

Im Laufe des 10. Jahrhunderts gaben hochrangige Damen ihre traditionelle Tracht nach und nach auf und kleideten sich nach der westeuropäischen Mode am karolingischen und später ottonischen Hof, wie es die Frauen im sächsischen Teil des Frankenreichs im 9. Jahrhundert nach der Eroberung durch Karl den Großen getan hatten (Abb. 36).[35] Wie ihre Männer dürften die Frauen zahlreiche Normen und Werte der ausländischen Eliten übernommen haben, vermutlich bis hin zum Christentum. Das lassen jedenfalls die silbernen Kreuzanhänger in einigen Gräbern aus dem 10. Jahrhundert vermuten. Viele Männer und Frauen trugen darüber hinaus Ringe aus Edelmetall, doch sie findet man selten in Gräbern. Vermutlich gehörten sie zum Familienbesitz und wurden bei Bedarf eingeschmolzen oder vererbt und von der nächsten Generation wiederverwendet.

Das gute Leben

Die Festhallen der Reichen und Mächtigen bildeten den prunkvollen Rahmen für wichtige Ereignisse. Umrahmt von Musik und Reden, trug man dort zu Ehren von Gastgebern und Gästen verfasste Gedichte vor und vertrieb sich die Zeit mit Brettspielen und anderen Vergnügungen. Bei den Festessen und Trinkgelagen ging es nicht nur darum, Freunde und Ehrengäste angemessen zu bewirten. Sie strotzten vor unterschwelligen Bedeutungen und glichen einem Ritual, einer Zeremonie zur Bekräftigung von Freundschaften, die echt oder nur für den konkreten Anlass geheuchelt sein konnten. Selbst Feinde genossen Speise und Trank in trauter Gemeinschaft, wenn auch nur für begrenzte Zeit.[36]

Großen Wert legte man auf ein prunkvolles Bankett, offenbar im Jenseits genauso wie im Diesseits. Die *Eiríksmál*, ein Trauer-Preislied für Erik Blutaxt (gest. 954), den König von Norwegen

37.
Eimer, vermutlich für Trinkgelage, 10. Jahrhundert. Bjerringhøj, Mammen, Jütland, Dänemark.
Eichenholz. H 29,5 cm, Dm 29,0 cm
Dänisches Nationalmuseum, Kopenhagen

38.
Dekorative Beschläge waren vermutlich am äußeren Rand eines Trinkhorns befestigt.

Beschläge für ein Trinkhorn, 10. Jahrhundert. Herkunft unbekannt, Dänemark.
Silber. Max. B 3,3 cm
Dänisches Nationalmuseum, Kopenhagen

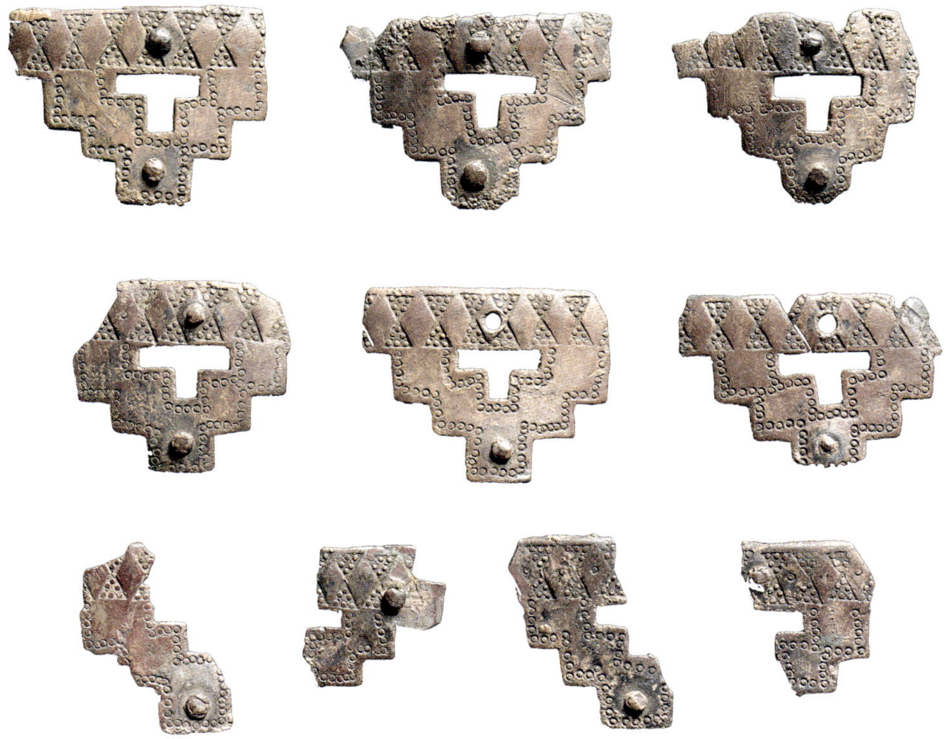

39.
Auf dem Teppich von Bayeux ist zu sehen, wie ein Diener den versammelten Gästen ein Waschbecken und ein Handtuch reicht. Diesen Brauch praktizierten auch die wikingerzeitlichen Skandinavier. 1070er-Jahre. Vermutlich Kent, England.
Wolle auf Leinen. L ca. 70 m
Musée de la Tapisserie de Bayeux, Bayeux

und Northumbria, beschreibt die Vorbereitungen für den Empfang eines Herrschers, der nach dem Heldentod seinen Platz unter Odins Kriegern in Walhall einnehmen soll:

Welch ein Traum ist dieses?
Vor Tag meint' ich aufzustehen,
Für erschlagenes Wehrvolk
Walhall zu rüsten:
Ich wecke die Einherjer,
Hieß sie aufstehen,
Die Bänke zu decken,
Die Becher zu spülen –
Und die Walküren Wein holen,
Eines Königs zu warten.
Männer erwart' ich
Aus der Menschen Heim,
Erlauchte Helden,
Drum ist heiter mein Sinn.[37]

Dass Verstöße gegen den Verhaltenskodex böse Folgen haben und sogar zum Tode führen konnten, wissen wir aus *Egils saga*. Wenngleich sie erst im 13. Jahrhundert niedergeschrieben wurde, datieren die Ereignisse aus dem Leben Egil Skallagrimssons wohl ins 10. Jahrhundert.[38] Als Egil und seine Männer unangekündigt am Haus des reichen Bauern Armod Skæg in Värmland eintreffen, fällt der Empfang zunächst enttäuschend kühl, geradezu beleidigend aus. Als das Bauerntöchterchen Egil im Auftrag seiner Mutter zuflüstert, er solle nicht zu viel essen, denn bessere Speisen seien unterwegs, wird es dafür vom Vater geschlagen. In der Halle stellt man Tische auf und setzt Egil und seinen Leuten ein prächtiges Mahl mit reichlich Starkbier vor. Ein Mann bedient sie, während Armod sie hinterlistig zum Trinken animiert – ein weiterer Affront. Am nächsten Morgen will Egil seinen Gastgeber töten, aber dessen Frau und Tochter zuliebe schneidet er ihm lediglich den Bart ab und sticht ihm ein Auge aus.

Männer und Frauen lernten auf ihren Auslandsreisen die Sitten und Gebräuche anderer Kulturen kennen und brachten nicht nur Gegenstände mit zurück, sondern auch Werte und Moden, die daheim übernommen und später abgewandelt wurden. Dass die Lebensweise an ausländischen Höfen als Vorbild diente, das man nachahmte oder möglichst zu übertreffen versuchte, zeigen unterschiedliche Gegenstände und Verhaltensweisen, Zeremonien und Rituale, die in archäologischen Kontexten belegbar sind.

Nordische Bräuche bei Banketten lassen sich am Geschirr ablesen, das man in reichen Gräbern fand. Holzkübel mit einem Fassungsvermögen von rund 15 Litern oder mehr (Abb. 37) enthielten vermutlich Bier, das man mit Kellen in kleinere Gefäße und Trinkhörner schöpfte (Abb. 38). Die Tische dürften denen ähnlich gesehen haben, wie sie *Egils saga* in Armod Skægs Haus beschreibt. Trinkhörner hatten augenscheinlich nicht nur eine praktische, sondern zudem eine zeremonielle Funktion. Auf gotländischen Bildsteinen aus dem 8. bis 11. Jahrhundert bieten Frauen (vermutlich Walküren) Reitern Trinkhörner dar. Wahrscheinlich sind es gefallene Krieger bei der Ankunft in Walhall (siehe S. 116–117).[39] Angesichts solcher Szenen war es offensichtlich Aufgabe der Hausherrin, hochrangige Gäste zu empfangen und willkommen zu heißen (Abb. 39).

40.
Das bulgarische Gefäß in einem reichen Grab in der Wikingerstadt Haithabu könnte auf diplomatische Verbindungen nach Südosteuropa hindeuten.

Schale mit altbulgarischer Inschrift, 800–850. Kammergrab 1, Südgräberfeld-Ost, Haithabu, Deutschland.
Kupferlegierung. L 21,3 cm, B 22,2 cm, H 6,0 cm
Archäologisches Landesmuseum, Schloss Gottorf, Schleswig

41.
Holztablett oder Servierplatte mit skandinavischer Verzierung, 10. Jahrhundert. Berlin-Spandau, Deutschland.
Buchenholz. L ca. 47 cm, B ca. 34 cm
Museum für Vor- und Frühgeschichte der Staatlichen Museen zu Berlin

42.
In dieser Allegorie »Die Nüchternheit besiegt die Ausschweifung« bedienen zwei Männer die Personifizierung der Ausschweifung und bieten ihr gefüllte Trichterbecher an.

Prudentius, *Psychomachiae*, fränkisch, spätes 9. Jahrhundert.
Nationalbibliothek, Paris

EXPLICIT HUMILITATIS ATQ; SUPBIE PUGNA. NUNC LUXURIA SOBRIETATEM EXPUGNAT.

LUXURIA IN CENA SEDET.

Uenerat occiduis mundi de finib; hostis
Luxuria extinctę iamdudum prodiga famę
Delibuta comas oculis uaga languida uoce
Perdita deliciis uitę cui causa uoluptas
Elumbem mollire animum petulanter amoenas
Haurire inlecebras & fractos soluere sensus

LUXURIA AUDITIS TUBIS AD BELLUM CURRIT.

Et tam pervigilem ructabat marcida cenam
Sub lucem quia forte iacens ad fercula raucos
Audierat lituos atq; inde tepentia linquens
Pocula lapsanti pdina & balsama gressu
Ebria calcatis ad bellum florib; ibat

LUXURIA MIRANTUR VIRI IN CURRU.

Non tamen illa pedes sed curru inuecta uenusto
Saucia mirantum capiebat corda uirorum

LUXURIA BLANDIMENTIS VIRTUTES DECIPIT.

O noua pugnandi species non alis harundo
Neruum pulsa fugit nec stridola lancea torto
Emicat emento frameam nec dextra minatur
Sed uiolas lasciua iacit foliisq; rosarum
Dimicat & calathos inimica per agmina fundit
Inde eblanditis uirtutib; halitus inlex
Inspirat tenerum labefacta possa uenenum
Et male dulcis odor domat ora & pectora & arma
Ferratosq; toros obliso robore mulcet

VIRI DELESTIS ARMIS LUXURIAM SECUNTUR.

Was ein durchreisender Gast benötigt, aber auch, was im Gegenzug von ihm erwartet wird, erläutert die eddische Gedichtsammlung *Hávamál*, »die Sprüche des Hohen«:

Wasser braucht, wer zur Mahlzeit kommt,
Ein Handtuch und herzliche Einladung;
Freundlichkeit, wenn er sie erlangen kann,
Rede und wieder Schweigen.[40]

In reichen Haushalten gab es neben Kübeln, Trinkhörnern und Holzbechern Waschbecken aus Kupferlegierung, importierte gläserne Trichterbecher, Kannen und Silbergefäße (Abb. 40–42) wie die vergoldete karolingische Pyxis, die im späten 8. oder 9. Jahrhundert ursprünglich als liturgisches Gerät im christlichen Westeuropa geschmiedet[41] und im neuen Umfeld für eher weltliche, dabei nicht weniger formelle Aufgaben zweckentfremdet wurde. Ob aus fränkischen Kirchen geraubt oder auf legale Weise erworben, waren reich verzierte Becher sehr geschätzt. Mehrere Exemplare wie die Silberbecher aus dem englischen Vale of York (siehe S. 68–69) und aus Fejø in Dänemark (Abb. 43) blieben bis ins 10. Jahrhundert in Gebrauch, bevor sie jemand zusammen mit anderen Schätzen versteckte.

Das offizielle Zeremoniell bei König Harald Klaks Taufe 826 in Ingelheim wurde begleitet von einer Jagd, die neben anderem Zeitvertreib wie Brettspielen die Möglichkeit bot, sich miteinander zu messen. Reich ausgestattete Gräber bargen Spielsteine aus Knochen oder exklusiveren Materialien wie Walrosselfenbein, Bernstein und farbigem Glas. Ein vollständiger Satz stammt aus einem Männergrab in Starigard (heute Oldenburg) in Ostholstein (Abb. 44), dessen Grabherr mit einem kostbaren Schwert und einer goldenen Filigranperle bestattet wurde. Sein Gewand war mit Goldfäden verziert und deutet auf hohen Status hin. Die Oldenburger Spielsteine sind höchstwahrscheinlich dem beliebten *hnefatafl* (»Königszabel«) zuzuordnen; infolge des Kontakts mit anderen Kulturen übernahmen die Skandinavier darüber hinaus fremde Brettspiele wie Schach.[42]

Wer stilvoll lebte, wollte auch stilvoll reisen, dennoch gingen die meisten Menschen der Wikingerzeit zu Fuß. Eine kostspielige Reitausrüstung und edle Pferde waren ein Symbol für Status und Autorität und unverzichtbar für den *adventus*, die uralte Zeremonie bei der Ankunft

43.
Karolingischer Becher, 8. Jahrhundert, und Satz kleiner Trinkschalen, 10. Jahrhundert. Østerby, Fejø, Nordlolland, Dänemark.
Silber. Großer Becher H 9,6 cm, Dm 9,6 cm; kleine Schalen max. Dm 7,4 cm
Dänisches Nationalmuseum, Kopenhagen

44.
Satz Spielsteine, 10. Jahrhundert. Grab 74, Starigard/Oldenburg, Lkr. Ostholstein, Deutschland.
Kupferlegierung, Silber, Wal- und Walross-elfenbein, Walrossknochen. Königsstein
H 2,4 cm, Dm 3,0 cm
Archäologisches Landesmuseum, Schloss Gottorf, Schleswig

eines bedeutenden Herrschers. König Harald Klak war zweifelsfrei entzückt über den ehrenvollen Empfang, den man ihm und seinem Gefolge bei der Ankunft in Ingelheim 826 bereitete: Sogar für die wenigen Kilometer vom Ufer zur Königspfalz brachten ihnen Gefolgsleute des Kaisers prächtige Reitpferde.[43]

Sättel mit Steigbügeln übernahmen die Skandinavier von den Karolingern und weiter östlich lebenden Völkern. Einige der frühesten nordischen Gräber mit vollständigem Pferdegeschirr stammen ungefähr aus der Zeit, in der König Heinrich der Finkler (919–936) nach den Angriffen der Ungarn im frühen 10. Jahrhundert versuchte, seine Streitkräfte zu verbessern, indem er den sächsischen Kriegern das Reiten beibringen ließ.[44] Nur wenige Bild- und Schriftquellen lassen erkennen, wie die Reiterei unter seinem Nachfolger Otto I. aussah, dafür kamen in Siedlungen und Gräbern östlich des ottonischen Reichs Waffen und Pferdegeschirre zutage (Abb. 45–46).[45] Da die Skandinavier für ihre Reitausstattung keine Kosten und Mühen scheuten, waren diese Dinge für sie ohne Zweifel nicht nur von praktischem Wert, sondern Zeichen für Wohlstand und Ansehen. Wie die Waffen dieser Zeit fertigte man Steigbügel, Trensen und Sporen aus Eisen, schmückte sie aber häufig mit feinen Einlegearbeiten aus Kupfer und Silber, vor allem im 11. Jahrhundert zusätzlich mit Beschlägen aus gegossenen Kupferlegierungen. All das wertete das Erscheinungsbild eines Kriegers auf.

Da sich das Sattelzeug partiell stark ähnelt, ließen die Besitzer offenbar in denselben Werkstätten arbeiten oder bekamen Zaumzeug und Sattel, vielleicht sogar ein ausgebildetes Reitpferd von derselben Person geschenkt. Das könnte bei dem kostbaren Schatz der Fall gewesen sein, den man 1969 in Supruty an der Oberen Oka in Russland ausgrub. Ein Kupfergefäß, das identisch ist mit einem zweiten, welches wiederum im Skopintull-Grabhügel im Königshof auf Adelsön bei Birka in Schweden als Urne diente, enthielt Riemenbeschläge und ein reich verziertes Trensengebiss, vermutlich aus Gotland (Abb. 47).[46]

Sattel und Zaumzeug gehören zum Pferd und wurden in vielen Fällen neben ihm begraben. Sporen dagegen gehören zum Reiter und wurden ihm mitgegeben, unabhängig davon, ob man sein Pferd mit ihm zusammen begrub oder nicht. Die Goldsporen, die Harald Klak 826 zur Taufe erhielt, waren ein erlesenes, für den frisch getauften König angemessenes Geschenk seines kaiserlichen Paten. Als einziger vergleichbarer Fund aus der Wikingerzeit ist nur ein Goldsporn aus Værne Kloster in Norwegen bekannt (Abb. 48).[47] Sporen bestanden normalerweise aus Eisen mit Einlegearbeiten aus Silber oder Kupfer oder mit Zierleisten. Zweifellos waren sie ihrem

45.
Steigbügelpaar mit Steigriemenschnallen, 10. Jahrhundert. Starigard/Oldenburg, Lkr. Ostholstein, Deutschland.
Eisen, Zinn. Steigbügel B 12,5 cm, H 22,5 cm
Archäologisches Landesmuseum, Schloss Gottorf, Schleswig

46.
Sporenpaar mit Riemendurchzug und Riemenschnallen, 900–950. Grab 21, Starigard/Oldenburg, Lkr. Ostholstein, Deutschland.
Kupferlegierung. Sporen L 14,5 cm, B 7,5 cm; Dorn L 3,2 cm
Archäologisches Landesmuseum, Schloss Gottorf, Schleswig

47. (links)
Trense im Borre-Stil aus einem Hortfund mit Zaumzeugteilen, 900–950. Supruty, Obere Oka, Russland.
Eisen, Kupferlegierung, vergoldet.
Trense L 24,5 cm, B 9,5 cm
Staatliches Historisches Museum, Moskau

48. (rechts)
Goldsporn, Riemenzunge und -durchzug im Borre- und Jelling-Stil, 10. Jahrhundert. Værne Kloster, Rød, Østfold, Norwegen.
Gold. Sporn L ca. 11,5 cm; Riemenzunge L 4,4 cm; Riemendurchzug Dm 3,3 cm
Museum für Kulturgeschichte der Universität Oslo

49. (unten)
Mähnenstuhl, 10. Jahrhundert. Søllested, Fünen, Dänemark.
Eichenholz, Kupferlegierung, vergoldet.
L 42,0 cm
Dänisches Nationalmuseum, Kopenhagen

Besitzer als Symbol seiner Reitkünste und Kaufkraft lieb und teuer. Waren sie ein Geschenk seines Herrn, dokumentierten sie zudem seine Stellung und soziale Zugehörigkeit.

Steigbügel und Sporen verwendete man zum Reiten, reich verzierte Mähnenstühle (Abb. 49), eiserne Stränge und Zügel hingegen für Gespanne. Wenngleich natürlich auch Männer Fuhrwerke benutzten, lassen sich solche Funde meist eher hochrangigen Frauen zuordnen. Das gilt vor allem für die zerlegten Wagenkästen, die im 10. Jahrhundert meist in Frauengräbern als Särge dienten.[48] Wagenkastengräber scheinen eine Besonderheit Südskandinaviens gewesen zu sein; einige wenige südlich der Ostsee in Oldenburg und Ralswiek bezeugen die engen Bindungen zwischen den vornehmen Familien dieser Region und Skandinavien.

Die Entstehung der Königreiche

Gegen Ende der Wikingerzeit – nach 1000 – sah Skandinavien ganz anders aus als einige Jahrhunderte zuvor, als die Nordmänner mit brutalen Überfällen entlang der Küsten und Flüsse

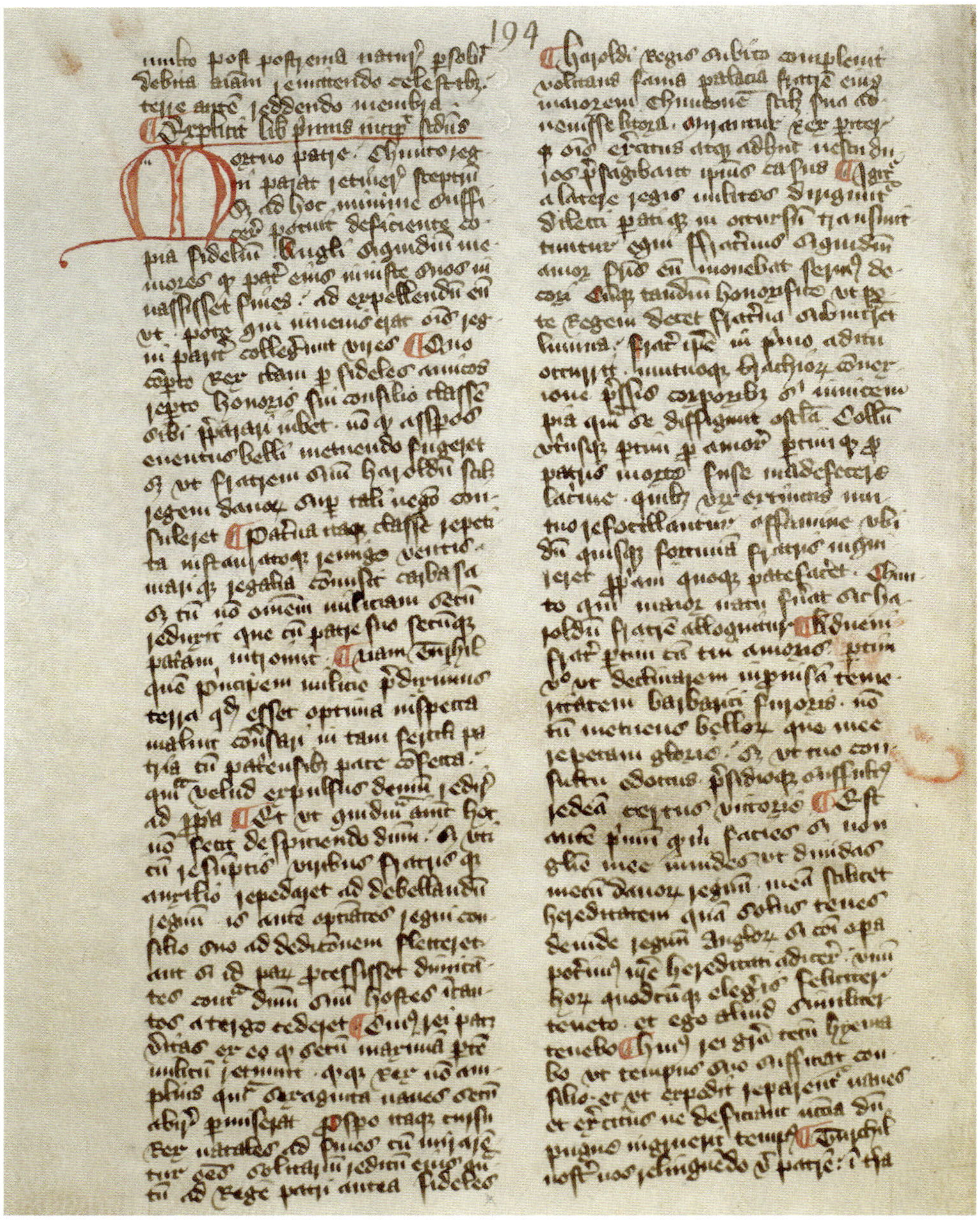

50.
Eine Seite aus den 1042 oder kurz danach verfassten *Gesta Cnutonis regis* (*Die Taten König Knuts*). Die hier abgebildete Handschrift ist Teil des *Courtenay Compendium*.
Pergament, Leder.
Königliche Bibliothek, Kopenhagen

Nordwesteuropas Angst und Schrecken verbreitet hatten. Den Plünderern und Händlern waren Siedler gefolgt, die sich an die Lebensumstände ihrer neuen Heimat anpassten. Mit Schiffen gelangten Bauern in entlegene Gebiete des Nordatlantiks und bewaffnete Söldner bis nach Byzanz weit im Süden. Einer von diesen war Harald der Harte, der nach mehrjährigem Dienst in der Warägergarde als reicher Mann heimkehrte und 1046 alleiniger König von Norwegen wurde. Weiter westlich begann der Dänenkönig Sven Gabelbart mit der systematischen Eroberung Englands. Sein Sohn Knut der Große vollendete sie und herrschte bis zu seinem Tod 1035 über England, Dänemark und Norwegen (Abb. 50). Im Osten stiegen Skandinavier in die Führungsschicht der alten Rus auf. Ihr Erbe bezeugen archäologische Funde ebenso wie Schriftquellen.[49] Die skandinavischen Reiche waren gewachsen und neue Herrschaftsformen nach den Vorbildern der etablierten Königs- und Kaiserreiche Kontinentaleuropas entstanden. Die instabilen Staatsgebilde der Wikingerzeit wurden nach und nach konsolidiert und zu frühmittelalterlichen Königreichen umgestaltet, die ihren Platz in der kulturellen und politischen Gemeinschaft der abendländischen Christenheit einnahmen,[50] wie etwa das benachbarte Polen unter den Piasten.

Der Vereinigungsprozess verlief in den einzelnen Regionen unterschiedlich. Ein bemerkenswertes Beispiel ist Dänemark unter König Harald Blauzahn in der zweiten Hälfte des 10. Jahrhunderts. Harald trat die Nachfolge seines Vaters Gorm des Älteren kurz nach der Jahrhundertmitte an, als die traditionellen Werte durch den kulturellen Einfluss des christlichen Europas unter Druck gerieten und das Kaiserreich unter den Ottonen sich direkt südlich der dänischen Grenze als überragende politische und militärische Macht hervortat. Als Herrscher zeichnete sich Harald durch Ehrgeiz und Innovationsfreude aus. Zu seinen eindrucksvollsten Bauwerken zählen die einzigartigen Ringburgen, die er um 980 in Aggersborg und Fyrkat in Jütland, in Nonnebakken auf Fünen, in Trelleborg in Seeland und möglicherweise in Borgeby in Schonen errichten ließ (siehe S. 112–113).

Die Burgen unterscheiden sich in Größe und Einzelheiten, sind sich indes in ihrer streng geometrischen Gliederung verblüffend ähnlich.[51] Gemeinsamkeiten sind etwa der fast exakt kreisförmige Erdwall mit konzentrisch ringsum verlaufendem Spitzgraben, vier Tore in den vier Himmelsrichtungen, schnurgerade Straßen, die sich im rechten Winkel schneiden, und große Holzhäuser, die parallel zu den Hauptstraßen zu vierflügeligen Höfen angeordnet waren (Abb. 51). Das gleiche bauliche Können wie bei den Ringburgen lässt sich für den Königshof in Jelling und die Brücke über die Ravning Enge im Vejle-Tal konstatieren, die beide im selben kurzen Zeitraum zwischen etwa 960 und 985 gebaut wurden. Für Grundriss und Bauweise der Ringburgen sind keine Vorläufer bekannt. Sie wurden weder instand gehalten noch wiedererrichtet. Eventuell orientierten sich Haralds Baumeister an etwas älteren Festungen an den Küsten Nordfrankreichs und der Niederlande. Weitere Details könnten aus der karolingischen und ottonischen Architektur entlehnt sein, vielleicht sogar von den Burgen slawischer Fürsten südlich der Ostsee stammen. Baustoffe und Gebäudetypen dagegen ähneln den traditionellen Herrensitzen und Königshöfen.

Die Burgen liegen in der Nähe wichtiger Landstraßen und Flüsse, aber nur Aggersborg am Limfjord hat direkten Zugang zum Meer. Eigentlich Militäranlagen, dienten die Burgen zweifellos ganz unterschiedlichen Zwecken, vor allem als königliche Machtzentren, von denen aus der Herrscher die Provinzen seines Reichs kontrollierte und zugleich dem angespannten Verhältnis zum Frankenreich Rechnung trug. Infolge der fränkischen Ostexpansion wurden auch in den slawischen und deutschen Gebieten im Osten viele Festungen aus dem Boden gestampft.[52] Die Besatzungen der Ringburgen bestanden nicht selten aus ausländischen Söldnern. Strontiumisotopenanalysen der Gräber in Trelleborg belegen, dass man junge Männer unter Umständen in Norwegen oder im slawischen Raum rekrutierte.[53] Da sich drei der analysierten Frauen analog als Ausländerinnen entpuppten, werden die angeworbenen Truppen von ihren Familien begleitet worden sein. In der Fremde hatten diese Männer und Frauen vermutlich wenige soziale Bindungen zu den Einheimischen und bezogen ihr Selbstverständnis und ihre Loyalität stattdessen aus der Person des Königs. Neben Bündnissen und Heiraten könnte der Einsatz von Söldnern eine der politischen Strategien Haralds und seiner Zeitgenossen gewesen sein.[54]

52.
Penny Sven Gabelbarts von Dänemark (987–1014), um 995. Herkunft unbekannt.
Silber. 1,3 g
Dänisches Nationalmuseum, Kopenhagen

53.
Penny Olaf Tryggvasons von Norwegen (995–1000), um 995. Insel Iholm, Dänemark.
Silber. 1,1 g
Dänisches Nationalmuseum, Kopenhagen

54.
Penny Olof Skötkonungs von Schweden (995–1022), um 995. Herkunft unbekannt.
Silber. Dm 2,0 cm
Dänisches Nationalmuseum, Kopenhagen

55.
Penny Æthelreds II. von England (978–1016), geprägt um 991 – um 997. Kelstrup, Seeland, Dänemark.
Silber. Dm 2,0 cm, 1,3 g
Dänisches Nationalmuseum, Kopenhagen

51. (linke Seite)
Luftaufnahme der Ringburg in Trelleborg, Dänemark.

Wie ehrgeizig der Dänenkönig war, lässt sich in viel kleinerem Umfang an Münzen aus der zweiten Hälfte des 10. Jahrhunderts ablesen. Die Wikingerzeit wird oft »Silberzeit« genannt. Aus dem Edelmetall schmiedete man Schmuck, den man aufbewahren und bei Bedarf als Zahlungsmittel einsetzen konnte. Silber erwarb man in der Hauptsache in Form von Münzen, die man zerhackte oder einschmolz und wiederverwendete. In Umlauf waren vorwiegend ausländische Typen, aber auch in Skandinavien wurden Münzen geprägt, meist nach bekannten Vorbildern aus dem Frankenreich und später dem angelsächsischen England und aus Byzanz. Für die Edelmetallwirtschaft war der Silbergehalt ausschlaggebender als die Herkunft der Münzen, zumal das heimische Münzwesen schwankend war. Ein kleiner Silberschatz, der in den letzten Jahren unter König Harald Blauzahn in Pilhus in Jütland vergraben wurde, enthält wie vergleichbare andere Depotfunde Barrenstücke, zerhackten Schmuck sowie Münzen unterschiedlicher Provenienz, von denen jedoch die allermeisten aus Dänemark stammen. Einige sind Imitate der Münzen, die Karl der Große in Dorestad prägen ließ, und stammen aus Haithabu an der Südgrenze Dänemarks. Andere sind dem neuen Münzsystem zuzuordnen, das um 975 wohl von König Harald eingeführt wurde (siehe S. 189, Abb. 40). Aufgrund ihrer charakteristischen Kreuzmotive sollten sie augenscheinlich seinen Status als christlicher Herrscher hervorheben. Ungewiss ist, ob er ein Münzmonopol anstrebte oder nur Sonderauflagen für seine loyalen Gefolgsleute schlagen ließ.[55] So oder so war dies ein wichtiger Schritt hin zum königlichen Münzwesen in Skandinavien.

Kein Jahrzehnt nach Haralds Tod ließen alle drei skandinavischen Könige – Olaf Tryggvason von Norwegen (995–1000), Olof Skötkonung von Schweden (995–1022) und Sven Gabelbart von Dänemark (987–1014) – um 995 neue Münzen nach dem Vorbild der silbernen CRVX-Pennys prägen, die Æthelred II. von England (978–1016) in den 990er-Jahren in Umlauf gebracht hatte (Abb. 52–55). Dieses Motiv wurde offenbar nicht zufällig gewählt. Um Überfällen aus Dänemark und Norwegen vorzubeugen, zahlte Æthelred gewaltige Mengen Silber als *Danegeld*. Tausende seiner Münzen sind für Skandinavien, Norddeutschland und das Baltikum belegt. Die drei skandinavischen Könige waren zwar in politischer Hinsicht Rivalen, freilich bemühten sich alle gleichermaßen um ein Image als christliche Herrscher. Münzen, auf denen der König und sein Volk namentlich genannt wurden, waren ein klassisches Propagandainstrument und

57. (links)
Die Münzen von Wikingerherrschern in Britannien und Irland zeigten traditionelle Motive der skandinavischen und christlichen Ikonografie.

Penny Olaf Cuarans von Northumbria (939–941). England.
Silber. Dm 2,0 cm, 1,3 g
British Museum, London

Penny Sigtryggs (Sihtrics) II. von Northumbria (um 945). England.
Silber. Dm 2,0 cm, ca. 1 g
British Museum, London

Penny Erik Blutaxts von Northumbria (um 952–954). England.
Silber. Dm 2,1 cm, 1,2 g
British Museum, London

56. (oben)
Silbermünze von Fürst Wladimir I. Swjatoslawitsch (980–1015). Wotnja, Woblasz Mahiljou, Weißrussland.
Silber. Dm 2,6 cm
Staatliches Historisches Museum, Moskau

58. (oben)
Penny Sigtryggs (Sihtrics) III. Seidenbart von Dublin (989/995–1036), um 995. Irland.
Silber. Dm 2,2 cm, 1,6 g
British Museum, London

ein allgemein wahrgenommenes und benutztes Massenmedium (Abb. 56–57). In Irland dienten Æthelreds Silber-Pennys ebenfalls als Vorlage für die ersten eigenen Münzen, die die nordischen Herren von Dublin im letzten Jahrzehnt des 10. Jahrhundert schlagen ließen. Die frühesten davon waren noch anonym, doch die nächsten trugen schon den Namen Sigtryggs (Sihtrics) III. Seidenbart (989/995–1036; Abb. 58).[56]

Da im folgenden Jahrhundert viele neue Münzen nach angelsächsischen und byzantinischen Vorbildern geprägt wurden, scheint die Herausbildung des Königtums von wirtschaftlichen Weiterentwicklungen begleitet gewesen zu sein. Einige Münzen tauchten weit von ihrem Ursprungsort auf. Eine unter Knut dem Großen in Ørbæk im dänischen Nordjütland geprägte Silbermünze wurde unter dem Fußboden der Peterskirche in Rom entdeckt. Als persönlicher Obolus war die Münze von geringem Wert, dafür ist sie als Hinweis auf eine Pilgerfahrt sehr aufschlussreich.[57] König Knut war bereits Christ, als er den Thron bestieg. Nach seinem Tod wurde er im Old Minster in Winchester beigesetzt. Im März 1027 reiste er selbst zur Kaiserkrönung Konrads II. nach Rom und auch andere Mitglieder der skandinavischen Königshäuser und Eliten unternahmen nun Pilgerfahrten, lange nachdem ihre Ahnen die ersten Vorstöße ins Mittelmeer gewagt hatten.

Den vielen nachhaltigen Veränderungen in der Wikingerzeit zum Trotz geriet die Vergangenheit nie völlig in Vergessenheit. Für die politischen und dynastischen Strategien der Herrscher spielte sie weiterhin eine wesentliche Rolle. In diesem Punkt unterschieden diese sich nicht von ihren Zeitgenossen, allen voran den Franken. Karl der Große und Otto der Große ließen für ihre Dome in Aachen und Magdeburg eigens antike Säulen aus Italien herbeischaffen. Die Spolien verkörperten die Macht des Kaisertums und bewiesen, dass es mit den architektonischen Wunderwerken südlich der Alpen mithalten konnte. Dieselbe Idee hatten vermutlich die übrigen nordeuropäischen Monarchen. Durch die Bezugnahme auf ehrwürdige Traditionen demonstrierten sie ihre eigene Verwurzelung und legitimierten damit ihre angestammte Macht. Parallel dazu bemühten sie sich, die vorhandenen Strukturen an neue kulturelle Konzepte und neue Formen von Königtum und Regierung anzugleichen (Abb. 59–60).

59.
Die Elfenbeintafel zeigt Christus zwischen Maria und dem hl. Mauritius. Die drei Personen am unteren Rand sind vermutlich Kaiser Otto II. mit Kaiserin Theophanu und ihrem Sohn Otto III., der im Mai 983 gekrönt wurde. Möglicherweise gab Theophanu die Tafel nach dem Tod Ottos II. in Auftrag, um den Thronanspruch ihres Sohns zu untermauern. Mailand, 983/984.
Elfenbein. B 9,5 cm, H 14,0 cm
Castello Sforzesco, Civiche raccolte d'arte, Museo d'arte antica, Mailand

60.
Knut der Große und seine Königin Emma (*Ælfgyfu*) stiften der Kirche ein Altarkreuz. Abgesehen von Münzen ist die Zeichnung im *Liber Vitae* im New Minster, Winchester, das einzige bekannte Bildnis des Königs.

***Liber Vitae*, 1031. New Minster, Winchester, England.**
Pergament. L 26,0 cm, B 15,0 cm
British Library, London

1.
Digitale Rekonstruktion der karolingischen Kaiserpfalz in Ingelheim westlich von Mainz mit der Palastaula (Aula Regia) links.

2.
Digitale Rekonstruktion des Innenraums der karolingischen Palastaula (Aula Regia) in Ingelheim westlich von Mainz.

Festhallen und Pfalzen

Matthias Wemhoff

Der Festtag des hl. Johannes des Täufers (24. Juni) bot im Jahr 826 den liturgisch idealen Rahmen für ein symbolträchtiges Ereignis. In Anwesenheit von Kaiser Ludwig dem Frommen, der ganzen kaiserlichen Familie und dem Hofstaat empfing der dänische König Harald Klak die Taufe in Ingelheim.[1] Auch wenn diese Taufe noch nicht die Christianisierung der Wikinger unmittelbar bewirkte, bezeugt sie eindrucksvoll die Kenntnis der wikingerzeitlichen Herrscher von der Hof- und Repräsentationskultur der Karolinger und ihre Teilhabe daran (siehe S. 129–130).

Ludwig der Fromme hatte den Ort Ingelheim mit Bedacht gewählt: An keinem anderen Ort konnte er sein Reich so sehr als in antiker Tradition stehend präsentieren. Als sich der festliche Zug nach der Taufe in St. Alban in Mainz der Pfalz Ingelheim näherte, wird die Festgesellschaft schon von Weitem den am Hang oberhalb des Rheins thronenden Pfalzbereich gesehen haben (Abb. 1). Der große, in der Pfalzarchitektur außergewöhnliche Halbkreisbau mit den vorgelagerten Türmen fiel dabei zunächst ins Auge. Das Fest wurde anschließend in der Aula gefeiert (Abb. 2). Ein prächtiger Teil ihrer Apsis steht heute noch: Die vier Fenster lassen das Vorbild dieses in der Karolingerzeit einzigartigen Gebäudes, die Trierer Palastaula, erkennen. Ermoldus Nigellus schildert in einem Lobgedicht auf Ludwig den Frommen das Geschehen des Jahres 826 und beschreibt monumentale Bildszenen, die, in Bezugnahme auf antike Berichte, die wichtigsten Siege über die Heiden von Konstantin bis Karl wiedergeben.[2] Die archäologischen Untersuchungen haben zwar eine rahmende Ausmalung durch zahlreiche Putzbruchstücke belegen können, auf eine figurative Ausmalung fehlt allerdings jeder Hinweis.[3] Vielleicht sollte die Möglichkeit transportabler gewebter Teppiche mit entsprechenden Szenen erwogen werden. Dies würde zu der Erzählung passen, die von einer der zentralen Begebenheiten in der Regierungszeit Karls des Großen, dem Empfang des Papstes Leo III. in Paderborn im Jahre 799, überliefert ist. Nach dem Gottesdienst in der benachbarten »Kirche von wunderbarer Größe«[4]

> *bittet Karl Papst Leo zu sich in den hohen Palast. Herrlich erstrahlt darin mit gewebten Teppichen die Halle, von Gold und Purpur reich geschmückt sind überall die Sitze. Man sitzt zu Tische frohgemut, genießt gar manchen leckren Bissen; so feiert man das Festmahl in der Pfalz und auf den Tischen bauchen sich die goldnen Krüge mit Falerner.*[5]

Hieran lässt sich ablesen, dass der Höhepunkt eines repräsentativen Aktes das opulente Mahl war. Genau dafür waren die großen Hallen

konzipiert. Wandteppiche, Sitzkissen und goldene Krüge bildeten dabei den prächtigen herrschaftlichen Rahmen. Mit der Paderborner Anlage haben wir einen frühen Pfalzbau Karls des Großen vor uns. Trotz der hohen Ansprüche, die mit diesem Gebäude nach dem Sieg über die Sachsen verbunden gewesen sind, ist am Äußeren keine antike Formensprache ablesbar. Es handelt sich um eine doppelgeschossige Halle von beeindruckenden Ausmaßen (ca. 31 × 10 Meter), die dennoch deutlich hinter denen der Aula in Ingelheim mit deren gewaltiger Breite von 14,50 Metern zurückbleibt.[6] Vermutlich ist bereits in der ersten Bauphase um 777 ein balkonartiger Vorbau vorhanden gewesen, der dem hervorgehobenen Auftritt des Herrschers diente. Bei der Ausgrabung konnte der Arbeitsplatz eines Glasbläsers entdeckt werden, er produzierte Trinkgläser für den offensichtlich großen Bedarf der königlichen Tafel (Abb. 3).[7] Die Scherben von Tatinger Kannen dürften ebenfalls eine direkte Folge der Bankette sein.[8]

Als Harald Klak in Ingelheim getauft wurde, war die benachbarte Pfalz in Frankfurt gerade neu gegründet worden. Auch dort wurde eine doppelgeschossige Pfalzaula errichtet, mit 26,50 × 12,60 Metern etwas kompakter als der Paderborner Bau.[9] Schon hier erweist sich, dass der zweigeschossigen, mit Nebenräumen für Wohnzwecke versehenen Pfalz die Zukunft gehörte, der antikisierende Bau in Ingelheim blieb die Ausnahme.

Als Harald Blauzahn »ganz Dänemark und Norwegen gewann und die Dänen zu Christen machte«,[10] hatte sich die Herrschaft des sächsischen Königsgeschlechtes im ostfränkischen Reich herausgebildet. Der Blick auf die Pfalzanlagen im damaligen sächsischen Kerngebiet rund um den Harz dokumentiert die Vielfalt der repräsentativen Bauten dieser Epoche und zeigt zugleich auf, dass Dimension und Ausführung nicht mit den Bauten Karls des Großen verglichen werden dürfen. Die Hallen dieser Zeit waren zumeist 20 bis 25 Meter lang, nur 8 bis 9 Meter breit und damit einfach mit Holzdecken zu überspannen.[11] An den Pfalzen Werla, Grone und Tilleda lässt sich ein Grundprinzip erfassen: Die Halle stand jeweils relativ frei an einem weitläufigen Platz, Gruppen von Wohngebäuden sowie die Kirche waren räumlich separiert. Besonders auffällig ist die in der Pfalz Tilleda südlich des Harzes um die Jahrtausendwende nachgewiesene, in den Maßen beachtliche hölzerne Halle:[12] Umgeben von niedrigeren Vorbauten, erhob sich ein möglicherweise ebenfalls zweigeschossiger Hallenbau mit mächtigen, 1,20 bis 1,50 Meter breiten Pfosten. Der Holzbau, der nach den karolingischen Beispielen so fremdartig wirkt, ist augenscheinlich selbst für umfangreiche, repräsentative Bauten (andere Beispiele sind der Palas der Burg Elten am Niederrhein aus der Mitte des 10. Jahrhunderts und ein Holzgebäude des Klosterhofes Gebesee in Thüringen[13]) weiter genutzt worden. An dieser Stelle können nun die Vergleiche mit den entsprechenden dänischen Plätzen ansetzen. Lage und Abmessungen der Halle, Einordnung in die Gesamtnutzung des Platzes, Verhältnis zu Kultorten und Kirchen sind in Beziehung zu den Entwicklungen im fränkisch-deutschen Reich zu sehen. Dort nahm der Pfalzbau ab der Wende zum 11. Jahrhundert eine dynamische Entwicklung, die zum Palas des Hochmittelalters führte. Die Funktionen von repräsentativer Halle, Kapelle und Wohnbereich wurden in mehrgliedrigen und doppelgeschossigen Gebäudeensembles verwirklicht, wie sie bereits für die Bauten zur Zeit Heinrichs II. bekannt sind (Paderborn-Pfalz Bischof Meinwerks,[14] Goslar[15]). Der Saal war dabei offenkundig in beiden Kulturen von größter, ja geradezu jenseitiger Bedeutung:

> *Einen Saal sehe ich stehen, schöner als die Sonne,*
> *mit Gold gedeckt, in Gimle;*
> *dort werden treue Gefolgschaften wohnen*
> *und für immer die Ehre genießen.*[16]

3.
Bruchstücke von Gläsern und Trichterbechern, 9. Jahrhundert. Karolingische Pfalz, Paderborn.
Glas. Fragment unten rechts H ca. 5 cm
Museum in der Kaiserpfalz, Paderborn

1.
Luftaufnahme von Jelling, Dänemark.

Das königliche Jelling

Anne Pedersen

Das königliche Jelling im Zentrum von Jütland (Abb. 1) ist eine der faszinierendsten Stätten der Wikingerzeit. Erhalten sind zwei riesige grasbedeckte Hügel und zwischen ihnen zwei Runensteine vor einer romanischen Steinkirche aus der Zeit um 1100 (Abb. 2).

Den größeren Runenstein – den »Taufstein Dänemarks« – ließ der ehrgeizige, Neuerungen gegenüber aufgeschlossene König Harald Blauzahn vermutlich um 965 setzen. Die Inschrift verkündet:

> *König Harald ließ diese* kumbl [Denkmäler] *machen nach Gorm, seinem Vater, und nach Thyra, seiner Mutter, jener Harald, der für sich gewann ganz Dänemark und Norwegen und der die Dänen zu Christen machte.*

Zur Verstärkung seiner Botschaft zeigen die Darstellungen ein wildes Tier im Kampf mit einer Schlange und Christus als Triumphator. Die nordische Sprache und die traditionelle Runenschrift richteten sich an ein einheimisches Publikum, doch verlaufen die Zeilen horizontal und die beiden Bilder folgen aufeinander wie die Seiten in einer lateinischen Handschrift. Vorbilder für die eindrucksvolle Gestaltung sind mit großer Wahrscheinlichkeit in den Büchern der christlichen Kirche zu finden.[1] Auch wenn heute keine Spuren von Bemalung mehr erkennbar sind, waren die Bilder und Inschriften zudem wohl auffallend farbig gestaltet.

Die Inschrift auf dem kleineren Runenstein etwa aus der Mitte des 10. Jahrhunderts lautet: »König Gorm machte dieses Denkmal in Gedenken an Thyra, seine Frau, Dänemarks Stolz.« Wo genau der Thyrastein einst positioniert war, bleibt offen. Bevor er um 1630 neben dem Haraldstein aufgestellt wurde, hatte er als Sitzbank vor der Kirchentür gedient. Vielleicht war er Teil der riesigen schiffsförmigen Steinsetzung, die vor der Mitte des 10. Jahrhunderts in Jelling entstand.

Die ältesten archäologischen Fundstücke kamen 1820 zutage, als Bauern aus der Gegend beim Graben im Nordhügel auf große Steine und das Dach einer ungewöhnlich geräumigen Grabkammer stießen. Leider wurde diese schon in der Wikingerzeit ausgeräumt. Abgesehen von einem kleinen Silberbecher mit Tierfiguren im sogenannten Jelling-Stil sowie einigen Metallobjekten und Holzfragmenten war von den

2.
Die von König Gorm und seinem Sohn Harald Blauzahn in Jelling errichteten Runensteine, im Hintergrund die Kirche.

Grabbeigaben kaum etwas erhalten.[2] Der Hügel galt damals als Tumulus für König Haralds Mutter Thyra. 1861 suchten Archäologen im Südhügel vergeblich nach einem ähnlichen Grab König Gorms. Bei erneuten Grabungsarbeiten 1941 entdeckte man nur zwei Reihen Monolithe einer älteren Steinsetzung.

In den 1970er-Jahren fand man in der Kirche Spuren älterer Holzgebäude und eine Grabkammer mit den Überresten eines Mannes mittleren Alters sowie einen Satz Gürtelbeschläge aus vergoldetem Silber im Jelling-Stil. Die räumliche Nähe zwischen den beiden Grabkammern im Nordhügel und unter der Kirche sowie die stilistische Verwandtschaft ihrer Inhalte legten nahe, dass der Verstorbene von seinem ursprünglichen Grabhügel unter den ersten Vorgängerbau der Kirche umgebettet worden war. Neue Funde und Nachuntersuchungen am Nordhügel stellen diese Deutung allerdings inzwischen infrage:[3] Die Beraubung des Nordhügels könnte im Zusammenhang mit dem Aufbruch anderer vornehmer Gräber in der zweiten Hälfte des 10. Jahrhunderts absichtlich erfolgt[4] und die Grablege in der Kammer unter der Kirche unabhängig von dem ersten Holzbau an dieser Stelle erfolgt sein.

Bei einer geomagnetischen Prospektion entdeckte man 2006 nördlich des Nordhügels große Monolithe und weitere Ausgrabungen brachten in den letzten Jahren zusätzliche strukturelle Elemente im Komplex ans Licht.[5] Der Nordhügel liegt mitten in einer weitläufigen Einfriedung. Deren jeweils rund 360 Meter lange Seiten bestanden aus dicht an dicht gesetzten vertikalen Holzbohlen mit Stützpfosten im Abstand von durchschnittlich 1,25 Metern (Abb. 3). Die imposante Mauer umschloss eine Fläche von 12,5 Hektar – erheblich mehr als die Abmessungen jedes bislang bekannten wikingerzeitlichen »Herrensitzes«. Bisher wurde nur ein Eingang lokalisiert, ein 2 Meter breites Portal an der Nordseite. Drei fast identische Gebäude im Nordostsektor waren offenbar nach einem vorgegebenen Grundriss angeordnet. Der Komplex entstand in Harald Blauzahns Regierungszeit.

Jelling ähnelt in Teilen anderen alten Königshöfen in Skandinavien wie Lejre in Seeland (Dänemark) und Gamla Uppsala in Schweden. Es untermauert die Schilderung des dänischen Historikers Sven Aggesen, der um 1185 vermerkte, Haralds Eltern seien nach heidnischer Sitte in zwei Grabhügeln in der Nähe des Königshofs in Jelling bestattet worden. Jelling ist der größte bekannte königliche Komplex der Wikingerzeit, in Ausdehnung und geometrischer Aufteilung vergleichbar mit zeitgenössischen Königshöfen und Kaiserpfalzen im ottonischen Frankenland. Für Haralds Runenstein bot es ein würdiges Umfeld. Vielleicht war dies der Ort, an dem Harald seinen Zeitgenossen und Untertanen die konkreten Grundlagen seiner politischen und religiösen Ansprüche verkünden wollte. Doch wie die anderen ihm zugeschriebenen Gebäude (die Ringburgen und eine 760 Meter lange Brücke über die Ravning Enge keine zehn Kilometer weiter südlich) wurde auch Jelling bald wieder aufgegeben. Haralds Nachfolger benötigten solche Bauwerke als Machtbeweis nicht, sondern kannten andere Mittel und Wege, um ihre Autorität durchzusetzen. Im Zentrum ihrer politischen Bestrebungen stand weniger Deutschland als vielmehr England und das Machtzentrum verlagerte sich in Dänemark weiter nach Osten, nach Sjælland.[6]

3.
Überreste der Nordostecke der Einfriedung von Jelling. Im Hintergrund erkennt man den Nordhügel und die Kirche. Sie liegen im Zentrum eines weitläufigen Areals, das die Palisade einst umschloss.

1.
Luftaufnahme von Ostrów Lednicki auf einer Insel im Lednica-See, Polen.

Nachbarn an der südlichen Ostseeküste

Sunhild Kleingärtner

Macht und Herrschaft basierten im Frühmittelalter nicht zuletzt auf dem Zugang zu Ressourcen. Diese konzentrierten sich vor allem in den Seehandelsplätzen (Emporien) entlang der Küsten von Nord- und Ostsee. Wirtschaftlicher Motor dieser Plätze waren Handelstreibende. Ihre machtpolitische Bedeutung wird auch durch eine Eintragung in den *Fränkischen Reichsannalen* für das Jahr 808 unterstrichen. Dort wird geschildert, dass die Bewohner Rerics dem dänischen König Göttrik zunächst steuerpflichtig waren und schließlich von ihm nach Haithabu verbracht wurden. Während Reric alsdann gezielt zerstört wurde, erlebte Haithabu seinen Aufschwung (siehe S. 50).[1]

Reric gilt aufgrund umfangreicher Siedlungszeugnisse nahe des an der Wismar-Bucht gelegenen Ortes Groß Strömkendorf als identifiziert.[2] Dieser Ort im slawisch besiedelten Gebiet scheint in der ersten Hälfte des 8. Jahrhunderts als saisonaler Treffpunkt von Handelstreibenden auf anfangs unkoordiniert durchgeführten Fahrten genutzt worden zu sein.[3] Sein zunehmend strukturierter Siedlungsplan mit gezielt angeordneten, dicht beieinander gebauten Grubenhäusern verweist erst in einem späteren Stadium auf die Direktive einer übergeordneten Autorität.[4]

Reric ist der am weitesten westlich gelegene und am intensivsten untersuchte Seehandelsplatz an der südlichen Ostseeküste. Seine Nennung in den *Fränkischen Reichsannalen* deutet auf seine politische Dimension hin. Drei Seehandelsplätze weiter östlich – Rostock-Dierkow, Menzlin und Truso – zeichnen sich durch ein vergleichbares Fundspektrum aus, welches die Verarbeitung von Glas, Knochen, Geweih und Bernstein belegt (Abb. 2). Der aus Schwertteilen skandinavischer

Provenienz, Perlen und Geräten eines Feinschmiedes bestehende Hortfund aus Rostock-Dierkow (Abb. 3) kann als Werkzeugsatz zur Vor-Ort-Herstellung von Schmuckstücken und Waffen interpretiert werden[5] oder als Ansammlung im Boden verwahrter Wertgegenstände.[6]

Aus der Vielzahl an Personen, welche sich in den Seehandelsplätzen aufgehalten haben mögen, ist uns lediglich ein Individuum namentlich bekannt. Es ist Wulfstan, der laut Reisebeschreibung in König Alfreds englischer Übersetzung der Geschichte des Orosius (*Historiarum adversum paganos libri septem*) von Haithabu nach Truso segelte.[7] Truso, der am weitesten östlich, nahe dem polnischen Janów Pomorski existierende Seehandelsplatz, lässt vermuten, dass lokal erschließbare Ressourcen von besonderer Bedeutung für diese Plätze waren – immerhin leitet sich der Ortsname Truso von dem altprußischen Wort *Drusa* ab, was »Saline«, »Salzquelle« oder »Salzwasser« bedeutet.[8]

Das erwähnte machtpolitische Eingreifen König Göttriks in die Geschehnisse im Ostseeraum kann als Reaktion auf strukturelle Veränderungen an der südlichen Ostseeküste bewertet werden:[9] Mit Aufgabe der Seehandelsplätze kam die küstengebundene Konzentration wirtschaftlicher Macht im Laufe des 9. Jahrhunderts vollends zum Erliegen. Der verstärkte Bau von Burgwällen führte zu einer zunächst dezentralen Entwicklung im Landesinneren. Nach der archäologischen Überlieferung bildeten sich vorrangig im 10. Jahrhundert lokale Eliten.[10]

Am Beispiel von Ostrów Lednicki (Abb. 1) in der heutigen Woiwodschaft Großpolen lassen sich stellvertretend die Strukturen und Elemente aufzeigen, derer sich die gesellschaftliche Elite zur Demonstration ihrer sozialen Position während der piastischen Herrschaftsbildung unter Mieszko I., Bolesław Chroby und Mieszko II. in der zweiten Hälfte des 10. und ersten Hälfte des 11. Jahrhunderts bediente. In dieser Zeit gewannen die Binnenhandelswege gegenüber den Seehandelswegen deutlich an Gewicht. Dies lassen speziell im Landesinneren verbreitete Depotfunde sowie Waagen und Gewichte erkennen.[11] Um die im großpolnischen Raum im 10. Jahrhundert errichteten Burgwälle herum finden sich mit Militaria und Reiterausrüstungen ausgestattete Körpergräber.[12] Die Ähnlichkeit dieser Waffen mit solchen des skandinavischen Raums wurde in Abhängigkeit von zeitgenössischen politischen Beziehungen unterschiedlich bewertet. So interpretierte man sie etwa als Handelszeugnisse oder als Beleg für die politischen Verhältnisse prägende Fremde.[13] Für letztgenannte These lassen sich auf archäologischem Weg keine Nachweise erbringen. Ob es im Falle des Piastenreiches zu einer analogen Entwicklung, das heißt zu einer gezielten Anwerbung von Fremden durch eine einheimische Elite kam, kann derzeit nicht entschieden werden (siehe S. 151).

In Ostrów Lednicki zeigen sich statusindizierende Elemente fremder Provenienz, darunter insbesondere solche christlicher Prägung. Dieser Zentralort zeichnet sich durch weltliche (Palast/*palatium*) und sakrale (Kapelle, Baptisterium, Kirche), aber vor allem steinerne Architektur[14] sowie hochwertigen Schmuck[15] innerhalb einer mehrphasigen Befestigungsanlage aus.[16] Die Exklusivität dieses Ortes wird durch seine Lage auf einer über zwei Brücken erreichbaren Insel im Lednica-See und seine deshalb anzunehmende Kontrollfunktion unterstrichen. Die Brücken waren Teil des von Posen nach Gnesen führenden Heer- und Handelsweges.[17] Im Bereich von See und Insel entdeckte man mit knapp 300 Objekten das größte Fundensemble von Waffen im piastischen Polen, darunter solche skandinavischer Provenienz.[18]

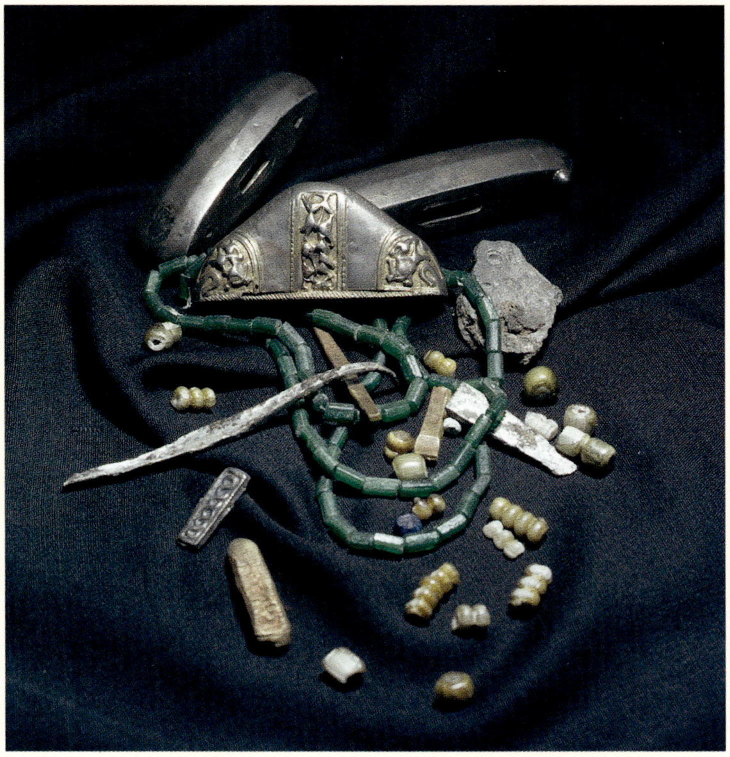

2. (oben)
Zu den vielen Gegenständen, die in Reric/Groß Strömkendorf und anderen Seehandelsplätzen gehandelt wurden, gehörten Glasperlen.
Landesamt für Kultur und Denkmalpflege Mecklenburg-Vorpommern, Schwerin

3. (rechts)
Depotfund, unter anderem mit reich verzierten karolingischen Schwertteilen, 800–850. Rostock-Dierkow, Deutschland.
Teilweise vergoldetes Silber, Glas, Messing, Zinn, Blei.
Landesamt für Kultur und Denkmalpflege Mecklenburg-Vorpommern, Schwerin

4

GLAUBE UND RITUAL

Neil Price

Aber die Asen nahmen den Leichnam Balders und brachten ihn zum Meer. Hringhorni hieß sein Schiff, es war das größte aller Schiffe. Die Götter wollten es zu Wasser lassen und darauf Balder verbrennen … Danach wurde Balders Leichnam auf das Schiff getragen. Als dies aber seine Frau sah, Nanna, Neps Tochter, brach ihr vor Kummer das Herz, und sie starb. Sie wurde auf den Scheiterhaufen gebracht, und den entzündete man.

SNORRI STURLUSON, GYLFAGINNING XLIX, UM 1220

GLAUBE UND RITUAL

DEN ZEITGENÖSSISCHEN NACHBARN DER WIKINGER in Nordwesteuropa fiel bei Begegnungen mit ihnen ein Aspekt ihrer Kultur besonders auf: ihr Heidentum. In den Schilderungen der ersten Überfälle verwenden die Klostertexte für die Nordmänner immer wieder das lateinische Wort *pagani* oder sein germanisches Pendant *hæðena* (»Heiden«). Solche Epitheta sagen jedoch nur etwas darüber aus, was die Wikinger *nicht* waren (nämlich Christen). Woran sie aber glaubten, bleibt im Dunkeln.[1]

Vor jeder Diskussion über Spiritualität und Rituale der Wikinger sollten wir deshalb kurz überlegen, was in ihrem gesellschaftlichen Kontext unter »Religion« zu verstehen ist. Die Wikinger selbst besaßen dafür kein Wort. Am nächsten kommt dem Konzept noch der erheblich weiter gefasste Begriff »Bräuche« im Sinne traditioneller Praktiken, die man als schicklich ansah. Allerdings deckt er weit mehr Facetten sozialen Verhaltens ab als nur das Verhältnis des Menschen zum Göttlichen, das im Zentrum der heutigen Weltreligionen steht. Bei den

1.
Sitzende männliche Figur, vielleicht der Gott Thor, skandinavisch, 10. Jahrhundert. Tschernaja Mogila, Oblast Tschernihiw, Ukraine.
Kupferlegierung, vergoldet.
L 4,7 cm, B 2,2 cm
Staatliches Historisches Museum, Moskau

2.
Vermutlich aus Skandinavien stammende Figur, spätes 10./frühes 11. Jahrhundert. Gnesdowo, Oblast Smolensk, Russland.
Blei. H 2,9 cm
Staatliches Historisches Museum, Moskau

Glaubensvorstellungen der Wikinger ging es dagegen vorrangig um die Interaktion mit der Natur und die Erkenntnis, dass Götter, Geister oder andere Wesen, die wir heute als übernatürliche Mächte bezeichnen würden, unveränderlicher Teil dieses Ganzen waren. Sie waren mehreren verschiedenen Welten oder Reichen zugewiesen, die freilich alle miteinander verknüpft und unter bestimmten Voraussetzungen wechselseitig zugänglich waren (Abb. 1–5).

Wenn wir das Verhältnis der Wikinger zu diesen anderen Welten begreifen wollen, müssen wir uns zunächst von der Vorstellung einer orthodoxen Religion verabschieden. Die altnordischen Völker kannten keinen auf göttlichen Vorschriften basierenden Moralkodex und keine göttliche Autorität. Die Beziehung des Menschen zu den Göttern war nicht von Anbetung und Gehorsam geprägt, ebenso wenig von vorbehaltloser Unterwerfung. Zwar waren die Götter mächtig, und um zu überleben und Erfolg zu haben, musste man sich mit ihnen irgendwie arrangieren, aber man musste sie nicht verehren. In der Menschenwelt waren neben Gottheiten zahllose weitere Wesen zu Hause, mit denen man ebenfalls auf gutem Fuß stehen musste und die es gelegentlich zu besänftigen galt. Schon das erklärt vielleicht, warum die christlichen Völker, mit denen die Wikinger in Berührung kamen, das nordische Weltbild so kritisch sahen.

Dass man heute noch oft von einer »nordischen Religion« spricht, mag ein Erbe der Missionare sein, die den allmählichen Verfall dieser Praktiken herbeiführten. Eine geordnete, strukturierte »Religion« bildet eine kompakte Angriffsfläche, die leichter zu zerstören und durch etwas anderes zu ersetzen ist. Ein locker verbundener, überwiegend nicht einmal ausformulierter Fundus von Glaubensinhalten, Bräuchen und uraltem Wissen ist erheblich schwerer auszulöschen, weil er lokal begrenzt ist und fließend ausgelegt wird. So seltsam es klingt, könnte die Bekehrungsstrategie der Missionare erst einmal auf die Konstruktion einer nichtchristlichen »Religion« abgezielt haben.

3.
Figur, möglicherweise eine Walküre, um 800. Hårby, Fünen, Dänemark.
Silber, vergoldet, mit schwarzen Niello-Einlagen. H 3,4 cm
Dänisches Nationalmuseum, Kopenhagen

Das heißt nicht, die Christen hätten die übersinnliche Welt der nordischen Völker erfunden. Dafür haben wir keine Anhaltspunkte. Sie fassten sie allein nach und nach zu einem kohärenten Kodex zusammen, den sie leichter en bloc beseitigen oder teilweise vereinnahmen konnten. Natürlich könnten sie alles schlicht missverstanden haben. Der Prozess wiederholte sich jedenfalls, als Wissenschaftler Jahrhunderte später die verstreuten Schriftquellen zu einer vermeintlich schlüssigen »nordischen Mythologie« zusammenführten und auf eine Weise ordneten, die nicht der Realität der Wikingerzeit entsprach. Fast nichts weist darauf hin, dass die Nordmänner ihre spirituellen Praktiken je streng organisiert oder auch nur auf die durchgehend gleiche Weise verstanden hätten – stattdessen findet man innerhalb der Wikingerwelt große Unterschiede sowie einen steten Wandel über die Zeiten hinweg.

Das vorliegende Kapitel beschäftigt sich mit dieser spirituellen Welt. Wir schauen uns an, welche Vorstellungen das Weltbild der Wikinger prägten und in welchen Ritualen es sich ausdrückte.[2]

Glaubenslandschaften und Wissenslandschaften

Frauenfiguren können auf unterschiedliche Weise gedeutet werden und verkörpern diverse übernatürliche Mächte wie Göttinnen, Walküren, Nornen und Disen. Alternativ können Abbilder wie diese auch eine menschliche Zauberin – eine Völva *– darstellen.*

Die Überlieferungen zur nordischen Kosmogonie sind bruchstückhaft, schwer zu datieren und zudem widersprüchlich. Auf jeden Fall stellten sich die Wikinger das Universum ausgesprochen räumlich vor. Eine komplexe Abfolge sich überschneidender Welten und Landschaften war nicht nur mit Menschen, sondern mit allen erdenklichen lebenden und toten Mächten bevölkert. Anstelle von »Religion« ziehen manche Wissenschaftler als Rahmen für all diese Vorstellungen den Begriff »Glaubenssystem« vor, der jedoch nicht minder unbefriedigend ist, denn er impliziert eine Kohärenz, die es vermutlich nie gab. Möglicherweise ist es anachronistisch, in diesem Zusammenhang überhaupt von »Glauben« zu sprechen: In der Wikingerzeit »glaubte« man an die nordischen Götter und übernatürlichen Wesen genauso wenig wie an einen Berg oder das Meer. All diese Dinge waren einfach da – man kannte sie, ohne zwischen greifbar und spirituell zu differenzieren.

Hervorgegangen war der Kosmos aus der großen Leere Ginnungagap. Zahlreiche umfängliche, vielschichtige Geschichten ranken sich um die Entstehung der ersten Lebewesen – der Götter und Riesen – in einer Umgebung aus Feuer, Eis, Nebel und Kälte. Von Anfang an tobten mörderische Auseinandersetzungen und die diversen Welten wurden schließlich aus den Körperteilen eines erschlagenen Riesen gebildet. Aus Baumstümpfen, die das Urmeer ans Ufer gespült hatte, schufen die Götter das erste Menschenpaar Askr und Embla. Andere Erzählungen schildern den Ursprung der Zwerge, die in den Bergen und unter Felsen leben, und der Elben (Alben), die Wälder und ländliche Gegenden bevölkern.

Die beiden Götterfamilien der Asen und Wanen wohnen in Asgard, die Menschen in Midgard, dem »mittleren Garten« (Vorlage für Tolkiens »Mittelerde«). Asgard ist im Wesentlichen eine Replik der Menschenwelt im göttlichen Maßstab, eine offene Landschaft mit zahlreichen Hallen und Anbauten, in denen jeweils eine Gottheit mit ihrem Gefolge wohnt. Manche dieser Residenzen sind berühmt, etwa Odins Walhall. Insgesamt sind rund 14 Heimstätten einzelner Gottheiten namentlich bekannt, einige Götter besitzen von ihnen mehrere. In Asgard gibt es sogar Tempel und Kultgebäude, was seinen Grund in einer Besonderheit der nordischen Mythologie hat: Als eines der wenigen Pantheons der Weltkulturen beten die Wikingergötter ihrerseits etwas an, auch wenn wir nicht genau wissen, um wen oder was es sich handelt.[3]

Die Riesen wiederum hausen in der »Riesenwelt« Jötunheim in Utgard, dem »Draußen«, wo überdies andere, meist namenlose dämonische Mächte beheimatet sind. Die (vielleicht neunstufige) Unterwelt heißt Hel. Inwieweit sie mit der christlichen Hölle mehr als nur den Namen gemeinsam hat, ist umstritten. Hel ist das Reich der Toten, die aber auch in den Hallen der Götter und an mehreren anderen Orten wohnen können, darunter in einer rätselhaften Wasserwelt. Die Vorstellung, gute und böse Menschen erwarte im Jenseits ein unterschiedliches

4. (linke Seite oben)
Anhänger in Form einer Frau, 800–1050. Fugledegård, Nordwestseeland, Dänemark.
Silber, teilweise mit Niello und vergoldet. H 4,0 cm
Dänisches Nationalmuseum, Kopenhagen

5. (linke Seite unten)
Anhänger in Form einer Frau im skandinavischen Stil, 9.–10. Jahrhundert. Janów Pomorski/Truso, Polen.
Silber. H 2,7 cm
Archäologisches und Historisches Museum, Elbląg

6. (unten)
Frauenfigur, 800–1050. Fugledegård, Nordwestseeland, Dänemark.
Silber. H 4,5 cm
Dänisches Nationalmuseum, Kopenhagen

7. (unten rechts)
Das Silbergefäß ist mit einer Frauenfigur verziert, die das Motiv von Abb. 6 widerspiegelt.

Becher mit Frauendarstellungen, 10. Jahrhundert. Lejre, Seeland, Dänemark.
Silber. H 4,4 cm, Dm 6,0 cm, 115,0 g
Dänisches Nationalmuseum, Kopenhagen

Schicksal, lässt sich für die Wikingerzeit nicht belegen. Wohin die Toten nach Vorstellung der Wikinger gelangten und warum, können wir ebenso wenig beantworten wie die Frage, wie das Nachleben speziell für Frauen aussah.

Zusammengehalten wird der Kosmos von der Weltesche Yggdrasil. Das Motiv des »Weltenbaums« ist in vielen Kulturen anzutreffen, doch unklar ist, wo und wie die einzelnen Welten im Verhältnis zueinander zu lokalisieren sind. Manche Forscher sehen sie als übereinanderliegende Scheiben mit der Esche als vertikaler Spindel (wie früher Singles auf einem Plattenwechsler), andere eher als waagerechte konzentrische Kreise rings um den Baum, einer Zielscheibe vergleichbar. Diese Ambivalenz mag so neu gar nicht sein. Welcher heutige Gläubige hat schon eine konkrete Landkarte vom Jenseits seiner Religion im Kopf? Genauso widersprüchlich und verwirrend sind die Verbindungen zwischen den Welten: Von einer zur anderen gelangt man durch das Wurzelwerk der Weltesche, durch heilige Flüsse und Seen und über die »Regenbogenbrücke« Bifröst (die als einzige Route in der materiellen Welt sichtbar ist). Eine entscheidende Rolle spielt das Meer, nicht zuletzt als Heimat der Midgardschlange, die als drachenähnliches Ungeheuer die Welt(en) umschlingt.

Bewacht werden diese übernatürlichen Wissenslandschaften von verschiedenen Mächten mit speziellen Aufgaben. Die drei Nornen etwa haben Vergangenheit, Gegenwart und Zukunft der Menschen in der Hand. Analog gibt es womöglich Schicksalsbestimmerinnen für Elben, Zwerge und andere Wesen.[4] Auf Yggdrasil tummeln sich diverse Tiere, darunter Adler, Drachen und Eichhörnchen, während Hähne zum Beispiel wichtige Ereignisse im Kosmos ankündigen. Jede Gottheit besitzt eigene Reitpferde und Lasttiere. Die Welten sind zudem bevölkert mit Dutzenden übernatürlicher Geschöpfe wie Trolle, Ungeheuer, Geister, Disen (*dísir*, eine Art Ahnengeister), blutrünstige Wölfe und Hunde (Abb. 6–7). Obendrein sind noch die Erdgeister und die Bewohner der Elemente in Bächen und Steinen, Luft und Nebel zu beachten. Die Wikinger lebten inmitten einer riesigen unsichtbaren Schar von Wesen, die sie aber nicht als »übernatürlich« nach unserem Verständnis empfanden, sondern ebenso als Teil der Natur wie den Menschen selbst und insofern als genauso real.

Der Mensch und die übernatürliche Welt

Im Mittelpunkt der gängigen Vorstellungen von einer nordischen »Religion« stehen in erster Linie die höheren Mächte, sprich die Gottheiten und gelegentlich ihre bekannteren Diener. Allerdings ist kaum zu belegen, dass die einfachen Menschen regelmäßig Kontakt zu diesen Gottheiten gesucht hätten, so wie man »in die Kirche geht« oder je nach Konfession an anderen Gottesdienstformen teilnimmt. Archäologische Funde bezeugen, dass es in der Wikingerzeit offensichtlich besondere Gebäude für Zwecke gab, die man in Ermangelung eines besseren Begriffs »kultisch« nennt. Auch unter freiem Himmel existierten heilige Orte, an denen man die Götter anrief oder sie günstig zu stimmen versuchte. In den Schriftzeugnissen finden sich jedoch überdies Belege für die Besänftigung anderer Geistwesen und unter Umständen eine Art Ahnenkult.

Jüngere Schriftquellen erwähnen Kultstätten, die sie *hörgr* nennen und als kleine Gebäude oder Einfriedungen beschreiben, in denen Rituale stattfanden. Eventuell bestand ein Konnex zu anderen Heiligtümern, den *vé* (als *vi* Teil vieler Ortsnamen). Das Wesen, ja sogar die Existenz solcher nordischen Kultgebäude ist nach wie vor umstritten,[5] doch lassen sich die Aussagen der Quellen durch einige faszinierende Grabungsfunde stützen.

So wurden mehrere viereckige Holzbauten entdeckt, die nicht zu Hauswirtschafts- oder Produktionszwecken genutzt wurden, sondern zu Zeremonien mit Opferhandlungen. Diese oft mit einem Zaun eingefriedeten Gebäude standen neben Festhallen beispielsweise am dänischen See Tissø (siehe S. 198–199), in kleineren Siedlungen wie Borg in Östergötland und in Gräberfeldern wie Valsta in Uppland (beide in Schweden) sowie an der Stelle späterer Kirchen wie in Mære in Trøndelag (Norwegen).[6] Auch wenn eine eindeutige Zuordnung nicht gelingt, wären Parallelen zu den *hörgr* der Sagas durchaus denkbar. Ein ähnliches, allerdings älteres Gebäude fand man am Herrensitz Uppåkra in Südschweden. Seine jahrhundertelange Benutzung endete erst zu Beginn der Wikingerzeit.[7] Zumindest dort, wo sie in unmittelbarer Nähe von Hallen standen, könnten solche Gebäude der Oberschicht der späten Eisenzeit als eine Art »Privatkapelle« gedient haben.

Auch die *vé*-Heiligtümer haben archäologische Spuren hinterlassen, vor allem an zwei kürzlich untersuchten Orten in Schweden, deren Namen auf solche Stätten hindeuten. Im uppländischen Lilla Ullevi (dem »kleinen *vé* des Ull«) fand man am Rand eines auffallenden Hügels eine abgerundete rechteckige Steinpackung mit zwei linear verlaufenden Vorsprüngen, die wohl eine Art Vorhof bildeten. Ringsum gab es Spuren von Pfostenkonstruktionen, vielleicht für Plattformen oder Pfeiler, sowie umfangreiche Depots von Waffen und Feuerstählen, zudem über sechzig Amulettringe. Diese Dinge wurden offenbar zu Beginn der Wikingerzeit geopfert, doch wurde der Platz mindestens seit dem vorangehenden Jahrhundert schon genutzt.[8]

Eine ähnliche Stätte mit noch erstaunlicheren Details wurde in Götavi (»*vé* der Götter«) in Närke ausgegraben.[9] Inmitten einer augenscheinlich unbewohnten Ebene verlegte man parallel zueinander neun linear verlaufende Steinpackungen und bedeckte sie mit einer Lehmschicht (Abb. 8).[10] Die rechteckige Anlage hatte ursprünglich in der Mitte eine schalenförmige Vertiefung und war von einem Zaun umschlossen. Chemischen Analysen zufolge wurde innerhalb der Einfriedung viel Blut vergossen, an einem Ende vor allem in der Nähe mächtiger Pfosten. Ganz offensichtlich wurden dort Tiere (und womöglich auch Menschen) geopfert, sodass wir eine Ritualfunktion annehmen können. Rings um die Lehmfläche wurden Spuren zahlreicher Feuerstellen entdeckt – die Abläufe im Inneren der Einfriedung sollten mit Rauchwolken vor Blicken geschützt werden. Das Heiligtum in Götavi war im Gegensatz zu dem in Lilla Ullevi noch auffallend spät in Gebrauch, eventuell sogar noch im 11. Jahrhundert. Gegebenenfalls bestätigt dies die vielen Schriftquellen, die Schweden im Vergleich zum übrigen Skandinavien einen besonders hartnäckigen Widerstand gegen die Christianisierung bescheinigen.

Manche alltäglichen Gebäude dienten wahrscheinlich mehr als einem Zweck, vor allem die Festhallen der vornehmen Familien. Inzwischen ist man sich zunehmend darüber einig, dass Großgrundbesitzer und lokale Anführer aktiv an Ritualen partizipierten und die Festhallen ihrer Gutshöfe gelegentlich Schauplätze von Opfern und anderen Zeremonien waren. Das erklärt vielleicht, warum der Kleriker Adam von Bremen in seiner berühmten Beschreibung eines »Tempels« im schwedischen Gamla Uppsala behauptet, die wichtigsten Rituale hätten im Speisesaal (*triclinium*) stattgefunden.[11] Beweise für »Tempelhallen«, die ein höheres Prestige besaßen als gewöhnliche Langhäuser, haben Ausgrabungen unter anderem in Hofstaðir in Island erbracht, wo man Belege für Tieropfer fand.[12] Unterstützt wird diese Deutung durch das Ortsnamenelement *hof*, das in altnordischen Textquellen eine Kultstätte in einem festen Gebäude bezeichnet.

Darüber, was in diesen Gebäuden genau geschah, ist nur wenig bekannt, aber es wird um die Opferung (im Altnordischen *blót*) von Tieren gegangen sein, und zwar oft mit erheblich mehr Gewalt verbunden als erforderlich. Selbst große Tiere wie Ochsen und Pferde wurden auf eine Weise geköpft, dass arterielles Blut im hohen Bogen hervorspritzte. Solche grausigen Inszenierungen waren offenbar gewollt. Man schwor Eide auf Ringe, unterstrich den heiligen Charakter der Zeremonie durch hämmernde Bewegungen in der Luft (ein späterer Reflex auf das christliche Kreuzzeichen?) und besiegelte sie, indem man mit Zweigen Blut versprengte.[13]

An dem einen oder anderen Ort entdeckt man Materialansammlungen, die im Laufe der Zeit anwuchsen, indem kontinuierlich Gegenstände in den Kultgebäuden und ihrem Umkreis verstreut oder vergraben wurden. Dabei handelte es sich nicht nur um die schon erwähnten Waffen und Amulettringe, sondern auch um unauffälligere Dinge wie Eissporen, zerbrochene,

8.
Die neun rechteckigen Steinpackungen unter einer Lehmplattform in Götavi in Närke, Schweden, die im 11. Jahrhundert für Tieropfer genutzt wurde. Die Zahl Neun hatte in der nordischen Vorstellung eine magische Bedeutung.

lose Perlen und metallurgische Schlacken. Sicher ist darüber hinaus, dass bei diesen Kulthandlungen – vermutlich bei rituellen Gelagen – Nahrungsmittel verzehrt und die Überreste fallen gelassen wurden. Da man rings um einige Gebäude Spuren immer wieder entzündeter großer Feuer fand, ist davon auszugehen, dass die Rituale zum Teil nachts stattfanden.[14]

Auch Rituale unter freiem Himmel und an »heiligen« Orten in der Natur können überzeugend belegt werden. In Sümpfen, Feuchtgebieten, Bächen, Ufer- und Gezeitenzonen wurden Opfergaben deponiert. Besonders häufig findet man in solchen Kontexten Waffen und andere Metallarbeiten, selbst in den Wikingerkolonien in Übersee.[15]

Äußerst eindrucksvoll waren heilige Haine (Abb. 9). Dass alle nordgermanischen Völker Bäume verehrten, allen voran die Weltesche Yggdrasil, erwähnen viele Autoren der klassischen Antike und späterer Epochen, doch Haine als Opferplätze bringen sie meist insbesondere mit den Wikingern in Verbindung, so etwa Adam von Bremen, der in seiner erst um 1070 verfassten Beschreibung der Opferrituale in Gamla Uppsala von einem Wäldchen mit erhängten männlichen Tieren und Menschen erzählt.[16] Erhängte sieht man auf mehreren Bildsteinen auf Gotland und einen ganzen Baum voller Gehenkter zeigt auch einer der Bildteppiche aus dem Oseberg-Schiffsgrab in Norwegen (siehe S. 200–201). Vielleicht ist es kein Zufall, dass Odin mit mehreren Beinamen als Gott der Gehenkten ausgewiesen wird und manchen Mythen zufolge Erhängte auferwecken und über die Zukunft befragen kann. Wahrsagungen nahmen in den Ritualen der Wikinger nachweislich einen hohen Stellenwert ein, unter Umständen auch hinsichtlich heiliger Haine.

9.
Rekonstruiertes Opfergerüst aus der späten Eisenzeit mit Fell, Kopf und Hufen eines Pferds. Diese Form der Opfergabe findet man rings um Sümpfe und Feuchtgebiete. Ganz ähnlich angeordnet waren vielleicht die Funde am Baum auf Frösön.
Experimentelles Forschungszentrum Lejre, Dänemark

Mit archäologischen Methoden sind solche Ritualstätten natürlich sehr schwer nachzuweisen, allerdings gibt es in diesem Zusammenhang einen bemerkenswerten Fund auf Frösön (was bezeichnenderweise »Freyrs Insel« bedeutet) in der schwedischen Provinz Jämtland.[17] In den 1980er-Jahren wurde bei Umbauten in der mittelalterlichen Kirche der Fußboden entfernt. Unter dem Altar fand man den gut erhaltenen Stumpf einer Birke, umgeben von hunderten Knochenfragmenten. Laut Radiokarbondatierung wurde der Baum im späten 11. Jahrhundert gefällt, also ungefähr zu der Zeit, als die erste Holzkirche entstand und Adam von Bremen vom Hain in Gamla Uppsala erzählte. Der Platz auf Frösön war aber schon früher in Gebrauch, denn die Schichten mit den Knochenfunden rings um den Baumstumpf sind auf das 10. Jahrhundert zu datieren. An der Birke wurden eindeutig Tiere geopfert, vielleicht sogar an ihren Ästen aufgehängt. Bei den Knochen handelt es sich um Köpfe und Klauen (eventuell noch an der Haut bzw. am Balg) von elf Schweinen, zwei Kühen und fünf Schafen oder Ziegen sowie um die Schädel von sechs Elchen und zwei Hirschen. Außerdem hatte man fünf komplette Bären entweder abgelegt oder gleichfalls am Baum aufgehängt, zusätzlich finden sich Knochen von Eichhörnchen, Rentier, Pferd und Hund. Da der Fund zudem menschliche Überreste einschließt, wurden an dieser Stelle wohl desgleichen Menschen geopfert. Schon die Lokalisierung ist signifikant, denn der Baum stand am höchsten Punkt der Insel und war sicher von weither zu sehen. Es ist bestimmt auch kein Zufall, dass die Christen den Altar genau über dem Baumstumpf errichteten und sich damit den Ritualplatz aneigneten oder dass der Platz, an dem die Kirche steht, Hov (*hof*) heißt.

Solche Kultstätten in der Natur liegen mutmaßlich auch Ortsbezeichnungen zugrunde, die den Namen einer nordischen Gottheit enthalten.[18] Man trifft sie bis heute überall im ländlichen Skandinavien an, etwas spärlicher auf den britischen Inseln und auf dem nordeuropäischen Kontinent. Neben anderen kommen Odin, Freyr, Thor und Ull am häufigsten vor. Der Name der Gottheit wird oft mit natürlichen Gegebenheiten gekoppelt, die vermutlich eine kultische Bedeutung hatten, in Schweden etwa Odenslunda (»Odins Hain«) oder Torsåker (»Thors Acker«). Ein Beispiel für weitere Verknüpfungen des Götternamens mit dem einer bestimmten Art Ritual- oder Kultplatz ist das bereits genannte Ullevi (»Ulls *vi*«). Da einige Götternamen in Skandinavien geografisch vermehrt vorkommen, waren bestimmte Gottheiten in manchen Gegenden wohl beliebter als in anderen.

Das komplexe Gefüge übernatürlicher Mächte war mit einer Vielzahl von Aktivitäten an gänzlich heterogenen Plätzen verbunden, von kleinen Einfriedungen und Gebäuden (*hörgr*) sowie Opferhandlungen und rituellen Niederlegungen an Stein- und Lehmplattformen über Riten in »Tempelhallen« und Heiligtümern unter freiem Himmel wie heiligen Bäumen, Hainen, Feldern und Wasserläufen bis hin zu Sümpfen, in denen Menschen wie schon vor Jahrtausenden Opfergaben versenkten. Jede dieser Stätten könnte verschiedenen Anhängerschaften oder aber den sich wandelnden Bedürfnissen ein und derselben Gemeinschaft gedient haben.

Auch auf der ganz persönlichen Ebene, der ihres Körpers, standen wikingerzeitliche Menschen in Kontakt mit der übernatürlichen Welt. Aus den Schriftquellen wissen wir einiges über ihren Glauben an das, was wir die Seele nennen würden.[19] Demnach besteht jeder Mensch aus einer äußeren »Form« oder »Hülle« (*hamr*), die sein »Wesen« (*hugr*) enthält, also seinen wahren Charakter. Über den Hunnenfürsten Attila etwa berichten die Sagas, er habe *úlfshugr* besessen, das heißt wie ein Mensch ausgesehen, gleichwohl das Wesen eines Wolfs gehabt. Viele Wikinger glaubten an Formwandler, die sich in Tiere verwandeln können: Männer meist in Bären oder Wölfe, Frauen in Meereslebewesen oder Vögel. Jeder Mensch besitzt zudem *hamingja*, eine Art Geist, der im Körper wohnt, sich jedoch ebenso von ihm lösen kann. *Hamingja* verkörpert buchstäblich das Glück eines Menschen (ein sehr wichtiges Konzept in der nordischen Gesellschaft), das ihn unter Umständen im Stich lassen kann. Hierauf geht unter anderem die Redensart zurück, jemand sei »vom Glück verlassen« worden. Außerdem hat jeder Mensch eine *fylgja*, was mitunter als »Doppelgängerin« verstanden wird, aber eigentlich »Folgerin« heißt. Diese

10.
Anhänger in Form eines Thorshammers, 900–950. Vålse, Falster, Dänemark.
Silber. L 2,8 cm
Dänisches Nationalmuseum, Kopenhagen

11. (oben links)
Anhänger in Form eines Miniaturschwerts, 800–1050. Kalmergården, See Tissø, Nordwestseeland, Dänemark.
Kupferlegierung. L 3,3 cm
Dänisches Nationalmuseum, Kopenhagen

12. (oben Mitte)
Anhänger in Form eines Schilds, 800–1050. Nørholm, Nordjütland, Dänemark.
Kupferlegierung. Dm 2,1 cm
Dänisches Nationalmuseum, Kopenhagen

13. (oben rechts)
Geschäftete Miniaturaxt, 800–1050. Avnsøgård, Avnsø, Nordwestseeland, Dänemark.
Kupferlegierung, verzinnt. L 10,3 cm
Dänisches Nationalmuseum, Kopenhagen

Folgegeister beschützen ihre Menschen, erscheinen ihnen im Traum, warnen sie vor drohenden Gefahren oder geben Ratschläge. *Fylgjur* sind immer weiblich, auch die von Männern, und innerhalb eines Clans vererbbar. Viele Isländer glauben noch heute fest an diese Wesen. Sie gehören zu den langlebigsten Elementen der wikingerzeitlichen Spiritualität.

Ihren Glauben an übersinnliche Mächte demonstrierten die Menschen sich und anderen über Amulette, die man neben Gräbern auch in Siedlungen findet. Nur wenige der vielen Varianten wie beispielsweise Thorshämmer (Abb. 10) sind eindeutig identifizierbaren Gottheiten oder Geistern zuzuweisen. Als Amulette dienten ferner Ringe aus Feuerstahl oder Miniaturen unter anderem von Lanzen, Sicheln, Pfeilen, Stäben und Schilden (Abb. 11–13). Mehrfach fand man winzige Silberstühle mit oder ohne darauf sitzende Personen, darüber hinaus Anhänger in Kopfform, silberne Frauenfigürchen in verschiedenen Haltungen (die üblicherweise als Walküren interpretiert werden, indes ebenso gut Disen oder andere weibliche Geistwesen darstellen können; siehe S. 165–167, Abb. 3–7), plastische Figurinen und viele andere Dinge, die nicht ohne Weiteres als Idole und dergleichen zu deuten sind (siehe S. 164, Abb. 1–2).[20] Wie in allen anderen Bereichen zeichnet sich das Ritualleben der Wikinger auch in diesem Punkt durch eine enorme Varianz an Ausdrucksformen und vermutlich auch entsprechenden Glaubensinhalten aus.

Magie und Zauberei

Das Verhältnis wikingerzeitlicher Menschen zum Übernatürlichen wurde bisher zu stark unter dem Gesichtspunkt der Gottheiten betrachtet; dagegen vernachlässigte man den »alltäglichen« Einfluss lokaler Mächte und Geister. Als Vehikel für den Kontakt zu diesen Wesen diente in der Praxis nicht der Kult, sondern die Magie.[21] Es ist nicht sinnvoll, die einzelnen Praktiken konkret definieren zu wollen, denn sehr wahrscheinlich wurden sie damals nicht kategorisiert. Magie und Zauberei waren primär Mechanismen, mit deren Hilfe man auf übernatürliche Mächte einzuwirken oder sie dem eigenen Willen zu unterwerfen versuchte. Dafür waren in der Wikingerzeit nicht Priester oder Herrscher zuständig, sondern die gewöhnlichen Gemeinschaften.

Die expliziten Belege für wikingerzeitliche Zauberei sind schwer zu beurteilen, da sie gewöhnlich aus Sagas und Gedichten stammen, die uns jedoch in mittelalterlichen isländischen Handschriften überliefert sind, welche mindestens 200 Jahre nach den beschriebenen Abläufen entstanden. Diese Schilderungen strotzen geradezu vor Magie: In fast jeder Geschichte spielt sie eine Rolle. Doch werden hier wirklich Dinge aus der Wikingerzeit veranschaulicht? Oder handelt es sich eher um Fiktion, gesehen durch die Brille des Mittelalters? Äußerst unwahrscheinlich ist, dass es sich um präzise Augenzeugenberichte über echte wikingerzeitliche Zaubereien und Zauberer handelt. Es ist interessant, dass die Darstellungen vieler Handschriften aus mehreren Jahrhunderten unabhängig voneinander verblüffende Parallelen aufweisen. Die nordische Magie ist insgesamt nicht identisch mit dem, was man im mittelalterlichen Europa zur Zeit der Saga-Niederschriften als Hexerei ansah. Dass die dargelegte materielle Kultur sogar im Großen und Ganzen eher in die beschriebene wikingerzeitliche Welt als in die Entstehungszeit der Sagas passt, könnte immerhin bedeuten, dass Letztere auf historischen Gegebenheiten und mündlicher Überlieferung basieren. Wie wir noch sehen werden, können die Magiedarstellungen sogar mit archäologischen Funden aus der Wikingerzeit in Beziehung gesetzt werden.

Auffällig ist die enorme Vielschichtigkeit der wikingerzeitlichen Zauberei in den Textquellen. Offenbar setzten unterschiedliche Leute unterschiedliche Arten von Magie für unterschiedliche Zwecke ein. Am häufigsten erwähnt wird *seiðr*, die am meisten gefürchtete Zauberei, daneben sind unter anderem *galdr* (Falsett-Zaubergesang) und *gandr* zu nennen, die verschiedenen Funktionen dienten, sich aber zum Teil überlagerten und miteinander verbunden wurden.

14.
Diese kleine Silberfigur könnte Odin zwischen seinen Raben Huginn und Muninn darstellen. Die Verknüpfung zwischen Odin und Zauberinnen erklärt vielleicht seine offensichtlich weibliche Kleidung. Denkbar ist aber auch, dass die Figur eine *Völva* zeigt.

Odin- oder *Völva*-Figur, 800–1050. Lejre, Seeland, Dänemark.
Silber mit Niello. B 2,0 cm, H 1,8 cm, 9 g
Roskilde Museum, Roskilde

15.
Gegenstände dieser Art werden meist als Stäbe wikingerzeitlicher Zauberinnen gedeutet.
(links) **Wikingerzeitlich. Gävle, Gästrikland, Schweden.**
Eisen. L 44,4 cm
Dänisches Nationalmuseum, Kopenhagen
(rechts) **10. Jahrhundert. Fuldby, Seeland, Dänemark.**
Eisen. L 56,1 cm
Dänisches Nationalmuseum, Kopenhagen

Am besten stellt man sich eine Art Werkzeugkiste der Magie vor, deren Inhalt man für bestimmte Zwecke stetig neu kombinieren konnte.

So heterogen wie die magischen Praktiken war auch der Personenkreis, der sie ausübte. Die Sagas und Dichtungen haben für Zauberinnen und Zauberer knapp vierzig Begriffe, davon einige für spezielle Aufgaben, andere in einem allgemeineren Sinn, der dem modernen Wort »Hexe/r« nahekommt. Insgesamt war Zauberei in der Wikingerzeit ganz überwiegend Frauensache. Männliche Zauberer standen allem Anschein nach im lebensgefährlichen Ruch der Verweichlichung, Feigheit und womöglich passiven Homosexualität.[22] Angesichts dieser Stigmatisierung fragt man sich, warum sie überhaupt Magie betrieben, doch offenbar schrieb man der männlichen Variante zugleich besondere Macht zu, vielleicht gerade wegen der damit assoziierten Grenzüberschreitung. *Seiðr* lernten die Götter von Freya, ihr Meister war hingegen Odin. Der Widerspruch, dass gerade der höchste männliche Gott die weibliche Magie verkörpert, begründet die gefürchtete Macht der Zauberei in der Wikingerwelt (Abb. 14).

Die Textquellen enthalten dutzende detaillierter Zauberschilderungen. Zwei Themen tauchen dabei immer wieder auf: Das erste ist der Schadenszauber für aggressive Zwecke vom Nachbarschaftsstreit bis zum Krieg, das zweite eine dezidierte sexuelle Komponente im Zusammenhang mit den Absichten, die mit der Zauberei verfolgt werden (bespielsweise Liebeszauber), und mit den Ritualen selbst, die oft ein sinnliches Moment haben und wohl mit sexuellen Handlungen einhergingen. Auch hierin sind Elemente der Persönlichkeiten von Freya und Odin erkennbar.

Zwischen dem archäologischen Material und der Terminologie der mittelalterlichen Quellen sind zwar keine exakten Korrelationen herzustellen, doch sind unter den Ausgrabungsfunden Kategorien erkennbar, die sich gut in das Gesamtbild fügen. So besteht eine auffallende Parallele zwischen den Metallstäben aus über fünfzig Frauengräbern und denjenigen, die in den Sagas als Hauptattribut von Zauberinnen vorkommen. Auf solche Stäbe bezieht sich sogar die Bezeichnung der gängigsten Art Zauberin, der *Völva* oder »Frau mit Stab« (Abb. 15). Gräber dieses Typs enthalten bisweilen Beutel voller Amulette, Talismane und sogar Rauschmittel. Diese Frauen trugen besondere Kleidung (siehe S. 197). Zwar ist bisher noch kein Grab sicher als das einer *Völva* oder einer sonstigen Zauberin identifiziert worden, doch lassen sich die in den mittelalterlichen Quellen geschilderten Zauberpraktiken mit den wikingerzeitlichen Ausgrabungsfunden überzeugend in Einklang bringen (Abb. 16–20).

Seit über 150 Jahren schon hält sich die Deutung magischer Handlungen wie zum Beispiel *seiðr* als eine Art altnordisches Äquivalent zu dem, was man anderswo Schamanismus nennt.[23] In summa erscheint es sinnvoller, die ursprünglichen Begriffe beizubehalten, anstatt einen fremden Terminus zu verwenden, der obendrein eine Erfindung der Anthropologie ist, doch wirft der Vergleich interessante Fragen auf. In der Vielfalt der magischen Werkzeuge und ihrer Anwender, vor allem aber in den konkreten Anliegen, denen die Zauberei diente, erkennt man unzweifelhafte Parallelen überall im arktischen Raum, der »Wiege des Schamanismus«, bis hin zu den komplexen Geschlechteridentitäten, die in der altnordischen Magie eine große Relevanz besitzen. Die Ähnlichkeiten sind so manifest, dass manche Forscher die Schilderungen in den Sagas für eine mittelalterliche Übertragung samischer Rituale auf die altnordische Kultur halten. Zwar ist die akademische Diskussion hierüber noch nicht abgeschlossen, doch lässt sich die nordische Zauberei im Großen und Ganzen als unabhängige Kulturtradition innerhalb des Gesamtbilds nordischer Spiritualität verstehen.

Der Totenkult

Die dauerhaftesten Belege für die nordische Mythologie sind tausende von Grabmonumenten in Skandinavien und den übrigen Siedlungsgebieten. Die Wikinger lebten Seite an Seite mit

16. (rechts)
Anhänger in Form einer eingerollten Miniaturschlange, 9. Jahrhundert. Hon, Norwegen.
Gold. L 3,0 cm, B 2,0 cm
Museum für Kulturgeschichte der Universität Oslo

17. (unten links)
Eingerollte Miniaturschlange, 800–1050. Dänemark.
Kupferlegierung. L 4,8 cm, B 2,9 cm
Dänisches Nationalmuseum, Kopenhagen

18. (unten rechts)
Eingerollte Miniaturschlange, 800–1050. Menzlin 5, Lkr. Ostvorpommern, Deutschland.
Kupferlegierung. L 2,5 cm, B 1,5 cm
Landesamt für Kultur und Denkmalpflege Mecklenburg-Vorpommern, Schwerin

19.
Bärentatze, 800–1050. Herkunft unbekannt, Russland.
Ton. L 7,0 cm, B 7,5 cm
Dänisches Nationalmuseum, Kopenhagen

20.
Bärenzahn, 800–1050. Herkunft unbekannt, Russland.
Zahn. L 8,5 cm
Dänisches Nationalmuseum, Kopenhagen

ihren Ahnen, deren Gräber als sichtbare Mahnmale die Landschaft prägten. Jedes Grabmal steckt voller kodierter Bedeutungen und bewahrt in materieller Form die nordischen Vorstellungen von Sterblichkeit und Jenseits.[24]

Allerdings bekam offenbar nicht jeder eine Grabstätte, denn die ausfindig gemachten Gräber reichen für die Gesamtbevölkerung nicht aus. Einige Verstorbene wurden augenscheinlich beseitigt, ohne physische Spuren zu hinterlassen. Es ist denkbar, dass man sie in Gewässern ablegte, ihre Asche verstreute oder sie den Elementen preisgab, wie man es von den Gerüstbestattungen amerikanischer Ureinwohner kennt. Schätzungen, welchen Anteil der wikingerzeitlichen Bevölkerung diese »fehlenden« Toten ausmachen, reichen von einem kleinen Prozentsatz bis zu mehr als der Hälfte. Wir wissen es einfach nicht. Unklar ist genauso, wer diese Menschen waren. Die plausibelste Erklärung mag sein, dass es sich um Sklaven handelte (man vergisst leicht, dass die Wirtschaft im wikingerzeitlichen Skandinavien zumindest in Teilen auf Sklaverei basierte), aber es könnten genauso gut (auch) arme oder sozial niedriger stehende Menschen gewesen sein. Gegebenenfalls gab es gar kein einheitliches Muster oder es wirkten andere, für uns undurchschaubare Faktoren.

Unter den gefundenen Toten eindeutig unterrepräsentiert sind Kinder.[25] Obwohl die Kindersterblichkeit genauso hoch gewesen sein wird wie in anderen zeitgenössischen Kulturen, findet man verhältnismäßig wenige Kindergräber. Dabei war vielleicht mit ausschlaggebend, wie die Wikinger gesellschaftlichen Status definierten und was für welches Sterbealter als angemessen galt, wobei sich die Vorstellung von »Kindheit« ohnehin im Laufe der Zeit wandelte. In dem einen oder anderen untersuchten Kindergrab lag nur einem Minimum an Grabbeigaben. Bei anderen hatte man denselben Aufwand betrieben wie bei Erwachsenen, nur im kleineren Maßstab, bis hin zu kindgerechten Waffen und Rüstungen. Wie zu erwarten, war die Wikingergesellschaft in diesem Aspekt ebenso wenig konsistent wie in vielen anderen.

Grundsätzlich praktizierte man in Skandinavien in der späten Eisenzeit sowohl Körperbestattungen als auch Brandbestattungen, wobei Letztere bei Weitem überwogen. Die Beisetzung konnte in unterschiedlicher Gestalt erfolgen (man differenziert zwischen rund zehn Arten) und es ist anzunehmen, dass die von heutigen Archäologen angesetzten Kategorien bis zu einem gewissen Grad auch für die damaligen Menschen nachvollziehbar gewesen wären. Über die grobe

Unterteilung nach der äußeren Form hinaus bestanden aber, wie wir sehen werden, unzählige Optionen dafür, was mit den Verstorbenen im Einzelnen geschah.

Abgesehen von einigen Flachgräbern sind die meisten dokumentierten Bestattungen Erdhügel in der Größe von einigen Metern bis zum Mehrfachen eines Hauses – allein, in kleinen Gruppen oder zu Tausenden in Gräberfeldern. Die gelegentlich nachweisbaren Pfostenlöcher und Überreste von Bauten legen nahe, dass man über einigen Gräbern hölzerne Denkmale oder sogar kleine Gebäude errichtete. Viele Grabstellen waren durch Steinsetzungen gekennzeichnet, die allein stehende Monolithe sein konnten oder in bestimmten (sehr variantenreichen) Aufstellungen angeordnet waren. Man trifft überdies Steinsetzungen ohne Tumulus an, bei denen der Leichenbrand innerhalb ihrer Grenzen oder ringsum begraben wurde.

Bei Brandbestattungen wurde bisweilen der Leichnam in einem separaten Bereich eines Gräberfelds verbrannt und die Asche dann in das Grab geschüttet. Häufiger jedoch errichtete man das Grabdenkmal direkt über den Resten des Scheiterhaufens. Interessanterweise enthalten wikingerzeitliche Brandgräber nur vergleichsweise selten die Asche des gesamten Körpers. Im Zweifelsfall wurden die Überreste zumindest durchgesiebt, die größeren Stücke gereinigt, gewaschen und manchmal zu Pulver zerrieben. In der Regel wurde ein Teil, gelegentlich sogar der Großteil des Leichenbrands entfernt, bevor man das Grab verschloss.

Bei Körperbestattungen legte man die Toten entweder einfach so oder in Leichentüchern, Särgen oder Kästen ins Grab. Hin und wieder bestattete man sie in unterirdischen »Kammergräbern« aus Holz, die sich hier und da in Gruppen im selben Gräberfeld finden. Auf bis zu acht Quadratmetern, partiell sogar mehr, boten diese Gräber Platz für alle erdenklichen Dinge von Stühlen über Wandbehänge bis hin zu Tieren und Speisen. Der hohe Aufwand, mit dem die Toten in der Kammer im Liegen oder – seltener – im Sitzen beigesetzt wurden, legt nahe, dass dieser Grabtyp den begüterten Eliten vorbehalten war.[26]

Inbegriff der Bestattungskultur der Wikingerzeit sind indes in erster Linie die großen skandinavischen Schiffs- und Bootsgräber. Wie für andere Aspekte des Totenkults gab es auch für diese Erscheinungsweise Vorläufer, die eine jahrhundertealte kontinuierliche Tradition verkörperten. Berühmte Beispiele aus der Wikingerzeit sind komplette hochseetüchtige Schiffe, darüber hinaus setzte man Tote in Ruderbooten, Küstenschiffen und anderen kleineren Wasserfahrzeugen bei. In manchen Fällen legte man nur Teile von Booten mit ins Grab. Einige wenige geklinkerte Planken mögen für ein Schiff in toto oder eine sonstige gedankliche Verknüpfung mit der Seefahrt gestanden haben. Gräber können auch selbst wie ein Boot gestaltet oder mit einer schiffsförmigen Steinsetzung umgeben sein. Auf die archäologisch dokumentierten Schiffsgräber stößt man überwiegend in den norwegischen Provinzen Vestfold (Oseberg und Gokstad) und Ostfold (Tune), aber sie sind auch aus anderen Regionen Norwegens, aus Schweden, Dänemark und sogar aus den skandinavischen Kolonien auf den britischen Inseln und in der Bretagne bekannt.

In den meisten Fällen schleppte man das Schiff an Land und versenkte es zur Stabilisierung teilweise in einem Graben. Hinter dem Mast wurde aus Holz eine Kammer mit einer Art Zeltdach angelegt und wie ein Kammergrab ausgestattet. Die Toten lagen darin entweder auf den Planken ausgestreckt oder in Betten, manche saßen. Schiffsgräber, allen voran das Oseberg-Schiff, enthalten von allen bisher bekannten wikingerzeitlichen Gräbern das reichste Inventar mit buchstäblich Tausenden von Gegenständen. Das Schiff wurde in der Regel mit Erde bedeckt, gelegentlich in Etappen, sodass ein Teil von ihm noch eine Weile zugänglich blieb. Schiffe konnten außerdem zunächst verbrannt und dann erst mit einem Erdhügel überdeckt werden.

In den Gräbern, gleich welchen Typs, wurde mehrheitlich nur eine Person bestattet, ab und an jedoch waren es auch vier oder mehr Tote. Kürzlich hat man in Estland ein Schiffsgrab ausgegraben, das etwa ein Jahrhundert vor der Wikingerzeit angelegt wurde und die Überreste von 36 Männern enthielt, die wahrscheinlich allesamt im Kampf umkamen (eventuell die Gefallenen eines skandinavischen Raubzugs). Andernorts kamen gleichfalls Massengräber zutage,

21.
Als Grabbeigaben kamen zahlreiche verschiedene Gegenstände in Betracht. In diesem Grab in Gotland fand man eine Waage, Gewichte und ein Vorhängeschloss. Sie lassen vermuten, dass der Bestattete »Kaufmann« war.

Inventar eines Männergrabs mit Klappwaage, Gewichten und einem Vorhängeschloss, spätes 9.–10. Jahrhundert. Grab 50, Kopparsvik, Visby, Gotland, Schweden.
Eisen, Kupferlegierung.
Gotlands Museum, Visby

unter anderem in Repton in Derbyshire (England), wo offenbar zahlreiche Angehörige des dänischen »Großen Heidnischen Heers« in den 870er-Jahren im Winterlager einer Epidemie zum Opfer fielen.[27]

Ein wenig beachtetes Problem stellt das Geschlecht der Toten dar, das selbst anhand von Skelettresten nicht immer eindeutig zu klären ist.[28] Aufgrund des schlechten Erhaltungszustands der Knochen wurden Gräber oft allein aufgrund der Artefakte darin Männern oder Frauen zugeordnet. Das mag freilich zu falschen Schlüssen über »typisch« männliche oder weibliche Gebrauchsgegenstände geführt haben. Es erscheint denkbar, dass alternative Geschlechterkonstruktionen existierten, die gesellschaftlich völlig anders zu erkennen gegeben wurden. Diese Unsicherheiten könnten unsere Wahrnehmung der Bestattungsfunde insgesamt massiv verzerrt haben.

Sehr häufig findet man in Wikingergräbern auch Tiere, in der Regel Nutzvieh, wie Rinder, Schweine, Schafe, Ziegen und Geflügel, oder ein bis zwei Pferde, oft mit Sattel und Zaumzeug oder Geschirr. In einigen großen Schiffsgräbern lagen gar zwanzig und mehr Pferde – ein Beweis für sagenhaften Reichtum. Vornehme Gräber enthalten manchmal Raubvögel, die man vermutlich zur Jagd einsetzte. Hunde kommen des Öfteren vor (Katzen dagegen so gut wie nie), ab und zu auch ungewöhnlichere Arten wie Eule oder Pfau.

22.
Schwert mit verbogener Klinge, 900–1050. Löbertshof, Kr. Labiau/Region Slawjanskoje, Oblast Kaliningrad, Russland.
Eisen. L 84,0 cm, B 12,8 cm, H 13,0 cm
Museum für Vor- und Frühgeschichte der Staatlichen Museen zu Berlin

Wie wir schon gesehen haben, wissen wir anhand von archäologischen Funden und Textquellen, dass die Tiere in den »Kultgebäuden« auf besondere Weise getötet wurden – bei den Gräbern standen gleichermaßen Blutvergießen und Gewalt im Vordergrund. Vögel wurden regelrecht zerrissen, Hunde und Pferde in einigen Fällen zweigeteilt. Oft wurde das Fleisch grob von den Knochen gehauen. In Erd- wie in Brandbestattungen sind vielfach nur Stücke der Tiere vorhanden. Da es sich nicht ausnahmslos um die üblichen Stücke für den Verzehr handelt, dienten diese Tiere den Toten offensichtlich nicht nur als »Nahrung«.

In der Gesamtschau sind bei den Bestattungen und ihren jeweiligen Details zahlreiche Variablen erkennbar. Die Positionen der Verstorbenen entsprechen sämtlichen anatomischen Möglichkeiten des Körpers. Tiere können in abweichender Zahl und Spezies vorhanden sein oder ganz fehlen. Als Grabbeigaben diente praktisch alles, was die Wikinger mit ihrem technologischen Know-how herstellen konnten (Abb. 21), von Kleidung und Accessoires über Waffen, häusliche und landwirtschaftliche Werkzeuge, Küchengeräte und Haushaltswaren, Reitzeug, bäuerliche Gerätschaften und Möbel bis hin zu Fahrzeugen wie Schlitten, Wagen und Schiffen. Gelegentlich wurden im Rahmen der Bestattungsriten sogar andere Menschen getötet und mit den Verstorbenen gemeinsam beigesetzt. Zudem wurde jeder menschliche Leichnam und Tierkadaver ebenso wie jeder Gegenstand auf individuelle Weise behandelt. Manche Leichen wurden zerstückelt und ihre Teile in annähernd anatomischer Form wieder zusammengefügt oder an verschiedenen Stellen im Grab abgelegt; bisweilen fehlen Teile auch. Oft wurden Artefakte, allen voran Waffen, vor der Bestattung absichtlich unbrauchbar gemacht (Abb. 22–24) oder eigens dafür hergestellt. Überdies weicht die Lage und Position der Gegenstände von Grab zu Grab ab. Manche Gräber ähneln anderen Bestattungen in der Nähe, gelegentlich wurden sogar Teile eines Verstorbenen oder Bruchstücke von Gegenständen zwei oder mehr Grabstätten zugewiesen. Mit der Zeit kamen weitere Bestattungen in bereits existierenden Grabstellen hinzu. In einigen Fällen wurden Gräber geöffnet (gelegentlich sogar mehrfach) und die Gegenstände darin – sogar die Leichname – entweder entwendet oder umgelagert.[29]

23.
Schwert mit eingerollter Klinge, 800–1100. Grab 126 B, Linkuhnen, Kr. Niederung/Rschewskoje, Oblast Kaliningrad, Russland.
Eisen. L 15,5 cm (gerollt), B 17,0 cm, H 11,0 cm
Museum für Vor- und Frühgeschichte der Staatlichen Museen zu Berlin

24.
Rituell »getötetes« Schwert, 800–1100. Nahe Kilmainham, Dublin, Irland.
Eisen. L 47,5 cm (verbogen), B 16,0 cm
National Museum of Ireland, Dublin

Somit hat praktisch jedes Grab seine Besonderheiten, wenngleich im Rahmen einer relativ überschaubaren Zahl von Bestattungsoptionen. Diese außerordentliche Vielfalt macht es uns schwer, die wikingerzeitlichen Bestattungssitten nachzuvollziehen, und wirft grundsätzliche Fragen auf: Was verstehen wir überhaupt unter einem »Grab« oder einer »Bestattung«?

Die vielen Kombinationsmöglichkeiten regen zu interessanten Überlegungen an, vor allem weil das Material in den Gräbern oft keinen Zweifel daran lässt, dass ein Abschnitt der Zeremonien anderswo stattfand. Wenn zwar Spuren des Scheiterhaufens vorliegen, jedoch kein Leichenbrand, wo wurden die Toten dann eingeäschert? Und bei Tieren: Wo wurden sie getötet? Wenn nur Teile von Menschen- und Tierleichen vorliegen, was geschah dann mit dem Rest? Die Grabbeigaben werden zwar oft als Eigentum der Verstorbenen gedeutet, aber gewiss können wir uns dessen nicht sein. Sie könnten ganz unterschiedlichen Leuten gehört und völlig andere Bedeutungen gehabt haben.

Die Bestattungsriten waren auf jeden Fall sehr komplex und langwierig; ab und an musste der Leichnam sogar vorläufig an anderer Stelle abgelegt werden, bis das eigentliche Grab fertig war (ein Beispiel hierfür wurde im Norden Islands ausgegraben). Den einzigen Augenzeugenbericht einer Schiffseinäscherung bei den Rus hinterließ uns der arabische Diplomat Ibn Fadlān, der sich 921/922 im Wolgagebiet aufhielt (siehe S. 71). Seine Schilderung trifft exakt auf viele andernorts gefundene Bootsgräber zu.[30] Dass die Zeremonien ohne Unterbrechung zehn Tage dauerten, wie Ibn Fadlān schreibt, wird nicht ungewöhnlich gewesen sein.

Von gleich großer Wichtigkeit für unser Verständnis der Bestattungssitten ist natürlich die Frage, was die Verstorbenen in den Augen der Wikinger nach dem Tod erwartete. Über ihre Jenseitsvorstellungen wissen wir ja relativ wenig, und das Wenige ist obendrein widersprüchlich. Die Gräber liefern uns einige Anhaltspunkte, allerdings sind diese schwer zu deuten. Wenn manche der Toten, sogar einige der geopferten Pferde, an den Füßen bzw. Hufen Eissporen tragen, bedeutet das lediglich, dass sie im Winter begraben wurden, oder glaubte man, sie kämen an einen kalten Ort? Die Schriftquellen erwähnen spezielle »Hel-Schuhe«, mit denen die Toten schneller vorwärtskommen: Könnte damit etwas Ähnliches gemeint sein? Fahrzeuge, allen voran Schiffe, werten wir oft als Indiz dafür, dass die Wikinger den Tod als Reise auffassten und glaubten, der Verstorbene fahre mit dem Boot, Wagen oder Schlitten ins Jenseits (Abb. 25). Das kann durchaus zutreffen, aber genauso gut könnten sie einfach besonders kostbare Besitztümer der Toten (oder ihrer lebenden Verwandten) neben vielen anderen Gegenständen gewesen sein. Im Schiffsgrab in Oseberg war das Schiff im Grabhügel sogar mit einem Tau an einem massiven Felsblock festgemacht – allem Anschein nach wollte man damit gerade verhindern, dass es irgendwohin »reiste« (siehe S. 200–201).

Diese überwältigende Vielfalt an Bestattungsriten ist alles andere als einfach zu erklären. Manche Forscher halten sie für eine Vermischung lokaler und regionaler Bräuche, die von ganzen Gemeinschaften oder von einzelnen Clans praktiziert wurden.[31] Andere meinen dagegen, die Detailfülle der Rituale lasse im wortwörtlichen Sinn auf ein dramatisches Element schließen, vielleicht auf Basis von Epen oder Geschichten, die man im Rahmen der Zeremonien auf den individuellen Toten zugeschnitten nachspielte.[32] Zurzeit haben wir schlicht keinerlei Gewissheit, außer dass die Wikinger auf höchst unterschiedliche Weise mit dem Tod umgingen.

Ein neuer Glaube

Eine der nachhaltigsten Veränderungen der Wikingerzeit in Skandinavien, die ihre Einstufung als eigenständige historische Periode überhaupt erst rechtfertigen, war der Niedergang des traditionellen Glaubens unter dem sozialen und politischen Einfluss des Christentums. Dieser Prozess wird für gewöhnlich als »Bekehrung« verstanden, also als das Ersetzen einer Vorstellungs-

25.
Wagen aus dem Oseberg-Schiffsgrab, frühes 9. Jahrhundert. Oseberg, Sem, Vestfold, Norwegen.
Museum für Kulturgeschichte der Universität Oslo

welt durch eine andere, aber das Geschehen war weitaus nuancierter und langwieriger. Zweifellos bestand Skandinavien im 8. Jahrhundert aus einer Vielzahl von Stammesgebieten mit erstaunlich vielfältigen spirituellen Traditionen. Trotzdem nahm es nur 350 Jahre später in Form der drei christlichen Nationalstaaten Norwegen, Schweden und Dänemark seinen Platz auf der politischen Bühne Europas ein. Weniger klar ist jedoch, inwieweit dieser äußere Wandel mit tatsächlichen Veränderungen des Sozialgefüges und der spirituellen Praxis einherging.

Auf ihren Fahrten innerhalb Europas kamen die Skandinavier im 7. und 8. Jahrhundert sicherlich mit Christen und deren Glauben in Berührung, und sie sahen gewiss dessen materielle Erscheinungsformen in Gestalt von Kirchen und Klöstern. In welchem Umfang die Wikinger die theologischen Hintergründe registrierten, wissen wir nicht, indes dürften die Grundideen zumindest denen vertraut gewesen sein, die regelmäßig diese Fahrten unternahmen. Nach ihrer Rückkehr machten sie das Gedankengut des Christentums und vielleicht auch das des Islams (siehe S. 70–71) oder anderer Religionen Jahrhunderte vor der offiziellen Christianisierung in Skandinavien publik. Wenn sie erbeutete Kirchenschätze wie Buchbeschläge und liturgisches Silber nach Hause trugen, hatten sie ohne Zweifel eine Vorstellung davon, wozu diese dienten.

Aus kontinentalen Quellen wissen wir von christlichen Missionen in Skandinavien spätestens ab dem 9. Jahrhundert (Abb. 26). Unter Umständen wurden sie auch schon früher versucht, ohne dass sie schriftlich bezeugt sind.[33] Anfangs konzentrierte sich nur eine Handvoll meist fränkischer Missionare vorwiegend auf größere Handelsplätze und die ersten Städte. Manche ihrer Führer unterstellten sich dem Schutz der lokalen königlichen oder sonstigen Verwaltungen. Sie bekehrten einige wenige Menschen und holten die Erlaubnis ein, Kirchen zu bauen (oder vorhandene Gebäude zu weihen), und übten bis zum 10. Jahrhundert langfristig wenig Einfluss aus. Waren spätere Missionen etwa im schwedischen Birka nach wie vor nicht effektiv, hatten sie dafür mehr Erfolg in Dänemark, das aufgrund seiner geografischen Lage schon länger Kontakte zu den benachbarten christlichen Kulturen pflegte.

Wesentlich ist aber, dass diese ersten Missionen zunächst eher an der äußerlichen Übernahme der christlichen Liturgie und ihrer Praktiken interessiert waren als daran, an was die Menschen wirklich glaubten. Mehrere frühe Rechtsbücher duldeten im privaten Rahmen sogar heidnische Rituale, solange man sie hinter verschlossenen Türen vollzog und der Kirche öffentlich Respekt zollte.[34] Dass eine echte Bekehrung erst im Frühmittelalter stattfand, sollten wir im Hinblick auf die spirituellen Vorstellungen der Wikingerzeit nicht außer Acht lassen.

26.
Objekte wie dieser Anhänger – eine umgearbeitete christlich-karolingische Münze – bezeugen möglicherweise frühe Kontakte mit Missionaren.

Anhänger aus einem Christiana-Religio-Denar Ludwigs des Frommen (814–840). Janów Pomorski/Truso, Polen.
Silber. Dm 2,1 cm
Archäologisches und Historisches Museum, Elbląg

Die offizielle Christianisierung erfolgte eindeutig von oben nach unten, denn die Päpste bemühten sich primär, die skandinavischen Könige auf den »wahren« Glauben einzuschwören und damit die aufstrebenden Wikingerreiche in die christliche Gemeinschaft Europas einzubinden. Entscheidend waren dabei die Verknüpfung zwischen Kirche und Staat und die Bündelung weltlicher und geistlicher Macht (Abb. 27). Dänenkönig Harald Blauzahn verkündete die Christianisierung Dänemarks Ende des 10. Jahrhunderts auf seinem monumentalen Runenstein in Jelling und verband sie mit ehrgeizigen Investitionen in die Infrastruktur und der systematischen Selbstdarstellung seines Königtums; selbst die Gebeine seines Vaters Gorm ließ er möglicherweise in die neue Kirche direkt neben dessen Grabhügel umbetten (siehe S. 158–159). Die zeitgenössischen archäologischen Funde belegen dagegen eindeutig, dass die traditionellen Bestattungsbräuche anderswo im Land weiter praktiziert wurden und die alten Glaubensinhalte noch längere Zeit der zunehmenden christlichen Dominanz standhielten. Bezeichnenderweise wurde Harald im Zuge eines Volksaufstands abgesetzt, der sich wohl nicht zuletzt gegen sein religiöses Bekenntnis und insbesondere dessen Kosten richtete. Ähnlich, wenn auch schleppender, verlief der Prozess in Norwegen, wo in mehreren Bürgerkriegen nominell um Religion und Macht gekämpft wurde. In Schweden konnte sich das Christentum erst im 12. Jahrhundert formal durchsetzen (Abb. 28–29), obwohl es punktuell schon vorher christliche Hochburgen gab, etwa in Sigtuna. Da diverse Rechtsbücher noch im 14. Jahrhundert heidnische Praktiken verboten, wird die Kluft zwischen öffentlichem und privatem Glauben weiterhin fortbestanden haben.[35]

Auch die materielle Kultur des Christentums ist allen äußeren Anzeichen zum Trotz ambivalent. Eindeutig christliche Symbole wie Kreuzanhänger liegen in Gräbern erstmals

27.
Diese Silbermünzen des Wikingerkönigs Knut von Northumbria (um 900–905) tragen den Namen des Herrschers in Kreuzform (das heißt von oben nach unten und von links nach rechts). Auf der Rückseite der Münze steht das Bibelzitat »Mirabilia fecit« (»[Er] bewirkte Wunder«). Beides zusammen stellt eine eindeutige Verknüpfung zwischen königlicher und himmlischer Macht dar.

Zwei Pennys König Knuts von Northumbria, »Mirabilia fecit«-Typ, um 900–905. Cuerdale, Lancashire, England.
Silber. Oben Dm 1,9 cm; unten Dm 2,0 cm
British Museum, London

28.
Durchbrochener Axtkopf mit kreuzförmiger Aussparung, spätes 10. Jahrhundert. Stenstugu, Hejde, Gotland, Schweden.
Eisen. L 15,5 cm; Schneide B ca. 14 cm
Gotlands Museum, Visby

Äxte mit Kreuzzeichen signalisierten unmissverständlich die Religionszugehörigkeit, ohne ihre Funktion als Kampfwaffen einzubüßen.

29.
Durchbrochener Axtkopf mit kreuzförmiger Aussparung. Långbro, Närke, Schweden.
Eisen. L ca. 17,5 cm,
B der Schneide ca. 14,3 cm
Staatliches Historisches Museum, Stockholm

30.
Finnischer Schmuck mit heidnisch-magischer Bedeutung.

Bärenzahnanhänger, frühes 11. Jahrhundert. Lehtimäki, Kalanti, Varsinais-Suomi, Finnland.
Kupferlegierung, Eisen.
Finnisches Nationalmuseum, Helsinki

neben anderen Amuletten, die zweifellos mit heidnischen Vorstellungen verknüpft waren (Abb. 30). Die neuen Sinnbilder lösten die alten nicht ab, sondern wurden ihnen hinzugefügt, und wir können annehmen, dass der »neue Gott« – der »Weiße Christus«, wie man ihn im Norden zuweilen nannte – zu Beginn neben dem altnordischen Pantheon verehrt wurde (Abb. 31–32). Diese ausgesprochen pragmatische Haltung zeigt sich auf vergleichbare Weise in anderen Aspekten der materiellen Kultur. Ein Beispiel ist eine Speckstein-Gussform aus dem dänischen Trendgården (Abb. 33), mit der man preiswerte Anhänger für den Massenmarkt produzierte. Man konnte damit gleichzeitig einen Thorshammer und zwei Kreuze gießen (vielleicht ein Indiz für die relative Höhe der Nachfrage). An einem Ende der Form ist noch Platz für einen weiteren Thorshammer. Erste definitiv christliche Kreuze tauchen in Skandinavien interessanterweise erst im 9. Jahrhundert auf. Das erste bekannte Kruzifix stammt aus der Zeit um 900, wohingegen die letzten Thorshämmer noch im frühen 12. Jahrhundert entstanden (Abb. 34–41).

Die Koexistenz beider Kulturen wird auch in den Kultgebäuden und insbesondere den Gräbern manifest. Im selben Maße, wie das Christentum nach und nach erstarkte, wandelten sich die überkommenen Bräuche. Dass die heidnischen Rituale in der späten Wikingerzeit offensichtlich stetig dramatischer wurden, könnte man als bewusste Antwort auf den wachsenden Einfluss der Missionare lesen. Augenscheinlich stellte man die alten spirituellen Überzeugungen in monumentaler Gestalt zur Schau, beispielsweise mit immer größeren, immer aufwendigeren Grabhügeln, in diesem Falle als gezielter Rückgriff auf die prähistorischen Tumuli im Sinne eines demonstrativen Anknüpfens an die Ahnen und die »alten Sitten«.

Einige Aspekte der vorchristlichen Wikingerkultur, etwa die Errichtung von Runensteinen, machte sich die neue Religion zu eigen und erweiterte sie in dem Umfang, wie sie im Volk an Geltung gewann. Dabei sind regionale Muster erkennbar. Das Zentrum der Runensteintradition bildete das Mälartal in Zentralschweden: Mehrere Tausend Runensteine wurden dort allein im Laufe des 11. Jahrhunderts und bis ins 12. Jahrhundert hinein aufgestellt (Abb. 42). In den Inschriften werden zunehmend Standardformeln zitiert, mit denen Gott um Gnade für die Seele des Verstorbenen angerufen wurde. Wie in vorchristlicher Zeit legte man jedoch mindestens genauso viel Wert auf die Nennung des Verfassers der Widmung, denn die Steine waren ja

31. (links)
Dieser Thorshammer-Anhänger wurde in der Mitte mit einem christlichen Kreuz verziert. Trotz Annahme des christlichen Glaubens gab man die alten Götter offensichtlich nicht völlig auf.

Thorshammer mit punziertem Kreuzornament, 10. Jahrhundert. Haithabu, Deutschland.
Silber. L 8,2 cm, B 3,9 cm
Archäologisches Landesmuseum, Schloss Gottorf, Schleswig

32. (unten links)
Auf dieser Münze aus dem wikingerzeitlichen York ist ein Thorshammer Teil des Namens »Petrus«. Vielleicht wollte man damit eine Verknüpfung zwischen diesem Heiligen und Thor herstellen, um die Bekehrung der heidnischen Bevölkerung Skandinaviens voranzutreiben.

Petrus-Münze mit Thorshammer, um 921–927. York, England.
Silber. Dm 1,9 cm, 1,1 g
British Museum, London

33. (unten)
Gussform für Kreuze und Thorshammer, 950–1000. Trendgården, Nordjütland, Dänemark.
Speckstein. L 9,7 cm, B 3,7 cm, H 3,3 cm
Dänisches Nationalmuseum, Kopenhagen

34. (unten)
Verschiedene Thorshämmer, 10. Jahrhundert. Tissø, Nordwestseeland, Dänemark.
Eisen, Silber, vergoldetes Silber.
L 3,0–5,0 cm
Dänisches Nationalmuseum, Kopenhagen

35. (rechts)
Thorshammer, 800–1050. Blåvand/Skallingen, Südwestjütland, Dänemark.
Bernstein. L 2,3 cm, B 1,6 cm
Dänisches Nationalmuseum, Kopenhagen

36. (oben links)
Kreuzförmiger Anhänger, 10.–11. Jahrhundert. Fishamble Street, Dublin, Irland.
Bernstein. L 2,5 cm, B 1,6 cm
National Museum of Ireland, Dublin

37. (oben rechts)
Kreuzförmiger Anhänger, 10.–11. Jahrhundert. High Street, Dublin, Irland.
Gagat. L 1,6 cm, B 1,6 cm
National Museum of Ireland, Dublin

38. (rechts)
Kreuzanhänger und Glasperlen, 10. Jahrhundert. Frauengrab K/1954 V, Kaupang, Vestfold, Norwegen.
Silber, Glas. Kreuz L 3,1 cm;
Perlen Dm 0,9–2,1 cm
Museum für Kulturgeschichte der Universität Oslo

39. (unten links)
Armreif mit Darstellung eines stilisierten Hügels, Bäumen und Kreuzen (Golgatha-Motiv), 9./frühes 10. Jahrhundert. Råbylille, Elmelunde, Møn, Dänemark.
Gold. L 7,7 cm
Dänisches Nationalmuseum, Kopenhagen

40. (unten Mitte)
Penny mit stilisierter Darstellung des Golgatha-Motivs, 950–1000. Pilhus, Dänemark.
Silber.
Dänisches Nationalmuseum, Kopenhagen

41. (unten rechts)
Kreuzanhänger aus einem umgearbeiteten Otto-Adelheid-Pfennig, um 1000. Øster Vandet, Thy, Dänemark.
Silber. Dm ca. 2 cm
Dänisches Nationalmuseum, Kopenhagen

43.
Das Kreuz war nicht das einzige christliche Symbol, das in Skandinavien Verwendung fand. In der frühchristlichen Ikonografie galt der Pfau als Symbol der Unsterblichkeit.

Fibel in Form eines Vogels, vermutlich eines Pfaus, 11. Jahrhundert. Toftegård Syd, Südostfünen, Dänemark.
Silber. B 4,7 cm, H 3,8 cm
Dänisches Nationalmuseum, Kopenhagen

Denkmale nicht nur für die Toten, sondern auch für die Lebenden. Der ein oder andere vornehme Großgrundbesitzer setzte sich sogar zu seinen Lebzeiten selbst einen Runenstein. Diese Neuchristen bekundeten damit aktiv ihren Glauben an den einen Gott und zugleich an das soziale und politische Gesamtpaket, das diese Glaubensinhalte mit einschloss (Abb. 43). Die Runensteine könnten ein Beleg dafür sein, dass das Christentum Fuß fasste – genauso gut könnten sie aber auch signalisieren, dass sich in diesen Gebieten noch so heftiger Widerstand regte, dass man weithin sichtbare Glaubensbekundungen für nötig hielt.[36]

Wichtig ist, dass die praktischen Veränderungen durch die neue Religion, allen voran die Bestattungssitten und »Gottesdienste« (die den Wikingern schon als Konzept fremd gewesen sein werden), das Brauchtum nicht erst der Wikingerzeit, sondern schon der Jahrhunderte zuvor massiv umgestalteten. Anfangs setzte man christliche Tote in bereits vorhandenen, vermutlich für diesen Zweck geweihten Gräberfeldern bei. Permanente Kirchen und Friedhöfe entstanden erst ab dem späten 10. Jahrhundert.

Die ersten christlichen Messen feierte man wahrscheinlich an tragbaren Altären und Kreuzen in existierenden Gebäuden oder an Stellen unter freiem Himmel, die man jeweils weihte (Abb. 44–45). Die in der Folge eigens dafür konstruierten Gebäude enthielten zunächst sicher nur einen verhältnismäßig kleinen Raum. In ihrer einfachsten Form waren die Kirchen aus Grassoden gebaut und wohl gerade groß genug für eine Handvoll Gläubige, wie die Kapelle, die man auf Betreiben der Ehefrau Eriks des Roten in Brattahlið (Grönland) errichtete. Nicht viel größer, dafür aufwendiger waren die hölzernen Stabkirchen, deren Bauweise auch zeitgenössische Hallen zeigen (Abb. 46). Im 12. Jahrhundert ersetzte man dann die Holzkirchen durch Steingebäude oder erweiterte sie zu erheblich größeren Holzkonstruktionen ähnlich den prunkvollen Stabkirchen, die man bis heute in Norwegen bewundern kann (Abb. 47).[37]

Die Kontinuität des Kults und die Herausbildung einer Mischreligion werden in Studien über die Wikinger ebenso diskutiert wie die Weiternutzung vorhandener Heiligtümer. An einigen dieser Stätten, zum Beispiel auf Frösön, stehen unmittelbare Bezüge zwischen den materiellen Manifestationen der diversen Religionen außer Frage, während man andernorts

42. (linke Seite)
Einer der vielen Runensteine im Mälartal, Schweden.

44.
Triumphkreuz, um 1100.
Åby, Jütland, Dänemark.
Eichenholz, Kupferlegierung, vergoldet.
H 59,8 cm
Dänisches Nationalmuseum, Kopenhagen

45.
Glocke, spätes 10. Jahrhundert.
Haithabu, Schleswig, Deutschland.
Kupferlegierung, Eisen. H 51,5 cm,
Dm 42,6 cm, 2430 g
Archäologisches Landesmuseum,
Schloss Gottorf, Schleswig

46.
Überreste von Holzkirchen, meist aus der Zeit nach etwa 1050, kamen in Friedhöfen oder unter romanischen Kirchen in Dänemark zutage. Diese Rekonstruktion einer wikingerzeitlichen Stabkirche mit frei stehendem Glockenturm beruht auf den Funden einer Ausgrabung in Hørning in Jütland.
Moesgaard Museum, Aarhus

stark voneinander abweichende Muster vorfindet. Zu berücksichtigen sind dabei überdies die Vielfalt an traditionellen rituellen Landschaften und die Frage, auf welche ihrer Bereiche die neuen Kirchen räumlich Bezug genommen haben könnten.

Bei der Christianisierung spielten zudem andere materielle Faktoren ebenfalls eine Rolle, etwa die Einführung von Kirchenlatein und die Büchergelehrsamkeit. In vorchristlicher Zeit benutzten die Wikinger weder Bücher noch Pergament und sie schrieben auch nicht mit Tinte, denn ihre eigene jahrhundertealte Runenschrift wurde in Holz oder Stein geritzt. Ganz eindeutig lehnten sie diese Neuerungen ab, obgleich sie sie sehr wohl kannten und verstanden. Im Zuge der politisch motivierten Christianisierung wurden nicht nur die heiligen Schriften Bestandteil der skandinavischen Kultur, sondern auch der eingeschränkte Zugang zu diesen Texten sowie generell die Lese- und Schreibfähigkeit als Monopol der Kirche und des jungen Königreichs. Daraus erwuchs in Skandinavien eine neue Dimension sozialer Macht. Mit der Zeit regelte das Christentum auch als moralische Instanz komplett das Leben der Menschen, von ihrer Ernährung über ihre Arbeitsweisen und -zeiten bis zum gesellschaftlichen Stellenwert von Mann und Frau und zur Kontrolle privatester Gewohnheiten.

Aufgrund unserer Kenntnis der mittelalterlichen und neuzeitlichen Geschichte Europas präferieren wir solche beständigen Strukturen des Christentums in der Rückschau zwangsläufig, doch sind durchaus alternative Entwicklungsgänge vorstellbar, beispielsweise nehme man die

47.
Die Stabkirche in Urnes stammt aus den 1130er-Jahren und gehört zu den ältesten und schönsten Beispielen frühskandinavischer Kirchenarchitektur. Urnes, Sogn og Fjordane, Norwegen.

48.
Die Körper zweier Vögel bilden die beiden Ringhälften, ihre Schnäbel stehen sich über einem langgezogenen Gesicht gegenüber – vielleicht eine Darstellung Odins und seiner beiden Raben.

Gewandnadel mit Odin-Maske, 800–1050. Kalmergården, See Tissø, Nordwestseeland, Dänemark.
Bronze. L 4,5 cm
Dänisches Nationalmuseum, Kopenhagen

umstrittene Spekulation, es habe in Skandinavien islamische Missionierungsversuche gegeben.[38] Sollten die vielen arabischen Gegenstände, die man im Norden fand (nicht zuletzt Zehntausende von Silbermünzen durchweg mit religiösen Inschriften), über die kaufmännische Bedeutung hinaus eine religiöse Signifikanz gehabt haben? Selbst wenn dies zuträfe, blieben die Bekehrungsversuche allerdings fruchtlos, obwohl viele Nordmänner auf ihren Fahrten nach Osten und Iberien häufig in Kontakt mit dem Islam kamen.

Das Erbe der altnordischen Mythologie ist bis in die heutige Zeit sichtbar. Dies gilt nicht zuletzt für die deutsche Sprache, in der die Wochentage überwiegend nach germanischen Gottheiten und Naturgeistern benannt sind: Sonntag = »Tag der Sonne«, Montag = »Tag des Mondes«, Dienstag = »Tyrs Tag«, Mittwoch = »Tag der Wochenmitte«, Donnerstag = »Donars/Thors Tag« und Freitag = »Friggs Tag«. Der Samstag leitet sich vom römischen Gott Saturnus ab, doch in den skandinavischen Sprachen heißt dieser Wochentag bis heute »Badetag«, womöglich als Verweis auf altnordische Reinigungsrituale. Die nordischen Götter begegnen uns auf Schritt und Tritt als Comicfiguren, Filmhelden, Warenzeichen und Computersoftware. Auch in Ortsnamen haben sie in weiten Teilen Nordwesteuropas überlebt. Wer durch Skandinavien reist, kommt unweigerlich an vorchristlichen Grabhügeln und anderen Monumenten vorbei, die zu Tausenden die Landschaft prägen. Dass sie oft in der Nähe mittelalterlicher Kirchen erhalten sind, die ihrerseits zu den großartigsten Architekturschätzen Skandinaviens gehören, noch dazu in Gemeinden mit einer bis heute lebendigen heidnisch eingefärbten Folklore, bezeugt die ganz speziellen Glaubensmuster und spirituellen Praktiken, die das kulturelle Erbe der heutigen Skandinavier bilden.

Das Frauengrab in Fyrkat

Peter Pentz und Neil Price

Fyrkat liegt in der Nordhälfte der dänischen Halbinsel Jütland. Ab 980 stand hier unter der turbulenten Herrschaft König Harald Blauzahns eine von mehreren imposanten Ringburgen, die in dieser Zeit in Dänemark gebaut wurden (vgl. Kapitel 3). Offenbar dienten sie als Militärcamps wie als Produktionsstätten hochwertiger Waren und als Verwaltungszentren. Zur Festung in Fyrkat gehörte ein kleiner Friedhof außerhalb der Wallanlage auf einer Landzunge mit weitem Blick über die Umgebung.[1]

Das Gräberfeld wurde in den 1950er-Jahren archäologisch untersucht. Es ist in Ost-West-Ausrichtung angelegt, was zwar ungewöhnlich ist, jedoch eine Parallele findet in der Ringburg, die sich ebenfalls an den Himmelsrichtungen ausrichtet. Eine im zeitlichen Kontext einzigartige Holzplattform, eventuell ein Plankenweg, teilt den Friedhof in zwei Teile. Die Planken waren ein Stück über dem Boden auf vertikalen Pfosten angebracht. Die Gräber sind erkennbar nördlich und südlich von dieser bemerkenswerten Konstruktion verteilt. Auf der Nordseite liegt an einer besonderen Stelle etwas abseits von den übrigen ein spektakuläres Frauengrab (Grab 4). Es ist das reichste und größte des gesamten Friedhofs.

Die etwa 170 cm große Frau war in Rückenlage in den abnehmbaren hölzernen Kasten eines Wagens gebettet worden. Solche Behältnisse gibt es gelegentlich auch in anderen vornehmen Frauengräbern als Sarg. Diverse rätselhafte Bauteile lassen vermuten, dass dieses Grab einen größeren Raum bildete als sonst üblich. Dazu gehörten zwei Pfosten, die im 45-Grad-Winkel darüber aufragten. Trugen sie ursprünglich vielleicht eine Plattform, ein Dach, Flaggen oder etwas anderes?

Schon während der ersten Ausgrabungen wurde klar, dass die Frau von Fyrkat zu Lebzeiten eine außergewöhnliche Person gewesen sein muss. In jedem Falle war sie wohlhabend. Den Beigaben zufolge war sie entweder selbst weit gereist oder sie hatte weltläufige enge Vertraute. Das Auffälligste war jedoch eine Reihe von Gegenständen, die sie in der Gesamtheit gesehen als Zauberin ausweisen.[2] Dabei handelt es sich unter anderem um „Talismane", aus Körperteilen von Tieren gefertigt, einen Beutel mit Bilsenkrautsamen (einem starken Halluzinogen) und Fragmente eines eisernen Stabs. Letzteren nennen altnordische Quellen als wichtigstes Werkzeug einer zauberkundigen *Völva* (»Frau mit Stab«; siehe S. 175).

Vor Kurzem ließ das Dänische Nationalmuseum die Funde aus dem Grab und seiner Umgebung umfangreichen Laboruntersuchungen

unterziehen. Anhand der Ergebnisse konnte man ein beispiellos lebendiges, detailreiches Bild von Kleidung und Erscheinung einer wikingerzeitlichen Zauberin rekonstruieren. Bei ihrer Bestattung trug die Frau der damaligen Mode entsprechend eine blaue Tracht mit roten Verzierungen, dazu eine Art Schleier, der mit Goldfäden reich bestickt war. Ihr Schmuck bestand aus Amuletten und Silberanhängern in Form von »Schwanenfüßen« (Abb. 1–2).

Überraschungen bot auch ihre Habe. Sie besaß eine gotländische Dosenfibel (Abb. 3), wie man sie nur selten außerhalb Gotlands findet; sie enthielt Bleiweiß, das man als Schminke oder Salbengrundlage benutzte. Ein kleines dünnwandiges Glas könnte als Spiegel gedient haben, enthielt aber zugleich eine Substanz aus Phosphor, Blei und Kalzium. Ein möglicherweise aus dem Osten stammender Rundbodenkessel aus Kupferlegierung war mit einer Art »Sieb« aus Gräsern überdeckt (Abb. 4). Darin waren Spuren einer fettigen Substanz nachweisbar, die mit Bilsenkrautsamen zu einer halluzinogenen Masse vermischt werden kann, welche mittelalterliche Quellen als »Hexensalbe« oder auch »Flugsalbe« bezeichnen, weil sie das Gefühl des Fliegens hervorruft, wenn man den Körper damit einreibt. Vermutlich benutzte die Frau von Fyrkat sie für Rituale oder als »bewusstseinserweiterndes« Hilfsmittel beim Wahrsagen.[3]

Alles in allem präsentiert sich die Grabherrin als kultivierte Frau, die als Zauberin ganz offensichtlich Macht und Ansehen genoss. Ihre »Werkzeuge« und Heilkräuter hatten die wichtige Aufgabe, sie als *Völva* auszuweisen, die die Fähigkeit besaß, Einfluss auf die Naturgewalten zu nehmen und die physikalische Welt zu beherrschen. In dieser Funktion war sie wahrscheinlich eine der respekteinflößendsten Personen in König Haralds Heer.

1.–4.
Gegenstände aus dem Grab in Fyrkat, spätes 10. Jahrhundert. Grab 4, Fyrkat, Ostjütland, Dänemark.
(linke Seite) **Schwanenfuß-Anhänger.**
(oben links) **»Thron«-Amulett.**
Dm 1,3 cm
(oben rechts) **Dosenfibel.**
Dm 6,0 cm
(rechts) **Kessel aus Kupferlegierung.**
H 6,0 cm
Gold, Silber, Kupferlegierung,
Niello, Messing, Eisen.
Dänisches Nationalmuseum, Kopenhagen

Ritualplätze am See Tissø

Lars Jørgensen

Archäologische Funde aus der Wikingerzeit ermöglichen uns oft Einblicke in die kosmologische Weltsicht der damaligen Zeit. Natürlich sind sie lückenhaft, doch durch den ständigen Zustrom neuer Funde wächst unser Wissen darüber, wie die Wikinger ihr Umfeld wahrnahmen und gestalteten.

Die Ausgrabungen in der mutmaßlichen Königsresidenz am Westufer des Sees Tissø auf der dänischen Insel Seeland liefern uns Belege für die Existenz einer Rituallandschaft rings um die eigentliche Residenz (Abb. 1). In einem Radius von rund einem Kilometer fand man an besonderen Punkten der Landschaft bisher sechs Stätten, die in der Wikingerzeit unterschiedlichen rituellen Zwecken dienten.[1] Aus dem »See des Gottes Tyr« (See Tissø) wurden im Laufe des 19. und 20. Jahrhunderts Schwerter, Lanzen, Äxte und Schmuck überwiegend aus der Wikingerzeit geborgen, die als Opfergaben anzusehen sind. Da solche Gegenstände hier und da auch unter dem Wohnbereich zutage kamen, ist anzunehmen, dass diese dort jeweils einzeln dargebracht wurden. Im nahe gelegenen Fluss Halleby, der die Südgrenze des 50 Hektar großen bebauten Areals bildet, entdeckte man zudem weitere Schwerter sowie einen Werkzeugkasten, der unter anderem eine Schablone für metallene Kästchenbeschläge aus dem 10. Jahrhundert enthielt.

An der Westseite grenzt die bebaute Fläche an ein Sumpfgebiet, in dem man zahlreiche Knochen von wohl geopferten Pferden fand. Auf einer Hügelkuppe wenige hundert Meter westlich der Residenz wurde eine Reihe Lehmgruben ausgegraben, die das Material für die monumentalen Gebäude der Anlage geliefert haben. Im selben Gebiet barg man die offensichtlichen Reste ritueller Mahlzeiten sowie wiederum geopferte Gegenstände. Silberschmuck, Glasperlen und sogar ein paar menschlichen Knochen nach zu urteilen, waren die Bauarbeiten von diversen kultischen Handlungen begleitet. In der Residenz selbst abgelegte Gegenstände und Speisereste machen die einstige Existenz mehrerer Kultgebäude und Ritualplätze im Areal wahrscheinlich. Auf dem angrenzenden Marktplatz am Nordufer der Halleby gab es mehrere Brunnen (Abb. 2). Ihr Inhalt, vor allem die Schädel und Röhren-

1. (linke Seite)
Ritualplätze der Wikingerzeit in der Umgebung des Adelssitzes am See Tissø, Nordwestseeland, Dänemark.

1 Residenz mit Kultgebäuden und Ritualplätzen

2 Geopferte Waffen und Schmuckstücke im See Tissø

3 Gegenstände und Speisereste im Umfeld der Lehmgruben

4 Werkzeugkasten und Schwerter in der Halleby

5 Brunnen am Marktplatz mit Schichten aus Tierresten

6 Mögliche Pferdeopfer im Sumpfgebiet

2.
Ausgrabung eines Brunnens im Bereich des Marktplatzes am See Tissø, der als Ritualdepot vor allem für die Schädel und Röhrenknochen geopferter Tiere diente.

knochen von Tierarten wie Pferden, Rindern, Schweinen, Hunden und Ziegen, legt den Schluss nahe, dass man im 9. und 10. Jahrhundert bei Ritualmahlzeiten Opfergaben auch in die Brunnenschächte warf. Den aufeinanderfolgenden Schichten in den Brunnen gemäß wurden die Opferungen über einen relativ langen Zeitraum praktiziert.

Bei den Ausgrabungen des herrschaftlichen Gebäudekomplexes am See Tissø wurde vermutlich nur ein Teil der ursprünglich für Rituale genutzten Landschaft freigelegt: Verstreute Funde deuten darauf hin, dass noch mehr dieser Stätten vorhanden sein dürften. Praktisch keiner der bekannten Ritualplätze am See Tissø trägt einen Namen, bis auf den See selbst, der nach einer vorchristlichen Gottheit benannt ist. Vergleichbare Plätze und bestimmte Ortsnamen im übrigen Skandinavien bezeugen, dass die Namen solcher heidnischen Stätten oft bis heute »heilige« Namen tragen, die auf ihre kultische Funktion in der Wikingerzeit verweisen.[2]

Die Ritualplätze am See Tissø geben eine bewusste Umgestaltung der Landschaft zu erkennen. Ihrer Heterogenität nach zu schließen, erfüllten sie augenscheinlich unterschiedliche Aufgaben, von Opfern für eine Reihe von Göttern über kultische Handlungen zu verschiedenen Anlässen bis hin zu gesellschaftlichem Brauchtum. Die faszinierende Anlage verdeutlicht, wie Kultlandschaften im Umkreis bedeutender Residenzen in der Wikingerzeit kurz vor der Christianisierung ausgesehen haben könnten. Mehrere Stätten waren offenbar von herausragender Bedeutung und deshalb besonderen Ritualen vorbehalten. Die Nähe der Heiligtümer zueinander lässt vermuten, dass die Wikinger ihr Weltbild der lokalen Bevölkerung aufzwangen. Die Menschen jener Zeit gestalteten diese »psychologischen« Landschaften als konkreten physischen Ausdruck ihrer religiösen Vorstellungen. Die Stätten am See Tissø vermitteln uns einen Eindruck davon, wie komplex die Landschaften auf lokaler Ebene waren. Dass es ähnlich gestaltete, jedoch geografisch erheblich weiträumigere Landschaften gab, belegen Ortsnamen vor allem im ländlichen Schweden wie beispielsweise der Namensbestandteil *vé/vi* (heidnisches Heiligtum) oder Ullevi (»Heiligtum des Ull«), Torslunda (»Thors Hain«) und Fröslunda (»Freyrs Hain«).[3]

1.
Das Oseberg-Schiff im Wikingerschiffsmuseum auf Bygdøy, Oslo, Norwegen.

Das Oseberg-Schiffsgrab

Jan Bill

Die imposanteste uns bekannte Ritualbestattung aus der Wikingerzeit datiert aus dem Jahr 834 und wurde in Oseberg in der ostnorwegischen Provinz Vestfold gefunden (Abb. 1).[1] Sie ist ein herausragendes Beispiel für die Tradition der Boots- und Schiffsgräber, die schon vor Beginn des ersten nachchristlichen Jahrhunderts in Skandinavien gepflegt wurde und mit den Wikingern bis nach Russland, auf die britischen Inseln, in den Nordatlantikraum und in die Bretagne gelangte.[2]

Im Tumulus in Oseberg kam 1904 ein 21,50 Meter langes, fast intaktes Wikingerschiff mit vollständiger Ausrüstung ans Tageslicht. Bug und Heck des 820 in Westnorwegen gebauten Schiffs waren reich mit Schnitzereien verziert (Abb. 2).[3] Hinter dem Mast lagen in einer zeltförmigen hölzernen Grabkammer die Skelette zweier Frauen zwischen verschiedensten persönlichen und sonstigen Gegenständen. Vier mit Stricken und Rasseln versehene Tierkopfpfosten sollten das Grab wohl magisch beschützen. Im Vorschiff fand man unter anderem einen Wagen (siehe S. 182, Abb. 25) und drei Schlitten, alle höchst qualitätvoll geschmückt, die als Transportmittel für die Verstorbenen fungieren sollten. Für die 15 geopferten Pferde lag in der Grabkammer ein Sattel bereit. Viele der Gegenstände in der Kammer und im Vorschiff gehören in den Kontext der Textilherstellung. Zu den kostbarsten Fundstücken des Grabs zählt ein Bildteppich mit Szenen von Prozessionen, Schiffen und Kriegern (Abb. 3).[4]

Wer sind die Toten im Oseberg-Schiff?

Das besser erhaltene der beiden Skelette gehörte einer Frau, die mit mindestens 80 Jahren an Krebs starb. Von der zweiten Frau waren nur noch einige wenige Knochen auffindbar, obwohl das Grab insgesamt hervorragend erhalten geblieben ist. Sie muss für eine Skandinavierin ungewöhnlich feingliedrig gewesen sein. Ihre Zähne lassen erkennen, dass sie einen metallenen Zahnstocher benutzte, sodass man einen hohen gesellschaftlichen Status annehmen kann. Diese Frau starb offenbar im Alter zwischen 50 und 60 Jahren.[5] Die Datierung der Bestattung und das Sterbealter machen es sehr unwahrscheinlich, dass die Toten zu den wenigen Frauen gehören, die uns aus den Textquellen namentlich bekannt sind.[6] Mehrere Forscher schreiben ihnen eine religiöse Funktion etwa als Zauberinnen oder Priesterinnen zu. Genauso gut könnte die ungewöhnliche Bestattungsform aber durch ihre politische Bedeutung als Angehörige der herrschenden Elite bedingt gewesen sein.[7] Grabräuber gelangten schon sehr früh über einen gut 20 Meter langen, geräumigen Schacht in den Hügel und zerschlugen absichtlich

2.
Das Oseberg-Schiffsgrab nach seiner Freilegung 1904.

3. (unten)
Rekonstruktion eines der Bildteppiche, die man im Oseberg-Schiff fand. Er zeigt eine Prozession wahrscheinlich religiösen Charakters.

sowohl die Skelette als auch viele der Grabbeigaben und den Vordersteven des Schiffs. Diese Grabschändung wird inzwischen auf die Zeit zwischen 953 und 975 datiert und in Beziehung zu einem ähnlichen zeitgenössischen Einbruch in ein Schiffsgrab gesetzt, das um 900 im nahe gelegenen Gokstad errichtet wurde.[8] Beide Schändungen erfolgten also zu einer Zeit, als zwischen Dänenkönig Harald Blauzahn, der norwegischen Dynastie Harald Feinhaars und den Jarls von Lade ein Machtkampf um diese Region tobte. Der Einbruch in das Oseberg-Grab, das zum relevanten Zeitpunkt 120 Jahre alt war, deutet darauf hin, dass es Erbansprüche auf dieses Gebiet begründete.

Schiffsgräber und Zentralplätze

Es gibt nicht viele Schiffsgräber wie die in Oseberg und Gokstad, doch die wenigen wurden meist im Umkreis bedeutender Machtzentren angelegt. Nahe an der Königsresidenz Avaldsnes auf Karmøy in Westnorwegen gruben Archäologen zwei Schiffsgräber aus dem späten 8. Jahrhundert aus, in Haithabu eines aus der ersten Hälfte des 9. Jahrhunderts.[9] Die drei aus Vestfold bekannten Schiffsgräber (Oseberg, Gokstad und Borre) befanden sich zwischen dem Königssitz Borre im Norden und der 44 Kilometer südlich gelegenen Gemeinde Sandefjord unweit der ältesten norwegischen Stadt Kaupang.[10] Augenscheinlich dienten Schiffsbestattungen und die dazugehörigen prunkvollen Rituale und Opfer dazu, Machtansprüche auf entscheidende Gebiete demonstrativ zu bekräftigen. Die aktuellen Ausgrabungen in Gokstad brachten eine weitere bedeutsame Facette zutage: Keine 500 Meter vom Grabhügel entfernt lag ein Handelsplatz, der es vermutlich in der Zeit um 900 an Reichtum und internationalen Verbindungen annähernd mit Kaupang aufnehmen konnte. Aufgrund dieses Funds nimmt man an, dass in der Nähe des Gokstad-Grabs einst ein bedeutendes Machtzentrum existierte. In Oseberg und Borre könnte es ähnlich gewesen sein. Sollte dies zutreffen, gehören Schiffsgräber möglicherweise nicht nur zu den eindrucksvollsten archäologischen Monumenten der Wikingerzeit, sondern auch zu den wichtigsten Zeugnissen der zeitgenössischen politischen Entwicklungen in Skandinavien.

5
DIE SCHIFFE DER WIKINGER

Peter Pentz

Auf einer Seite waren in Gold gegossene Löwen auf den Schiffen zu sehen, auf der anderen Vögel auf den Mastspitzen, die durch ihre Bewegungen anzeigten, wie die Winde bliesen, oder Drachen verschiedener Art, die Feuer aus ihren Nüstern stießen … Auch übertraf das Königsschiff die anderen durch seine Schönheit so sehr, wie der König in der Ehre seiner Würde den Soldaten vorangeht.

ENCOMIUM EMMAE REGINAE, BUCH 1.4 (1040–1042)

DIE SCHIFFE DER WIKINGER

DAS SCHIFF IST DAS HERAUSRAGENDE SYMBOL der Wikingerzeit. Wikingerschiffe beschwören Bilder herauf von wilden Kriegern, die über die Dollborde ihrer Drachenboote hinweg an Land stürmen, oder von hochseetüchtigen Schiffen auf langen Fahrten zu fernen Ländern und fabelhaften Abenteuern. Wenn wir Wikingerschiffe aber lediglich als Transportmittel sehen, begreifen wir nur einen Ausschnitt dessen, was sie den Menschen damals bedeuteten.

Unter »Wikingerschiff« subsummiert man verschiedene Schiffstypen, deren Ursprünge noch vor die Zeit der Nordmänner zurückreichen. Schon aufgrund der geografischen Lage der skandinavischen Länder mit ihren langen Küsten, den vielen Seen und Flüssen war das Reisen zu Wasser schon seit Jahrtausenden eine Notwendigkeit. Prähistorische Boote und Schiffe kennen wir als archäologische Funde und von bildlichen Darstellungen, dagegen tauchen erst in den Anfangsjahrhunderten unserer Zeitrechnung allmählich Elemente auf, die wir wikingerzeitlichen Schiffen zuordnen können (Abb. 1–2).

Der mutmaßliche Urahn des Wikingerschiffs ist das 24 Meter lange Nydam-Boot, das 1863 in Nydam in Südjütland zutage kam (Abb. 3–4). Es wurde aus einer Eiche gebaut, die zwischen 310 und 320 gefällt wurde.[1] Die Seiten bestehen aus je fünf breiten, geklinkerten (überlappenden) Plankengängen über einer ausladenden Bodenplanke. Gesteuert wurde das Boot an einer Seite

1.
Drachenkopf, 300–600.
Scheldemündung, Belgien.
Eichenholz. H 149 cm
British Museum, London

Das Drachenboot ist in unserer Vorstellung von der Wikingerzeit fest verwurzelt. Zwar sind keine Drachenköpfe aus dieser Epoche selbst erhalten, die wir für Vergleiche mit Schriftquellen oder bildlichen Darstellungen (wie dem Teppich von Bayeux) heranziehen könnten, doch Fragmente älterer Boote geben uns einen Eindruck davon, wie Wikingerschiffe vermutlich aussahen.

2.
Drachenkopf, 7. Jahrhundert.
Scheldemündung, Belgien.
Holz.
Museum aan de Stroom, Antwerpen

mit einem großen Ruder. Am Dollbord beider Bordwände waren 28 Keipen für die Riemen festgezurrt. Das Nydam-Boot besaß keinen Mast, also auch kein Segel. Mit Booten wie diesem versetzten die Angeln, Sachsen und Jüten im 5. Jahrhundert von Calais oder der Rheinmündung aus über den Ärmelkanal hinweg die Küste Englands in Angst und Schrecken. Wahrscheinlich war es auch dieser Schiffstyp, mit dem gemäß Gregor von Tours der Dänenkönig Hugleik um 520 die fränkische Küste angriff.[2]

Die skandinavischen Schiffe entwickelten sich in den drei Jahrhunderten von 500 bis 800 rasch weiter. Bug und Heck des Nydam-Boots, seine Klinkerbauweise und sein Steuerruder finden sich beim Wikingerschiff zwar noch wieder, die wichtigste Neuerung war jedoch der Übergang vom Ruderboot zum Segelschiff, das bei Bedarf natürlich weiterhin gerudert werden konnte. Dafür musste die Schiffskonstruktion vor allem am Kiel verändert werden. Nach Geschichtsquellen aus dem 8. und 9. Jahrhundert hatten die Wikinger zu dieser Zeit den Schiffbau bereits so perfektioniert, dass Rumpf, Mast und Takelage funktional eine Einheit bildeten. Bei günstigem Wind konnten sie bei Tag und bei Nacht segeln. Das Segel war zudem ideal für einen Blitzangriff, wie ihn das Kloster Lindisfarne 793 erlebte. Der Wind war ein so wichtiger Faktor, dass ein irischer Mönch an einem stürmischen Abend im 9. Jahrhundert zufrieden am Rand einer Handschrift ein Gedicht hinterließ:

Bitter ist der Wind heut' Nacht,
Er wühlt die weißen Meereswellen auf,
Heut' fürcht ich nicht von jenseits der weiten See
Die wilden Krieger von Lochlin.[3]

3.
Rekonstruktionszeichnung des Bootes aus Nydam, Dänemark.

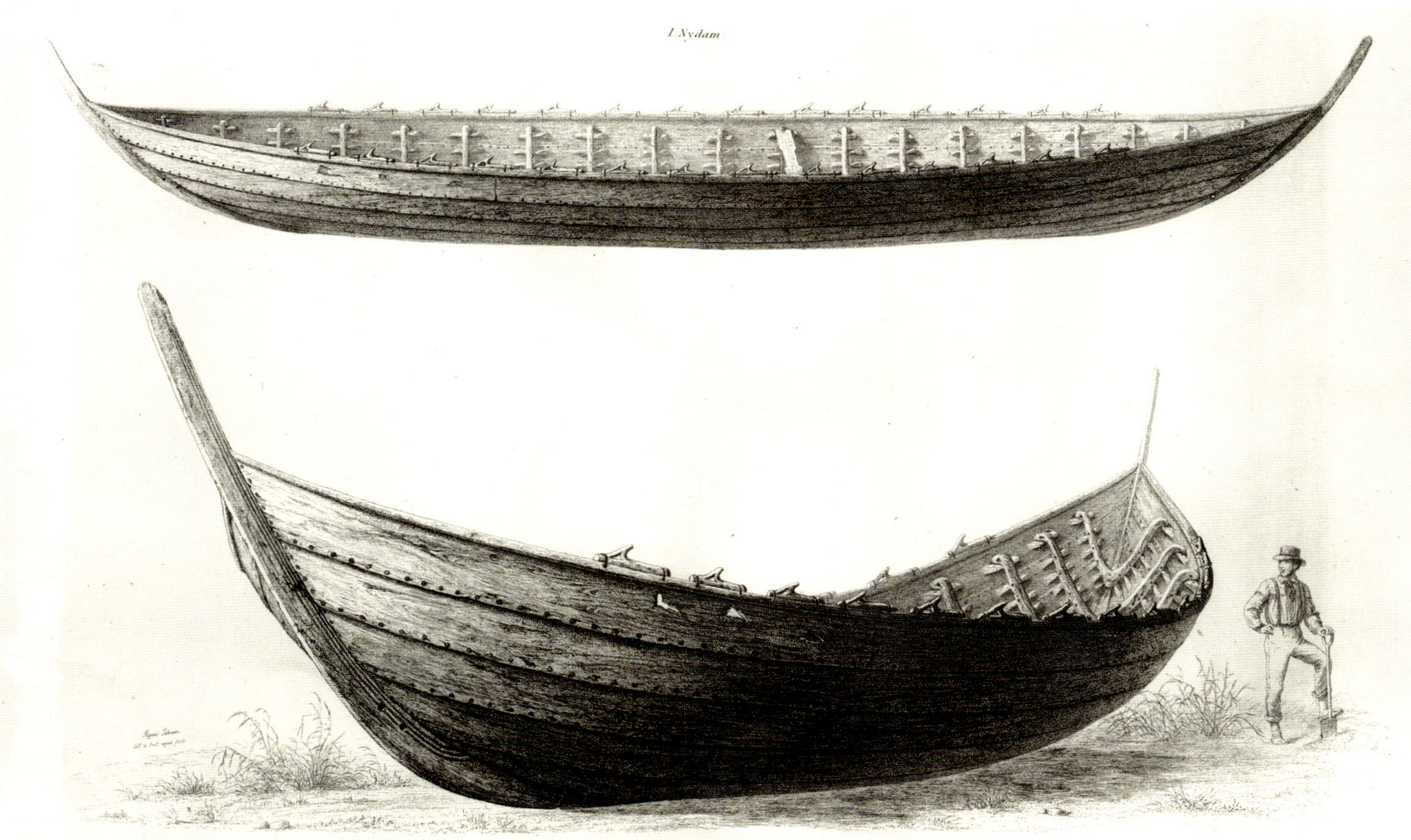

4.
Geschnitzter Kopf, zum Nydam-Boot gehörend.

Reise- und Frachtschiffe

Unsere Vorstellung von wikingerzeitlichen Schiffen ist geprägt durch gut erhaltene, berühmte Exemplare wie diejenigen aus den Schiffsgräbern in Oseberg und Gokstad (siehe S. 200–201). Aufgrund ihres niedrigen Freibords (der Höhe des Schiffskörpers über der Wasserlinie) waren Langschiffe leicht und konnten nah an der Küste entlangsegeln. Mächtigere Schiffe wie die *Havhingsten fra Glendalough* – die Rekonstruktion des Kriegsschiffs *Skuldelev 2* (siehe unten) – waren sogar der rauen Hochsee gewachsen. Seine Seetüchtigkeit bewies der »Seehengst von Glendalough« 2007 mit der Überquerung der Nordsee Richtung England, Schottland und Irland und der Rückfahrt 2008.

Weit häufiger waren indes kleinere, leichtere Schiffe, die sich dank ihres geringeren Tiefgangs für unterschiedliche Zwecke eigneten und zum Fischen und Jagen sowie für Handel, Tauschgeschäfte und Transport eingesetzt wurden. Schnellere Schiffe kürzten die für längere Reisen benötigte Zeit ab. Gegen Ende des 11. Jahrhunderts verglich Adam von Bremen die Dauer der Reise vom damals dänischen Schonen nach Sigtuna in Schweden über Land (ein Monat) und zur See (fünf Tage).

Diese kleineren Schiffe waren für die Infrastruktur der skandinavischen Länder weitaus wichtiger als die großen Langschiffe. Geschützte Anlegestellen und bescheidene Häfen mit relativ flachem Wasser wurden ausgebaut. Immer mehr Marktflecken und vorübergehende oder ständige Landeplätze entstanden an den Küsten. Anhand archäologischer Belege wissen wir von einer erheblichen Anzahl solcher Seehandelsplätze. An all diesen Orten wurden exorbitante Mengen kleiner Gegenstände gefunden, sodass von einer Produktionstätigkeit im großen Stil

5.
Die *Ottar*, eine Rekonstruktion des Wikingerschiffs *Skuldelev 1*.

ausgegangen werden kann.[4] Solche Plätze dienten als »Pforten« für Waren und Menschen, die sich von dort aus in beide Richtungen weiterbewegten.[5]

Für stattlichere Schiffe mit mehr Tiefgang brauchte man richtige Kais. Erst für die Wikingerzeit lassen sich in Skandinavien die ersten Häfen nach unserem heutigen Verständnis dokumentieren. Zugleich konstituierten sich frühe skandinavische Städte mit Anschluss an Fernhandelsrouten. Für sehr weite Seereisen wie zum Beispiel nach Grönland setzten die Wikinger wohl eher einen anderen Schiffstyp ein: die Knorr. Die Begriffe *Knorr*, *Knörr* oder *Knarr* werden in der Skaldendichtung und auf Runensteinen verwendet, vermutlich in Bezug auf Frachtschiffe. Die Sagas nennen die Knorr gelegentlich auch *hafskip*, »Meeresschiff«, das heißt, die Seetüchtigkeit wird betont. Während das Langschiff vorwiegend von Ruderern angetrieben wurde, standen die Handelsschiffe meist unter Segel. Die als Frachtschiffe gedeuteten Wikingerschiffe zeichnen sich durch eine stabilere Bauweise aus. Sie sind breiter und verfügen über hohe Dollborde und nur wenige Riemen.

Das beste Beispiel für ein solches Handelsschiff ist die *Skuldelev 1*, eines der Wracks aus der Skuldelev-Sperre (siehe S. 214).[6] Sie wurde zur gleichen Zeit gebaut wie das 37 Meter lange Kriegsschiff *Roskilde 6*, und zwar im oder am Sognefjord im heutigen Norwegen. Das verwendete Holz stammt überwiegend von langsam wachsenden Kiefern, nur der Kiel besteht aus Eiche.

6.
In Haithabu geprägte Münzen mit Schiffsdarstellungen unterstreichen die maritimen Verbindungen der Siedlung.

Münze aus Haithabu mit Schiffsdarstellung, um 825–850. Hollenæs, Lolland, Dänemark.
Silber. Dm 1,8 cm, 0,9 g
Dänisches Nationalmuseum, Kopenhagen

Das Schiff muss gut 16 Meter lang und für rund 24 metrische Tonnen Fracht ausgelegt gewesen sein, gehörte aber bei Weitem nicht zu den größten Handelsschiffen seiner Zeit: Eines der im Hafen von Haithabu gehobenen Schiffe konnte bis zu 50 oder gar 60 Tonnen laden, also mehr als das Doppelte der *Skuldelev 1*.[7]

Wie andere skandinavische Schiffe in traditioneller Klinkerbauweise besaß die *Skuldelev 1* nur ein quadratisches, wenn auch höchstwahrscheinlich recht großflächiges Segel. Mit 80 bis 90 Quadratmetern übertraf es das Segel des rekonstruierten Kriegsschiffs *Havhingsten fra Glendalough*, obgleich Letzteres fast doppelt so lang ist. Die 1983 gebaute *Saga Siglar*, eine Rekonstruktion des Frachtschiffs aus der Skuldelev-Sperre, belegte ihre Hochseetüchtigkeit 1984 bis 1986 mit einer Weltumseglung, sank allerdings später im Mittelmeer. Eine weitere Rekonstruktion der *Skuldelev 1* namens *Ottar* entstand 1999/2000 in Roskilde und erwies sich ebenfalls als seetüchtig (Abb. 5).

Ein Schiff wie die *Skuldelev 1* fuhr mit nur fünf bis acht Mann Besatzung. Die Entwicklung von Frachtschiffen mit noch beachtlicherer Ladekapazität im Verhältnis zur Mannschaft ist eng mit der deutlichen Ausweitung des Handels in der Wikingerzeit verknüpft. Zugleich zeigt sie die Verschiebung der Nachfrage von kleineren, wertvollen Artikeln zu geringwertigeren, aber voluminösen Waren. Vielleicht bestand in der zunehmend differenzierten Gesellschaft eine gesteigerte Nachfrage nach möglichst preiswerten Tauschwaren.[8]

Der Bau der schweren Frachtschiffe fiel in eine Zeit, als sich größere Städte herausbildeten und vor allem die Kaianlagen ausgebaut wurden. In Haithabu (Abb. 6) entwickelten sich ein Landesteg und ein Marktplatz zu einem richtigen Hafen weiter, zunächst durch eine Art Mole oder Pier und später durch eine U-förmige hölzerne Plattform mit einer Fläche von insgesamt mindestens 1500 Quadratmetern, die als Umschlagplatz diente, um den ursprünglichen Marktplatz am Ufer zu entlasten. Die Erweiterung der Hafenmole erfolgte zwischen einem unbekannten Zeitpunkt im 9. Jahrhundert und 1010.[9]

Gelegentlich wird man Schiffe wie die Knorr *Skuldelev 1* gleichermaßen zu Kriegszwecken eingesetzt haben.[10] Dank ihrer Tragfähigkeit konnten sie Krieger und ihre Ausrüstung in großem Umfang befördern. In der Wikingerzeit waren schwach bemannte Frachtschiffe für die zahlreichen Seeräuber in der Ostsee und anderen Meeren leichte Beute. Sofern sie nicht in Schiffsverbänden

fuhren, werden sie über die reine Schiffsbesatzung hinaus einigen Kriegern Platz an Bord geboten haben.

Die Lebenszeit des Kriegsschiffs *Roskilde 6* wie des Frachtseglers *Skuldelev 1* war begrenzt. An anderen Orten als denjenigen, an denen sie gebaut worden waren, wurden mehrfach Reparaturen durchgeführt, die auf eine längere Einsatzzeit schließen lassen. Beide Schiffe endeten schließlich auf dem Grund des Roskilde Fjords, womöglich sogar zur selben Zeit.

Die meisten Fahrten der Wikingerschiffe führten flussaufwärts, in Fjorde hinein oder an Küsten entlang. Als Navigationshilfen dienten wahrscheinlich Landmarken. Zum Ausloten der Wassertiefe verwendete man Bleilote, von denen einige Exemplare in wikingerzeitlichen Häfen geborgen wurden, oder einfach Stäbe. Heute erscheint es unfassbar, dass die Wikinger in der Lage waren, auf dem offenen Meer zu navigieren. Es ist denkbar, dass sie durch Beobachtung der Sonne und Sterne ein Gespür für die richtige Richtung und Position entwickelten. Ob sie dazu Instrumente einsetzten, ist sehr umstritten. Definitive Beweise für den Gebrauch beispielsweise von Sonnenkompass oder Sonnenstein (der für Sonnenstrahlen nur in einer bestimmten Richtung durchlässig ist) stehen noch aus. Einer Theorie zufolge waren die Wikinger eventuell mit arabischen Navigationsmethoden vertraut, die auf astronomischen Beobachtungen basierten,[11] doch auch dafür gibt es bisher keine Belege.

Über die Einstellung der Wikinger zum Meer wissen wir nur wenig. Auf einem spätwikingerzeitlichen Runenstein aus Södermanland in Schweden heißt es, ein Mann namens Øleifr sei »mit seinem *barð* nach Osten gepflügt und im Land der Lombarden gestorben«. Mit *barð* ist wahrscheinlich ein Kriegsschiff mit einer bestimmten Bugform gemeint. Die Inschrift sieht das Meer als Acker, den man pflügen, bestellen und abernten kann.[12] Andere erlebten das Meer als bedrohliche Naturgewalt, die es zu zähmen galt, oder als Heimat von Ungeheuern. Skaldenverse schildern den Kampf von Schiffen gegen die Wellen. Das Boot stellt dabei die schlagkräftigste Waffe des Menschen im Kampf gegen die Elemente dar. Nach der nordischen Mythologie warf Odin die schreckliche Midgardschlange ins Meer; dort wird sie bis zur Götterdämmerung hausen.[13]

Fahrten über das offene Meer waren immer heikel. Was die Männer fühlten, wenn sie nach einer gefahrvollen Reise nach Hause zurückkehrten, beschreibt Snorri Sturluson im *Háttatal*:

Die Woge streicht die hohen [Decks-]*Planken.*
Die Kiele zerteilen die Wellen.
Die hässliche See will das schöne Schiff brechen …
Die kalte Woge macht den weichen Kiel stark.
Das Schiff eilt dahin, das Jahr geht vorbei.
Dem Ruderschlag mangelt die Hand von des Königs Leuten [?].
Das Langschiff ruht nach der Fahrt im Liste-Meer.
Das richtige Bier ermüdet die Schar der Leute.
Die leere Halle füllt sich leicht,
aber die volle Goldschale gleitet angenehm als Geschenk.

Wir wissen von Fernreisen der Wikinger nach Grönland und Amerika im Westen und über Flüsse tief nach Russland hinein im Osten, indes kann niemand sagen, wie viele Schiffe ihr Ziel nie erreichten. Ein Runenstein aus dem 11. Jahrhundert in Nylars auf Bornholm berichtet nüchtern von dem Schicksal, das sicher nicht wenige ereilte: »Sasser errichtete diesen Stein zum Andenken an seinen Vater Halvard; er ertrank mit seiner ganzen Mannschaft im Meer.«[14]

Schiffe hinterließen Spuren nicht nur an den Küsten, sondern auch im Binnenland. Zahlreiche Ortsnamen bezeugen ihren Stellenwert. Bei vielen ist der erste Teil eine Bezeichnung für ein Schiff wie *skib*, *skep* oder *snekke*, andere enden mit *drag* oder *dræt*, das die Stellen benennt, an denen Boote über Land geschleppt wurden. Natürlich ist oft schwer zu entscheiden, ob der Name überhaupt aus der Wikingerzeit stammt. Das Wort *snekke* – *snäck/snekk* – bezeichnet ein kleineres

7.
Wikingerzeitliches Gräberfeld mit Schiffssetzungen, 800–1050. Lindolm Høje nördlich von Ålborg, Dänemark.

8.
Das Ladby-Schiff, um 900 gebaut und um 925 vergraben.
Wikingermuseum, Ladby

Kriegsschiff. In der Regel taucht es in Bezug auf ein Landschaftselement auf, etwa in *Snekke-vik* oder *Snäck-sund* (»Kriegsschiff-Bucht« bzw. »Kriegsschiff-Sund«). Am häufigsten findet man solche Namen in Norwegen, Schweden, Dänemark und Finnland, gelegentlich aber auch außerhalb Skandinaviens auf den Orkney- und Shetlandinseln.[15] Denkbar ist durchaus auch, dass sich manche Namen auf natürliche Gegebenheiten in der Landschaft bezogen, die an ein Schiff gemahnten, oder auf eine der zahllosen schiffsförmigen Steinsetzungen, die beständig an die Bedeutung der Seefahrt erinnerten (Abb. 7). An vielen Orten errichtete man diese steinernen »Schiffe« nahe an der Küste, sodass sie eine visuelle Einheit mit dem Meer bildeten, aber es gab sie auch weiter landeinwärts. Die größte bekannte Schiffssetzung steht bis heute in Jelling (siehe S. 158–159).

Wikingerschiffe wurden als schnelle Angriffswaffen nicht nur in Kriegen außerhalb Skandinaviens eingesetzt. Ein Runenstein in Uppland wurde zum Gedenken an einen Mann namens Asser errichtet, der ein erfolgreicher »Beschützer gegen die Wikinger« war. Mit Unterwassersperren konnte man angreifende Schiffe daran hindern, am Ufer anzulegen oder in Häfen und Handelsplätze einzudringen. Blockaden dieser Art sind bereits aus der frühen Eisenzeit bekannt. Häufig handelte es sich um sehr komplexe Unterwasserkonstruktionen aus Pfosten und waagerechten Holzstapeln. Andere bestanden einfach aus ausgedienten Schiffen, die man mit Steinen füllte und versenkte. Außerdem standen an mehreren Stellen der Küstenlinie Warnposten. Näherten sich feindliche Schiffe, schlugen die Wächter Alarm, unter anderem durch »optische Telegrafie« mit Leuchtfeuern auf Hügelkuppen. Erhaltene Ortsnamen mit Komponenten wie *bavn*, *böte*, *warth* oder *varð* könnten auf Posten in einer solchen Kette hinweisen.[16]

Ein gutes Beispiel für die maritime Landschaft der Wikingerzeit ist das Gebiet rings um die Fundstelle des Ladby-Schiffs. Das elegante, 22 Meter lange Wikingerschiff wurde um 925 an Land gezogen und für eine prachtvolle Schiffsbestattung verwendet (Abb. 8). Die »Kertinge Nor« genannte Stelle liegt am Kopf des Kerteminde Fjords im Nordosten der dänischen Insel Fünen (Abb. 9). Man gelangte dorthin von Osten über den Fjord wie von Westen, wo man kleinere Schiffe über eine Landenge vom nahen Odense Fjord herüberschleppte. Hieraus leitete sich der dänische Name Dræby für Ortschaften ab, an denen man Schiffe verholte. Der Fjord war seit dem 10. Jahrhundert durch eine Sperre geschützt, die für ortsfremde Schiffsbesatzungen unüberwindbar war. In der Nähe liegt das Dorf Snekkeled (siehe S. 211). Der Name Ladby selbst lässt sich als Platz deuten, an dem Waren umgeschlagen oder entladen wurden. Das unweit gelegene Kølby könnte in seiner Namensgebung genauso mit der wikingerzeitlichen Landschaft zusammenhängen. Darüber hinaus existieren in der ganzen Region mehr Ortsnamen mit dem Wortteil *bavn* als sonst auf Fünen. Das Ladby-Grab enthielt ein leichtes Langschiff, das 30 bis 32 Mann schnell in Fjorde hinein- oder an Küsten entlangrudern konnten. Dicht vor dem Ufer wurde es vermutlich mit einem eisernen Anker samt Kette festgemacht.[17]

Eine ähnliche maritime Landschaft ist der Roskilde Fjord, ein Teilstück des Isefjords, der sich von Norden her weit nach Zentralseeland hinein erstreckt. Seine südlichsten Ausläufer enden in Roskilde und Lejre Vig (Abb. 10). Bis zum 11. Jahrhundert ist über Roskilde nur wenig bekannt. Eine gewisse Bedeutung muss die Stadt indes gehabt haben, denn Adam von Bremen erwähnt richtig, Roskilde sei als Grablege für den zwischen 980 und 985 verstorbenen König Harald Blauzahn bestimmt worden. Im Frühmittelalter umfasste Roskilde eine Ober- und eine Unterstadt. Letztere erstreckte sich rings um die Jakobs- und Clemenskirchen nahe am Fjordufer. In Lejre wiederum soll die im *Beowulf*-Epos genannte Königshalle Heorot gestanden haben, und der dänische Geistliche Saxo Grammaticus hielt die Stadt im 12. Jahrhundert für die legendäre Heimat der dänischen Skjöldungendynastie. Laufende Ausgrabungen in Lejre scheinen die Bedeutung der Siedlung in der frühen Wikingerzeit zu bestätigen (siehe S. 127).

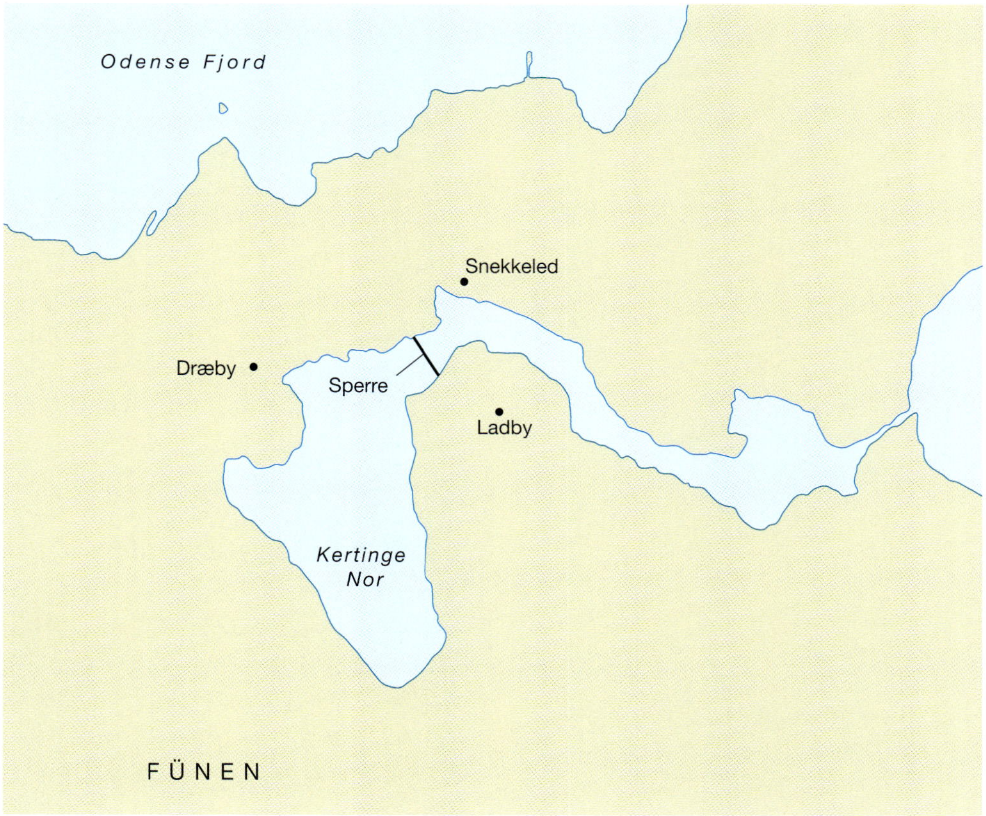

9.
Kertinge Nor auf der dänischen Insel Fünen bildet einen natürlichen Hafen, der in der Wikingerzeit mit einer Sperre unpassierbar gemacht wurde. Dazu trieb man quer über die Einfahrt Holzpfähle in den Meeresboden. Ähnliche Verteidigungsanlagen finden sich in vielen Buchten und Flüssen Skandinaviens.

10.
Die Lage des Roskilde Fjords in Dänemark im Verhältnis zu anderen in diesem Kapitel erwähnten Orten.

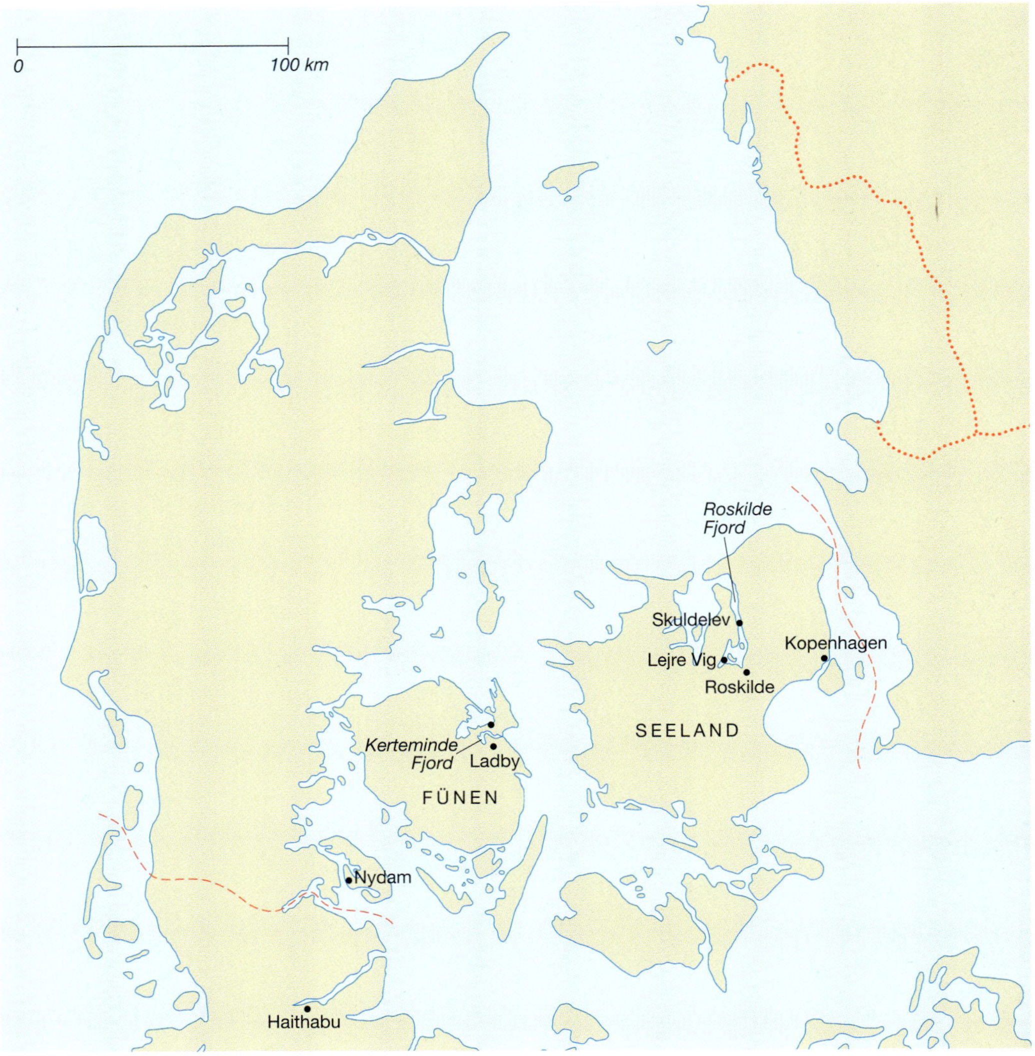

Im Roskilde Fjord kamen mehr Wikingerschiffe und frühmittelalterliche Wracks zutage als irgendwo sonst. Bei Skuldelev, wo die Strömung nördlich von Roskilde eine enge Fahrrinne geschaffen hatte, konstruierte man aus versenkten Schiffen eine Sperre. 1957 bis 1959 wurden die Wracks unter Wasser untersucht und 1962 fünf Schiffe aus dem 11. Jahrhundert gehoben.[18] Durch die Analyse der verwendeten Hölzer konnte man ihre Herkunft eingrenzen: Das Holz von zwei der fünf Schiffe stammt aus Dänemark, das von zwei weiteren aus dem heutigen Norwegen. Das fünfte Schiff wurde in Irland gebaut. Die »Nationalität« der Skuldelev-Schiffe spiegelt den mittelgroßen Radius Dänemarks in der Wikingerzeit und die politische Einflusssphäre von König Knuts Nordseereich (siehe S. 12–13).

Schiffe im Kriegseinsatz

11. (rechte Seite)
Die Fibel in Gestalt eines stilisierten Schiffs zeigt in der Mitte ein gerefftes Segel, 800–1050. Tjørnehøj II, Fünen, Dänemark.
Kupferlegierung. L 5,5 cm, H 4,4 cm
Dänisches Nationalmuseum, Kopenhagen

Die *Skuldelev 2*, das irische Schiff aus der Skuldelev-Sperre, war ein knapp 30 Meter langes Kriegsschiff aus der Zeit um 1040 bis 1045. Der bereits genannte Nachbau namens *Havhingsten fra Glendalough* entstand zwischen 2000 und 2004 in der Werft des Wikingerschiffsmuseums in Roskilde aus identischen Materialien mit originalgetreuen Werkzeugen nach den gleichen Verfahren wie zur Zeit des ursprünglichen Langschiffs. Allein für den Bau des Rumpfs wurden schätzungsweise 27000 Arbeitsstunden aufgewendet. Teer, Taue, Nägel, Nieten, Segel und

dergleichen fertigte man parallel dazu an. Für das Schiff wurden 14 Eichen mit einem Durchmesser von je 1 Meter gefällt.

Die *Skuldelev 2* wird ein quadratisches, rechteckiges oder trapezförmiges Segel aus Wolle oder Leinen mit einer Fläche von rund 112 Quadratmetern besessen haben (Abb. 11). Da Segeltuch noch schneller verrottet als Holz, sind keine vollständigen Segel aus der Wikingerzeit erhalten, sodass uns nur einige wenige Fragmente Informationen über dieses so wichtige Element liefern. Für die Segelherstellung bedurfte man umfangreicher Ressourcen, der Aufwand war mit dem Bau des Rumpfs durchaus vergleichbar. Die Beschaffung, Sortierung und Vorbereitung von Flachs oder Wolle, das Spinnen des Garns und das Weben des Tuchs erforderten enorme Anstrengungen und Spezialwissen über Materialien, Verarbeitung und Werkzeuge. Nicht jede Schafswolle eignet sich für Segel. Wie frühneuzeitliche Quellen aus Island und von den Färöern belegen, wurde die Wolle für Segel mit Handspindeln gesponnen und das Tuch auf Senkrechtwebstühlen gewebt. Diese Arbeiten erfolgten wahrscheinlich auf Bauernhöfen rings um ausgedehntere Siedlungen. Das Tuch wurde an den Segelmacher geliefert, der die Segel zuschnitt und nähte. Die Kanten wurden vermutlich mit Rosshaarschnüren verstärkt.[19] Skaldendichtung und Sagas erwähnen Segel in leuchtenden Farben[20] von Dunkelblau über Rot bis Purpur. Erstklassige Segel standen hoch im Kurs und waren sogar als königliche Geschenke begehrt.

Die Skuldelev-Sperre und andere Barrieren im Roskilde Fjord kontrollierten effizient die Schifffahrt innerhalb der Bucht. Dass sie dennoch nicht immer Schiffe daran hinderten, bis Roskilde zu gelangen, zeigte sich 1996/97 bei den Bauarbeiten für die neue Insel des Wikingerschiffsmuseums in Roskilde. Die Wracks von neun Schiffen aus dem 11. bis 14. Jahrhundert lagen im Hafenbecken auf dem Grund des Fjords. Es ist nicht auszuschließen, dass ihnen der Nordwind zum Verhängnis wurde. Eines der Schiffe ist offenbar von beachtlichem Ausmaß gewesen. Nach einem gescheiterten Versuch, es an Land zu ziehen, wurde es augenscheinlich abgewrackt und blieb schließlich im seichten Hafen der noch jungen Stadt Roskilde liegen.[21]

Dieses Wrack aus dem Hafenbecken, die *Roskilde 6*, war einst ein Kriegsschiff; es ist das längste bisher bekannte Wikingerschiff. Der Kiel ist 32 Meter lang, und inklusive Vorder- und Achtersteven maß das Schiff über 37 Meter. Am Bau eines so gewaltigen Schiffs waren natürlich zahlreiche Handwerker beteiligt. Die erste kritische Phase bei der Konstruktion eines traditionellen Wikingerschiffs war die Beschaffung des richtigen Holzes für den Rumpf. Man wählte passende Bäume aus und stutzte sie vor dem Fällen, um unerwünschte Spaltungen zu verhindern. Für bestimmte Partien verwendete man gebogene Äste, weil sie erheblich belastbarer sind als ausgesägte Teile.

Nach dem Fällen wurden die Stämme bearbeitet, und in dieser Bearbeitung liegt das Geheimnis für den Erfolg der Wikingerschiffe: Das Holz wurde nicht gesägt, wie ab dem Mittelalter üblich, sondern mit Äxten gespalten. Gerade das verlieh den Schiffen Stärke und Geschmeidigkeit, denn im Gegensatz zum Sägen bleiben die Holzfasern beim Spalten intakt. Der Rumpf wurde aus überlappenden Planken hochgezogen. Zusammen mit der radialen Spaltung der Planken erklärt diese »Klinkerbauweise«, warum die Schiffe der Wikinger stärker und leichter waren als diejenigen aus späteren Epochen (Abb. 12). Wie viele Handwerker am Rumpf arbeiteten, wissen wir nicht, aber Spalten dauert länger als Sägen und auch das Zurichten der Planken mit Äxten ist zeitraubend. Es ist anzunehmen, dass die Männer Arbeitsgruppen formten. Während einige im Wald Bäume fällten und spalteten, konstruierten die Schiffbauer schon das Grundgerüst und legten es auf Kiel. Schmiede produzierten Nägel, Nieten, Wantenringe (zum Befestigen der zur Takelage gehörigen Wanten am Rumpf) und andere Metallteile.[22]

Laut Snorri Sturluson in seiner *Heimskringla* von 1230 befahl König Olaf Tryggvason um das Jahr 1000 den Bau eines riesigen Langschiffs namens *Ormen den Lange* (»Lange Schlange«). Ein Mann namens Thorberg Skafhug sollte Vorder- und Achtersteven bauen, während andere das Holz herbeischafften, die Planken zusammensetzten und kalfaterten. Als der oberste Plankengang angebracht werden sollte, musste Thorberg in einer wichtigen Angelegenheit nach Hause

12.
Treppensteven für ein Boot skandinavischer Bauart, 885–1035. Laig, Isle of Eigg, Inverness-shire, Schottland.
Eichenholz. L 193,0 cm, H 30,0 cm
National Museums Scotland, Edinburgh

13.
Planke mit Riemenloch, spätes 12. Jahrhundert. Wood Quay, Dublin, Irland.
Holz. L 170,0 cm, B 29,0 cm
National Museum of Ireland, Dublin

reisen. Als das Schiff fertig war, inspizierte es der König gemeinsam mit seinem Gefolge im Beisein Thorbergs. Alle waren sich einig, dass sie noch nie ein so großes und schönes Schiff gesehen hatten. Am nächsten Morgen entdeckte man jedoch, dass jemand über Nacht die Planken an einer Schiffsflanke in Stücke geschlagen hatte. Voller Zorn setzte der König eine Belohnung auf die Ergreifung des Täters aus. Thorberg räumte schließlich ein, selbst der Schuldige zu sein. Der König befahl ihm, den Schaden wiedergutzumachen. Das tat Thorberg, und als er seine Arbeit vollendet hatte, sahen alle, dass sie deutlich qualitätvoller war. Daraufhin wies ihn der König an, auch die Planken an der anderen Schiffsflanke zu erneuern.[23]

Snorris Erzählung wurde zwar erst im frühen 13. Jahrhundert niedergeschrieben, doch die traditionelle Schiffbauweise wird sich in diesen zwei Jahrhunderten nicht wesentlich verändert haben. Die Erläuterung der Aufgabenteilung, der verschiedenen Arbeitsgruppen und der Beauftragung durch den König höchstpersönlich ist von allen uns vorliegenden die ausführlichste. Dass Thorberg die von anderen hergestellten und angebrachten Planken zerschlägt, ist Ausdruck von Neid, aber genauso ein Zeichen für den Stolz des Schiffbauers auf sein Werk – und der wird letztlich belohnt, gewährt ihm doch der König zusätzlich die Erneuerung der anderen Schiffsseite.

Thorbergs Gefühle für »sein« Schiff erinnern an die Metaphern, mit denen Skaldendichtungen Schiffe besingen, besonders Kriegsschiffe. Unzählige Kenningar[24] und andere poetische Bilder vergleichen Schiffe mit Vögeln wie Falken und Schwänen sowie anderen Tieren wie Hunden, Wölfen und Pferden.[25] Auch die Tatsache, dass Schiffe wie dasjenige aus Oseberg mit

reich verzierten Wetterfahnen, Drachenköpfen und Schnitzereien geschmückt wurden, spricht für die Sorgfalt ihrer Erbauer.

Obwohl Langschiffe mit Segeln ausgestattet waren, wurden sie außerdem von Ruderern vorwärtsbewegt (Abb. 13–14). Bei Blitzangriffen an fremden Küsten und in Seeschlachten, wie sie Sagas und Dichtungen wiedergeben,[26] war schnelles Manövrieren entscheidend und dazu musste man vom Wind unabhängig sein. Zudem waren die Ruderer zugleich Krieger. Die stattlichen Kriegsschiffe waren ein Phänomen der späten Wikingerzeit. Die Entwicklung des Langschiffs spiegelt möglicherweise entsprechende Fortschritte in der Kriegsführung. Es dürfte kein Zufall sein, dass die mächtigen Schiffe zu der gleichen Zeit gebaut wurden, in der angelsächsische und fränkische Quellen Überfälle ganzer Wikingerflotten mit oft über fünfzig Schiffen beklagten. Wie die Wikinger selbst ihre Langschiffe bezeichneten, ist nicht gesichert. Neben dem häufigen *snekke* wurde ebenso *drage* benutzt.[27] Runensteine geben hierüber am ehesten Aufschluss. Auf ihnen werden Langschiffe meist *skeið* genannt.

Berücksichtigt man ihre Dimensionen und die dafür benötigten Ressourcen, ist die *Roskilde 6* vermutlich ein Auftrag des Königs. Angesichts des heute dunkelbraun bis schwarz verfärbten, fragmentierten Wracks mag es schwerfallen, sich das Schiff in all seiner Pracht vorzustellen, doch eine knapp zwei Jahrzehnte nach dem Bau dieses Schiffs verfasste Schriftquelle bietet uns Anhaltspunkte, was seine Zeitgenossen sahen.

Das *Encomium Emmae Reginae* (auch *Gesta Cnutonis Regis* genannt) wurde wahrscheinlich um 1040 zu Ehren von Königin Emma verfasst. Sie war zunächst mit König Æthelred II. dem Unberatenen und später mit Knut dem Großen verheiratet und die Handschrift entstand am Hof ihres Sohnes Hardiknut, der aus der Ehe mit Knut stammte.[28] Die von den Königen Sven Gabelbart und Knut 1013 bzw. 1016 für die Eroberung Englands aufgebotenen Flotten werden hier sehr lebendig beschrieben. Von König Svens Flotte heißt es:

> *Auf einer Seite waren in Gold gegossene Löwen auf den Schiffen zu sehen, auf der anderen Vögel auf den Mastspitzen, die durch ihre Bewegungen anzeigten, wie die Winde bliesen, oder Drachen verschiedener Art, die Feuer aus ihren Nüstern stießen … Auch übertraf das Königsschiff die anderen durch seine Schönheit so sehr, wie der König in der Ehre seiner Würde den Soldaten vorangeht.*

Nicht minder glanzvoll waren König Knuts Schiffe:

> *Auch so großartiger Schmuck befand sich auf den Schiffen, dass … die Augen der Betrachter geblendet … waren … auf der einen Seite gab das Blitzen der Waffe einen Widerschein, auf der anderen der Glanz der herabhängenden Schilde. Gold glänzte auf den Schiffsschnäbeln, Silber schimmerte auch … So großartig war die Pracht der Flotte, dass, wollte der Herrscher irgendeinen Stamm erobern, die Schiffe alleine die Feinde erschrecken würden, bevor die Krieger auf den Schiffen überhaupt eine Schlacht beginnen könnten.*

Inwieweit diese farbenfrohen Schilderungen mit der Realität übereinstimmen, ist sehr fraglich, doch spiegelt die Handschrift durchaus die skandinavische Seefahrerkultur.[29] Elemente wie die vergoldete Wetterfahne (Abb. 15–16) und die an den Dollborden hängenden Schilde sind gleichfalls auf bildlichen Darstellungen zu erkennen und ebenso durch Funde belegbar wie die monströsen, oft zoomorphen Bugfiguren.

Entsprechend der *Angelsächsischen Chronik* griffen 94 Schiffe unter dem Kommando von Olaf und Sven im September 994 London an. Die Anzahl ist nur eine von mehreren beeindruckenden Angaben in dieser Chronik und anderen Schriftquellen. Mögen die Zahlen etwas übertrieben sein – die nordischen Flotten in der späten Wikingerzeit waren zweifellos riesig.

14. (linke Seite)
Riemen, um 820. Oseberg, Sem, Vestfold, Norwegen.
Tannenholz. L ca. 400 cm, B ca. 17 cm
Museum für Kulturgeschichte der Universität Oslo

15. (oben)
Wetterfahne, 1000–1050. Kirchturm von Heggen, Buskerud, Norwegen.
Kupfer, vergoldet, Messing. L 28,0 cm, H 29,0 cm
Museum für Kulturgeschichte der Universität Oslo

Sie bezeugen den gewaltigen Einsatz von Ressourcen in den Gebieten, aus denen die Schiffe stammten, nicht nur im Hinblick auf Arbeitskräfte, Holz und Eisen, sondern auch auf Schafe, Wolle und Flachs zum Kalfatern sowie für Segel, Takelage, Taue und Pech.

Hierfür bedurfte man eines hohen Maßes an Organisation auf allen Ebenen der Gesellschaft vom einzelnen Haushalt bis hinauf zum König. Dieses System war offenbar ähnlich strukturiert wie die regionalen Seerüstungen (der Leidang, siehe S. 113–115), die aus der Phase unmittelbar im Anschluss an die Wikingerzeit in Dänemark, Norwegen und Schweden bekannt sind. Das norwegische System ist in der Skaldendichtung sogar schon für das 10. Jahrhundert beschrieben.[30] Das Grundprinzip des Leidangs war die Verpflichtung zu militärischen Diensten, für gewöhnlich in Form von Bau, Ausrüstung und Besatzung von Kriegsschiffen. Dazu unterteilte man die skandinavischen Länder in Bezirke. In Schweden wird jeder dieser *hundare* wohl wiederum mehrere *skepslag* enthalten haben. Im mittelalterlichen Dänemark waren es die Harden (*herred*); jede davon umfasste vier *skipæn*, die jeweils ein Schiff mitsamt Kapitän stellen mussten.[31] Dieser war wahrscheinlich ein ortsansässiger Adliger wie der Kapitän namens Erik, von dem auf einem Runenstein in Haithabu die Rede ist:

16.
Metalltiere wie dieses Pferdchen saßen auf dem oberen Rand reich verzierter Wetterfahnen. Es wurden einige vollständige Schiffsfahnen gefunden, darunter das berühmte Exemplar aus dem schwedischen Söderala. Abbildungen finden sich auch auf dem Runenholzstück aus Bergen (siehe S. 9).

Tierfigur für eine Schiffsfahne. Lolland, Dänemark.
Kupferlegierung, vergoldet. L 9,7 cm
Dänisches Nationalmuseum, Kopenhagen

Thorulv, der Gefolgsmann Svens, errichtete diesen Stein nach [zum Gedenken an] *Erik, seinem Kameraden, der den Tod fand, als die Krieger um Haiðaby* [Haithabu] *saßen, und er war Schiffsführer, ein sehr tüchtiger Krieger.*

Auf diese Weise begründeten Schiffe die Verwaltungseinheiten im ganzen Land, so wie später die Pfarrgemeinden und -kirchen.

Selbst wenn die Boote Teil eines umfangreicheren Flottenverbands waren, ist anzunehmen, dass sie Einzelpersonen gehörten. Mehrere Runensteine erwähnen die Eigentümer von Langschiffen[32] und erzählen von der Arbeitsteilung auf See. Der Kapitän befehligte das Schiff, zumindest dann, wenn es im Militäreinsatz (*i leding*) war. Die Inschrift eines Runensteins aus Esta nennt einen Mann namens Sigvið einen *skeiðar vísi*, also einen »Befehlshaber des Kriegsschiffs«. Dem Kommandanten oder Kapitän unterstand die Crew der *skiparar* (»Ruderer«). Angriffe erfolgten unter dem Befehl eines Königs oder Adligen, der die gesamte Flotte führte und dem die Kapitäne der einzelnen Schiffe Treue schwören mussten. Der auf dem Haithabu-Stein genannte Kapitän Erik fiel um 980 an der Seite von König Sven Gabelbart in einer der Schlachten um Haithabu. Das hieß, er befehligte nicht nur bei der Überfahrt sein Schiff, sondern auch seine Mannschaft auf dem Schlachtfeld.

Die letzten Überfälle in England erfolgten unter den Königen Sven Estridsson (1047–1074) und Knut dem Heiligen (1080–1086). Wenngleich die Dänen zu dieser Zeit schon seit fast einem Jahrhundert Christen waren, plünderten sie skrupellos Kirchen und Klöster, jedenfalls wenn man den englischen Quellen trauen darf. Knut wurde 1086 in Odense von Freibauern ermordet, wohl nicht zuletzt aus Zorn darüber, dass er eine Art Militärdienststeuer erhoben hatte. Die Schriften über seine spätere Heiligsprechung kommen zu dem Schluss, mit seinem – durchaus gottgefälligen – Feldzug gegen England habe Knut die alten Kriegerideale der Dänen neu beleben wollen.

Schiffe, Ruhm und Macht

In der *Rígsþula* wird der Gott Heimdall als Urahn aller gesellschaftlichen Klassen der Wikingerzeit genannt: der Leibeigenen, Freibauern und Krieger. Über Letztere sagt das *Edda*-Gedicht, sie besäßen »prächtige Hallen, besseres Land als das deinige; sie wissen, wie man *snekker* kommandiert, Schwerter prüft und Wunden schlägt«.[33] Diese wenigen Worte umfassen die wesentlichen Ideale eines Seekriegers. Die höchsten Güter waren für ihn Festhalle, Reichtum, Schiff und Schwert.

Die Schiffe verbesserten Kommunikation und Infrastruktur und schufen damit für die Ausübung von Macht ein nützliches Netzwerk. Zwar geschah dies auf lokaler Ebene, dennoch dürften die technologischen Fortschritte im Schiffbau zugleich eine wichtige Voraussetzung für die Herausbildung der skandinavischen Königreiche in der Wikingerzeit gewesen sein.[34]

Mehrere Runensteine, die meisten in Schweden und vorwiegend aus der letzten Phase der Wikingerzeit, rühmen weit gereiste Männer. Ein Stein aus Uppland berichtet von einem gewissen Asgautr, der »sowohl nach Osten als auch nach Westen« reiste.[35] Reisen und Fahrten zur See waren herausragende Großtaten und Expeditionen in die Fremde machten manchen Mann berühmt. Andere Runensteine erinnern an Seefahrer, die fern der Heimat starben. In der Ferne »den Tod zu finden«, wie es oftmals auf Runensteinen heißt, bewies augenscheinlich Stärke und Mut. Das galt ebenso für Gudbjørn aus Södermanland in Schweden, der »tapfer am Bug des Schiffs stand und nun im Westen [begraben] liegt«, mutmaßlich in England.

Ruhm konnte man aber in gleicher Weise durch die Reichtümer erwerben, die man »auf Viking« erbeutete. Ein Runenstein in Uppland erinnert an einen Mann namens Ulfr, der »in England drei Tribute eingenommen [hat]. Das war der erste, den Tosti zahlte, dann [zahlte] Thorkil, dann zahlte Knut.« Ein zweiter Runenstein aus Uppland preist einen nicht näher bezeichneten Harald, der »mannhaft fern nach Gold reiste«. Er wurde also reich, doch heißt es ausdrücklich, dass er dafür weite Distanzen zurücklegen musste. Die Inschrift erwähnt überdies, er habe im Osten »dem Adler [Speise] gegeben«, also dort im Kampf zahlreiche Gegner getötet. Er selbst starb im Süden, in *Serkland*, dem Land der Sarazenen (siehe S. 24). Viele Runensteine nennen konkrete Ziele und sie alle liegen weit weg. Solche Fahrten verschafften den Männern Ansehen und wurden für so wichtig erachtet, dass man sie auf Gedenksteinen erwähnte.

Dass Fernreisen, Kriege und das Anhäufen von Reichtümern die Ideale der Aristokratie ausmachten, spiegelt sich zudem in Verweisen auf das »gute Leben« der Adligen. Den Sagas zufolge beherrschte König Olaf Tryggvason mit Bravour alle möglichen Sportarten, darunter eine, die er auf fahrenden Langschiffen ausübte: Über die gesamte Länge des Schiffs konnte er von Riemen zu Riemen hin- und auf der anderen Seite wieder zum anderen Ende zurückspringen, ohne sich die Füße nass zu machen, noch dazu, während das Schiff mit hoher Geschwindigkeit gerudert wurde – dabei jonglierte er mit drei Schwertern zugleich.[36] Etwas weniger akrobatisch waren die Heldentaten, derer sich der Orkney-Jarl Rognvald I. rühmte: »Ich bin ein schneller Schachspieler, besitze neun Fertigkeiten, kann mir Runen gut merken und bin meist mit einem Buch oder einem Handwerk beschäftigt. Ich kann Ski fahren, hervorragend schießen und rudern, und ich verstehe mich sowohl auf das Harfenspiel wie auf die Poesie.«[37]

Da Rognvald I. von Orkney in der ersten Hälfte des 12. Jahrhunderts lebte, muss sein Gedicht aus dieser Zeit stammen, doch hält er die klassischen nordischen Tugenden hoch. Als christlicher

17.
Das Schiffsrennen des hl. Olaf in einer Wandmalerei aus dem 14. Jahrhundert in der Pfarrkirche von Skamstrup, Dänemark.

Aristokrat absolvierte er wie seine Ahnen Fernreisen, allerdings als Pilger oder Kreuzfahrer, und charakteristisch für ihn ist, dass er beim Erreichen des Jordans als Erstes hineinsprang und ans andere Ufer schwamm. Selbst in der christlichen Variante mehrten also weite Reisen das Ansehen und das Schwimmen galt nach wie vor als angemessene Sportart für die Elite.

Eine Legende, deren Entstehungszeit im Dunkeln liegt, erzählt von einem Schiffsrennen nach Trondheim, mit dem Olaf Haraldsson (der hl. Olaf) und sein Bruder Harald der Harte um die norwegische Krone wetteiferten. Obwohl Olaf sich noch die Zeit nahm, eine Messe zu hören, segelte er schneller als Harald – mit so verblüffender Geschwindigkeit, dass sein Schiff das Ziel eher erreichte als ein Pfeil, der während der Fahrt von seinem Bug abgeschossen wurde (Abb. 17).[38]

Mythen und Magie rund um Schiffe

Welche Rituale Schiffbau und Namensgebung begleiteten, ist unklar, obgleich man allem Anschein nach geopferte Werkzeuge für die Holz- und Metallbearbeitung aus der späteren Wikingerzeit gefunden hat. In einigen Fällen handelt es sich um komplette Werkzeugkästen mitsamt

Inhalt, in anderen nur um Einzelstücke. Man entdeckte sie typischerweise an Küsten sowie See- und Flussufern,[39] darunter Werkzeuge, die speziell im Schiffbau verwendet wurden.

Die Namen von Wikingerschiffen sind uns nur aus der Skaldendichtung und den Sagas bekannt. Wie erläutert, nehmen sie mehrheitlich Bezug auf Vögel und andere Tiere wie Kranich, Schlange und Bison. Auch nach der Christianisierung verlieh man Schiffen noch eine Weile Tiernamen; im frühen 12. Jahrhundert wurde ein für König Inge von Norwegen gebautes Schiff auf den Namen *Renen* (»Ren«) getauft.

Im *Beowulf*-Epos trifft König Skjöld, mythischer Urahn der Skjöldungen (der Könige von Lejre), als nacktes Kind an Bord eines Schiffs in Dänemark ein. Entsprechend einer Saga war Skjöld ein Sohn Odins. Von der Geschichte sind mehrere Versionen bekannt: Einmal ist er auf dem Schiff ganz allein, ein anderes Mal von Waffen umgeben, wieder ein anderes Mal liegt neben ihm eine Getreidegarbe als Fruchtbarkeitssymbol. Die schwedische Dynastie der Ynglinger berief sich analog auf einen göttlichen Urahn, den Fruchtbarkeitsgott Freyr, dessen Hauptattribut signifikanterweise ein Schiff ist. Beide Königshäuser leiteten also ihren Herrschaftsanspruch von den Göttern ab. Das Schiff diente dabei offenbar als Vehikel und Vermittler zwischen der Götter- und der Menschenwelt.[40]

Vermutet wird des Weiteren, dass im Kontext mit Schiffsbestattungen Fruchtbarkeitsriten vollzogen wurden.[41] Wenn die Männer in Ibn Fadläns bekanntem Bericht über die Schiffsbestattung eines Wikingerfürsten an der Wolga Geschlechtsverkehr mit der Sklavin haben, die später geopfert wird, könnte man auch das als Fruchtbarkeitsritual deuten. In der nordischen Mythologie der Sagas besitzt der Gott Freyr ein Zauberschiff namens *Skiðblaðnir*. Wurde es nicht gebraucht, ließ es sich klein zusammenfalten und wog nicht mehr als ein Stück Stoff. Bei Bedarf entfaltete es Freyr im Handumdrehen zu einem geräumigen Schiff, das mit dem Wind überallhin segelte.

Wie Skjöld auf einem Schiff Dänemark erreicht hatte, so kehrte er nach seinem Tod auf demselben Weg dorthin zurück, woher er gekommen war: Gemäß dem *Beowulf*-Epos legte man ihn inmitten von Waffen und Kostbarkeiten in ein Schiff. Schiffsbestattungen dieser Art sind das eindeutigste Bindeglied zwischen Glaube, Ritual und konkreten Schiffen. Bestattungen in einem Schiff, das komplett, teilweise oder gar nicht verbrannt wurde, kennen wir überwiegend aus der Wikingerzeit, wenngleich ältere Beispiele dafür existieren. Am weitesten verbreitet war der Brauch in Westnorwegen und Teilen von Schweden. Dennoch ist er grundsätzlich im gesamten Siedlungsgebiet der Nordmänner von Russland über das Baltikum bis zu den britischen Inseln anzutreffen.

Wie Saxo Grammaticus um 1200 in seinen *Gesta Danorum* erzählt, regelte König Frode die Bestattung von Kriegern per Gesetz. Ein Familienoberhaupt sollte mit Pferd und Waffen beigesetzt werden. Die Leichen von zehn Kapitänen durfte man im selben Schiff einäschern, den Leichnam eines Oberbefehlshabers dagegen nur auf seinem eigenen Schiff.[42] Ein König oder Jarl, der in der Schlacht fiel, sollte ebenfalls in seinem persönlichen Schiff verbrannt werden. Saxos Geschichte Dänemarks ist historisch nur von begrenztem Wert, dennoch passt König Frodes Bestattungsgesetz verblüffend gut zu den archäologischen Funden, denn Krieger wurden tatsächlich häufig mit ihren Pferden und Schiffen beigesetzt. Dass die Dimensionen des Schiffs den Status des darin Bestatteten spiegeln, bestätigt Ibn Fadlān in der Einleitung zu seiner Schilderung mit dem Hinweis, weniger begüterte Wikinger würden in kleinen Booten beigesetzt.[43]

Selbst wenn die bekanntesten Schiffsgräber wie die in Oseberg und Gokstad in den Abmessungen beeindruckende Schiffe enthielten, erfolgten die meisten Bestattungen in kleinen, geklinkerten Ruderbooten. Bestattungen in großen Frachtschiffen wurden bislang noch nicht entdeckt. Laut Ibn Fadlān waren diese kleinen Boote nicht einmal das Eigentum der darin bestatteten ärmeren Toten. Dennoch handelte es sich nicht um einfache Fischerboote oder Stechkähne, wie man sie zur Jagd benutzte, sondern um sorgfältig gebaute, im Allgemeinen zierliche

Eichenholzboote von einem ähnlichen Typ wie dasjenige in Gokstad. Solche sogenannten *færinger* scheinen Adligen und ihren Familien als schnelles Transportmittel gedient zu haben.[44]

Dass man Steinsetzungen tatsächlich als Schiffe ansah, bekräftigt ein drei Meter hoher Runenstein aus Tryggevalde auf der seeländischen Halbinsel Stevns. Nach der Inschrift aus der ersten Hälfte des 10. Jahrhunderts ließ eine Frau namens Ragnhild für ihren Mann Gunnulf einen Grabhügel und eine Schiffssetzung (*skæið*) errichten. Der Runenstein war zweifellos Teil dieser Steinsetzung, wohl der »Bug«.

Das Verhältnis von Steinsetzungen zu Gräbern ist nicht geklärt, in jedem Falle müssen sie eine Art Grabmonument darstellen. Bei den Schiffssetzungen könnte genauso wie bei den »richtigen« Schiffsbestattungen die Größe den Status des Verstorbenen anzeigen. Die mit 300 Metern Länge umfangreichste bekannte Steinsetzung befindet sich in Jelling (siehe S. 158–159) und wird als königliches Monument gedeutet. Im Gegensatz zu echten Schiffen, die man mit Erde bedeckte, blieben Schiffssetzungen in der Landschaft weithin sichtbar.

Seite an Seite mit Schiffsgräbern fand man als weitere Begräbnisoptionen für die wikingerzeitliche Elite Wagen (siehe S. 182), Kammer- oder Pferdegräber und in seltenen Fällen Schlitten. Vielleicht ist es kein Zufall, dass all diese Optionen etwas mit Transport zu tun haben. Bezeichnenderweise sind auch die gotländischen Bildsteine Grabmonumente, sozusagen Schiffsgräber ohne Schiff (Abb. 18). Die Bildwelt auf diesen Steinen der späten Wikingerzeit umfasst zahllose Schiffe, Pferde und Wagen sowie einige Schlitten. Bei den dargestellten Schiffen ist häufig eine bestimmte Person an Bord hervorgehoben – eventuell der Verstorbene, zu dessen Andenken der Stein aufgestellt wurde. In der Regel sitzt er am Bug, in der Hand eine Waffe oder ein dreieckiges Symbol. In einigen wenigen Fällen trägt der Vordersteven sogar eine Runeninschrift.[45] Unwillkürlich denkt man an einen Runenstein aus Spånga in Södermanland, auf dem es über den Verstorbenen heißt: »Er stand wie ein Mann auf dem Vordersteven des Schiffs. Er liegt im Westen [begraben].«

Eine Gesellschaft von Seefahrern

Schiffe wirkten auf das Leben der Wikinger aller gesellschaftlichen Klassen ein: als Beförderungsmittel, als Waffe und als Bestattungsform. In Graffiti aus skandinavischen Kontexten der Wikingerzeit und des Frühmittelalters tauchen Schiffe von allen Motiven am häufigsten auf. Darüber hinaus dienten sie als Kinderspielzeug (Abb. 19–20).

Schiffe formten Landschaften durch den Bau von Häfen, Sperren und Verteidigungsanlagen gegen Angriffe vom Meer. Wikingersiedlungen liegen bevorzugt in Küstengebieten oder an breiteren Wasserstraßen. Augenscheinlich war sogar das ganze Land im Rahmen eines vorwiegend maritimen Abgabensystems in Verwaltungsbezirke unterteilt.

Selbst die Häuser der Wikinger sahen wie Schiffe aus. Durch archäologische Funde belegt ist das »Trelleborg-Haus«, ein hölzernes Langhaus mit Halle. Die gewölbten Längsseiten vermitteln eine ungefähre Schiffsform. In den Ringburgen (siehe S. 151–152) waren mehrere solcher Häuser angeordnet. Man vermutet, dass Schiffsbesatzungen darin untergebracht waren und dass sich das Gesetz des *skibsfreden*, das im Krieg und auf langen Fahrten an Bord galt, geradeso auf diese Hallen erstreckte.[46]

Das in Klinkerbauweise beplankte nordische Schiff, ob Kriegsschiff, Frachtschiff oder Boot, bildete die Grundlage für alle Bewegungen von Waren und Menschen in der Wikingerwelt. Gold, Silber und Schmuck sind die physischen Überreste solcher Überführungen, doch stellen die Artefakte nur einen geringen Teil der gewaltigen Massen an Frachtgut dar. Archäologen bevorzugen metallene Fundstücke, weil sie besser erhalten bleiben als organische Materialien. Handelsgüter wie Sklaven, Pelze, Vieh und Getreide hinterlassen dagegen kaum sichtbare Spuren. Metallfunde dokumentieren jedoch primär den Fernhandel und den Transport begehrter

18.
Bildstein mit Darstellung eines Schiffs mit gehisstem Segel, 8. Jahrhundert. Broa, Gemeinde Halla, Gotland, Schweden.
Kalkstein. B ca. 48 cm, H ca. 74 cm
Gotlands Museum, Visby

19.
Schiffsmodell oder Spielzeugboot, vermutlich 10.–11. Jahrhundert. Fishamble Street, Dublin, Irland.
Holz. L 31,5 cm, B 9,0 cm
National Museum of Ireland, Dublin

20.
Schiffsmodell oder Spielzeugboot, 800–1050. Haithabu, Deutschland.
Erlenholz. L 58,0 cm, B 7,0 cm
Archäologisches Landesmuseum, Schloss Gottorf, Schleswig

Luxusgüter und beeinflussen damit unser Verständnis von Handels- und Tauschwaren genauso, wie das Drachenboot unsere Vorstellung vom Wikingerschiff prägt. Betrachtet man die wikingerzeitliche Wirtschaft aber im Ganzen, erkennt man Bedeutung und Volumen preiswerter Massenwaren. Sie wurden teils mit geräumigeren Frachtschiffen, teils mit kleinen Booten befördert, und gerade Letztere ermöglichten über schiffbare Flüsse bis tief ins Landesinnere ein noch ausgedehnteres Kontaktnetzwerk zu Wasser.

Geschenke und Plündergut hatten ihren Platz neben Tauschhandel, Kauf und Verkauf. Die Kehrseite des geregelten Handels, wie ihn viele Gewichte und Waagen dokumentieren, hieß Seeräuberei, Gewalt und letztlich Landnahme. Manche Gewichte verkörpern selbst diese Wechselwirkung, denn gelegentlich füllte man Bruchstücke sehr wahrscheinlich geraubter vergoldeter Schreine mit Blei und benutzte sie als Gewichtsstücke im legalen Handel (siehe S. 57–60).

Dank der Fortschritte im Schiffbau verlief auch der ideelle Austausch zwischen den Wikingern und ihren Nachbarn rascher und effizienter, von Sitten und Bräuchen über die Rolle des Königs (siehe S. 62–68) bis hin zur Religion. Das Kräftespiel im gesellschaftlichen Gefüge und die regulären und irregulären Bewegungen von Menschen waren für die Netzwerke der Wikinger ebenso wichtig wie Warenumschlag und Handel.

Mehr als die meisten seiner Nachbarn muss Skandinavien in der Wikingerzeit als gewaltiges Konglomerat kleinerer subregionaler Einheiten gesehen werden, die untereinander zu größeren Gruppen fusionierten. Die Verbindungen zwischen ihnen waren abhängig von der Infrastruktur, diese wiederum von Schiffen. Als König Harald Blauzahn sich um 965 auf seinem Runenstein rühmte, er habe »sich … ganz Dänemark und Norwegen [gewonnen] und die Dänen zu Christen [gemacht]«, hatten ihm erst Seefahrt und Schiffe diese Leistungen ermöglicht und erleichtert. Das gilt im konkreten praktischen Sinn wie auf einer übergeordneten Ebene insofern, als er seine Konzepte von Königtum und Glauben erst in der Interaktion mit seinen Nachbarn entwickeln konnte.

Ganze Schiffe und Schiffsfragmente gehören zu den spektakulärsten Funden aus der Wikingerzeit, ganz gleich, ob sie wie in Oseberg, Gokstad oder Ladby in Grabhügeln freigelegt oder wie in Skuldelev, Roskilde und Haithabu aus Unterwassersperren und Häfen gehoben werden. Doch selbst unscheinbare Funde wie ein rostiger Axtkopf, ein tönernes Webgewicht oder ein bescheidener Spinnwirtel haben etwas mit Schiffbau und Segelmacherei zu tun, denn die ganze Gesellschaft war auf maritime Aktivitäten ausgerichtet.

Im Spätsommer 2010 stieß man in Saltfleetby St Clement in Lincolnshire auf einen kleinen Spinnwirtel aus Blei (Abb. 21). Der Ort liegt an der Ostküste Englands in einer Region, die von den Überfällen und später der Landnahme der Wikinger massiv betroffen war. Selbst der Name ist teilweise skandinavisch.[47] Die Kirche St Clement wurde erst im frühen 13. Jahrhundert gebaut, doch in Skandinavien wie in England sind viele Kirchen dem hl. Clemens geweiht, der von alters her Schutzpatron der Seeleute ist.[48] Der Spinnwirtel wurde Anfang des 11. Jahrhunderts oder vielleicht sogar etwas früher mit einer Runeninschrift versehen, die noch zum Teil lesbar ist: »Mögen Odin [Óðinn] und Heimdall [Heimdallr] und Thialfi [Þjálfa] dir beistehen, Ulfljotr [Úlfljótr].« Es fällt nicht schwer, sich in einer kleinen anglo-skandinavischen Gemeinde an der Nordseeküste eine Frau vorzustellen, die mit dem Spinnwirtel in der Hand die alten heidnischen Götter Odin und Heimdall anruft, ihren Ulfljotr auf hoher See zu beschützen.

21.
Der Spinnwirtel trägt eine altnordische Runeninschrift, die übersetzt vermutlich so viel bedeutet wie »Mögen Odin [Óðinn] und Heimdall [Heimdallr] und Thialfi [Þjálfa] dir beistehen, Ulfljotr [Úlfljótr].«

Spinnwirtel mit eingeritzten Runen, frühes 11. Jahrhundert. Saltfleetby, Lincolnshire, England.
Blei. Dm 2,6 cm
Privatbesitz

1.–2.
Die Ausgrabung des Wracks 1997 in Roskilde.

3. (rechte Seite)
Ein Teil des Schiffsbodens während der Ausgrabungsarbeiten.

Die *Roskilde 6*

Jan Bill

Mit einer rekonstruierten Länge von über 37 Metern ist die *Roskilde 6* das längste erhaltene Schiff aus der Wikingerzeit. Entdeckt und geborgen wurde es 1996/97 im Hafengebiet der königlichen Domstadt Roskilde, einer der ältesten Städte Dänemarks (Abb. 1–2).[1] Von dem knappen Dutzend Schiffswracks, die man zu Beginn der Bauarbeiten für die Erweiterung des dortigen Wikingerschiffsmuseums im Hafenbecken fand, ist es zugleich das älteste. Seither wurde es ausführlich dokumentiert, analysiert und konserviert. Heute sieht man von ihm noch einen gut konservierten Teil des Bodens und fast den ganzen 32 Meter langen Kiel. Die Bauarbeiten, bei denen das Wrack zutage kam, haben deutliche Spuren hinterlassen. Achtern vom Mittschiff fielen 2 Meter des Rumpfs den Baggern zum Opfer, bevor man des Schiffes gewahr wurde. Dennoch ist es in der Gesamtheit so gut erhalten, dass die wesentlichen Teile rekonstruiert werden konnten, zumal es in Alter und Bauweise den fünf Wikingerschiffen aus dem nahe gelegenen Skuldelev ähnelt, die heute ebenfalls im Wikingerschiffsmuseum ausgestellt sind.

Wie alt ist die Roskilde 6 *und woher stammt sie?*

Das Alter der *Roskilde 6* wurde mittels Dendrochronologie festgelegt: Durch Messen der Abstände zwischen den Jahresringen eines Holzes

und durch Vergleich mit Hölzern anderer Ausgrabungsstätten kann bestimmt werden, wann – und oft auch wo – ein Baum geschlagen wurde. Im Fall der *Roskilde 6* ergab sich, dass die für ihren Bau verwendeten Bäume in der Zeit zwischen 1018 und 1032 gefällt wurden, sehr wahrscheinlich eher in der Mitte dieses Zeitraums, also um 1025. Das Holz muss aus dem Gebiet rings um den Oslofjord im Südosten Norwegens stammen, denn das Muster der Jahresringe entspricht dem der berühmten Schiffsgräber in Oseberg (siehe S. 200–201) und Gokstad.[2] Da Schiffsholz vor der Nutzung in der Wikingerzeit nicht gelagert oder über weite Strecken transportiert wurde, ist anzunehmen, dass man die *Roskilde 6* direkt vor Ort baute. Messungen der Jahresringe in einer Planke, mit der an einer Stelle der Rumpf repariert wurde, liefern überdies eine Momentaufnahme aus der Geschichte des Schiffs, denn sie belegen, dass es zu einem nicht genauer bestimmbaren Zeitpunkt nach 1039 weit von seinem Ursprungsort entfernt an einem unbekannten Ort im Ostseeraum instand gesetzt wurde.

Was für ein Schiff war die Roskilde 6?

Nur rund ein Fünftel des originalen Rumpfs hat überlebt. Von Mast, Takelage und Segel ist nichts übrig (Abb. 3). Dennoch haben wir eine klare Vorstellung davon, wie das Schiff einst aussah. Berechnungen zufolge betrug die Schiffslänge 37,27 Meter, die Breite 3,99 Meter und der Tiefgang nicht mehr als 83,5 Zentimeter.[3] Alle Teile wurden sehr versiert aus erstklassigen Rohstoffen gefertigt. Für den Kiel, die existenten Boden- und Seitenplanken und die akkurat gebogenen Spanten zog man ausschließlich Eichenholz heran, das härteste und haltbarste aller Hölzer, aus denen man in der Wikingerzeit Schiffe baute. Die Bodenwrangen (Querträger im Schiffsboden) wurden aus sorgfältig ausgewählten gewachsenen Hölzern gefertigt, deren Fasern exakt die benötigte Biegung aufwiesen. Dadurch konnten sie sehr dünn sein, was Gewicht einsparte. Der Abstand zwischen den Bodenwrangen ist mit nur 78 Zentimetern relativ gering, denn bei vielen anderen Wikingerschiffen beträgt er bis zu 1 Meter. Auf den Bodenwrangen wurden die Biten (dünne Querhölzer) an beiden Schiffsseiten mit

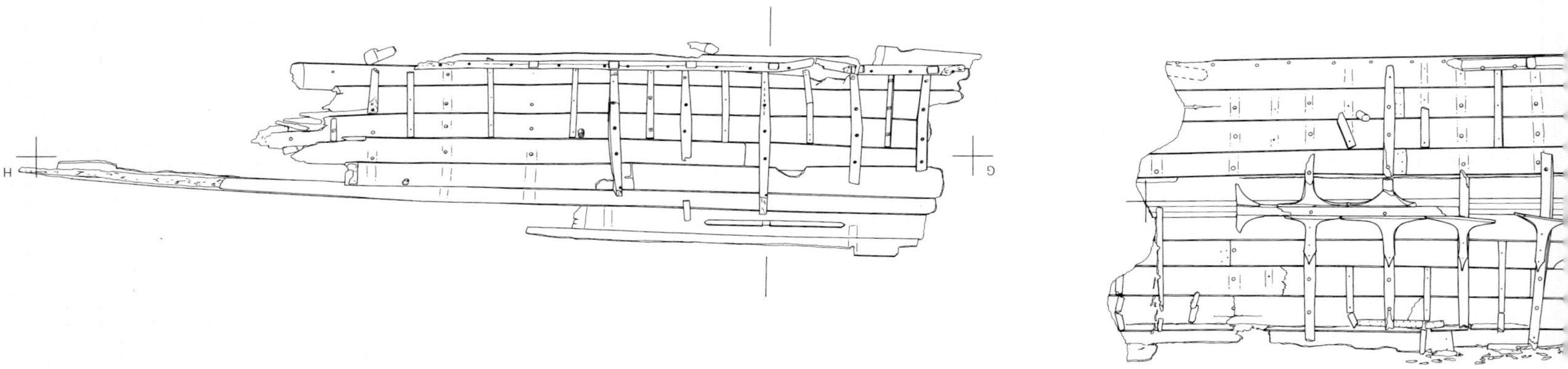

rechtwinklig gebogenen »Bitenknien« befestigt, für die man gleichfalls gewachsene Hölzer verwendete. Darüber waren die Ruderbänke angebracht. All diese Teile fehlen bei der *Roskilde 6*. Erhalten ist allerdings in der Schiffsmitte ein kurzes Holzstück, das oberhalb des Kiels in Längsrichtung zwischen Bodenwrangen und Biten verkeilt war – es ist der Rest des Kielschweins, das sich ursprünglich nahezu über die gesamte Länge des Schiffs erstreckte. Es gab dem Rumpf Längssteifigkeit und stützte den Mast. Das Kielschwein wurde mit aufwendig geschnitzten Bitenknien fest eingebaut (Abb. 4).[4]

Viele Elemente der *Roskilde 6* zeigen auch zwei andere bemerkenswerte Schiffswracks, die großen Langschiffe *Skuldelev 2* und *Haithabu 1*.[5] Die *Skuldelev 2* wurde 1042 in oder bei Dublin in Irland gebaut, die *Haithabu 1* um 985 in oder bei Haithabu, das in der Wikingerzeit ein internationaler Handelsplatz an der Grenze zwischen dem damaligen Süddänemark und dem fränkisch-deutschen Reich war. Auffällig an diesen Schiffen ist vor allem, dass sie enorm lang sind, dabei aber eher schmal ausfallen und wenig Tiefgang haben. Die *Haithabu 1* und *Skuldelev 2* sind beide rund 30 Meter lang, die *Roskilde 6* bringt es, wie erwähnt, auf über 37 Meter Länge. Dafür ist keines der drei Schiffe breiter als 3,99 Meter oder weist einen Tiefgang von mehr als 1 Meter auf (Abb. 5). Alle drei waren also etwa zehnmal so lang wie breit und konnten deshalb so nah an Küsten heransegeln, dass die Besatzung ins seichte Wasser springen und an Land waten konnte. Eben diese Merkmale kennzeichnen die »amphibische« Kriegsführung der Wikinger, und genau dafür waren diese Schiffe gebaut: Sie beförderten rasch zahlreiche Krieger, konnten Flüsse hinauffahren, in Fjorde vordringen und an jedem beliebigen Ufer anlegen, wobei ihnen weitere Besonderheiten wie der geringe Abstand zwischen den Querspanten oder der extrem leichte Rumpf zusätzlich zugute kamen. Auf den dichter hintereinander montierten Ruderbänken war Platz für mehr Ruderer, die das Schiff schneller voranbrachten und besser lenkbar machten. Während die *Haithabu 1* und *Skuldelev 2* mit jeweils 30 Riemenpaaren ausgestattet waren, besaß die *Roskilde 6* davon 39 oder sogar 40. Dank erstklassiger Materialien und des möglichst geringen Gewichts der einzelnen Teile waren die Boote leichter und dadurch schneller und wendiger. Die *Roskilde 6* kann zweifellos als hoch spezialisiertes wikingerzeitliches Kriegsschiff eingestuft werden.

Wozu und für wen wurde die Roskilde 6 *gebaut?*

Schriftquellen der späten Wikingerzeit geben nur selten die Maße der einzelnen Schiffstypen an. Große Kriegsschiffe nennen sie in der Regel *skeið*. Die etymologische Ableitung des Worts ist ungewiss.[6] Snorri

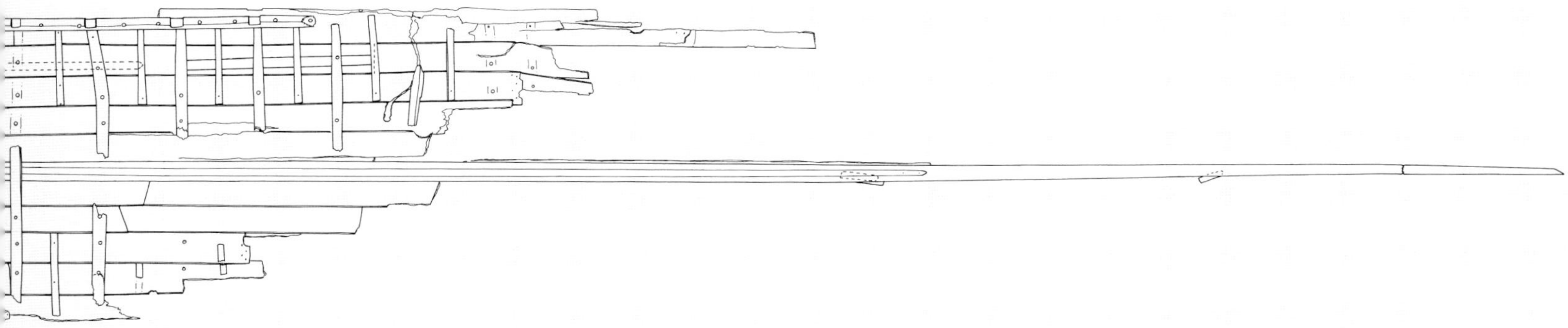

4.
Zeichnung der erhaltenen Holzteile des Schiffs. Die Lücke zeigt den Teil des Schiffsrumpfs an, der bei den Bauarbeiten kurz vor seiner Entdeckung beschädigt wurde.

Sturluson erzählt in seiner etwas jüngeren *Heimskringla* von *skeið*, die im 11. Jahrhundert Jarls und Königen gehörten und zwischen 30 und sagenhaften 60 Riemenpaaren besessen haben sollen.[7] Als Snorri die Königssagas in der ersten Hälfte des 13. Jahrhunderts niederschrieb, waren Kriegsschiffe schon längst erheblich größer als in der Wikingerzeit. Es wäre deshalb denkbar, dass er ein wenig übertrieb, doch seine Aussage, die prächtigsten Kriegsschiffe seien Eigentum von Königen und Jarls, stimmt mit den Angaben älterer Quellen überein. Der Mann, der die *Roskilde 6* bauen ließ, muss um 1025 zu den ranghöchsten Kreisen der norwegischen oder dänischen Elite gehört haben. Viele der Könige und Jarls dieser Zeit sind uns aus Schriftquellen namentlich bekannt. Dass es trotzdem so schwierig ist, den mutmaßlichen Eigentümer der *Roskilde 6* auszumachen, hat mit den komplexen Ereignissen zu tun, die in dieser Zeitspanne die Eliten beschäftigen, insbesondere im Jahr 1025.[8]

In dieser Zeit regierte Knut der Große von England aus Dänemark und Südschweden. In Norwegen herrschte bis 1028 der später heiliggesprochene Olaf II. Haraldsson.[9] Olaf war als Sohn einer Adelsfamilie in Ostlandet im Osten Norwegens aufgewachsen und hatte mehrere Jahre in England gekämpft, anfangs aufseiten der Dänen, später für die Engländer. 1015 hatte er den norwegischen Thron bestiegen und es als erster König geschafft, auch Ostnorwegen in sein Reich einzubinden, das bis dahin vorwiegend aus Westnorwegen bestanden hatte. Als Knut 1025 Ansprüche auf die norwegische Krone erhob, verbündete sich Olaf mit dem schwedischen König Anund Jakob und erklärte Dänemark den Krieg. Die entscheidende Schlacht zwischen Knut und Olaf fand 1025 oder 1026 am Fluss Helgeå in Ostschonen zu Wasser und zu Lande statt. Sie schwächte Olafs Position so erheblich, dass Knut nun seinerseits mit den westnorwegischen Jarls eine Allianz eingehen konnte. Olaf flüchtete 1028 nach Osten zu seinem Schwager, Fürst Jaroslaw von Kiew und Nowgorod, und unternahm 1030 noch einmal einen vergeblichen – und für ihn tödlichen – Versuch, den norwegischen Thron zurückzuerobern.

Da wir nicht exakt wissen, in welchem der Jahre zwischen 1018 und 1032 die *Roskilde 6* gebaut wurde, lässt sich auch nicht eindeutig klären, für welche der beiden Seiten der Mann kämpfte, der dieses Schiff in Auftrag gab. Als Knut die Krone Norwegens für sich beanspruchte, versuchten Olaf und Anund, ihn mit einem Krieg in seine Schranken zu verweisen. Allein das wäre ein guter Grund gewesen, ein solches Schiff bauen zu lassen – in diesem Fall wäre es fraglos für Olaf oder einen seiner mächtigen Bündnispartner in Ostnorwegen bestimmt gewesen. Wurde das Schiff allerdings erst nach der Schlacht

5.
Rekonstruktionszeichnung mittschiffs der vier bekannten großen Langschiffe *Roskilde 6, Skuldelev 2, Haithabu 1* und *Skuldelev 5*.

6.
Blick vom Roskilde Fjord zum Dom. Der Bau des Doms erstreckte sich ab dem späten 12. Jahrhundert über einen langen Zeitraum. An dieser Stelle standen zuvor eine wikingerzeitliche Kirche und die Königsresidenz.

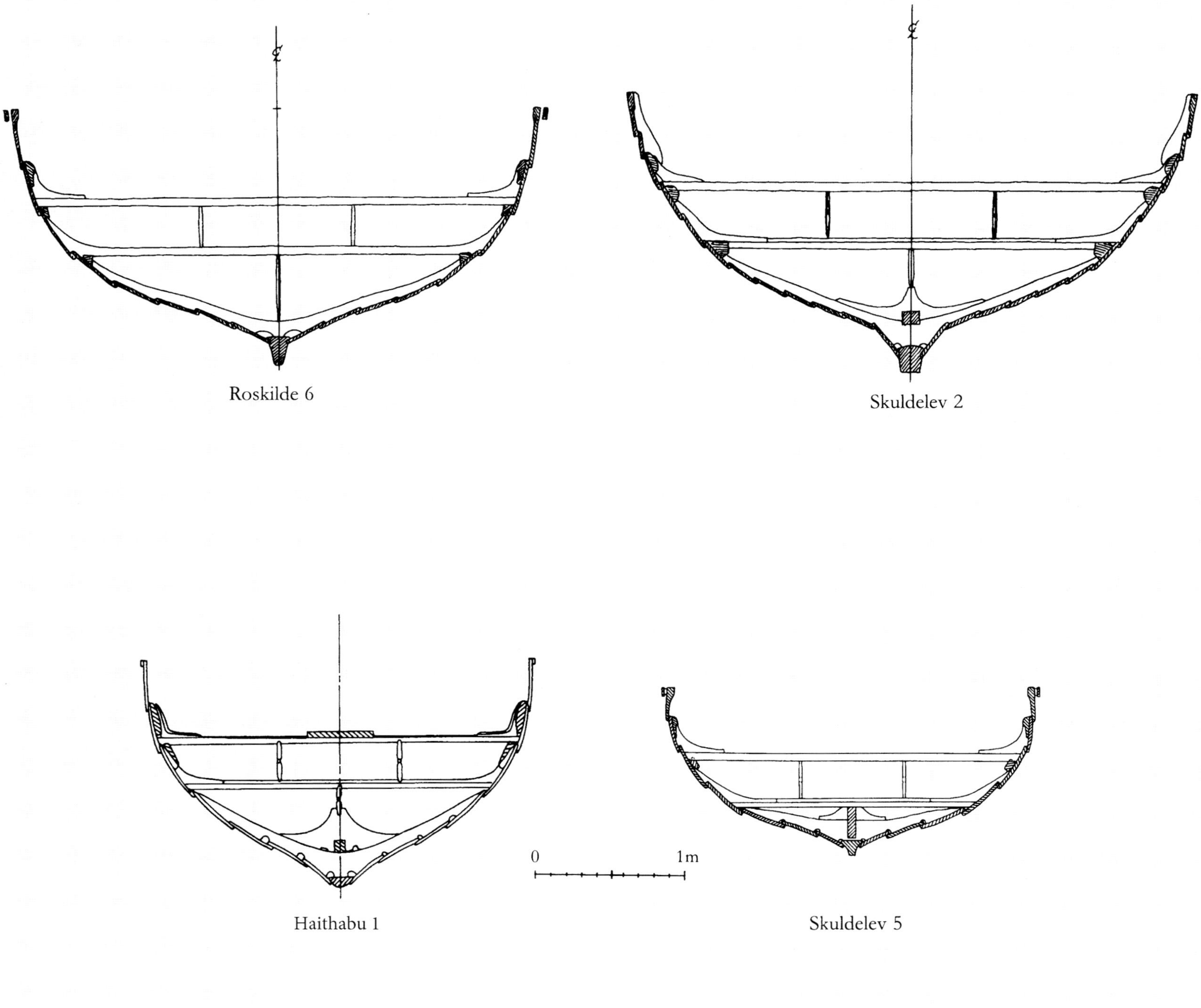

am Helgeå fertiggestellt, vielleicht sogar erst nach Olafs Flucht 1028, könnte die Direktive zu seinem Bau ebenso gut durch einen von Knuts Verbündeten oder durch Knut selbst erfolgt sein. Damit, dass ausgerechnet die Wälder des besiegten Königs das Holz für den Bau eines so grandiosen Kriegsschiffs lieferten, hätte der Betreffende ein Zeichen gesetzt, dessen Bedeutung der zeitgenössischen Elite ganz sicher nicht entgangen ist, denn Ehre und Seefahrt hatten für sie einen überragenden Stellenwert.

Die Frage, für wen die *Roskilde 6* konzipiert war, werden wir wohl nie zweifelsfrei beantworten können. Die Tatsache, dass sich das Schiff 1039 im Ostseeraum aufhielt und dort repariert wurde, bringt uns gleichermaßen nicht weiter. Wir wissen nicht einmal, wann und wie es auf seiner letzten Reise nach Roskilde gelangte, sondern lediglich, dass es dort seine Tage auf eine Weise beschloss, die mit seiner ursprünglichen heroischen Funktion nicht das Geringste zu tun hatte. Vermutlich alt, verrottet und voller Wasser, wurde das einst stolze Schiff so weit an Land gezogen, wie es Menschenkraft vermochte, und dort machte man sich an die traurige Aufgabe, es mit Äxten kurz und klein zu schlagen. Vielleicht hatte sich der Kreis da schon wieder geschlossen: Auf dem dänischen Thron saß in diesem Moment aller Wahrscheinlichkeit nach entweder Knuts Sohn Hardiknut (1035–1042) oder Olafs Sohn Magnus der Gute (König von Dänemark 1042–1047).[10] Vom erhöht gelegenen Dom und der Königsresidenz aus schaute man direkt auf den Hafen hinab (Abb. 6). Sofern der König – ganz gleich, welcher von beiden – sich gerade in Roskilde aufhielt, war ihm mit Sicherheit bewusst, welches Schiff es war, das dort am Ufer ausgeschlachtet wurde.

1.
Im Zuge der Ausgrabung geborgenes Fragment der *Roskilde 6* mit dekorativer Schnitzerei.
Eichenholz. L 19,8 cm, H 2,8 cm
Dänisches Nationalmuseum, Kopenhagen

Die Konservierung der *Roskilde 6*

Kristiane Strætkvern

Im Zuge der Bauarbeiten für eine neue Museumsinsel auf dem Gelände des Wikingerschiffsmuseums im dänischen Roskilde wurden 1997 neun Schiffswracks entdeckt und geborgen, darunter das längste bisher gefundene Wikingerschiff, die *Roskilde 6*. Der erhaltene Kiel war 32 Meter lang, das ganze Schiff gemäß Rekonstruktion über 37 Meter. Vom Schiff waren noch rund 25 Prozent vorhanden, im Wesentlichen der Boden und die achtern gelegenen Partien.

Das Schiff wurde zunächst in situ dokumentiert und jedes Teil nummeriert. Dann wurde es behutsam zerlegt und Planken, Kiel, Spanten, Zwischenspanten und sonstige Elemente wurden Stück für Stück vom Grund des Hafenbeckens gehoben. Obwohl das Holz auf den ersten Blick völlig intakt wirkte, war es stark erodiert und musste bei der Bergung abgestützt werden. Wie die anderen Schiffe, die bei den Ausgrabungen im Hafen von Roskilde zutage kamen, musste auch die *Roskilde 6* konserviert werden. Dazu hielt man die Holzteile zu Beginn in langen Becken nass. Die ersten Phasen der Konservierung – Reinigung und Dokumentation – erfolgten in Roskilde selbst im neu errichteten Fundaufnahmezentrum. Parallel zur Bestandsaufnahme wurden die Schiffsfragmente mehrere Monate lang mit Wasser und Pinsel gesäubert. Im Zuge dessen wurden an der Oberfläche unter anderem Bearbeitungsspuren und Schnitzereien klarer sichtbar und konnten mithilfe von Fotos und Zeichnungen leichter dokumentiert werden (Abb. 1). Solange Holz nass ist, kann die Säuberung besonders schonend erfolgen. Diese Anfangsphase bietet zudem die Möglichkeit, Fragmente und lose Teile einzupassen, darüber hinaus unterstützt die Säuberung die Sicherung und sorgt für visuell befriedigendere Ergebnisse, weil die Konservierungsmittel besser eindringen können und sich im Holz gleichmäßiger verteilen. Nur bei sauberer Oberfläche ohne Ablagerungen von Lehm, Schlick oder Schlamm können die außen liegenden Schichten einheitlich trocknen, sodass das Holz später so wenig wie möglich behandelt werden muss. Erfasst wurden die Funde wahlweise durch Zeichnungen auf Plastifolie im Maßstab 1:1 oder durch digitale Messungen. Auch die von Äxten stammenden Bearbeitungsspuren und die Schnitzereien an einigen der inneren Holzelemente wurden in dieser Phase registriert. Noch wichtiger war jedoch die Dokumentation der originalen Konturen der einzelnen Teile in ihren Dimensionen und Formen. Die Zeichnungen dieser Elemente waren von entscheidender Bedeutung für die spätere Rekonstruktion des Schiffs (Abb. 2).

Damit die nassen Schiffsfragmente stabilisiert und öffentlich präsentiert werden konnten, musste das Holz in einer nächsten Phase in einem langwierigen, technisch sehr aufwendigen Verfahren unter sorgfältiger Überwachung entsprechend vorbereitet und getrocknet werden. Die gesäuberten, dokumentierten Bruchstücke wurden dafür in das Labor des Dänischen Nationalmuseums in Brede nördlich von Kopenhagen gebracht. Dort tränkte man sie mit PEG 2000 in wässriger Lösung. PEG (Polyethylenglykol) ist ein wasserlösliches Polymerwachs, das nach und nach das im Holz enthaltene Wasser verdrängt und ersetzt. Im Laufe mehrerer Jahre wurde die Konzentration in den Becken von 10 auf 40 Prozent PEG 2000 erhöht, bis das Holz getrocknet werden konnte.

Holz, das fast tausend Jahre in einer sauerstoffarmen oder -freien Umgebung unter Wasser gelegen hat, sieht oft unbeschädigt aus, ist aber in Wahrheit stark zersetzt. Viele seiner natürlichen Bestandteile wie Zellulose und Hemizellulose sind ganz oder partiell verschwunden und die Zellen haben sich mit Wasser vollgesogen. Trocknet das Holz

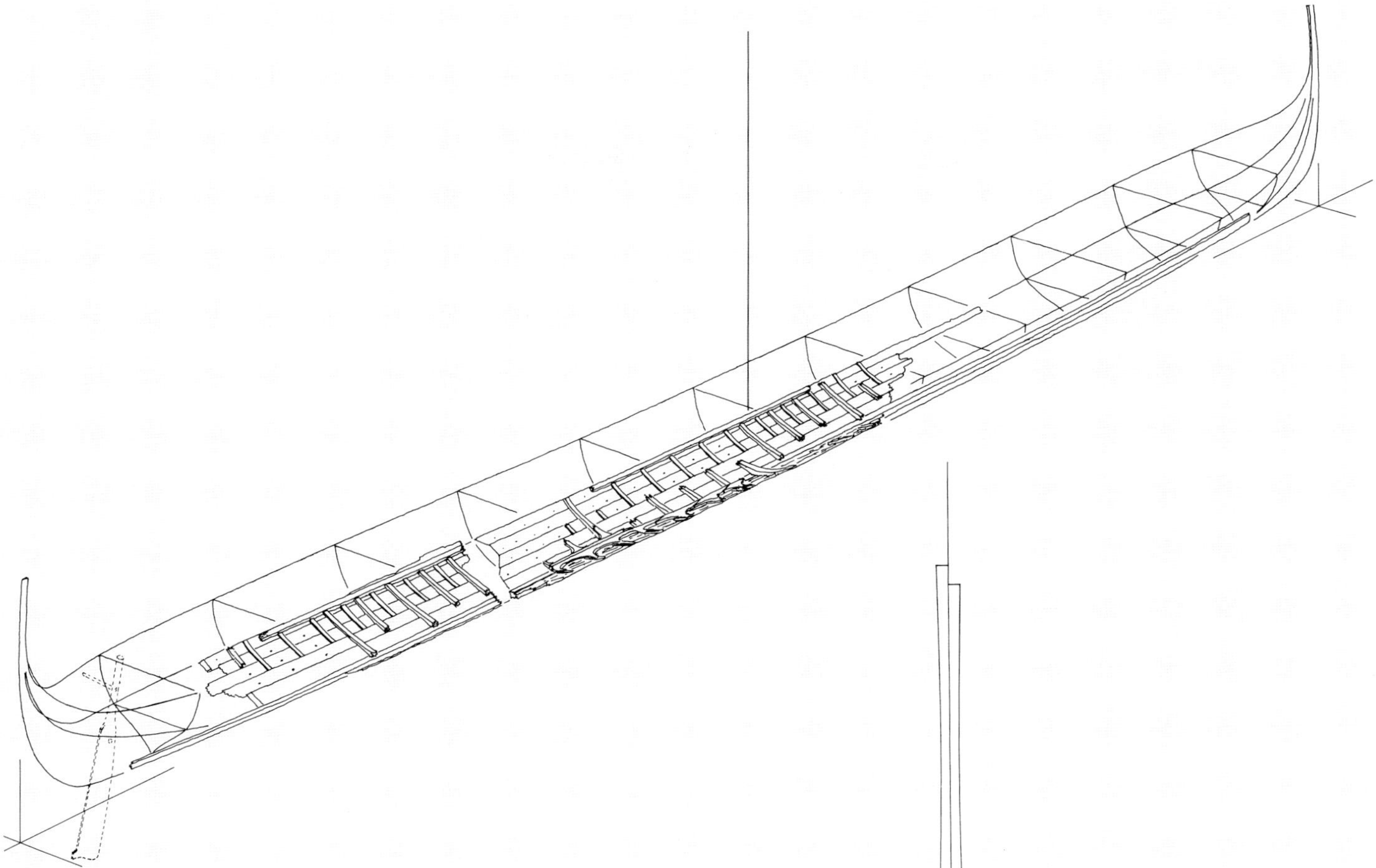

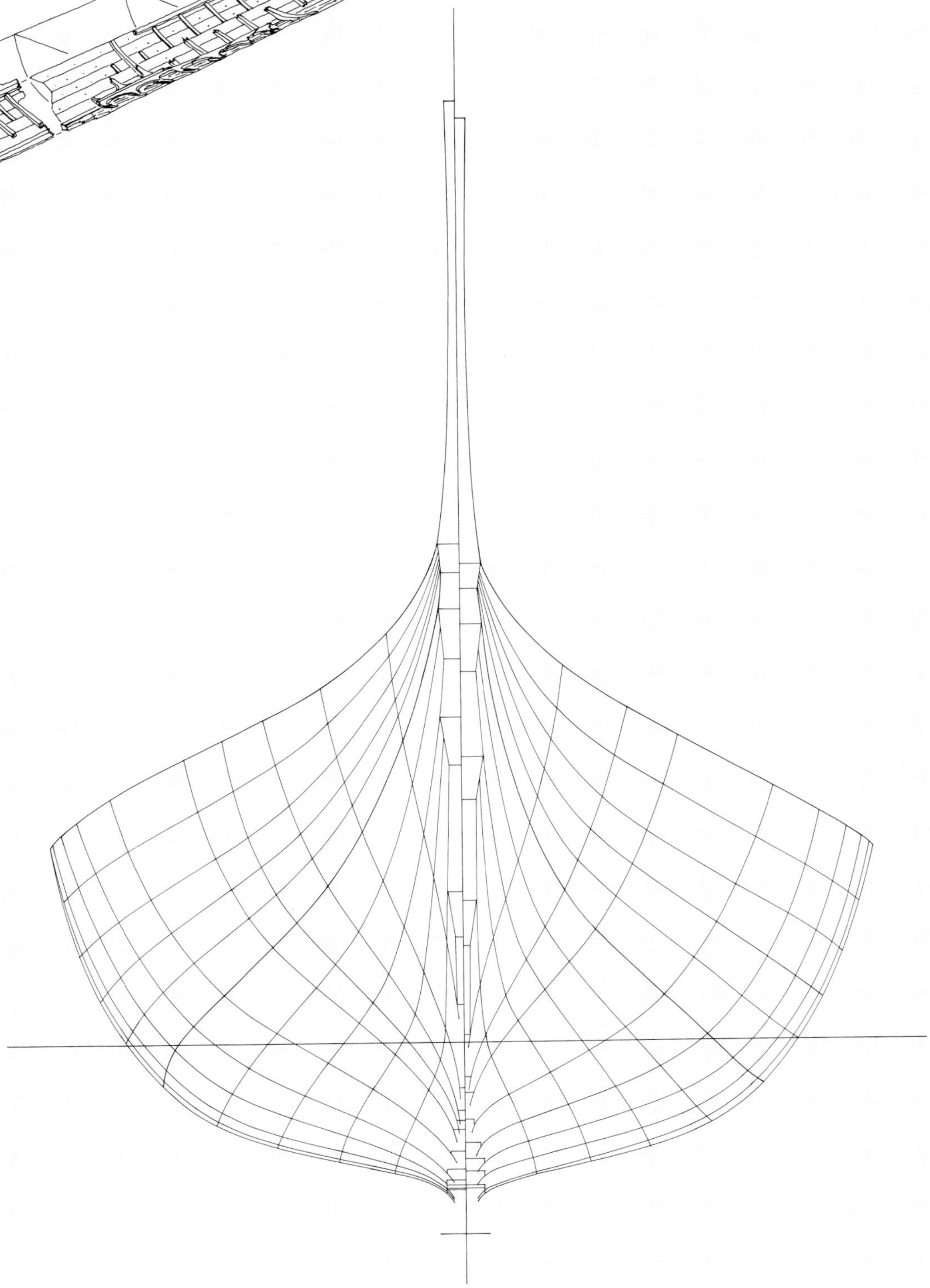

2.
(oben) **Vorläufige Skizze des rekonstruierten Schiffs inklusive der Teile, die bei der Ausgrabung geborgen werden konnten.**
(rechts) **Rekonstruktionszeichnung zur Veranschaulichung der relativen Höhe von Vorder- und Achtersteven. Das Schiffsheck ist links von der vertikalen Mittellinie zu sehen, der Bug rechts von ihr.**

3.–4.
Holzfragmente und Planken unmittelbar nach der Gefriertrocknung. In Abb. 4 sieht man im Hintergrund die 8 Meter lange Gefriertrocknungsanlage. Die weißen Ablagerungen auf den Holzoberflächen bestehen aus getrocknetem (überschüssigem) PEG (Polyethylenglykol) 2000.

unkontrolliert aus, schrumpft es und reißt. Um das zu verhindern, wird das Wasser durch Gefriertrocknung im Vakuum aus dem imprägnierten Holz entfernt. Das mit PEG getränkte Holz wird dazu in einem großen Unterdruckbehälter bei einer Temperatur von -27 Grad Celsius tiefgefroren und dann einem Unterdruck von 0,2 Millibar ausgesetzt. Das im Holz eingeschlossene Wasser gefriert zunächst zu Eis, das dann nach Anlegen des Vakuums verdampft und aus dem Behälter entweicht (Abb. 3–4). Dank dieser Behandlung kann das Holz nicht schrumpfen und bewahrt seine Form weitgehend originalgetreu. Der Prozess nimmt fünf bis sechs Monate in Anspruch. Im 8 Meter langen, 1,8 Meter breiten Unterdruckbehälter können pro Arbeitsgang rund 14,5 Quadratmeter Oberfläche gefriergetrocknet werden. Der erste von insgesamt neun Durchläufen begann 2009, der letzte im Juli 2012.[1]

Die erhaltenen Partien des Wracks bestanden aus rund 200 Einzelteilen, von denen die meisten mehrfach gebrochen waren. Da die Stücke nach der Imprägnierung und Gefriertrocknung wieder zusammengesetzt werden sollten, musste ihre Form während des gesamten Prozesses gesichert bleiben. Dazu rekonstruierte man das Schiff am Reißbrett anhand maßstabsgerechter Skalierungen der anfangs angefertigten originalgroßen Zeichnungen als Modell im Maßstab 1:10. Diese Phase war sehr aufregend, weil dabei die ursprüngliche Länge, Breite, Höhe und Form des Schiffs erkennbar wurden.[2] Aufgrund des dabei gewonnenen Detailwissens über die Form der einzelnen Fragmente wurde das noch nasse imprägnierte Holz mit Keilen, Sandsäcken und Stahlgerüsten während des Trocknungsprozesses in der richtigen Form gehalten.

Im letzten Schritt der Konservierung wurden Bruchstücke zusammengeleimt, Fragmente gesammelt und überschüssiges Imprägnier-

mittel von den Oberflächen der Planken, Spanten und Kielteile entfernt. Um das Schiff sicher transportieren und ausstellen zu können, wurde jede einzelne Planke mit einer Edelstahlstütze versehen. Damit die Elemente unbeschadet von einer Ausstellung zur nächsten gelangen, reisen sie in eigens angefertigten Kisten, die zwei große Frachtcontainer füllen.

Die Rekonstruktion des Schiffs erfolgte durch den Architekten Morten Gøthche vom Wikingerschiffsmuseum in Roskilde. Sie diente auch als Grundlage für Entwurf und Konstruktion des Gerüsts, auf dem die behandelten Teile für die Ausstellung montiert wurden (Abb. 5). Alle rekonstruierten Strukturelemente des Schiffs – Dollborde, Planken, Vorder- und Achtersteven, Ruderbänke und Schiffsboden – wurden aus Stahl nachgebildet. Die ursprünglich vorhandenen Spanten sind als Nachbauten in das Gerüst eingefügt, das die Originalplanken umgibt. So können die konservierten Komponenten zusammen mit dem maßgeschneiderten Gerüst dem Betrachter eine möglichst genaue Vorstellung davon vermitteln, wie das Schiff vermutlich aussah. Das Gerüst selbst ist zerlegbar und wird mit Schnappverbindungen montiert. Gerüst und Stützen sind Prototypen, die im Rahmen eines Gemeinschaftsprojekts der Firma Herfølge Kleinsmedie und des Dänischen Nationalmuseums entwickelt wurden.[3] Nach 15 Jahren Konservierungsbehandlung, davon 48 Monate Gefriertrocknung in 9 Arbeitsgängen und über 8000 Arbeitsstunden im Labor, können wir die *Roskilde 6* nun endlich in einem aussagekräftigen Kontext präsentieren.

5.
Die Dimensionen des Schiffs wurden deutlich, als die konservierten Holzteile in der Werkstatt in Dänemark an dem eigens dafür konstruierten Stahlgerüst montiert wurden.

Anmerkungen

Einleitung

1 K. Lawson, *Cnut: The Danes in England in the Early Eleventh Century* (London und New York 1993); T. Bolton, *The Empire of Cnut the Great: Conquest and the Consolidation of Power in Northern Europe in the Early Eleventh Century* (Leiden und Boston 2009).

2 Tatsächlich legt die Fundverteilung von Metallarbeiten aus Britannien und Irland die Annahme nahe, dass die frühen Überfälle eher von West- und Südwestnorwegen ausgingen. Siehe E. Wamers, *Insularer Metallschmuck in wikingerzeitlichen Gräbern Nordeuropas. Untersuchungen zur skandinavischen Westexpansion* (Neumünster 1985); E. Wamers, »Insular finds in Viking Age Scandinavia and the state formation of Norway« in: H. B. Clarke, M. Ní Mhaonaigh und R. Ó Floinn (Hg.), *Ireland and Scandinavia in the Early Viking Age* (Dublin 1998), S. 37–72.

3 R. Hodges, *Dark Age Economics: The Origins of Towns and Trade A.D. 600–1000* (London 1982); M. Anderton (Hg.), *Anglo-Saxon Trading Centres: Beyond the Emporia* (Glasgow 1999); T. Pestell, »Markets, emporia, wics, and productive sites: pre-Viking trade centres in Anglo-Saxon England«, in: D. Hamerow, D. A. Hinton und S. Crawford (Hg.), *The Oxford Handbook of Anglo-Saxon Archaeology* (Oxford 2011), S. 556–579.

4 S. Coupland, »The Vikings in Francia and Anglo-Saxon England to 911«, in: *The New Cambridge Mediaeval History* (Cambridge 1995), S. 190–201; S. Coupland, »Trading places: Quentovic and Dorestad reassessed«, in: *Early Medieval Europe*, 11.3 (2002), S. 209–232.

5 C. Etchingham, »Laithlinn, ›Fair foreigners‹ and ›dark foreigners‹: the identity and provenance of Vikings in ninth-century Ireland«, in J. Sheehan und D. Ó Corráin (Hg.), *The Viking Age: Ireland and the West. Proceedings of the Fifteenth Viking Congress* (Dublin 2010), S. 80–89.

6 S. Brink, »People and land in early Scandinavia«, in: I. Garipzanov, P. Geary und P. Urbańczyk (Hg.), *Franks, Northmen and Slavs: Identities and State Formation in Early Medieval Europe* (Turnhout 2008), S. 87–112; C. E. Downham, »›Hiberno-Norwegians‹ and ›Anglo-Danes‹: anachronistic ethnicities and Viking-Age England«, in: *Medieval Scandinavia*, 19 (2009), S. 139–169.

7 I. Garipzanov, »Frontier identities: Carolingian frontier and the Gens Danorum«, in: Garipzanov / Geary / Urbańczyk (2008), S. 113–44.

8 P. B. Golden, »Rus«, in: C. E. Bosworth et al. (Hg.), *The Encyclopedia of Islam*, New Edition VIII, NED-SAM (Leiden 1995), S. 618–629; J. Montgomery, »Ibn Fadlān and the Rūssiyah«, in: *Journal of Arabic and Islamic Studies*, 3 (2000), S. 1–25.

9 Der Begriff *Westfaldingi* taucht in fränkischen Quellen auf. Siehe E. Wamers, »The 9th century Danish Norwegian conflict: maritime warfare and state formation«, in: A. Nørgård Jørgensen et al. (Hg.), *Maritime Warfare in Northern Europe: Technology, Organisation, Logistics and Administration 500 BC–1500 AD* (Kopenhagen 2002), S. 237–248.

10 L. Lönnroth, »The Vikings in history and legend«, in: P. H. Sawyer (Hg.), *The Oxford Illustrated History of the Vikings* (Oxford 1997), S. 225–249.

11 W. Duczko, *Viking Rus. Studies on the Presence of Scandinavians in Eastern Europe* (Leiden und Boston 2004), S. 3–7; F. Androshchuk, »The Vikings in the East«, in: S. Brink und N. Price (Hg.), *The Viking World* (London 2008), S. 517–542, hier: 529–534; O. P. Tolochko, »The *Primary Chronicle*'s ›ethnography‹ revisited: Slavs and Varangians in the Middle Dnieper region and the origin of the Rus' ›State‹«, in: Garipzanov / Geary / Urbańczyk (2008), S. 169–188, hier: 183–187.

12 Die DNA als Mittel zur Identifizierung der genetischen Herkunft von Individuen wird häufig überschätzt, da die Technologie ihrer Analyse eine unter einer Million Vererbungslinien fokussiert. Weitet man den Blick hingegen auf Tendenzen innerhalb größerer Populationen, erweist sich die DNA als durchaus nützlich, denn sie ermöglicht es, größere Ähnlichkeitsmuster zwischen der Bevölkerung in Gegenden, in denen sich Wikinger niedergelassen hatten, und solchen, aus denen diese Siedler stammten, zu erkennen.

13 E. Moltke, *Runes and their Origin. Denmark and Elsewhere* (Kopenhagen 1985); S. B. F. Jansson, *Runes in Sweden* (Übers. P. Foote) (Stockholm 1987); R. I. Page, *Runes and Runic Inscriptions* (Woodbridge 1995); J. Jesch, *Ships and Men in the Late Viking Age: The Vocabulary of Runic Inscriptions and Skaldic Verse* (Woodbridge 2001); T. Spurkland, *Norwegian Runes and Runic Inscriptions* (Übers. B. van der Hoek) (Woodbridge 2005).

14 Spurkland (2005).

15 M. Clunies Ross, *The Cambridge Introduction to the Old Norse-Icelandic Saga* (Cambridge 2010).

16 Jesch (2001).

17 J. Bateley und A. Englert (Hg.), *Ohthere's Voyages*, Maritime Cultures of the North, 1 (Roskilde 2007); A. Englert und A. Trakadas (Hg.), *Wulfstan's Voyage*, Maritime Cultures of the North, 2 (Roskilde 2009).

18 G. Williams, »Hoards from the northern Danelaw from Cuerdale to the Vale of York«, in: J. Graham-Campbell und R. Philpott (Hg.), *The Huxley Viking Hoard: Scandinavian Settlement in the North West* (Liverpool 2009), S. 73–83; J. Kershaw, *Viking Identities: Scandinavian Jewellery in England* (Oxford 2013).

19 G. Fellows-Jensen, »Scandinavian place-names in the British Isles«, in: Brink / Price (2008), S. 391–400; J. Renaud, *Vikings et noms de lieux de Normandie* (Bayeux 2009); H. R. Ellis Davidson, *The Viking Road to Byzantium* (London 1976), S. 83–86.

1. Kontakte und Austausch

1. S. M. Sindbæk, »Silver economies and social ties: long-distance interaction, long-term investments – and why the Viking age happened«, in: J. Graham-Campbell, S. Sindbæk und G. Williams (Hg.), *Silver Economies, Monetisation and Society in Scandinavia, 800–1100* (Aarhus 2011), S. 41–66.

2 U. Sporrong, »The Scandinavian Landscape and its Resources«, in: K. Helle (Hg.), *The Cambridge History of Scandinavia,* Bd. 1, *Prehistory to 1520* (Cambridge 2003), S. 15–42; C. Krag, »The creation of Norway«, in: S. Brink und N. Price (Hg.), *The Viking World* (London 2008), S. 645–651; S. Brink, »People and land in early Scandinavia«, in: I. Garipzanov, P. Geary und P. Urbańczyk (Hg.), *Franks, Northmen and Slavs: Identities and State Formation in Early Medieval Europe* (Turnhout 2008), S. 87–112.

3 J. Bateley »Wulfstan's voyage and his description of Estland: the text and the language of the text«, in: A. Englert und A. Trakadas (Hg.), *Wulfstan's Voyage. The Baltic Sea Region in the Early Viking Age as Seen from Shipboard* (Roskilde 2009), S. 15, 17–18; A. Nørgård Jørgensen, »Harbours and trading centres on Bornholm, Öland and Gotland in the late 9th century«, in: Englert / Trakadas (2009), S. 145–150.

4 M. Barnes, »Language and ethnic groups«, in: Helle (2003), S. 94–102; S. Brink, »People and land in early Scandinavia«, in: Garipzanov / Geary / Urbańczyk (2008), S. 87–112.

5 J. Bately, »Text and translation«, in: J. Bateley und A. Englert (Hg.), *Ohthere's Voyages. A Late 9th-Century Account of Voyages Along the Coasts of Norway and Denmark and its Cultural Context* (Roskilde 2007), S. 41–50, hier: 45.

6 I. Valonen, »Who were the Finnas?« sowie »Who were the Cwenas?«, in: Bately / Englert (2007), S. 106–107 bzw. 108–111; N. A. Makarov, »The land of the Beormas«, in: Bately / Englert (2007), S. 140–149.

7 C. Stiegemann und M. Wemhoff (Hg.), *799 – Kunst und Kultur der Karolingerzeit. Karl der Große und Papst Leo III. in Paderborn*, Ausst.-Kat. Paderborn 1999 (Mainz 1999).

8 Siehe hierzu den Beitrag von Matthias Wemhoff im vorliegenden Band, S. 156–157.

9 R. Hodges, *Dark Age Economics. The Origins of Towns and Trade AD 600–1000* (London 1982); M. McCormick, *Origins of the European Economy. Communications and Commerce AD 300–900* (Cambridge 2001), bes. S. 573–613, 639–673; A. Willemsen und H. Kik, *Dorestad in an International Framework: New Research on Centres of Trade and Coinage in Carolingian Times. Proceedings of the First »Dorestad Congress« Held at the National Museum of Antiquities in Leiden 2009* (Turnhout 2010).

10 Dass Randgebiete kaum besiedelt waren, zeigen die Verteilungskarten, die auf unterschiedlichsten Nachweisen beruhen, bei D. Hill, *An Atlas of Anglo-Saxon England* (Oxford 1981).

11 B. Yorke, *Kings and Kingdoms of Early Anglo-Saxon England* (London 1990).

12 J. Blair, *The Church in Anglo-Saxon Society* (Oxford 2005), S. 246–290; T. Pestell, »Markets, *emporia, wics*, and ›productive‹ sites: pre-Viking trade centres in Anglo-Saxon England«, in: D. Hamerow, D. A. Hinton und S. Crawford (Hg.), *The Oxford Handbook of Anglo-Saxon Archaeology* (Oxford 2011), S. 556–579.

13 M. Townend, *Language and History in Viking Age England* (Turnhout 2002).

14 W. Davies, *Wales in the Early Middle Ages* (Leicester 1982); T. M. Charles-Edwards, *Wales and the Britons, 350–1064* (Oxford 2013); D. Ó Cróinin, *Early Medieval Ireland, 400–1200* (London und New York 1995); K. Jankulak und J. Wooding (Hg.), *Ireland and Wales in the Middle Ages* (Dublin 2007); A. Woolf, *From Pictland to Alba, 789–1070* (Edinburgh 2007).

15 Für einen Überblick zur keltischen Tradition des Bootsbaus siehe G. J. Marcus, *The Conquest of the North Atlantic* (Woodbridge 1980), S. 3–32, der den Stellenwert von Seefahrt und Erkundungsreisen bei den Kelten indes positiver interpretiert.

16 S. Brather, *Archäologie der westlichen Slawen. Siedlung, Wirtschaft und Gesellschaft im früh- und hochmittelalterlichen Ostmitteleuropa,* Ergänzungsbände zum Reallexikon der Germanischen Altertumskunde, 61 (Berlin 2008).

17 T. S. Noonan, »The Vikings in the east. Coin and commerce«, in: B. Ambrosiani und H. Clarke (Hg.), *Developments around the Baltic and the North Sea in the Viking Age*, Birka Studies, 3 (Stockholm 1994), S. 215–236.

18 P. M. Barford, »Silent centuries. The society and economy of the northwestern Slavs«, in: F. Curta (Hg.), *East Central and Eastern Europe in the Early Middle Ages* (Ann Arbor 2005), S. 60–102.

19 C. von Carnap-Bornheim, V. Hilberg, A. Radiņş und F. Schopper (Hg.), *Lettlands viele Völker. Archäologie der Eisenzeit von Christi Geburt bis zum Jahr 1200* (Zossen 2009), S. 32.

20 J. Peets, »Salme Ship Burials«, in: *Current World Archaeology,* 58 (April/Mai 2013), S. 18–24.

21 T. Edgren, »The Viking age in Finland«, in: Brink / Price (2008), S. 470–484.

22 P. C. Buckland, »The North Atlantic environment«, in: W. Fitzhugh und E. I. Ward, *Vikings: The North Atlantic Saga* (Washington und London 2000), S. 146–153.

23 J. Byock, *Viking Age Iceland* (Harmondsworth 2001); Gísli Sigurðsson, »The North Atlantic expansion«, in: Brink / Price (2008), S. 562–570.

24 P. Schledermann, »East meets West«, in: Fitzhugh / Ward (2000), S. 189–192; D. Odess, S. Loring und W. Fitzhugh, »*Skræling:* First Peoples of Helluland, Markland and Vinland«, in: Fitzhugh / Ward (2000), S. 193–206; P. D. Sutherland, »The Norse and Native Americans«, in: Fitzhugh/Ward (2000), S. 238–247; P. D. Sutherland, »Norse and natives in the eastern Arctic«, in: Brink / Price (2008), S. 613–617.

25 Schledermann (2000); Odess / Loring / Fitzhugh (2000); Sutherland (2000); Sutherland (2008); H. C. Gulløv, »Natives and Norse in Greenland«, in: Fitzhugh / Ward (2000), S. 318–326.

26 J. Shepard, »The Viking Rus and Byzantium«, in: Brink / Price (2008), S. 496–516.

27 C. Mango, *The Oxford History of Byzantium* (Oxford 2002); T. E. Gregory, *A History of Byzantium*, 2. Aufl. (Oxford 2009).

28 H. Kennedy, *The Prophet and the Age of the Caliphates: The Islamic Near East from the 6th to the 11th Century* (London 2004); J. Montgomery, »Arabic sources on the Vikings«, in: Brink / Price (2008), S. 550–561; P. Lunde und C. Stone, *Ibn Fadlān and the Land of Darkness. Arab Travelers in the Far North* (Harmondsworth 2012).

29 R. Frye, *Ibn Fadlan's Journey to Russia: A Tenth-Century Traveler from Baghdad to the Volga River* (Princeton 2005), S. 109–111; K. A. Brook, *The Jews of Khazaria*, 2. Aufl. (Lanham, MD, 2006); P. B. Golden, H. Ben-Shammai und A. Róna-Tas, *The World of the Khazars: New Perspectives* (Leiden und Boston 2007); F. Curta und R. Kovalev, *The Other Europe in the Middle Ages: Avars, Bulgars, Khazars, and Cumans* (Leiden und Boston 2008).

30 Frye (2005), S. 97–103; A. Róna-Tas, *Hungarians and Europe in the Early Middle Ages: An Introduction to Early Hungarian History* (Budapest 1999), S. 220–227; Curta / Kovalev (2008).

31 P. B. Golden, »Pečenegs«, in: C. E. Bosworth et al. (Hg.), *The Encyclopedia of Islam*, New Edition VIII, NED-SAM (Leiden 1995), S. 289–291.

32 W. Duczko, *Viking Rus. Studies on the Presence of Scandinavians in Eastern Europe* (Leiden und Boston 2004), S. 60–95.

33 C. Feveile, »Ribe«, in: Brink / Price (2008), S. 126–130.

34 *Angelsächsische Chronik* [A, E, F], S. 787 [789].

35 Bately (2007).

36 D. M. Metcalf, »Inflows of Anglo-Saxon and German coins into the northern lands, c. 997–1024«, in: B. Cook und G. Williams (Hg.), *Coinage and History in the North Sea World, c. 500–1250. Essays in Honour of Marion Archibald* (Leiden und Boston 2006), S. 349–388; J. C. Moesgaard, »The import of English coins to the northern lands: some remarks on coin circulation in the Viking Age based on new evidence from Denmark«, in: Cook / Williams (2006), S. 389–434.

37 A. Helgason et al., »mtDNA and the islands of the North Atlantic: estimating the proportions of Norse and Gaelic ancestry«, in: *American Journal of Human Genetics*, 68 (2001), S. 723–737.

38 B. W. Scholz, *Carolingian Chronicles* (Ann Arbor 1972); *Fränkische Reichsannalen*, unter 809.

39 F. Curta, »Introduction«, in: Curta (2005), S. 14, Anm. 82.

40 S. M. Sindbæk, »Close ties and long-range relations: the emporia network in early Viking-Age exchange«, in: J. Sheehan and D. Ó Corráin (Hg.), *Ireland in the Viking Age* (Dublin 2010), S. 430–440; S. M. Sindbæk, »Silver economies and social ties: long-distance interaction, long-term investments – and why the Viking age happened«, in: J. Graham-Campbell, S. M. Sindbæk und G. Williams (Hg.), *Silver Economies, Monetisation and Society in Scandinavia, 800–1100* (Aarhus 2011), S. 41–66.

41 Sindbæk (2011), S. 41–66; H. B. Clarke, »Proto-towns and towns in Ireland and Britain«, in: H. B. Clarke, M. Ní Mhaonaigh and R. Ó Floinn (Hg.), *Ireland and Scandinavia in the Early Viking Age* (Dublin 1998), S. 331–380; H. Andersson, »Urbanisation«, in: Helle (2003), S. 312–342; R. A. Hall, »Burhs and boroughs: defended places, trade and towns. Plans defences, civic features«, in: Hamerow / Hinton / Crawford (2011), S. 600–261.

42 G. Williams, »Towns and minting in northern Europe in the early Middle Ages«, in: F. Lopez Sanchez (Hg.), *The City and the Coin in the Ancient and Early Medieval Worlds*, BAR International Series, 2402 (Oxford 2012), S. 149–160; G. Williams, »Towns and identities in Viking England«, in: D. M. Hadley und L. Ten Harkel, *Everyday life in Viking-Age Towns: Social Approaches to Towns in England and Ireland, c. 800–1100* (Oxford 2013), S. 14–34; W. I. Miller, *Bloodtaking and Peacemaking: Feud, Law and Society in Saga Iceland* (Chicago und London 1990), S. 77–108.

43 C. Feveile, »Series X and coin circulation in Ribe«, in: T. Abramson (Hg.), *Two Decades of Discovery. Studies in Early Medieval Coinage 1* (Woodbridge 2008), S. 53–67; B. Malmer, »South Scandinavian coinage in the ninth century«, in: Graham-Campbell / Williams (2007), S. 13–27; V. Hilberg, »Silver economies of the ninth and tenth centuries AD in Hedeby«, in: Graham-Campbell / Sindbæk / Williams (2011), S. 203–226; G. Williams, »Silver economies, monetisation and society: an overview«, in Graham-Campbell / Sindbæk / Williams (2011), S. 337–372.

44 Lunde / Stone (2012), S. 46, 121; D. Skre, »Commodity money, silver and coinage in Scandinavia«, in: Graham-Campbell / Sindbæk / Williams (2011), S. 67–92; S. H. Gullbekk, »Norway: commodity money, silver and coins«, in: Graham-Campbell / Sindbæk / Williams (2011), S. 93–112.

45 G. Williams, »Silver economies, monetisation and society: an overview«, in: Graham-Campbell / Sindbæk / Williams (2011), S. 337–372.

46 Ebd.; B. Hårdh, »Hacksilver and ingots«, in: D. Skre (Hg.), *Means of Exchange: Dealing with Silver in the Viking Age* (Oslo 2008), S. 95–118; B. Hårdh, »Viking-Age silver from hoards and cultural layers«, in: Graham-Campbell / Sindbæk / Williams (2011), S. 281–296; M. M. Archibald, »Testing«, in J. A. Graham-Campbell, *The Cuerdale Hoard and Related Viking-Age Silver and Gold, from Britain and Ireland, in The British Museum*, British Museum Research Publications, 185 (London 2012), S. 51–64; G. Williams, »Hack-silver and precious metal economies: a view from the Viking Age«, in: F. Hunter und K. Painter (Hg.), *Late Roman Silver: The Traprain Law Hoard in Context* (Edinburgh 2013), S. 381–394.

47 U. Pedersen, »Weights and balances«, in: Skre (2008), S. 119–195; H. Steuer, »Principles of trade and exchange: trade goods and merchants«, in: Englert / Trakadas (2009), S. 294–308; G. Williams, »Silver economies, monetisation and society: an overview«, in: Graham-Campbell / Sindbæk / Williams (2011), S. 337–372.

48 Lunde / Stone (2012), S. 46.

49 B. Hårdh, »Oriental-Scandinavian contacts on the Volga, as manifested by silver rings and weight systems«, in: Graham-Campbell / Williams (2007), S. 135–148; G. Williams, »Kingship, Christianity and coinage: monetary and political perspectives on silver economy in the Viking Age«, in: Graham-Campbell / Williams (2007), S. 177–214.

50 M. A. S. Blackburn, »Coinage and contacts in the North Atlantic during the seventh to mid-tenth centuries«, in: A. Mortensen and S. V. Arge (Hg.), *Viking and Norse in the North Atlantic* (Tórshavn 2005), S. 141–151; M. A. S. Blackburn, *Viking Coinage and Currency in the British Isles* (London 2011).

51 G. Williams, »Kingship, Christianity and Coinage«, in: Graham-Campbell / Williams (2007), S. 177–214.

52 *Angelsächsische Chronik* [E, F], unter 793.

53 S. M. Sindbæk, »Silver economies and social ties«, in: Graham-Campbell / Sindbæk / Williams (2011), S. 41–66.

54 D. Whitelock (Übers. und Hg.), *English Historical Documents I, c. 500–1042* (London 1955), S. 775–777.

55 C. H. Robinson (Übers. und Hg.), *Rimbert: Life of Anskar, the Apostle of the North, 801–865* (London 1925); H. Birkeland, *Nordens historie i middelalderen etter arabiske kilder*, Skrifter udgiven av Det Norske Videnskaps Akademi i Oslo. Hist.-filos. klasse, 2 (Oslo 1954), S. 103–105; E. Roesdahl, *Viking Age Denmark* (London 1982), S. 28.

56 P. Bauduin, *Les fondations scandinaves en Occident et les débuts du duché de Normandie. Colloque de Cheisy-la-Salle 2002* (Caen 2005), S. 80.

57 Siehe den Beitrag über Macht und Aristokratie von Anne Pedersen im vorliegenden Band, S. 122–155.

58 M. Panum Baastrup, »Carolingian-Ottonian disc brooches – early Christian symbols in Viking age Denmark«, in: U. von Freeden, H. Friesinger und E. Wamers (Hg.), *Glaube, Kult und Herrschaft. Phänomene des Religiösen im 1. Jahrtausend n. Chr. in Mittel- und Nordeuropa* (Bonn 2009), S. 517–528.

59 C. Capelli et al., »A Y chromosome census of the British Isles«, in: *Current Biology*, 13 (27. Mai 2003), S. 979–984.

60 B. Solberg, »Weapon export from the Continent to the Nordic countries in the Carolingian period«, in: *Studien zur Sachsenforschung*, 7 (1991), S. 241–259.

61 Graham-Campbell (2012).

62 Kershaw (2013).

63 S. Youngs, *»The Work of Angels«. Masterpieces of Celtic Metalwork, 6th–9th Centuries AD* (London 1989), S. 90–92.

64 B. Sawyer, *The Viking-Age Rune-Stones: Custom and Commemoration in Early Medieval Scandinavia* (Oxford 2000, Ausg. 2003); Jesch (2001); G. Larsson, *Ship and Society. Maritime Ideology in Late Iron Age Sweden* (Uppsala 2007).

65 E. Mikkelsen, »Islam and Scandinavia during the Viking Age«, in: E. Piltz (Hg.), *Byzantium and Islam in Scandinavia. Acts of a Symposium at Uppsala University, 15–16 June 1996*, Studies in Mediterranean Archaeology, 126 (Jonsered 1998), S. 48–50.

66 S. Toropov, »Hoards of the Viking Age and chance finds of Scandinavian artefacts in Novgorod Land: the topography and composition«, Vortrag, gehalten bei der Konferenz »Eastward and Westward: inter-ethnic contacts at the time of the formation of Rus' of Novgorod. Culture, Memory and Identity«, St. Petersburg und Nowgorod, 21.–24. Juli 2009.

67 B. Ager und G. Williams, *The Vale of York Hoard* (London 2010).

Die Wikinger in arabischen Quellen

1 H. Birkeland, *Nordens historie i middelalderen etter arabiske kilder*, Skrifter udgiven av Det Norske Videnskaps Akademi i Oslo. Hist.-filos. klasse, 2 (Oslo 1954); R. Frye, *Ibn Fadlan's Journey to Russia: A Tenth-Century Traveler from Baghdad to the Volga River* (Princeton 2005); J. Montgomery, »Arabic sources on the Vikings«, in: S. Brink und N. Price (Hg.), *The Viking World* (London 2008), S. 550–561; P. Lunde und C. Stone, *Ibn Fadlān and the Land of Darkness. Arab Travelers in the Far North* (Harmondsworth 2012).

2 Lunde / Stone (2012), S. 204.

3 Ebd., S. 105–109, 147–152.

4 P. B. Golden, »Rus« sowie »Al-Sakāliba«, in: C. E. Bosworth et al. (Hg.), *The Encyclopedia of Islam*, New Edition VIII, NED-SAM (Leiden 1995), S. 618–629 bzw. S. 872–881; J. Montgomery, »Ibn Fadlān and the Rūssiyah«, in: *Journal of Arabic and Islamic Studies*, 3 (2000), S. 1–25.

5 S. Pons-Sanz, »Whom did al-Ghazāl meet? An exchange of embassies between the Arabs from al-Andalus and the Vikings«, in: *Saga Book*, 28 (2004), S. 5–28.

6 Lunde / Stone (2012), S. 127, 151.

7 Frye (2005), S. 67–70; Lunde / Stone (2012), S. 50–54.

8 Birkeland (1954), S. 103–105; E. Roesdahl, *Viking Age Denmark* (London 1982), S. 28.

Wiskiauten – Handelsplatz an der südlichen Ostseeküste?

1 Siehe z. B. [N. N.] Wulff, »Bericht über die Aufdeckung altpreußischer Begräbnisstätten bei dem zum Gute Bledau gehörigen Vorwerke Wiskiauten«, in: *Altpreußische Monatsschrift*, 2 (1865), S. 641–646; B. von zur Mühlen, »Die Kultur der Wikinger in Ostpreußen«, Bonner Hefte für Vorgeschichte, 9 (Bonn 1975).

2 Mühlen (1975), S. 56.

3 T. Ibsen, »Wiskiauten – Bernstein aus dem Samland«, in: *Archäologie in Deutschland*, 5 (2007), S. 34–35.

4 www.wiskiauten.eu.

5 J. Frenzel und T. Ibsen, »In search of the early medieval settlement of Wiskiauten/Mohovoe in the Kaliningrad Region«, in: *Lietuvos Archeologija*, 36 (2010), S. 51.

Die Übernahme fremder Objekte

1 B. Maixner, *Haithabu. Fernhandelszentrum zwischen den Welten* (Schleswig 2010), S. 22, Abb. 8.

2 E. Wamers, »Das Schwert«, in: E. Wamers und M. Brandt, *Die Macht des Silbers. Karolingische Schätze im Norden*, Ausst.-Kat. Frankfurt a. M. / Hildesheim (Regensburg 2005), S. 52–56, hier: 54.

3 C. Hedenstierna-Jonsson und L. Holmquist Olausson, *The Oriental Mounts from Birka's Garrison. An Expression of Warrior Rank and Status*, Antiquarian Archive, 81 (Stockholm 2008).

4 A. Pedersen, »Schwert«, in: J. Hoops, *Reallexikon der Germanischen Altertumskunde*, Bd. 27, 2. Aufl. (Berlin und New York 2004), S. 593; »Gürtel«, in: *Reallexikon der Germanischen Altertumskunde*, Bd. 12, 2. Aufl. (Berlin und New York 1999), S. 176.

5 Maixner (2010), S. 145, Abb. 166.

6 R. Frye, *Ibn Fadlan's Journey to Russia: A Tenth-Century Traveler from Baghdad to the Volga River* (Princeton 2005).

7 H. Jöns, »Handel und Handelszentren der Wikingerzeit«, in: S. Kaufmann (Hg.), *Die Wikinger*, Ausst.-Kat. Speyer 2008/09 (München 2008), S. 142–153, hier: 151.

8 A. Wendt, »Viking age gold rings and the question of ›Gefolgschaft‹«, in: *Lund Archaeological Review*, S. 13–14 (2007/08), S. 75–89.

9 A. Carlsson, *Vikingatida ringspännen från Gotland*, Stockholm Studies in Archaeology, 8 (Stockholm 1988), S. 19–22; H. Steuer, »Waagen und Gewichte«, in: J. Hoops,

Reallexikon der Germanischen Altertumskunde, Bd. 35, 2. Aufl. (Berlin und New York 2007), S. 571, Abb. 77.

10 Siehe hierzu z. B. H. Schilling, »Duesminderskatter«, in: *Skalk*, 6 (2003), S. 5–12.

11 E. Wamers, »Pyxides imaginatae. Zur Ikonographie und Funktion karolingischer Silberbecher«, in: *Germania*, 69.1 (1991), S. 142.

12 Siehe auch J. Graham-Campbell, S. M. Sindbæk und G. Williams (Hg.), *Silver Economies, Monetisation and Society in Scandinavia AD 800–1100* (Aarhus 2011).

2. Krieg und Eroberung

1 J. Jesch, *Ships and Men in the Late Viking Age: The Vocabulary of Runic Inscriptions and Skaldic Verse* (Woodbridge 2001), S. 44–56.

2 C. Arcini, »The Vikings bare their filed teeth«, in: *American Journal of Physical Anthropology*, 128.4 (Dezember 2005), S. 727–733.

3 P. Lunde und C. Stone, *Ibn Fadlān and the Land of Darkness. Arab Travelers in the Far North* (Harmondsworth 2012), S. 46; H. Birkeland, *Nordens historie i middelalderen etter arabiske kilder*, Skrifter udgiven av Det Norske Videnskaps Akademi i Oslo. Hist.-filos. klasse, 2 (Oslo 1954), S. 103–105.

4 N. Price, »Ship-men and slaughter-wolves: pirate polities in the Viking Age«, in: L. Müller und S. Amirell (Hg.), *Persistent Piracy: Historical Perspectives on Maritime Violence and State Formation* (Basingstoke, in Vorbereitung).

5 S. Blöndal und B. S. Benedikz, *The Varangians of Byzantium* (Cambridge 1978); R. D'Amato, *The Varangian Guard 988–1453* (Oxford 2012).

6 A. Roland, »Secrecy, technology, and war: Greek fire and the defense of Byzantium, 678–1204«, in: *Technology and Culture* 33.4 (1992), S. 655–679.

7 J. Shepard, »The Viking Rus and Byzantium«, in: S. Brink und N. Price (Hg.), *The Viking World* (London 2008), S. 496–516, hier: 501.

8 Ebd., S. 503–504; Lunde / Stone (2012), S. 175, 178.

9 Lunde / Stone (2012), S. 144–146; P. B. Golden, »Rus«, in: C. E. Bosworth et al. (Hg.), *The Encyclopedia of Islam*, New Edition VIII, NED-SAM (Leiden 1995), S. 618–629, hier: 625.

10 Lunde / Stone (2012), S. 147–152.

11 H. Pálsson und P. Edwards, *Vikings in Russia: Yngvar's Saga and Eymund's Saga* (Edinburgh 1989); Jesch (2001), S. 104–105.

12 E. Wamers, *Insularer Metallschmuck in wikingerzeitlichen Gräbern Nordeuropas. Untersuchungen zur skandinavischen Westexpansion* (Neumünster 1985); E. Wamers, »Insular finds in Viking Age Scandinavia and the state formation of Norway«, in: H. B. Clarke, M. Ní Mhaonaigh and R. Ó Floinn (Hg.), *Ireland and Scandinavia in the Early Viking Age* (Dublin 1998), S. 37–72.

13 G. Halsall, *Warfare and Society in the Barbarian West, 450–900* (London 2003), S. 14–19.

14 P. H. Sawyer, *The Age of the Vikings*, 2. Aufl. (London 1971), S. 120–131.

15 Halsall (2003), S. 15–16; R. P. Abels, »Alfred the Great, the *micel hæden here* and the Viking threat«, in: T. Reuter (Hg.), *Alfred the Great: Papers from the Eleventh-Centenary Conferences* (Aldershot 2003), S. 265–280.

16 N. P. Brooks, »England in the ninth century: the crucible of defeat«, in: *Transactions of the Royal Historical Society*, 5. F., 29 (1979), S. 1–20; R. Lavelle, *Alfred's Wars: Sources and Interpretations of Anglo-Saxon Warfare in the Viking Age* (Woodbridge 2010), S. 41–42.

17 J. D. Richards, »Viking settlement in England«, in: Brink / Price (2008), S. 368–375; K. Holman, »Defining the Danelaw«, in: J. Graham-Campbell et al. (Hg.), *Vikings and the Danelaw: Select papers from the proceedings of the thirteenth Viking Congress, 21–30 August 1997* (Oxford 2001), S. 1–11.

18 J. Renaud, »The Duchy of Normandy«, in: Brink / Price (2008), S. 453–457; P. Bauduin, *Les fondations scandinaves en Occident et les débuts du duché de Normandie*, Colloque de Cheisy-la-Salle 2002 (Caen 2005).

19 J. Bradley, »The interpretation of Scandinavian settlement in Ireland«, in: J. Bradley (Hg.), *Settlement and Society in Medieval Ireland* (Kilkenny 1988), S. 49–78; R. Ó Floinn, »The archaeology of the early Viking Age in Ireland«, in: H. B. Clarke, M. Ní Mhaonaigh und R. Ó Floinn (Hg.), *Ireland and Scandinavia in the Early Viking Age* (Dublin 1998), S. 131–165; P. F. Wallace, »Archaeological evidence for the different expressions of Scandinavian settlement in Ireland«, in: Brink / Price (2008), S. 434–438; J. Bradley, »Some reflections on the problem of Scandinavian settlement in the hinterland of Dublin in the ninth century«, in: J. Bradley, A. J. Fletcher und A. Simms (Hg.), *Dublin in the Medieval World. Studies in Honour of Howard B. Clarke* (Dublin 2009), S. 39–62.

20 J. H. Barrett, »The Norse in Scotland«, in: Brink / Price (2008), S. 411–427.

21 T. Reuter, »The recruitment of armies in the early Middle Ages: what can we know?«, in: A. Nørgård Jørgensen und B. L. Clausen (Hg.), *Military Aspects of Scandinavian Society in a European Perspective AD 1–1300* (Kopenhagen 1997), S. 32–37.

22 A. Williams, »A metallurgical study of some Viking swords«, in: *Gladius*, 29 (2009), S. 121–184.

23 Lunde / Stone (2012), S. 151.

24 Ebd., S. 147.

25 T. Reuter, »Plunder and tribute in the Carolingian empire«, in: *Transactions of the Royal Historical Society*, 5. F., 35 (1985), S. 75–94; T. Reuter, »The end of Carolingian military expansion«, in: P. Godman und R. Collins (Hg.), *Charlemagne's Heir: New Perspectives on the Reign of Louis the Pious (814–40)* (Oxford 1990), S. 391–405; G. Williams, »Military institutions and royal power«, in: M. P. Brown und C. A. Farr (Hg.), *Mercia: an Anglo-Saxon Kingdom in Europe* (Leicester 2001), S. 295–309; G. Williams, »Military obligations and Mercian supremacy in the eighth century«, in: D. Hill und M. Worthington (Hg.), *Æthelbald, Offa and Beonna*, BAR British Series, 283 (Oxford 2005), S. 101–110.

26 N. Price, *The Viking Way: Religion and War in Late Iron Age Scandinavia* (Uppsala 2002).

27 J. Haywood, *Dark Age Naval Power: A Reassessment of Frankish and Anglo-Saxon Seafaring Activity* (London 1991).

28 A. W. Brøgger und H. Shetelig, *The Viking Ships* (Oslo 1953), S. 52–55; G. Williams, *Treasures from Sutton Hoo* (London 2011), S. 20–21.

29 Einhard, »The Life of Charlemagne«, in: L. Thorpe (Übers. und Hg.), *Einhard and Notker the Stammerer: Two Lives of Charlemagne* (Harmondsworth 2008), Kap. 17.

30 *Angelsächsische Chronik* [A], unter 897; M. Swanton (Übers. und Hg.), *The Anglo-Saxon Chronicle* (London 1996).

31 L. Loe et al., *»Given to the Ground«: A Viking Age Mass Grave on Ridgeway Hill, Weymouth*, DNHAS, 22 (Oxford 2014).

32 J. Blair (Hg.), *Waterways and Canal-Building in Medieval England* (Oxford 2008).

33 G. Williams, »Raiding and warfare«, in: Brink / Price (2008), S. 193–204.

34 B. Myhre, »The archaeology of the early Viking Age in Norway«, in: Clarke / Mhaonaigh / Ó Floinn (1998), S. 3–36.

35 S. Coupland, »Dorestad in the ninth century: the numismatic evidence«, in: *Jaarboek voor Munt – en Peningkunde*, 75 (1988), S. 5–25.

36 Brooks (1979), S. 1–20.

37 Blöndal / Benedikz (1978), S. 32–53.

38 C. Downham, *Viking Kings of Britain and Ireland. The Dynasty of Ívarr to AD 1014* (Edinburgh 2007).

39 S. Coupland, »The Frankish tribute payments to the Vikings and their consequences«, in: *Frankia*, 26.1 (1999), S. 57–75; S. Coupland, »From Poachers to Gamekeepers: Scandinavian war lords and Carolingian kings«, in: *Early Medieval Europe*, 7.1 (1998), S. 84–114.

40 *Angelsächsische Chronik* [A, E], unter 871; Asser, »Life of King Alfred«, I., 37–39, in: S. Keynes and M. Lapidge (Übers. und Hg.), *Alfred the Great* (Harmondsworth 1983).

41 Siehe S. 120–121 im vorliegenden Band.

42 Siehe Anm. 19.

43 M. Redknap, *Vikings in Wales. An Archaeological Quest* (Cardiff 2000).

44 K. Holman, »Defining the Danelaw«, in: J. Graham-Campbell et al. (Hg.), *Vikings and the Danelaw: Papers from the Proceedings of the Thirteenth Viking Congress* (Oxford 1997), S. 1–11; L. Abrams, »Edward the Elder's Danelaw«, in: N. J. Higham und D. H. Hill (Hg.), *Edward the Elder, 899–924* (London 2001), S. 128–143; G. Williams, »Towns and identitites in Viking England«, in: D. M. Hadley und L. Ten Harkel, *Everyday Life in Viking-Age Towns: Social Approaches to Towns in England and Ireland, c. 800–1100* (Oxford 2013), S. 14–34.

45 G. Williams, »Silver economies, monetisation and society: an overview«, in: J. Graham-Campbell, S. M. Sindbæk und G. Williams (Hg.), *Silver Economies, Monetisation and Society in Scandinavia AD 800–1100* (Aarhus 2011), S. 337–372; T. S. Noonan, »Scandinvians in European Russia«, in: P. Sawyer (Hg.), *The Oxford Illustrated History of the Vikings* (Oxford 1997), S. 134–155.

46 D. Scragg, »The battle of Maldon«, in: D. Scragg (Hg.), *The Battle of Maldon, AD 991* (Oxford 1991), S. 1–37, hier: 19–23.

47 D. M. Metcalf, »Inflows of Anglo-Saxon and German coins into the northern lands, *c.* 997–1024«, in: B. Cook and G. Williams (Hg.), *Coinage and History in the North Sea World, c. 500–1250. Essays in Honour of Marion Archibald* (Leiden und Boston 2006), S. 349–388; J. C. Moesgaard, »The import of English coins to the northern lands: some remarks on coin circulation in the Viking Age based on new evidence from Denmark«, in: Cook / Wiliams (2006), S. 389–434.

48 K. Lawson, *Cnut: The Danes in England in the Early Eleventh Century* (London und New York 1993); T. Bolton, *The Empire of Cnut the Great: Conquest and the Consolidation of Power in Northern Europe in the Early Eleventh Century* (Leiden und Boston 2009).

49 B. Smith, »The Picts and the martyrs, or did Vikings kill the native population of Orkney and Shetland«, in: *Northern Studies*, 36 (2001), S. 7–32; J. Bäcklund, »War or peace? The relations between the Picts and the Norse in Orkney«, in: *Northern Studies*, 36 (2001), S. 33–48.

50 B. Crawford, *Scandinavian Scotland* (Leicester 2007), S. 63–91.

51 B. Hudson, »Cnut and the Scottish kings«, in: *English Historical Review*, 107 (1992), S. 350–360.

52 N. Lund, *Lið, leding og landeværn. Hær og samfund i Danmark i ældre middelalde* (Roskilde 1996); G. Williams, »Ship-levies in the Viking Age: the methodology of studying military institutions in a semi-historical society«, in: A. Nørgård Jørgensen et al. (Hg.), *Maritime Warfare in Northern Europe. Technology, Organisation, Logistics and Administration 500 BC–1500 AD* (Kopenhagen 2002), S. 293–308.

53 P. G. Foote und D. M. Wilson, *The Viking Achievement: The Society and Culture of Early Medieval Scandinavia* (London 1970), S. 273, 323.

54 B. Solberg, »Weapon export from the Continent to the Nordic countries in the Carolingian period«, in: *Studien zur Sachsenforschung*, 7 (1991), S. 241–259.

55 Ebd.

56 S. Norr, »Old gold – the helmet in *Hákonarmál* as a sign of its time«, in: S. Norr (Hg.), *Valsgärde Studies: the Place and People, Past and Present* (Uppsala 2008), S. 83–114.

57 *Angelsächsische Chronik* [A, E], unter 851.

58 T. Reuter, »Plunder and tribute in the Carolingian empire«, *Transactions of the Royal Historical Society*, 5. F. 35 (1985), S. 75–94; T. Reuter, »The end of Carolingian military expansion«, in: P. Godman und R. Collins (Hg.), *Charlemagne's Heir: New Perspectives on the Reign of Louis the Pious (814–40)* (Oxford 1990), S. 391–405; R. P. Abels, *Lordship and Military Obligation in Anglo-Saxon England* (London 1988).

59 B. Solberg, »Weapon export from the Continent to the Nordic countries in the Carolingian period«, in: *Studien zur Sachsenforschung*, 7 (1991), S. 241–259.

60 A. Pedersen, »Weapons and riding gear in burials – evidence of military and social rank in 10th century Denmark«, in: Nørgård Jørgensen / Clausen (1997), S. 123–136.

61 A. Pedersen, »Viking weaponry«, in: Brink / Price (2008), S. 204–211.

62 P. Nørlund, *Trelleborg*, Nordiske Fortidsminder, Bd. 4.1 (Kopenhagen 1948); O. Olsen, E. Roesdahl und H. Schmidt, *Fyrkat. En jysk vikingeborg*, 2 Bde., Nordiske Fortidsminder, Serie B, Bd. 3/4 (Kopenhagen 1977); F. Nørgaard, E. Roesdahl und R. Skovmand (Hg.), *Aggersborg gennem 1000 år* (Herning 1986); E. Roesdahl, *Viking Age Denmark* (London 1982), S. 147–155; B. Jacobsson, »Utgrävningen av Borgen i Trelleborg, Skåne«, in: G. Fellows-Jensen und N. Lund (Hg.), *Fjortende Tværfaglige Vikingesymposium* (Kopenhagen 1995), S. 12–22; S. W. Andersen, *The Viking Fortress of Trelleborg* (Slagelse 1996).

63 D. Hill und A. R. Rumble (Hg.), *The Defence of Wessex: The Burghal Hidage and Anglo-Saxon fortifications* (Manchester 1996); Lavelle (2010), S. 209–263; J. Baker, S. Brookes und A. Reynolds (Hg.), *Landscapes of Defence in Early Medieval Europe* (Turnhout 2013).

64 Lund, N. (1996), S. 112–113; G. Williams, »Ship-levies in the Viking Age: the methodology of studying military institutions in a semi-historical society«, in: Nørgård Jørgensen et al. (2002), S. 293–308.

65 T. D. Price et al., »Who was in Harold Bluetooth's army? Strontium isotope investigation of the cemetery at the Viking Age fortress at Trelleborg, Denmark«, in: *Antiquity*, 85.328 (2011), S. 476–489.

66 Lund, N. (1996), S. 187–208; T. Lindkvist, *Plundring, skatter och den feodala statens framväxt: organisatoriska tendenser i Sverige under övergången från vikingatid till tidig medeltid* (Uppsala, 1988); B. Varenius, »Maritime warfare as an organising principle in Scandinvian society 1000–1300 AD«, in: Nørgård Jørgensen / Clausen (1997), S. 249–256; B. Varenius, *Han ägde bo och skeppslid: om rumslighet och relationer i vikingatid och medeltid* (Umeå 1988); G. Williams, »Ship-levies in the Viking Age: the methodology of studying military institutions in a semi-historical society«; in: Nørgård Jørgensen et al. (2002), S. 293–308; G. Williams, »Raiding and warfare«, in: Nørgård Jørgensen et al. (2002), S. 199.

67 Zum *leiðangr* in der Skaldendichtung siehe R. Malmros, *Vikingernes syn på militær og samfund: Belyst gennem skjaldenes fyrstedigtning* (Aarhus 2010); zur *Skuldelev 5* als Leidang-Schiff siehe O. Crumlin-Pedersen, »Splendour versus duty – 11th century warships in the light of history and archaeology«, in: Nørgård Jørgensen et al. (2002), S. 257–270.

68 N. Lund, »The armies of Svein Forkbeard and Cnut: *leding* or *lið*?«, in: *Anglo-Saxon England*, 15 (1985), S. 105–18; N. Lund, »If the Vikings knew a *Leding* – what was it like?«, in: B. Ambrosiani und H. Clarke (Hg.), *Developments Around the Baltic and the North Sea in the Viking Age, Proceedings of the Twelfth Viking Congress* (Stockholm 1994), S. 98–105; Lund, N. (1996); N. Lund, »Is *leidang* a Nordic or a European phenomenon?«, in: Nørgård Jørgensen / Clausen (1997), S. 195–199; M. H. Gelting »Det comparative perspektiv i dansk højmiddelalderforskning. Om familia og familie, lið, leding og landeværn«, in: *Dansk Historisk Tidsskrift*, 99.1 (1999), S. 146–188.

69 G. Williams, »Hákon *Aðelsteins fostri*: aspects of Anglo-Saxon kingship in tenth-century Norway«, in: L. E. M. Walker and T. R. Liszka (Hg.), *The North Sea World: Saints, Seamen and Soldiers* (Dublin 2001), S. 108–126.

70 Brooks (1979), S. 1–20; Abels (1988), S. 109–111; Williams, G. (2001), S. 295–309; Williams, G. (2005), S. 101–110; Lavelle (2010), S. 47–176; J. Pullen-Appleby, *English Sea Power, c. 871 to 1100* (Hockwold-cum-Wilton 2008).

71 Williams, G. (2002), S. 293–308.

72 Ebd.

73 Lund, N. (1985), S. 105–118.

Wikingerkrieger

1 Der Bericht stammt von Johannes Skylitzes; siehe H. Ellis Davidson, *The Battle God of the Vikings* (York 1972), S. 26, und N. Price, *The Viking Way: Religion and War in Late Iron Age Scandinavia* (Uppsala 2002), S. 332.

2 Price, N. (2002), S. 331–346.

3 Ebd., S 347–350.

4 Ebd., S. 366–378.

5 M. Biddle und B. Kjølbye-Biddle, »Repton and the Vikings«, in: *Antiquity*, 66 (1992), S. 36–51.

Kontinentale Verteidigungsanlagen gegen die Wikinger

1 R. M. van Heeringen, P. A. Henderikx und A. Mars (Hg.), *Vroeg-Middeleeuwse ringwalburgen in Zeeland* (Goes und Amersfoort 1995).

2 N. Dass (Übers. und Hg.), *Viking Attacks on Paris – The »Bella Parisiace Urbis«* (Löwen 2007).

3 *Les Vikings en France*, Dossiers d'Archéologie, 277 (Oktober 2002), S. 54.

Wikingerlager in England und Irland

1 R. Ó Floinn, »The archaeology of the early Viking Age in Ireland«, in: H. B. Clarke, M. Ní Mhaonaigh und R. Ó Floinn (Hg.), *Ireland and Scandinavia in the Early Viking Age* (Dublin 1998), S. 131–165, hier: 162; J. Sheehan, »The longphort in Viking age Ireland«, in: *Acta Archaeologica*, 79 (2008), S. 282–295.

2 Ó Floinn (1998), S. 161.

3 M. A. S. Blackburn, »The Viking winter camp at Torksey, 872–3«, in: M. A. S. Blackburn, *Viking Coinage and Currency in the British Isles* (London 2011), S. 221–264, hier: 246.

4 M. Biddle und B. Kjølbye-Biddle, »Repton and the ›great heathen army‹ 873–4«, in: J. Graham-Campbell et al. (Hg.), *Vikings and the Danelaw: Select Papers from the Proceedings of the Thirteenth Viking Congress, 21–30 August 1997* (Oxford 2001), S. 45–96.

5 Blackburn (2011), S. 221; G. Williams, »Towns and Identities in Viking England«, in: D. M. Hadley und L. Ten Harkel, *Everyday Life in Viking-Age Towns: Social Approaches to Towns in England and Ireland, c. 800–1100* (Oxford 2013), S. 14–34, hier: 17.

6 Williams, G. (2013), S. 17–19.

3. Macht und Herrschaft

1 Siehe z. B. L. Jørgensen, »Manor and market at Lake Tissø in the sixth to eleventh centuries: The Danish ›productive‹ sites«, in: T. Pestell und K. Ulmschneider (Hg.), *Markets in Early Medieval Europe. Trading and ›Productive‹ Sites, 650–850* (Macclesfield 2003), S. 175–207.

2 J. Bately, »The source. Text and translation«, in: J. Bately und A. Englert (Hg.), *Ohthere's Voyages. A Late 9th-Century Account of Voyages Along the Coasts of Norway and Denmark and its Cultural Context*, Maritime Culture of the North, 1 (Roskilde 2007), S. 40–50.

3 G. Stamsø Munch, O. Sverre Johansen und E. Roesdahl (Hg.), *Borg in Lofoten. A Chieftain's Farm in North Norway*, Arkeologisk Skriftserie, 1 (Trondheim 2003).

4 F. Herschend und D. Kaldal Mikkelsen, »The main building at Borg«, in: Stamsø Munch/Sverre Johansen/Roesdahl (2003), S. 41–76, bes. 62–66.

5 I. Holand, »Pottery« und »Glass vessels«, in: Stamsø Munch/Sverre Johansen/Roesdahl (2003), S. 199–229, bes. 203–208, 216–221.

6 T. Sjøvold, *The Iron Age Settlement of Arctic Norway* (Tromsø 1974), S. 156.

7 M. Dengsø Jessen, »The hall and the church during Christianization«, in: N. N. Johannsen, M. D. Jessen und H. J. Jensen (Hg.), *Excavating the Mind. Cross-sections Through Culture, Cognition and Materiality* (Aarhus 2012), S. 133–160.

8 T. Meier, »Magdeburg zwischen Aachen und Jelling: Repräsentationsarchitektur als semiotisches System«, in: J. Henning (Hg.), *Europa im 10. Jahrhundert. Archäologie einer Aufbruchszeit. Internationale Tagung in Vorbereitung der Ausstellung »Otto der Große, Magdeburg und Europa«* (Mainz 2002), S. 311–322.

9 Þorbjorn hornklofi, *Haraldskvæði* (Haraldslied), Strophe 18, zit. nach: Felix Genzmer (Übers.), *Götterdichtung und Spruchdichtung*, Thule. Altnordische Dichtung und Prosa, *Edda*, Bd. 2 (Jena 1922), S. 194.

10 E. Nigellus, V. 1882–2513; siehe »Ermoldus Nigellus, in Honour of Louis«, in: T. F. X. Noble (Übers.), *Charlemagne and Louis the Pious. The Lives by Einhard, Notker, Ermoldus, Thegan, and the Astronomer* (University Park, PA, 2009), Buch 4; http://www.geschichtsquellen.de/repPers_10094065X.html; Percy Ernst Schramm, *Die deutschen Kaiser und Könige in Bildern ihrer Zeit, 751–1190* (Leipzig und Berlin 1928), S. 42, 154.

11 G. Waitz (Hg.), *Vita Anskarii auctore Rimberto*, Monumenta Germaniae Historica, Scriptores Rerum Germanicarum (Hannover 1884), Kap. 7–8.

12 Ebd., Kap. 26.

13 V. Laurent, »Ein byzantinisches Bleisiegel aus Haithabu«, in: *Berichte über die Ausgrabungen in Haithabu*, Bd. 12 (Neumünster 1978), S. 36–40; C. Feveile und S. Jensen, »Ribe in the 8th and 9th century«, in: S. Stummann Hansen und K. Randsborg (Hg.), *Vikings in the West*, Acta Archaeologica 71/Acta Archaeologica Supplementa, 2 (Kopenhagen 2000), S. 9–24; Jørgensen (2003), S. 203.

14 J. Shepard, »The Rhos guests of Louis the Pious: whence and wherefore?«, in: *Early Medieval Europe*, 4 (1995), S. 41–60.

15 Thietmar von Merseburg, *Chronicon*. Siehe W. Trillmich (Hg.), *Thietmar von Merseburg. Chronik*, Ausgewählte Quellen zur deutschen Geschichte des Mittelalters, 9 (Berlin 1957). Siehe auch D. A. Warner (Übers.), *Ottonian Germany. The Chronicon of Thietmar of Merseburg* (Manchester 2001), Buch 2.31.

16 A. Wieczorek und H.-M. Hinz (Hg.), *Europas Mitte um 1000 – Beiträge zur Geschichte, Kunst und Archäologie*, Ausst.-Kat. Budapest 2000 et al. (Stuttgart 2000), S. 532–533.

17 E. Roesdahl, »Cammin – Bamberg – Prague – Léon. Four Scandinavian *Objects d'Art* in Europe«, in: A. Wesse (Hg.), *Studien zur Archäologie des Ostseeraumes von der Eisenzeit zum Mittelalter. Festschrift Michael Müller-Wille* (Neumünster 1998), S. 547–554.

18 E. Moltke, *Runes and their Origin. Denmark and Elsewhere* (Kopenhagen 1976), S. 203.

19 Thietmar von Merseburg, Buch 7.39, in: Trillmich (1957).

20 H. Eilbracht, »Von kurzer Dauer: zur Biografie des Goldschmucks«, in: B. Armbruster und H. Eilbracht (Hg.), *Wikingergold auf Hiddensee* (Rostock 2010), S. 184–195.

21 W. Duczko, *Viking Rus. Studies on the Presence of Scandinavians in Eastern Europe*, The Northern World. North Europe and the Baltic *c.* 400–1700 AD. Peoples, Economies and Cultures, 12 (Leiden und Boston 2004), S. 226–228.

22 Siehe Noble (2009), S. 183.

23 G. Williams, »Hákon *Aðalsteins fóstri*: aspects of Anglo-Saxon kingship in tenth-century Norway«, in: T. R. Liszka und L. E. M. Walker (Hg.), *The North Sea World in the Middle Ages* (Dublin 2001), S. 108–126.

24 H.-J. Hube (Übers., Hg. und Komm.), *Snorri Sturluson: Heimskringla. Sagen der nordischen Könige* (Wiesbaden 2006), sowie die hier zitierten skaldischen Verse, die den Bericht Snorri Sturlusons prinzipiell bestätigen.

25 Für die Beschreibung einer Schiffsbestattung siehe Snorri Sturluson in Hube (2006). Snorri berichtet, dass über die Bestattung viel gesprochen wurde und sie den Toten zu großem Ruhm verhalf.

26 A. C. Sørensen, *Ladby. A Danish Ship-Grave from the Viking Age*, Ships and Boats of the North, 3 (Roskilde 2001), S. 111–118.

27 Eine Datierungstechnik auf der Basis der Untersuchung von Jahresringen.

28 J. Bill und A. Daly, »The plundering of the ship graves from Oseberg and Gokstad: an example of power politics?«, in: *Antiquity*, 86 (2012), S. 808–824.

29 S. B. F. Jansson, *Runes in Sweden* (Värnamo 1987), S. 74–75.

30 Ebd., S. 43–44.

31 M. Olausson (Hg.), *Hem til Jarlabanke. Jord, makt och evigt liv i östra Mälardalen under järnålder och medeltid* (Lund 2008).

32 F. Niedner (Übers. und Hg.), *Die Geschichte vom Skalden Egil*, Thule. Altnordische Dichtung und Prosa, Bd. 3 (Jena 1923), Kap. 55 .

33 Ebd., Kap. 70.

34 I. Hägg, »Rangsymboliska element i vikingatida gravar. Hedeby – Birka – Mammen«, in: M. Iversen et al. (Hg.), *Mammen. Grav, kunst og samfund i vikingetid*, Jysk Arkæologisk Selskabs Skrifter, 28 (Højbjerg 1991), S. 155–162; A. Hedeager Krag, »Fränkisch-byzantinische Trachteinflüsse in drei dänischen Grabfunden des

10. Jahrhunderts«, in: *Archäologisches Korrespondenzblatt*, 29 (1999), S. 425–444.

35 H. Vierck, »Mittel- und westeuropäische Einwirkungen auf die Sachkultur von Haithabu/Schleswig«, in: H. Jankuhn et al. (Hg.), *Archäologische und naturwissenschaftliche Untersuchungen an ländlichen und frühstädtischen Siedlungen im deutschen Küstengebiet vom 5. Jahrhundert v. Chr. bis zum 11. Jahrhundert n. Chr.*, Bd. 2, *Handelsplätze des frühen und hohen Mittelalters* (Weinheim 1984), S. 366–422, hier: 405–406, Abb. 193–194.

36 Siehe hierzu z. B. G. Althoff, »Der friedens-, bündnis- und gemeinschaftsstiftende Charakter des Mahles im früheren Mittelalter«, in: I. Bitsch et al. (Hg.), *Essen und Trinken in Mittelalter und Neuzeit. Vorträge eines interdisziplinären Symposions vom 10.–13. Juni 1987 an der Justus-Liebig-Universität Gießen* (Sigmaringen 1987), S. 13–26; K. Leyser, »Ritual, Zeremonie und Gestik: das ottonische Reich«, in: *Frühmittelalterliche Studien*, 27 (1993), S. 1–26.

37 *Eiríksmál* (Eiriklied), Strophe 1, anonymes Preislied auf König Erich Blutaxt, Sohn von Harald Schönhaar, der von etwa 929 bis 934 in Norwegen regierte, zit. nach: Genzmer (1922), S. 195.

38 Niedner (1923), Kap. 74–75.

39 E. Nylén und J. P. Lamm, *Bildstenar*, 3. Aufl. (Värnamo 2003).

40 Zit. nach: A. Krause (Übers. und Hg.), *Die Götterlieder der Älteren Edda*, Stuttgart 2006, S. 32. Die Datierung der *Hávamál* ist umstritten, dass sie in Teilen Aspekte der Wikingerzeit schildert, ist jedoch weitgehend Forschungskonsens.

41 E. Wamers, »Pyxides imaginatae. Zur Ikonographie und Funktion karolingischer Silberbecher«, in: *Germania*, 69 (1991), S. 97–152.

42 Zur Übernahme des Schachspiels siehe J. Robinson, *The Lewis Chessmen* (London 2004), S. 43–55.

43 Siehe Noble (2009).

44 Siehe z. B. Widukind von Corvey, in: E. Rotter und B. Schneidmüller (Übers. und Hg.), *Widukind von Corvey: Die Sachsengeschichte* (Stuttgart 1992), Buch I, Kap. 35, 38.

45 Siehe z. B. E. Szameit, »Fränkische Reiter des 10. Jahrhunderts«, in: M. Puhle (Hg.), *Otto der Große. Magdeburg und Europa*, Ausst.-Kat. Magdeburg 2001 (Mainz 2001), Bd. 2, S. 254–256; M. Schulze-Dörrlamm, »Die Ungarneinfälle des 10. Jahrhunderts im Spiegel archäologischer Funde«, in: Henning (2002), S. 107–122; T. Kind, »Archäologische Funde von Teilen der Reitausrüstung aus Europa und ihr Beitrag zur Kultur- und Sozialgeschichte der Ottonenzeit«, in: Henning (2002), S. 283–299.

46 Duczko (2004), S. 109, 200–201.

47 B. Hougen, »Studier i Gokstadfunnet«, in: *UOÅrbok*, 5, 1931/32 (1934), S. 74–112, hier: 94 ff.

48 Siehe z. B. E. Roesdahl, »M. Müller-Wille, Das wikingerzeitliche Gräberfeld von Thumby-Bienebek (Kreis Rendsburg-Eckernförde), Teil 1« (Rez.), in: *Zeitschrift für Archäologie des Mittelalters*, 11/1983 (1985), S. 175–178; A. Pedersen, »Søllested and Møllemosegaard – burial customs in 10th century Denmark«, in: M. Müller-Wille (Hg.), *Rom und Byzanz im Norden. Mission und Glaubenswechsel im Ostseeraum während des 8.–14. Jahrhunderts*, Bd. 1, Akademie der Wissenschaften und der Literatur, Abhandlungen der Geistes- und Sozialwissenschaften Klasse 1997, 3.1 (Mainz 1997), S. 249–278.

49 F. Androshchuk, »The Vikings in the east«, in: S. Brink und N. Price (Hg.), *The Viking World* (London 2008), S. 517–542.

50 Siehe S. Brink (Christianisierung), A.-S. Gräslund und L. Lager (Runensteine), C. Krag (für Norwegen), E. Roesdahl und N. Lund (für Dänemark) sowie T. Lindkvist (für Schweden) in: Brink/Price (2008), Teil 3, *Scandinavia enters the European State*, S. 619–674.

51 P. Nørlund, *Trelleborg*, Nordiske Fortidsminder, 4 (Kopenhagen 1948); O. Olsen und H. Schmidt, *Fyrkat. En jysk vikingeborg*, Bd. 1, *Borgen og bebyggelsen* (Kopenhagen 1977); F. Nørgaard, E. Roesdahl und R. Skovmand (Hg.), *Aggersborg gennem 1000 år. Fra vikingeborg til slægtsgård* (Herning 1986); E. Roesdahl, »Harald Blauzahn – ein dänischer Wikingerkönig aus archäologischer Sicht«, in: Henning (2002), S. 95–108.

52 J. Henning, »Der slawische Siedlungsraum und die ottonische Expansion östlich der Elbe: Ereignisgeschichte – Archäologie – Dendrochronologie«, in: Henning (2002), S. 131–146; M. Dulinicz, »Forschungen zu den Herrschaftszentren des 10. bis 11. Jahrhunderts in Polen«, in: Henning (2002), S. 147–160.

53 T. D. Price et al., »Who was in Harold Bluetooth's army? Strontium isotope investigation of the cemetery at the Viking Age fortress at Trelleborg, Denmark«, in: *Antiquity*, 85 (2011), S. 476–489.

54 A. S. Dobat, »The state and the strangers: the role of external forces in a process of state formation in Viking-Age South Scandinavia (*c.* AD 900–1050)«, in: *Viking and Medieval Scandinavia*, 5 (2009), S. 65–104.

55 J. C. Moesgaard, »Skattefundene fra Grågård og Pilhus. Harald Blåtands møntreform«, in: M. Andersen und P. O. Nielsen (Hg.), *Danefæ. Skatte fra den danske muld* (Kopenhagen 2010), S. 187–191.

56 J. S. Jensen (Hg.), *Tusindtallets Danke Mønter fra Den kongelige Mønt- og Medaillesamling. Danish coins from the 11th century in The Royal Collection of Coins and Medals* (Kopenhagen 1995), S. 22–24; G. Williams, »Kingship, Christianity and coinage: monetary and political perspectives on silver economy in the Viking Age«, in: J. Graham-Campbell und G. Williams (Hg.), *Silver Economy in the Viking Age* (Walnut Creek 2007), S. 177–214.

57 Siehe C. von Heijne, »Danska mynt från tusentalet funna i St Peterskyrkan, Rom«, in: *Nordisk Numismatisk Unions Medlemsblad*, 2 (2012), S. 46–48.

Festhallen und Pfalzen

1 A. Angenendt, *Kaiserherrschaft und Königstaufe. Kaiser, Könige und Päpste als geistliche Patrone in der abendländischen Missionsgeschichte*, Arbeiten zur Frühmittelalterforschung, 15 (Berlin und New York 1984), S. 215–217.

2 »Ermoldus Nigellus, in Honour of Louis«, in: T. F. X. Noble (Übers.), *Charlemagne and Louis the Pious. The Lives by Einhard, Notker, Ermoldus, Thegan, and the Astronomer* (University Park, PA, 2009), Buch 4; http://www.geschichtsquellen.de/repPers_10094065X.html; Percy Ernst Schramm, *Die deutschen Könige und Kaiser in Bildern ihrer Zeit, 751–1190* (Leipzig und Berlin 1928), S. 42, 154.

3 H. Grewe, »Die Ausgrabungen in der Königspfalz Ingelheim am Rhein«, in: L. Fenske, J. Jarnut und M. Wemhoff (Hg.), *Splendor palatii. Neue Forschungen zu Paderborn und anderen Pfalzen der Karolingerzeit. Deutsche Königspfalzen. Beiträge zu ihrer historischen und archäologischen Erforschung*, Bd. 5, Veröffentlichungen des Max-Planck-Instituts für Geschichte, 11/5 (Göttingen 2001), S. 158.

4 G. H. Pertz (Hg.), *Annales et chronica aevi Carolini*, Monumenta Germaniae Historica, Scriptores Rerum Germanicarum, 1 (Hannover 1826), S. 38; M. Balzer, »Paderborn als karolingischer Pfalzort«, in: *Deutsche Königspfalzen. Beiträge zu ihrer historischen und archäologischen Erforschung*, Bd. 3, Veröffentlichungen des Max-Planck-Instituts für Geschichte, 11/3 (Göttingen 1979), S. 9–85, hier: 38 ff.

5 F. Brunhölzl (Übers. und Hg.), *Karolus Magnus et Leo papa. Ein Paderborner Epos vom Jahre 799*, Monumenta Germaniae Historica, Poetae, 1 (München 1881) S. 367–379; J. Brockmann (Hg.), *Studien und Quellen zur westfälischen Geschichte*, Bd. 8 (Paderborn 1966), Nachdruck: *Studien und Quellen zur westfälischen Geschichte*, Bd. 36 (Paderborn 1999), S. 47, Z. 24–29.

6 S. Gai, »Die Baugeschichte des Pfalzkomplexes. Analyse und Deutung der stratigraphischen Befunde. Die Gründung der Paderborner Pfalz im Jahre 776«, in: S. Gai und B. Mecke, *Est locus insignis. Die Pfalz Karls des Großen und ihre bauliche Entwicklung bis zum Jahr 1002*, Denkmalpflege und Forschung in Westfalen, 40 (Mainz 2004), S. 103–114.

7 S. Gai, »Karolingische Glasfunde der Pfalz Paderborn«, in: C. Stiegemann und M. Wemhoff (Hg.), *799. Kunst und Kultur der Karolingerzeit. Karl der Große und Papst Leo III. in Paderborn*, Ausst.-Kat. Paderborn 1999 (Mainz 1999), Textband S. 212–217, Katalog S. 160–169.

8 A. Grothe, »Zur karolingischen Keramik der Pfalz Paderborn«, in: Stiegemann / Wemhoff (1999), Textband S. 209–211, Katalog, Bd. 1, S. 144 ff.

9 M. Wintergerst, *Franconofurd*, Bd. 1, *Die Befunde der karolingisch-ottonischen Pfalz aus den Frankfurter Altstadtgrabungen 1953–1993*, Schriften des Archäologischen Museums Frankfurt a. M., 22/1 (Frankfurt a. M. 2007), S. 46–60.

10 Teil der Inschrift auf dem großen Runenstein in Jelling.

11 B. Ludowici, *Die Halle des Königs. Repräsentative Profanarchitektur der ottonischen Pfalzen im Harzraum*, in: K. G. Beuckers, J. Cramer und M. Imhof (Hg.), *Die Ottonen. Kunst – Architektur – Geschichte* (Petersberg 2002), S. 259–265.

12 M. Dapper, *Die ottonische Pfalz Tilleda*, in: Beuckers / Cramer / Imhof (2002), S. 266; M. Dapper, »Die Neuinterpretation der Grabungsergebnisse der Pfalz Tilleda«, in: C. Ehlers, J. Jarnut und M. Wemhoff (Hg.), *Zentren herrschaftlicher Repräsentation im Hochmittelalter. Geschichte, Architektur und Zeremoniell. Deutsche Königspfalzen. Beiträge zu ihrer historischen und archäologischen Erforschung*, Bd. 7, Veröffentlichungen des Max-Planck-Instituts für Geschichte, 11/7 (Göttingen 2007), S. 151–169.

13 G. Binding, *Deutsche Königspfalzen von Karl dem Großen bis Friedrich II. (765–1240)* (Darmstadt 1996), S. 193–194; P. Donat: *Gebesee: Klosterhof und königliche Reisestation des 10.–12. Jahrhunderts*, Weimarer Monographien zur Ur- und Frühgeschichte, 34 (Stuttgart 1999).

14 S. Gai, »Zur Rekonstruktion und Zeitstellung der spätottonischen Pfalz in Paderborn«, in: Ehlers / Jarnut / Wemhoff (2007), S. 121–150.

15 Binding (1996), S. 223–234.

16 A. Krause (Übers.), *Die Edda des Snorri Sturluson* (Stuttgart 2008), S. 32.

Das königliche Jelling

1 E. Wamers, »… ok Dani gærði kristna … Der große Jellingstein im Spiegel ottonischer Kunst«, in: *Frühmittelalterliche Studien*, 34 (2000), S. 132–158, Taf. X–XVI.

2 K. J. Krogh, *Gåden om Kong Gorms Grav. Historien om Nordhøjen i Jelling. Vikingekongernes Monumenter i Jelling*, Bd. 1 (Kopenhagen 1993); K. J. Krogh und B. Leth-Larsen, *Hedensk og Kristent. Fundene fra den kongelige gravhøj i Jelling*, Vikingekongernes monumenter i Jelling, Bd. 2 (Kopenhagen 2007).

3 Siehe H. Breuning-Madsen, »Brønden på toppen af Nordhøjen i Jelling«, in: *Nationalmuseets Arbejdsmark* (Kopenhagen 2010), S. 192–203; H. Breuning-Madsen et al., »The hydrology in huge burial mounds built of loamy tills: a case study on the genesis of perched water tables and a well in a Viking Age burial mound in Jelling, Denmark«, in: *Geografisk Tidsskrift/Danish Journal of Geography*, 112.1 (2012), S. 40–51.

4 J. Bill und A. Daly, »The plundering of the ship graves from Oseberg and Gokstad: an example of power politics?«, in: *Antiquity*, 86 (2012), S. 808–824.

5 M. Kähler Holst et al., »The late Viking-Age royal constructions at Jelling, central Jutland, Denmark. Recent investigations and a suggestion for an interpretative revision«, in: *Praehistorische Zeitschrift*, 87.2 (2012), S. 474–504.

6 Siehe z. B. E. Roesdahl, »Scandinavia in the Melting-pot, 950–1000«, in: S. Sigmundsson (Hg.), *Viking Settlements and Viking Society. Papers from the Proceedings of the Sixteenth Viking Congress, Reykjavík and Reykholt, 16–23 August 2009* (Reykjavík 2011), S. 347–374.

Nachbarn an der südlichen Ostseeküste

1 Zusammenfassung in: H. Jöns, »Was the Emporium of Reric the forerunner of Hedeby?«, in: *Bodendenkmalpflege Mecklenburg-Vorpommern, Jahrbuch*, 47 (1999), S. 201–213.

2 Zusammenfassung in: M. Müller-Wille, »Emporium Reric«, in: S. Brather, D. Geuenich und C. Huth (Hg.), *Historia Archaeologica. Festschrift für Heiko Steuer zum 70. Geburtstag*, Ergänzungsbände zum Reallexikon der Germanischen Altertumskunde, 70 (Berlin und New York 2009), S. 451–471.

3 S. M. Sindbæk, *Ruter og rutinisering. Fjernhandel i Nordeuropa* (Kopenhagen 2005), S. 19.

4 A. Tummuscheit, *Die Baubefunde des frühmittelalterlichen Seehandelsplatzes von Groß Strömkendorf, Lkr. Nordwestmecklenburg*, Frühmittelalterliche Archäologie zwischen Ostsee und Mittelmeer, Bd. 2, Forschungen zu Groß Strömkendorf, 4.4 (Wiesbaden 2011).

5 D. Warnke, »Der Hort eines Edelmetallschmiedes aus der frühslawischen Siedlung Rostock-Dierkow«, in: *Offa* 49/50 (1992/93), S. 197–206.

6 Nach S. M. Sindbæk, »Silver economies and social ties: long-distance interaction, long-term investments – and why the Viking Age happened«, in: J. Graham-Campbell, S. M. Sindbæk und G. Williams (Hg.), *Silver Economies, Monetisation & Society in Scandinavia, 800–1100* (Aarhus 2011), S. 51–52.

7 J. Bately, »Wulfstan's voyage and his description of *Estland*: the text and the language of the text«, in: A. Englert und A. Trakadas (Hg.), *Wulfstan's Voyage. The Baltic Sea Region in the Early Viking Age as Seen from Shipboard*, Maritime Culture of the North, 2 (Roskilde 2009), S. 15.

8 M. Jagodziński, *Truso. Między Weonodlandem a Witlandem. Between Weonodland and Witland* (Elbląg 2010), S. 162, Kat.-Nr. 203.

9 S. Kleingärtner, *Die frühe Phase der Urbanisierung an der südlichen Ostseeküste im ersten nachchristlichen Jahrtausend*, Studien zur Siedlungsgeschichte und Archäologie der Ostseegebiete, 13 (Neumünster 2013).

10 Ebd.

11 S. Brather, »Polen sect. 3, Historisch-Archäologisches«, in: J. Hoops, *Reallexikon der Germanischen Altertumskunde*, Bd. 23, 2. Aufl. (Berlin und New York 2001), S. 260.

12 Z. Kurnatowska, »Herrschaftszentren und Herrschaftsorganisation«, in: A. Wieczorek und H.-M. Hinz (Hg.), *Europas Mitte um 1000 – Beiträge zur Geschichte, Kunst und Archäologie*, Ausst.-Kat. Budapest 2000 et al. (Stuttgart 2000), S. 458–463, hier: 459, Abb. 306.

13 Siehe hierzu die Zusammenfassung von W. Rohrer, »Wikinger oder Slawen? Die Interpretationsgeschichte frühpiastischer Bestattungen mit Waffenbeigabe«, in: A. Klammt und S. Rossignol (Hg.), *Mittelalterliche Eliten und Kulturtransfer östlich der Elbe. Interdisziplinäre Beiträge zu Archäologie und Geschichte im mittelalterlichen Ostmitteleuropa* (Göttingen 2009), S. 28–37.

14 D. Banaszak und A. Tabaka, »Der Siedlungskomplex des mittelalterlichen Zentrums auf der Insel Ostrów Lednicki«, in: I. Boháčová und L. Poláček (Hg.), *Burg – Vorburg – Suburbium. Zur Problematik der Nebenareale frühmittelalterlicher Zentren*, International Conferences in Mikulčice, 7. Spisy Archeologického Ústavu Av Čr, Brno, 35 (Brno 2008), S. 79–90, hier: 81–82.

15 Ebd., S. 80–81, Abb. 5.

16 D. Banaszak und A. Tabaka, »Relikte der Handwerkstätigkeit im Hinterland der frühpiastischen Burg auf der Insel Ostrów Lednicki«, in: L. Poláček (Hg.), *Das wirtschaftliche Hinterland der frühmittelalterlichen Zentren*, International Conferences in Mikulčice, 6. Spisy Archeologického Ústavu Av Čr, Brno, 31 (Brno 2008), S. 111–115.

17 A. Kola und G. Wilke, *Brücken vor 1000 Jahren. Unterwasserarchäologie bei der polnischen Herrscherpfalz Ostrów Lednicki* (Toruń 2000), S. 53.

18 J. Górecki, »Die Burg in Ostrów Lednicki. Ein frühstaatliches Zentrum der Piastendynastie«, in: Wieczorek / Hinz (2000), S. 467–470, hier: 470; J. Górecki, »Waffen und Reiterausrüstungen von Ostrów Lednicki. Zur Geschichte des frühen polnischen Staates und seines Heeres«, in: *Zeitschrift für Archäologie des Mittelalters*, 29 (2001), S. 41–82, hier: 42.

4. Glaube und Ritual

1 P. B. Sturtevant, »Contesting the semantics of Viking religion«, in: *Viking and Medieval Scandinavia*, 8 (2012), S. 261–278.

2 Die nordischen Mythen als Hintergrund zu diesem Kapitel können im Wesentlichen zwei mittelalterlichen isländischen Quellen entnommen werden: der *Älteren Edda* und Snorri Sturlusons *Edda*; als Standardübersetzung dient A. Krause (Hg., Übers., Komm.), *Die Edda des Snorri Sturluson* (Stuttgart 1997). Die Literatur zu ihrer Deutung ist umfassend, jüngere Studien mit gutem Anmerkungsapparat sind: H. O'Donoghue, *From Asgard to Valhalla* (London 2010); S. C. Abram, *Myths of the Pagan North: the Gods of the Northmen* (London 2011); L. Hedeager, *Iron Age Myth and Materiality: an Archaeology of Scandinavia AD 400–1000* (London 2011). Das Standardnachschlagewerk zu den Erzählungen ist R. Simek, *Dictionary of Northern Mythology* (Cambridge 1993). Ebenfalls überaus umfangreich ist die Forschungsliteratur zu Glauben und Ritual der altnordischen Völker, einen Überblick bieten in jüngerer Zeit C. Raudvere und J.-P. Schjødt (Hg.), *More Than Mythology: Narratives, Ritual Practices and Regional Distribution in Pre-Christian Scandinavian Religions* (Lund 2012), sowie das Werk von A. Andrén, K. Jennbert und C. Raudvere (Hg.), *Vägar till Midgård: Nordisk Hedendom i Långtidsperspektiv*, 14 Bde. (Lund 2001–2011). Nützliche Beiträge sowie umfassende Verweise sind überdies enthalten in: S. Brink und N. Price (Hg.), *The Viking World* (London 2008).

3 K. C. Patton, *Religion of the Gods: Ritual, Paradox and Reflexivity* (Cambridge, MA, 2009).

4 K. Bek-Pedersen, *The Norns in Old Norse Mythology* (Edinburgh 2011).

5 Diese Diskussion lässt sich von O. Olsen, *Hov, hørg og kirke* (Kopenhagen 1966), bis O. Sundqvist, »The question of ancient Scandinavian cultic buildings with particular reference to Old Norse *hof*«, in: *Temenos*, 1.45 (2009), S. 65–84, nachvollziehen.

6 Siehe z. B. H.-E. Lidén, »From pagan sanctuary to Christian church. The excavation of Mære church in Trøndelag«, in: *Norwegian Archaeological Review*, 2 (1969), S. 3–32, sowie A.-L. Nielsen, »Rituals and power: about a small building and animal bones from the late Iron Age«, in: A. Andrén, K. Jennbert und C. Raudvere (Hg.), *Old Norse Religion in Long-Term Perspectives* (Lund 2006), S. 243–247.

7 L. Larsson (Hg.), *Continuity for Centuries: a Ceremonial Building and its Context at Uppåkra, Southern Sweden* (Lund 2004).

8 M. Bäck, A.-M. Hållans Stenholm und J.-Å. Ljung, *Lilla Ullevi – historien om det fridlysta rummet* (Stockholm 2008).

9 Die Götavi-Ausgrabungen sind bislang unpubliziert; für Hinweise danke ich Grabungsdirektor Kenneth Svensson sowie Arkeologikonsult AB.

10 Die Zahl Neun ist in der nordischen Mythologie von großer Bedeutung. Als magisches Zeichen erscheint sie dutzende Male in diversen Zusammenhängen, etwa in der Anzahl der Unterwelten, der Dauer bestimmter, in Tagen oder Nächten gemessener Rituale etc. In der letzten Ragnarök-Schlacht geht Thor neun Schritte, bevor er stürzt und stirbt.

11 Für eine Übersicht der Studien zu Gamla Uppsala siehe M. Alkarp, *Det Gamla Uppsala: Berättelser och Metamorfoser* (Uppsala 2009).

12 G. Lucas, *Hofstaðir: Excavations of a Viking Age Feasting Hall in North-Eastern Iceland* (Reykjavík 2009).

13 B.-M. Näsström, *Blot – Tro och Offer i Norden* (Stockholm 2002).

14 Der besondere Stellenwert des Feuers in den nordischen Mythen ist als Verweis auf Island mit seiner vulkanischen Landschaft und seinen Lavavorkommen gedeutet worden. Wir wissen, dass ein großer Teil unseres Quellmaterials auf dieser Insel im Nordatlantik entstanden ist, es mag also eine lokale Glaubensrichtung widerspiegeln. Indessen könnten Brandspuren an zahlreichen Ausgrabungsstätten auch ein Hinweis darauf sein, dass Feuer ein weiter verbreiteter Bestandteil nordischen Rituals war.

15 J. Lund, *Åsted og vadested: deponeringer, genstandsbiografier og rumlig strukturering som kilde til vikingetidens kognitive landskaber* (Oslo 2009).

16 Adam von Bremen, *Gesta Hammaburgensis ecclesiae pontificum*.

17 B.-M. Näsström, »Offerlunden under Frösö kyrka«, in: S. Brink (Hg.), *Jämtlands Kristnande* (Uppsala 1996), S. 65–85.

18 P. Vikstrand, *Gudarnas platser. Förkristna sakrala ortnamn I Mälardalen* (Uppsala 2001); S. Brink, »Mytologiska rum och eskatologiska föreställningar i det vikingatida Norden«, in: A. Andrén, K. Jennbert und C. Raudvere (Hg.), *Ordning mot Kaos. Studier av nordisk förkristen kosmologi* (Lund 2004), S. 291–316.

19 N. Price, *The Viking Way: Religion and War in Late Iron Age Scandinavia* (Uppsala 2002), S. 59–60.

20 N. Price, »What's in a name? An identity crisis for the Norse gods (and some of their friends)«, in: Andrén / Jennbert / Raudvere (2006), S. 179–183.

21 Übersichtsdarstellungen zur Magie in der Wikingergesellschaft bieten Price, N. (2002), F.-X. Dillmann, *Les magiciens dans l'Islande ancienne* (Uppsala 2006); E. Heide, *Gand, seid og åndevind* (Bergen 2006); S. A. Mitchell, *Witchcraft and Magic in the Nordic Middle Ages* (Philadelphia 2011).

22 Siehe P. Meulengracht Sørensen, *The Unmanly Man: Concepts of Sexual Defamation in Early Northern Society* (Odense 1983). Im historischen Vergleich zeigt sich die Wikingergesellschaft als überaus stark homophob geprägt. Bereits die nicht nachgewiesene Bezichtigung homosexuellen Verhaltens wurde als ein dem Mord gleichrangiges Verbrechen geahndet.

23 Eine kritische Stellungnahme zu diesem Thema bei C. Tolley, *Shamanism in Norse Myth and Magic*, 2 Bde. (Helsinki 2009).

24 Zu einem umfassenderen Überblick mit Quellenangaben zur Bestattungspraxis der Wikinger siehe N. Price, »Dying and the dead: Viking Age mortuary behaviour«, in: Brink / Price (2008), S. 257–273.

25 Zu Kinderbestattungen zur Zeit der Wikinger siehe C. Mejsholm, *Gränsland: Konstruktion av tidig barndom och begravningsritual vid tiden för kristnandet i Skandinavien* (Uppsala 2009).

26 H. Robbins, *Seated Burials at Birka: a Select Study* (Uppsala 2004).

27 J. Peets, »Salme Ship Burials«, in: *Current World Archaeology*, 58 (April/Mai 2013), S. 18–24; M. Biddle und B. Kjølbye-Biddle, »Repton and the Vikings«, in: *Antiquity*, 66 (1992), S. 36–51.

28 Eine ausgezeichnete Behandlung dieser Fragestellung bei I.-M. Back Danielsson, *Masking Moments: the Transitions of Bodies and Beings in Late Iron Age Scandinavia* (Stockholm 2007).

29 Siehe z. B. A. Klevnäs, »Robbing the dead at Gamla Uppsala, Sweden«, in: *Archaeological Review from Cambridge*, 22.1 (2007), S. 24–42.

30 J. Montgomery, »Ibn Fadlān and the Rūsiyyah«, in: *Journal of Arabic and Islamic Studies*, 3 (2000), S. 1–25.

31 Aufgrund der Diversität lokaler Identitäten, die sich womöglich daraus ableiten ließe, ist für F. Svanberg die Vorstellung von einer kohärenten »skandinavischen Kultur der Wikingerzeit« eventuell gänzlich zu verwerfen: F. Svanberg, *Decolonizing the Viking Age*, 2 Bde. (Stockholm 2003).

32 N. Price, »Bodylore and the archaeology of embedded religion: dramatic licence in the funerals of the Vikings«, in: D. M. Whitley und K. Hays-Gilpin (Hg.), *Belief in the Past: Theoretical Approaches to the Archaeology of Religion* (Walnut Creek 2008), S. 143–165; N. Price, »Passing into poetry: Viking-Age mortuary drama and the origins of Norse mythology«, in: *Medieval Archaeology*, 54 (2010), S. 123–156; N. Price, »Mythic acts: material narratives of the dead in Viking Age Scandinavia«, in: Raudvere / Schjødt (2012), S. 13–46.

33 Für den Übertritt zum christlichen Glauben siehe die Forschungen von B. Nilsson (Hg.), *Projektet Sveriges Kristnande*, 5 Bde. (Uppsala 1992–1996); A. Sanmark, *Power and Conversion: a Comparative Study of Christianization of Scandinavia* (Uppsala 2004); Brink / Price (2008), Teil 3; A. Winroth, *The Conversion of Scandinavia: Vikings, Merchants and Missionaries in the Remaking of Northern Europe* (New Haven 2011).

34 Siehe z. B. J. H. Aðalsteinsson, *Under the Cloak: the Acceptance of Christianity in Iceland with Particular Reference to the Religious Attitudes Prevailing at the Time* (Uppsala 1978).

35 Siehe z. B. Price, N. (2002), S. 74–75.

36 Zu Runensteinen siehe B. Sawyer, *The Viking Age Rune Stones* (Oxford 2000), sowie A.-S. Gräslund, *Runstensstudier* (Uppsala 2002).

37 Als Führer zu den 29 erhaltenen Stabkirchen siehe L. Anker, *The Norwegian Stave Churches* (Oslo 2012).

38 E. Mikkelsen, »The Vikings and Islam«, in: Brink / Price (2008), S. 543–549.

Das Frauengrab in Fyrkat

1 E. Roesdahl, »En gravplads fra tidlig kristen tid«, in: N. Lund (Hg.), *Kristendommen i Danmark før 1050* (Roskilde 2004), S. 153–158; E. Roesdahl, *Fyrkat. En jysk vikingeborg*, Bd. 2, *Oldsagerne og gravpladsen* (Kopenhagen 1977).

2 N. Price, *The Viking Way. Religion and War in Late Iron Age Scandinavia* (Uppsala 2002), S. 149–157; P. Pentz et al., »Kong Haralds vølve«, in: *Nationalmuseets Arbejdsmark* (Kopenhagen 2009), S. 215–232.

3 Pentz et al. (2009).

Ritualplätze am See Tissø

1 L. Jørgensen, »Pre-Christian cult at aristocratic residences and settlement complexes in southern Scandinavia in the 3rd–10th centuries AD«, in: U. von Freeden, H. Friesinger and E. Wamers (Hg.), *Glaube, Kult und Herrschaft. Phänomene des Religiösen im 1. Jahrtausend n. Chr. in Mittel- und Nordeuropa*, Kolloquien zur Vor- und Frühgeschichte, 12 (Frankfurt a. M. 2009), S. 329–354.

2 P. Vikstrand, »Berget, lunden och åkern. Om sakrala och kosmologiska landskab ur ortnamnens perspektiv«, in: A. Andrén, K. Jennbert und C. Raudvere (Hg.), *Ordning mot kaos. Studier av nordisk förkristen kosmologi* (Lund 2004), S. 317–341.

3 S. Brink, »Naming the land«, in: S. Brink und N. Price (Hg.), *The Viking World* (London 2008), S. 57–66.

Das Oseberg-Schiffsgrab

1 N. Bonde, »Dendrochronological dating of the Viking age ship burials at Oseberg, Gokstad and Tune, Norway«, in: A. Sinclair, E. Slater and J. Gowlett (Hg.), *Archaeological Sciences* (Oxford 1995), S. 195–200; A. W. Brøgger, H. Schetelig und J. Holmboe, *Osebergfunnet* (Kristiania 1917).

2 M. Müller-Wille, *Bestattung im Boot. Studien zu einer nordeuropäischen Grabsitte* (Neumünster 1970).

3 N. Bonde und F.-A. Stylegar, »Fra Avaldsnes til Oseberg. Dendrokronologiske undersøkelser av skipsgravene fra Storhaug og Grønhaug på Karmøy«, in: *Viking*, 72 (2009), S. 149–168.

4 A. E. Christensen und M. Nockert, *Osebergfunnet. Tekstilene* (Oslo 2006).

5 P. Holck, *Skjelettene fra Gokstad- og Osebergskipet*, Antropologiske skrifter, 8 (Oslo 2009).

6 B. Myhre, »Kronologispørsmålet og ynglingeættens gravplasser«, in: A. E. Christensen, A. S. Ingstad und B. Myhre (Hg.), *Osebergdronningens grav* (Oslo 1992), S. 272–278.

7 A. S. Ingstad, »The interpretation of the Oseberg-find«, in: O. Crumlin-Pedersen und B. Munch Thye (Hg.), *The Ship as Symbol in Prehistoric and Medieval Scandinavia. Papers from an International Research Seminar at the Danish National Museum, Copenhagen, 5–7 May 1994* (Kopenhagen 1995), S. 139–147; G. Røthe, *Osebergfunnet: en religionshistorisk tolkning* (Oslo 1994); B. Solli, *Seid. Myter, sjamanisme og kjønn i vikingenes tid* (Oslo 2002).

8 J. Bill und A. Daly, »The plundering of the ship graves from Oseberg and Gokstad: an example of power politics?«, in: *Antiquity*, 86.333 (2012), S. 808–824.

9 U. Arents und S. Eisenschmidt, *Die Gräber von Haithabu* (Neumünster 2010); Bonde / Stylegar (2009); M. Müller-Wille, *Das Bootkammergrab von Haithabu* (Schleswig 1976).

10 Brøgger / Schetelig / Holmboe (1917); B. Myhre und T. Gansum, *Skibshaugen 900 e.Kr. Borrefunnet 1852–2002* (Vestfold 2003); N. Nicolaysen, *Langskibet fra Gokstad ved Sandefjord – The Viking-Ship Discovered at Gokstad in Norway* (Kristiania 1882); D. Skre (Hg.), *Kaupang in Skiringssal*, Kaupang Excavation Project Publications Series, 1 (Aarhus und Oslo 2007).

5. Die Schiffe der Wikinger

1 N. Bonde, »Dendrochronologische Altersbestimmung des Schiffes von Nydam«, in: *Offa*, 47 (1990), S. 157–168, hier: 161; F. Rieck, »Skibene fra Nydam mose«, in: L. Jørgensen, B. Storgård und L. G. Thomsen (Hg.), *Sejrens Triumf. Norden i skyggen af det romerske Imperium* (Kopenhagen 2003), S. 296–309, hier: 304; F. Rieck, »The Iron Age ships from Nydam. Age, equipment and capacity«, in: A. Nørgård Jørgensen et al. (Hg.), *Maritime Warfare in Northern Europe. Technology, Organisation, Logistics and Administration 500 BC–1500 AD. Papers from an International Research Seminar at the Danish National Museum, Copenhagen, 3–5 May 2000* (Kopenhagen 2002), S. 73–81.

2 Im dritten Buch der *Libri Historiarum* des Gregor von Tours (*Gregorii episcopi Turonensis Libri Historiarum X. Editionem alteram cvravervnt Brvno Krvsch et Wilhelmvs Levison. Monumenta Germaniae Historica. Scriptores rervm Merovingicarvm Tom. I. Pars I.* [Hannover 1951]). Hier ist der dänische König Chlochilaichus benannt. Seine Identifizierung als Hugleik – auch der Name eines schwedischen Königs im *Beowulf*-Epos – stellt A. S. Christensen infrage: A. S. Christensen, »Beowulf, Hygelac og Chlochilaichus. Om beretningskronologien i Beowulf«, in: *Historisk tidsskrift*, 105.1 (2005), S. 40–79.

3 W. Stokes und J. Strachan (Hg. und Übers.), *Thesaurus Palaeohibernicus: A Collection of Old-Irish Glosses, Scholia, Prose, and Verse*, 2 Bde. (1901–1903), Oxford 1975 (Reprint), Bd. 2, S. 290, zit. nach: M. Ní Mhaonaigh, »Friend and foe: Vikings in ninth- and tenth-century Irish literature«, in: H. B. Clarke, M. Ní Mhaonaigh und R. Ó Floinn (Hg.), *Ireland and Scandinavia in the Early Viking Age* (Dublin 1998), S. 381–402, hier: 381.

4 J. Ulriksen, *Anløbspladser, besejling og bebyggelse i Danmark mellem 200 og 100 e. Kr.: en studie af søfartens pladser på baggrund af undersøgelser i Roskilde fjord* (Roskilde 1998), S. 9, 13.

5 R. Hodges, *Primitive and Peasant Markets* (Oxford 1988), S. 45–52; J. Korpela, *The World of Ladoga: Society, Trade, Transformation and State Building in the Eastern Fennoscandian Boreal Forest Zone, c. 1000–1555*, Nordische Geschichte, 7 (Berlin 2008), S. 209–210.

6 O. Crumlin-Pedersen und O. Olsen (Hg.), *The Skuldelev Ships I. Topography, Archaeology, History, Conservation and Display*, Ships and Boats of the North, 4.1 (Roskilde 2002), S. 97–136; J. Bill, »Viking ships and the sea«, in: S. Brink und N. Price (Hg.), *The Viking World* (London 2008), S. 170–180, hier: 176.

7 Bill (2008), S. 176; S. Kalmring, *Der Hafen von Haithabu* (Neumünster 2010), S. 124.

8 Bill (2008), S. 176.

9 Kalmring (2010), S. 453–456.

10 J. Jesch, *Ships and Men in the Late Viking Age: the Vocabulary of Runic Inscriptions and Skaldic Verse* (London 2001), S. 135; G. Larsson, *Ship and Society: Maritime Ideology in Late Iron Age Sweden* (Uppsala 2007), S. 66.

11 Larsson (2007), S. 177–178.

12 Zum Djuleforsstein in Södermanland siehe Jesch (2001), S. 148.

13 Snorri Sturluson, *Gylfaginning*, Kap. 50, in: A. Krause (Hg.), *Die Edda des Snorri Sturluson* (Stuttgart 2008).

14 E. Moltke, *Runes and their Origins. Denmark and Elsewhere*, The National Museum of Denmark (Kopenhagen 1985), S. 336.

15 Das Wort *snekke* und die Ortsnamen, deren Bestandteil es ist, disktutieren B. Holmberg und J. Skamby Madsen, »Da kom en snekke. Havnepladser fra 1000- og 1100-tallet«, in: *KUML* (1998) 1997/98, S. 197–225, sowie C. Westerdahl, »The cognitive landscape of naval warfare and defence – Toponymic and archaeological aspects«, in: A. Nørgård Jørgensen et al. (Hg.), *Maritime Warfare in Northern Europe. Technology, Organisation, Logistics and Administration 500 BC–1500 AD. Papers from an International Research Seminar at the Danish National Museum, Copenhagen, 3–5 May 2000* (Kopenhagen 2002), S. 169–190. Überdies ist das Wort aus mittelhochdeutschen, niederländischen und russischen Quellen bekannt sowie als Lehnwort im Normannischen. Das Altenglische kennt das Wort *snacc* aus der *Angelsächsischen Chronik*, wo es für ein Schiff gebraucht wird, das nicht schnell segelt. Siehe dazu Holmberg / Skamby Madsen (1998), S. 204.

16 Siehe C. Westerdahl, »The cognitive landscape of naval warfare and defence – Toponymic and archaeological aspects«, in: Nørgård Jørgensen et al. (2002), S. 179–180.

17 A. C. Sørensen, *Ladby. A Danish Ship-Grave from the Viking Age*, Ships and Boats of the North, 3 (Roskilde 2001), S. 51, 56.

18 Crumlin-Pedersen / Olsen (2002), S. 30–42.

19 E. Andersen, »Square sails of wool«, in: O. Olsen, J. Skamby Madsen und F. Rieck (Hg.), *Shipshape – Essays for Ole Crumlin-Pedersen* (Roskilde 1995), S. 249–270.

20 Jesch (2001), S. 163–165.

21 J. Bill, M. Gøthche und H. M. Myrhøj, »Nordeuropas største skibsfund«, in: *Ni vrag fra vikingetid og middelalder under museumsøen i Roskilde. Nationalmuseets Arbejdsmark* (Kopenhagen 1998), S. 136–158, hier: 151.

22 O. Crumlin-Pedersen, *Viking-Age Ships and Shipbuilding in Hedeby/Haithabu and Schleswig*, Ships and Boats of the North, 2 (Schleswig und Roskilde 1997), S. 177–188.

23 *Snorre Sturlason: Olav Tryggvessons Saga. I Gustav Storms oversettelse*, überarb. von A. Bugge (Oslo 1929), S. 88.

24 Eine Kenning ist eine mehrdeutige und poetische Umschreibung (oft zusammengesetzt) eines einfachen Dinges bzw. Begriffes wie z. B. »Ruderross« für »Schiff«.

25 Jesch (2001), S. 34.

26 J. Jesch, »Sea-battles in skaldic poetry«, in: Nørgård Jørgensen et al. (2002), S. 57–64.

27 Larsson (2007), S. 75–76.

28 E. M. Tyler, »Talking about history in eleventh-century England: the *Encomium Emmae Reginae* and the Court of Harthacnut«, in: *Early Medieval Europe*, 13.4 (2005), S. 359–383.

29 E. M. Tyler, »›The eyes of the beholders were dazzled‹: treasure and artifice in *Encomium Emmae Reginae*«, in: *Early Medieval Europe*, 8.2. (1999), S. 247–270, hier: 265, zur Diskussion siehe S. 257 ff.

30 Zur Debatte um den Stellenwert der Skaldik als Informationsquelle zum *leding*-System siehe R. Malmros, »Leiđangr in Old Norse court poetry«, in: Nørgård Jørgensen et al. (2002), S. 277–286; R. Malmros, *Vikingernes syn på militær og samfund. Belyst genmem skjaldenes fyrstedigtning* [mit Zusammenfassungen in Englisch] (Aarhus 2010); N. Lund, *Lið, leding og landeværn. Hær og samfund i Danmark i ældre middelalder* (Roskilde 1996); N. Lund, »Leding, skjaldekvad og bønder«, in: *Historisk Tidsskrift*, 106 (2006), S. 243–252, sowie Larsson (2007), S. 299–303, mit Quellenangaben. Siehe auch Jesch (2001), S. 197, zur Verwendung des Wortes in der Skaldendichtung des 10. Jahrhunderts und seiner dennoch unklaren Definition.

31 Larsson (2007), S. 307–310.

32 So nennt ein Runenstein aus Uppland einen Mann in Banke, der ein eigenes Schiff besaß. Ein Stein aus Aarhus berichtet von einem Schiff, dessen Besitzer ein Asser Sakse und ein Arne waren.

33 *Den ældre Edda. Edda Sæmundar* (dän. Übers. F. Winkel Horn) (Kopenhagen 1869).

34 O. Olsen, »Royal power in Viking age Denmark«, in: H. Bekker-Nielsen und H. Frede Nielsen (Hg.), *Beretning fra Syvende Tværfaglige Vikingesymposium*, Odense Universitet 1988 (Aarhus 1989).

35 Larsson (2007), S. 182.

36 E. Roesdahl, »Om Olav Tryggvessons enestående skib og enestående idrætsfærdighed«, in: C. Paulsen und H. D. Michelsen (Hg.), *Símunarbok. Heiðursrit til Símun V. Arge á 60 ára degnum 5 September 2008* (Tórshavn 2008), S. 210–215.

37 J. Jesch, »Literature in medieval Orkney«, in: O. Owen (Hg.), *The World of Orkneyinga Saga* (Kirkwall 2005), S. 11–24, hier: 16.

38 S. Grundtvig (Hg.), *Danmarks gamle Folkeviser*, Bd. 2 (Kopenhagen 1856), S. 434.

39 J. Lund, »Vikingetidens værktøjskister i landskab og mytologi«, in: *Fornvännen*, 101 (2006), S. 323–341.

40 Larsson (2007), S. 379–380.

41 Ebd., S. 379.

42 Der Großteil der Boots- oder Schiffsgräber enthält nur einen Leichnam, in Ausnahmefällen wurden jedoch auch mehrere bestattet. Ein jüngst entdecktes Schiffsgrab in Estland, das auf einen Zeitraum unmittelbar vor der Wikingerzeit datiert wird, wies 36 Leichname auf. Dabei handelt es sich um Männer, die offenkundig in der Schlacht getötet wurden.

43 M. Warming, »Ibn Fadlan in the context of his age«, in: O. Crumlin-Pedersen und B. Munch Thye (Hg.), *The Ship as Symbol in Prehistoric and Medieval Scandinavia. Papers from an International Research Seminar at the Danish National Museum, Copenhagen, 5–7 May 1994* (Kopenhagen 1995), S. 132 (der Text Ibn Fadlāns: S. 136).

44 Larsson (2007), S. 60–61.

45 A. Andrén, »Doors to other worlds: Scandinavian death rituals in Gotlandic perspectives«, in: *Journal of European Archaeology*, 1 (1993), S. 33–56.

46 Auf diese sehr weitreichende Deutung, die auch das Wort *fred* (*fridr*), »Frieden«, mit dem Fruchtbarkeitsgott Freyr in Verbindung bringt, dessen Symbol das Schiff ist, verweist Larsson (2007), S. 285, 379.

47 Siehe R. Coates, »Reflections on some major Lincolnshire place-names, Part Two: Ness wapentake to Yarborough«, in: *Journal of the English Place-Name Society*, 40 (2008), S. 35–95, hier: 41, 70 und 95, Anm. 3.

48 B. E. Crawford, *The churches dedicated to St. Clement in medieval England: a hagio-geography of the seafarer's saint in 11th century North Europe*, Scripta Ecclesiastica, 1 (St. Petersburg 2008).

Die Roskilde 6

1 J. Bill, M. Gøthche und H. M. Myrhøj, »Nordeuropas største skibsfund: Ni skibe fra vikingetid og middelalder underr museumsøen i Roskilde«, in: *Nationalmuseets Arbejdsmark* (Kopenhagen 1998), S. 136–158.

2 N. Bonde und F.-A. Stylegar, »*Roskilde 6* – et langskib fra Norge«, in: *KUML* (2011), S. 247–262, hier: 253–255.

3 So die Rekonstruktion für die Ausstellung durch den Schiffsarchitekten Morten Gøthche, der auch die Ausgrabung des Schiffes leitete.

4 J. Bill, M. Gøthche und H. M. Myrhøj, »Roskildeskibene«, in: T. Christensen und M. Andersen (Hg.), *Civitas Roscald – fra byens begyndelse* (Roskilde 2000), S. 215–224.

5 O. Crumlin-Pedersen, *Viking-Age Ships and Shipbuilding in Hedeby/Haithabu and Schleswig* (Schleswig und Roskilde 1997); O. Crumlin-Pedersen und O. Olsen, *The Skuldelev Ships I. Topography, Archaeology, History, Conservation and Display* (Roskilde 2002).

6 J. Jesch, *Ships and Men in the Late Viking Age. The Vocabulary of Runic Inscriptions and Skaldic Verse* (Woodbridge 2001), S. 123–126.

7 Bonde / Stylegar (2011), S. 251.

8 Ebd., S. 255–258.

9 C. Krag, *Olav 2 Haraldsson Den Hellige – utdypning, Norsk biografisk leksikon* (Store norske leksikon 2009).

10 C. Krag, *Magnus 1 Olavsson Den Gode – utdypning, Norsk biografisk leksikon* (Store norske leksikon 2009).

Die Konservierung der Roskilde 6

1 K. Strætkvern et al., »If only ...! Experiences from the conservation of the world's longest Viking Age shipwreck for exhibition and travel«, in: *The 13th ICOM-CC Working Group WOAM Conference Proceedings*, Istanbul 2013 (in Vorbereitung).

2 M. Gøthche und K. Strætkvern, »Roskilde 6 – Reconstructing the longest warship find of the Viking Age«, in: B. van Tilburg (Hg.), *Proceedings of the Thirteenth International Symposium on Boat and Ship Archaeology Amsterdam 2012*, ISBSA 13 (Amsterdam, in Vorbereitung).

3 A. H. Petersen und K. Strætkvern, »Til lands, til vands og i luften med – et vikingeskib på vandreudstilling«, in: I. A. Tank Bronken et al. (Hg.), *Moving Collections. Consequences and Processes* (London 2012), S. 165–173.

Bibliografie

Abels (1988)
R. P. Abels, *Lordship and military obligation in Anglo-Saxon England* (London 1988)

Abels (2003)
R. Abels, »Alfred the Great, the *micel hæden here* and the Viking Threat«, in: Timothy Reuter (Hg.), *Alfred the Great: Papers from the Eleventh-Centenary Conferences* (Aldershot 2003), S. 265–280

Abram (2011)
C. Abram, *Myths of the Pagan North: the Gods of the Northmen* (London 2011)

Abrams (2001)
L. Abrams, »Edward the Elder's Danelaw«, in: N. J. Higham und D. H. Hill (Hg.), *Edward the Elder, 899–924* (London 2001), S. 128–143

Aðalsteinsson (1978)
Jón Hnefill Aðalsteinsson, *Under the cloak: the acceptance of Christianity in Iceland with particular reference to the religious attitudes prevailing at the time* (Uppsala 1978)

Ager / Williams (2010)
B. Ager und G. Williams, *The Vale of York Hoard* (London 2010)

Alkarp (2009)
M. Alkarp, *Det Gamla Uppsala: Berättelser och Metamorfoser* (Uppsala 2009)

Althoff (1987)
G. Althoff, »Der friedens-, bündnis- und gemeinschaftsstiftende Charakter des Mahles im früheren Mittelalter«, in: I. Bitsch (Hg.), *Essen und Trinken in Mittelalter und Neuzeit. Vorträge eines interdisziplinären Symposions vom 10.–13. Juni 1987 an der Justus-Liebig-Universität Gießen* (Sigmaringen 1987), S. 13–26

Ambrosiani / Clarke (1994)
B. Ambrosiani und H. Clarke (Hg.), *Developments around the Baltic and the North Sea in the Viking Age,* Birka Studies, 3 (Stockholm 1994)

Andersen (1995)
E. Andersen, »Square sails of wool«, in: Olsen / Skamby Madsen / Rieck (1995), S. 249–271

Andersen (1996)
W. Andersen, *The Viking Fortress of Trelleborg* (Slagelse 1996)

Andersson (2003)
H. Andersson, »Urbanisation«, in: Helle (2003), S. 312–342

Anderton (1999)
M. Anderton (Hg.), *Anglo-Saxon Trading Centres: Beyond the Emporia* (Glasgow 1999)

Andrén (1993)
A. Andrén, »Doors to other worlds: Scandinavian death rituals in Gotlandic perspectives«, in: *Journal of European Archaeology* (1993), S. 1, 33–56

Andrén / Jennbert / Raudvere (2001–2011)
A. Andrén, K. Jennbert und C. Raudvere (Hg.), *Vägar till Midgård: Nordisk Hedendom i Långtidsperspektiv,* 14 Bde. (Lund 2001–2011)

Andrén / Jennbert / Raudvere (2004)
A. Andrén, K. Jennbert und C. Raudvere (Hg.), *Ordning mot Kaos. Studier av nordisk förkristen kosmologi* (Lund 2004)

Andrén / Jennbert / Raudvere (2006)
A. Andrén, K. Jennbert und C. Raudvere (Hg.), *Old Norse Religion in Long-Term Perspectives* (Lund 2006)

Androshchuk (2008)
F. Androshchuk, »The Vikings in the east«, in: Brink / Price (2008), S. 517–542

Angenendt (1984)
A. Angenendt, *Kaiserherrschaft und Königstaufe. Kaiser, Könige und Päpste als geistliche Patrone in der abendländischen Missionsgeschichte,* Arbeiten zur Frühmittelalterforschung, 15 (Berlin und New York 1984), S. 215–217

Anker (2012)
L. Anker, *The Norwegian Stave Churches* (Oslo 2012)

Archibald (2012)
M. M. Archibald, »Testing«, in: Graham-Campbell (2012), S. 51–64

Arcini (2005)
C. Arcini, »The Vikings bare their filed teeth«, in: *American Journal of Physical Anthropology,* 128.4 (Dezember 2005), S. 727–733

Arents / Eisenschmidt (2010)
U. Arents und S. Eisenschmidt, *Die Gräber von Haithabu* (Neumünster 2010)

Armbruster / Eilbracht (2010)
B. Armbruster und H. Eilbracht (Hg.), *Wikingergold auf Hiddensee* (Rostock 2010), S. 184–195

Asser (1983)
Asser, *Life of King Alfred*, in: S. Keynes und M. Lapidge (Übers. und Hg.), *Alfred the Great* (Harmondsworth 1983)

Baastrup (2009)
M. Panum Baastrup, »Carolingian-Ottonian disc brooches – early Christian symbols in Viking age Denmark«, in: Freeden / Friesinger / Wamers (2009), S. 517–528

Bäck / Hållans Stenholm / Ljung (2008)
M. Bäck, A.-M. Hållans Stenholm und J.-Å. Ljung, *Lilla Ullevi – historien om det fridlysta rummet* (Stockholm 2008)

Back Danielsson (2007)
I.-M. Back Danielsson, *Masking Moments: the Transitions of Bodies and Beings in Late Iron Age Scandinavia* (Stockholm 2007)

Bäcklund (2001)
J. Bäcklund, »War or Peace? The Relations between the Picts and the Norse in Orkney«, in: *Northern Studies,* 36 (2001), S. 33–48

Baker / Brookes / Reynolds (2013)
J. Baker, S. Brookes, A. Reynolds (Hg.), *Landscapes of Defence in Early Medieval Europe* (Turnhout 2013)

Balzer (1979)
M. Balzer, »Paderborn als karolingischer Pfalzort«, in: *Deutsche Königspfalzen. Beiträge zu ihrer historischen und archäologischen Erforschung,* Bd. 3, Veröffentlichungen des Max-Planck-Instituts für Geschichte, 11/3 (Göttingen 1979) S. 9–85

Banaszak / Tabaka (2008a)
D. Banaszak und A. Tabaka, »Der Siedlungskomplex des mittelalterlichen Zentrums auf der Insel Ostrów Lednicki«, in: I. Boháčová und L. Poláček (Hg.), *Burg – Vorburg – Suburbium. Zur Problematik der Nebenareale frühmittelalterlicher Zentren,* International Conferences in Mikulčice, 7. Spisy Archeologického Ústavu Av Čr, Brno, 35 (Brno 2008), S. 79–90

Banaszak / Tabaka (2008b)
D. Banaszak und A. Tabaka, »Relikte der Handwerkstätigkeit im Hinterland der frühpiastischen Burg auf der Insel Ostrów Lednicki«, in: L. Poláček (Hg.), *Das wirtschaftliche Hinterland der frühmittelalterlichen Zentren,* Internationale Conferences in Mikulčice, 6. Spisy Archeologického Ústavu Av Čr, Brno, 31 (Brno 2008), S. 111–115

Barford (2005)
P. M. Barford, »Silent Centuries. The Society and Economy of the Northwestern Slavs«, in: Curta (2005), S. 60–102

Barnes (2003)
M. Barnes, »Language and ethnic groups«, in: Helle (2003), S. 94–102

Barrett (2008)
J. H. Barrett, »The Norse in Scotland«, in: Brink / Price (2008), S. 411–427

Bately (2007)
J. Bately, »The source. Text and translation«, in: Bately / Englert (2007), S. 40–50

Bately (2009)
J. Bately, »Wulfstan's voyage and his description of *Estland*: the text and the language of the text«, in: Englert / Trakadas (2009), S. 15

Bately / Englert (2007)
J. Bately und A. Englert (Hg.), *Ohthere's Voyages. A late 9th-century account of voyages along the coasts of Norway and Denmark and its cultural context*, Maritime Culture of the North, 1 (Roskilde 2007)

Bauduin (2005)
P. Bauduin, *Les fondations scandinaves en Occident et les débuts du duché de Normandie. Colloque de Cheisy-la-Salle 2002* (Caen 2005)

Bek-Pedersen (2011)
K. Bek-Pedersen, *The Norns in Old Norse Mythology* (Edinburgh 2011)

Bellows (1936)
H. A. Bellows (Übers.),*The Edda*, Voluspa, 64 (Princeton 1936)

Beuckers / Cramer / Imhof (2002)
K. G. Beuckers, J. Cramer und M. Imhof (Hg.), *Die Ottonen. Kunst – Architektur – Geschichte* (Petersberg 2002)

Biddle / Biddle (1992)
M. Biddle und B. Kjølbye-Biddle, »Repton and the Vikings«, in: *Antiquity*, 66 (1992), S. 36–51

Biddle / Biddle (2001)
M. Biddle und B. Kjølbye-Biddle, »Repton and the ›great heathen army‹, 873–4«, in: Graham-Campbell et al. (2001), S. 45–96

Bill (2008)
J. Bill, »Viking ships and the sea«, in: Brink / Price (2008), S. 170–180

Bill / Daly (2012)
J. Bill und A. Daly, »The plundering of the ship graves from Oseberg and Gokstad: an example of power politics?«, in: *Antiquity*, 86.333 (2012), S. 808–824

Bill / Gøthche / Myrhøj (1998)
J. Bill, M. Gøthche und H. M. Myrhøj, »Nordeuropas største skibsfund«, in: *Ni vrag fra vikingetid og middelalder under museumsøen i Roskilde. Nationalmuseets Arbejdsmark* (Kopenhagen 1998), S. 136–158

Bill / Gøthche / Myrhøj (2000)
J. Bill, M. Gøthche und H. M. Myrhøj, »Roskildeskibene«, in: T. Christensen und M. Andersen (Hg.), *Civitas Roscald – fra byens begyndelse* (Roskilde 2000), S. 215–224

Binding (1996)
G. Binding, *Deutsche Königspfalzen von Karl dem Großen bis Friedrich II. (765–1240)* (Darmstadt 1996), S. 223–234

Birkeland (1954)
H. Birkeland, *Nordens historie i middelalderen etter arabiske kilder*, Skrifter udgiven av Det Norske Videnskaps Akademi i Oslo. Hist.-filos. klasse, 2 (Oslo 1954)

Blackburn (2007)
M. A. S. Blackburn, »Coinage and contacts in the North Atlantic during the seventh to mid-tenth centuries«, in: A. Mortensen und S. V. Arge (Hg.), *Viking and Norse in the North Atlantic* (Tórshavn 2005), S. 141–151

Blackburn (2011)
M. A. S. Blackburn, »The Viking Winter Camp at Torksey, 872–3«, in: ders., *Viking Coinage and Currency in the British Isles* (London 2011), S. 221–264

Blair (2005)
J. Blair, *The Church in Anglo-Saxon Society* (Oxford 2005)

Blair (2008)
J. Blair (Hg.) *Waterways and Canal-Building in Medieval England* (Oxford 2008)

Blöndal / Benedikz (1978)
S. Blöndal und B.S. Benedikz, *The Varangians of Byzantium* (Cambridge 1978)

Bolton (2009)
T. Bolton, *The Empire of Cnut the Great: Conquest and the Consolidation of Power in Northern Europe in the Early Eleventh Century* (Leiden und Boston 2009)

Bonde (1990)
N. Bonde, »Dendrochronologische Altersbestimmung des Schiffes von Nydam«, in: *Offa*, 47 (1990), S. 157–168

Bonde (1995)
N. Bonde, »Dendrochronological dating of the Viking age ship burials at Oseberg, Gokstad and Tune, Norway«, in: A. Sinclair, E. Slater und J. Gowlett (Hg.), *Archaeological Sciences* (Oxford 1995), S. 195–200

Bonde / Stylegar (2009)
N. Bonde und F.-A. Stylegar, »Fra Avaldsnes til Oseberg. Dendrokronologiske undersøkelser av skipsgravene fra Storhaug og Grønhaug på Karmøy«, in: *Viking*, 72 (2009), S. 149–168

Bonde / Stylegar (2011)
N. Bonde und F.-A. Stylegar, »Roskilde 6 – et langskib fra Norge«, in: *KUML* (2011), S. 247–262

Bosworth et al. (1995)
C. E. Bosworth et al. (Hg.), *The Encyclopedia of Islam, New Edition*, Bd. 8, NED-SAM (Leiden 1995), S. 618–629

Bradley (1998)
J. Bradley (1988), »The interpretation of Scandinavian settlement in Ireland«, in: J. Bradley (Hg.), *Settlement and society in medieval Ireland* (Kilkenny 1988), S. 49–78

Bradley (2009)
J. Bradley, »Some reflections on the problem of Scandinavian settlement in the hinterland of Dublin in the ninth century«, in: J. Bradley, A. J. Fletcher und A. Simms (Hg.), *Dublin in the Medieval World. Studies in honour of Howard B. Clarke* (Dublin 2009), S. 39–62

Brather (2001)
S. Brather, »Polen sect. 3, Historisch-Archäologisches«, in: J. Hoops, *Reallexikon der Germanischen Altertumskunde*, Bd. 23, 2. Aufl. (Berlin und New York 2001), S. 260

Brather (2008)
S. Brather, *Archäologie der westlichen Slawen. Siedlung, Wirtschaft und Gesellschaft im früh- und hochmittelalterlichen Ostmitteleuropa*, Ergänzungsbände zum Reallexikon der Germanischen Altertumskunde, 61 (Berlin 2008)

Breuning-Madsen (2010)
H. Breuning-Madsen, »Brønden på toppen af Nordhøjen i Jelling«, in: *Nationalmuseets Arbejdsmark* (2010), S. 192–203

Breuning-Madsen et al. (2012)
H. Breuning-Madsen et al., »The hydrology in huge burial mounds built of loamy tills: a case study on the genesis of perched water tables and a well in a Viking Age burial mound in Jelling, Denmark«, in: *Geografisk Tidsskrift-Danish Journal of Geography*, 112.1 (2012), S. 40–51

Brink (1996)
S. Brink (Hg.), *Jämtlands Kristnande* (Uppsala 1996)

Brink (2004)
S. Brink, »Mytologiska rum och eskatologiska föreställningar i det vikingatida Norden«, in: Andrén / Jennbert / Raudvere (2004), S. 291–316

Brink (2008)
S. Brink, »People and land in Early Scandinavia«, in: Garipzanov / Geary / Urbańczyk (2008), S. 87–112

Brink / Price (2008)
S. Brink und N. Price (Hg.), *The Viking World* (London 2008)

Brockmann (1999)
J. Brockmann (Hg.), *Studien und Quellen zur westfälischen Geschichte*, Bd. 36 (Paderborn 1999)

Brøgger / Schetelig (1953)
A. W. Brøgger und H. Schetelig, *The Viking Ships* (Oslo 1953)

Brøgger / Schetelig / Holmboe (1917)
A. W. Brøgger, H. Schetelig und J. Holmboe, *Osebergfunnet* (Kristiania 1917)

Brook (2006)
K. A. Brook, *The Jews of Khazaria,* 2. Aufl. (Lanham MD 2006)

Brooks (1979)
N. P. Brooks, »England in the Ninth Century: The Crucible of Defeat«, in: *Transactions of the Royal Historical Society*, 5. F., 29 (1979), S. 1–20

Brunhölz (1881)
F. Brunhölz (Übers. und Hg.), *Karolus Magnus et Leo papa. Ein Paderborner Epos vom Jahre 799*, Monumenta Germaniae Historica, Poetae, 1 (München 1881), S. 367–379

Buckland (2000)
P. C. Buckland, »The North Atlantic Environment«, in: Fitzhugh / Ward (2000), S. 146–153

Byock (2001)
J. Byock, *Viking Age Iceland* (Harmondsworth 2001)

Byock (2005)
J. Byock (Übers.), *Snorri Sturluson – The Prose Edda* (London 2005)

Capelli et al. (2003)
C. Capelli et al., »A Y Chromosome Census of the British Isles«, in: *Current Biology*, 13 (2. Mai 2003), S. 979–984

Carlsson (1988)
A. Carlsson, *Vikingatida ringspännen från Gotland*, Stockholm Studies in Archaeology, 8 (Stockholm 1988)

Carnap-Bornheim et al. (2009)
C. von Carnap-Bornheim et al. (Hg.), *Lettlands viele Völker. Archäologie der Eisenzeit von Christi Geburt bis zum Jahr 1200* (Zossen 2009)

Charles-Edwards (2013)
T. M. Charles-Edwards, *Wales and the Britons, 350–1064* (Oxford 2013)

Christensen / Nockert (2006)
A. E. Christensen und M. Nockert, *Osebergfunnet. Tekstilene* (Oslo 2006)

Clarke (1998)
H. B. Clarke, »Proto-towns and towns in Ireland and Britain«, in: Clarke / Mhaonaigh / Ó Floinn (1998), S. 331–380

Clarke / Mhaonaigh / Ó Floinn (1998)
H. B. Clarke, M. Ní Mhaonaigh und R. Ó Floinn (Hg.), *Ireland and Scandinavia in the Early Viking Age* (Dublin 1998)

Clunies Ross (2010)
M. Clunies Ross, *The Cambridge Introduction to the Old Norse-Icelandic Saga* (Cambridge 2010)

Coates (2008)
R. Coates, »Reflections on some major Lincolnshire place-names, Part Two: Ness wapentake to Yarborough«, in: *Journal of the English Place-Name Society*, 41 (2008), S. 57–102

Cook / Williams (2006)
B. Cook und G. Williams (Hg.), *Coinage and History in the North Sea World, c. 500–1250. Essays in Honour of Marion Archibald* (Leiden und Boston 2006)

Coupland (1988)
S. Coupland, »Dorestad in the ninth century: the numismatic evidence«, in: *Jaarboek voor Munt – en Peningkunde*, 75 (1988), S. 5–25

Coupland (1995)
S. Coupland, »The Vikings in Francia and Anglo-Saxon England to 911«, in: *The New Cambridge Medieval History* (Cambridge 1995), S. 190–201

Coupland (1998)
S. Coupland, »From Poachers to Gamekeepers: Scandinavian war lords and Carolingian kings«, in: *Early Medieval Europe*, 7.1 (1998), S. 85–114

Coupland (1999)
S. Coupland, »The Frankish tribute payments to the Vikings and their consequences«, in: *Frankia*, 26.1 (1999), S. 57–75

Coupland (2002)
S. Coupland, »Trading places: Quentovic and Dorestad reassessed«, in: *Early Medieval Europe*, 11.3 (2002), S. 209–232

Crawford (2007)
B. E. Crawford, *Scandinavian Scotland* (Leicester 2007)

Crawford (2008)
B. E. Crawford, »The Churches Dedicated to St. Clement in Medieval England: A Hagio-Geography of the Seafarer's Saint in 11th century North Europe«, in: *Scripta Ecclesiastica*, Bd. 1, Serie Supplementaire a Scrinium. Revue de Patrologie, d'Hagiographie Critique et d'Histoire Ecclesiastique (St. Petersburg 2008)

Crumlin-Pedersen (1997)
O. Crumlin-Pedersen, *Viking-Age Ships and Shipbuilding in Hedeby/Haithabu and Schleswig* (Schleswig und Roskilde 1997)

Crumlin-Pedersen (2002)
O. Crumlin-Pedersen, »Splendour versus duty – 11th century warships in the light of history and archaeology«, in: Nørgård Jørgensen et al. (2002), S. 257–270

Crumlin-Pedersen / Munch Thye (1995)
O. Crumlin-Pedersen und B. Munch Thye (Hg.), *The ship as symbol in prehistoric and medieval Scandinavia. Papers from an international research seminar at the Danish National Museum, Copenhagen, 5–7 May 1994* (Kopenhagen 1995)

Crumlin-Pedersen / Olsen (2002)
O. Crumlin-Pedersen und O. Olsen (Hg.), *The Skuldelev Ships I. Topography, Archaeology, History, Conservation and Display. Ships and Boats of the North, 4.1* (Roskilde 2002)

Curta (2005)
F. Curta (Hg.), *East Central and Eastern Europe in the Early Middle Ages* (Ann Arbor 2005)

Curta / Kovalev (2008)
F. Curta und R. Kovalev, *The other Europe in the Middle Ages: Avars, Bulgars, Khazars, and Cumans* (Leiden und Boston 2008)

D'Amato (2012)
R. D'Amato, *The Varangian Guard 988–1453* (Oxford 2012)

Dapper (2002)
M. Dapper, »Die ottonische Pfalz Tilleda«, in: Beuckers/Cramer/Imhof (2002), S. 266

Dapper (2007)
M. Dapper, »Die Neuinterpretation der Grabungsergebnisse der Pfalz Tilleda«, in: Ehlers / Jarnut / Wemhoff (2007), S. 151–169

Dass (2007)
N. Dass (Übers. und Hg.), *Viking Attacks on Paris – The »Bella Parisiace Urbis«* (Löwen 2007)

Davidson (1972)
H. Ellis Davidson, *The Battle God of the Vikings* (York 1972), S. 26

Davies (2007)
W. Davies, *Wales in the Early Middle Ages* (Leicester 1982)

Dengsø Jessen (2012)
M. Dengsø Jessen, »The Hall and the Church during Christianization«, in: Johannsen / Jessen / Jensen (2012), S. 133–160

Dillmann (2006)
F.-X. Dillmann, *Les magiciens dans l'Islande ancienne* (Uppsala 2006)

Dobat (2009)
A. S. Dobat, »The State and The Strangers: The role of external forces in a process of state formation in Viking-Age South Scandinavia (*c.* ad 900–1050)«, in: *Viking and Medieval Scandinavia*, 5 (2009), S. 65–104

Downham (2007)
C. Downham, *Viking Kings of Britain and Ireland. The Dynasty of Ívarr to A. D. 1014* (Edinburgh 2007)

Downham (2009)
C. E. Downham, »›Hiberno-Norwegians‹ and ›Anglo-Danes‹: anachronistic ethnicities and Viking-Age England«, in: *Mediaeval Scandinavia,* 19 (2009), S. 139–169

Duczko (2004)
W. Duczko, *Viking Rus. Studies on the Presence of Scandinavians in Eastern Europe*, The Northern World. North Europe and the Baltic *c.* 400–1700 AD. Peoples, Economies and Cultures, 12 (Leiden und Boston 2004)

Dulinicz (2002)
M. Dulinicz, »Forschungen zu den Herrschaftszentren des 10. bis 11. Jahrhunderts in Polen«, in: Henning (2002), S. 147–160

Edgren (2008)
T. Edgren, »The Viking Age in Finland«, in: Brink / Price (2008), S. 470–484

Ehlers / Jarnut/ Wemhoff (2007)
C. Ehlers, J. Jarnut und M. Wemhoff (Hg.), *Zentren herrschaftlicher Repräsentation im Hochmittelalter. Geschichte, Architektur und Zeremoniell. Deutsche Königspfalzen. Beiträge zu ihrer historischen und archäologischen Erforschung*, Bd. 7, Veröffentlichungen des Max-Planck-Instituts für Geschichte, 11/7 (Göttingen 2007)

Eilbracht (2010)
H. Eilbracht, »Von kurzer Dauer: zur Biografie des Goldschmucks«, in: Armbruster / Eilbracht (2010), S. 184–195

Einhard (2008)
Einhard, *The Life of Charlemagne*, in: Thorpe (2008)

Ellis Davidson (1976)
H. R. Ellis Davidson, *The Viking Road to Byzantium* (London 1976), S. 83–86

Englert / Trakadas (2009)
A. Englert und A. Trakadas (Hg.) *Wulfstan's Voyage,* Maritime Cultures of the North, 2 (Roskilde 2009)

Etchingham (2010)
C. Etchingham, »Laithlinn, ›Fair Foreigners‹ and ›Dark Foreigners‹: the identity and provenance of Vikings in ninth-century Ireland«, in: J. Sheehan und D. Ó Corráin (Hg.), *The Viking Age: Ireland and the West. Proceedings of the Fifteenth Viking Congress* (Dublin, 2010), S. 80–89

Fellows-Jensen (2008)
G. Fellows-Jensen, »Scandinavian place-names in the British Isles«, in: Brink / Price (2008), S. 391–400

Feveile (2008a)
C. Feveile, »Ribe«, in: Brink / Price (2008), S. 126–130

Feveile (2008b)
C. Feveile, »Series X and Coin Circulation in Ribe«, in: T. Abramson (Hg.), *Two Decades of Discovery,* Studies in Early Medieval Coinage, 1 (Woodbridge 2008)

Feveile / Jensen (2000)
C. Feveile und S. Jensen, »Ribe in the 8th and 9th Century«, in: Stummann Hansen / Randsborg (2000), S. 9–24

Fitzhugh / Ward (2000)
W. Fitzhugh und E. I. Ward, *Vikings: The North Atlantic Saga* (Washington und London 2000)

Foote / Wilson (1970)
P. G. Foote und D. M. Wilson, *The Viking Achievement: The society and culture of early medieval Scandinavia* (London 1970)

Freeden / Friesinger / Wamers (2009)
U. von Freeden, H. Friesinger und E. Wamers (Hg.), *Glaube, Kult und Herrschaft. Phänomene des Religiösen im 1. Jahrtausend n. Chr. in Mittel- und Nordeuropa*, Kolloquien zur Vor- und Frühgeschichte, 12 (Bonn 2009)

Frenzel / Ibsen (2010)
J. Frenzel und T. Ibsen, »In search of the early medieval settlement of Wiskiauten/Mohovoe in the Kaliningrad Region«, in: *Lietuvos Archeologija*, 36 (2010), S. 51

Frye (2005)
R.N. Frye, *Ibn Fadlan's Journey to Russia. A Tenth-Century Traveler from Baghdad to the Volga River* (Princeton 2005)

Gai (1999)
S. Gai, »Karolingische Glasfunde der Pfalz Paderborn«, in: Stiegemann / Wemhoff (1999), Textband, S. 212–217, Kat. 160–169

Gai (2004)
S. Gai, »Die Baugeschichte des Pfalzkomplexes. Analyse und Deutung der stratigraphischen Befunde. Die Gründung der Paderborner Pfalz im Jahre 776«, in: S. Gai und B. Mecke, *Est locus insignis. Die Pfalz Karls des Großen und ihre bauliche Entwicklung bis zum Jahr 1002*, Denkmalpflege und Forschung in Westfalen, 40 (Mainz 2004), S. 103–114

Gai (2007)
S. Gai, *Zur Rekonstruktion und Zeitstellung der spätottonischen Pfalz in Paderborn*, in: Ehlers / Jarnut/ Wemhoff (2007), S. 121–150

Garipzanov (2008)
I. Garipzanov, »Frontier Identities: Carolingian Frontier and the Gens Danorum«, in: Garipzanov / Geary / Urbańczyk (2008), S. 113–144

Garipzanov / Geary / Urbańczyk (2008)
I. Garipzanov, P. Geary und P. Urbańczyk (Hg.) *Franks, Northmen and Slavs: Identities and State Formation in Early Medieval Europe* (Turnhout, 2008)

Gelting (1999)
M. H. Gelting, »Det comparative perspektiv i dansk højmiddelalderforskning. Om familia og familie, lið, leding og landeværn«, in: *Dansk Historisk Tidsskrift*, 99.1 (1999), S. 146–188

Genzmer 1922
Felix Genzmer (Übers.), *Götterdichtung und Spruchdichtung*, Thule. Altnordische Dichtung und Prosa, *Edda*, Bd. 2 (Jena 1922)

Golden (1995a)
P. B. Golden, »Rus«, in: Bosworth et al. (1995), S. 618–629

Golden (1995b)
P. B. Golden, »Pečenegs«, in: Bosworth et al. (1995), S. 289–291

Golden / Ben-Shammai / Róna-Tas (2007)
P. B. Golden, H. Ben-Shammai und A. Róna-Tas (Hg.), *The World of the Khazars: New Perspectives* (Leiden und Boston 2007)

Górecki (2001a)
J. Górecki, »Die Burg in Ostrów Lednicki. Ein frühstaatliches Zentrum der Piastendynastie«, in: Wieczorek / Hinz (2000), S. 470

Górecki (2001b)
J. Górecki, »Waffen und Reiterausrüstungen von Ostrów Lednicki. Zur Geschichte des frühen polnischen Staates und seines Heeres«, in: *Zeitschrift für Archäologie des Mittelalters*, 29 (2001), S. 41–82

Gøthche / Strætkvern (in Vorbereitung)
M. Gøthche und K. Strætkvern, »Roskilde 6 – Reconstructing the longest warship find of the Viking Age«, in: B. van Tilburg (Hg.), *Proceedings of the Thirteenth International Symposium on Boat and Ship Archaeology Amsterdam 2012*, ISBSA 13 (Amsterdam, in Vorbereitung)

Graham-Campbell (2012)
J. Graham-Campbell, *The Cuerdale Hoard and Related Viking-Age Silver and Gold from Britain and Ireland in the British Museum*, British Museum Research Publications, 185 (London 2012)

Graham-Campbell et al. (2001)
J. Graham-Campbell et al. (Hg.), *Vikings and the Danelaw: select papers from the proceedings of the thirteenth Viking Congress, 21–30 August 1997* (Oxford 2001)

Graham-Campbell / Sindbæk / Williams (2011)
J. Graham-Campbell, S. M. Sindbæk und G. Williams (Hg.), *Silver Economies, Monetisation and Society in Scandinavia, 800–1100* (Aarhus 2011)

Graham-Campbell / Williams (2007)
J. Graham-Campbell und G. Williams (Hg.), *Silver Economy in the Viking Age* (Walnut Creek 2007)

Gräslund (2002)
A.-S. Gräslund, *Runstensstudier* (Uppsala 2002)

Gregory (2009)
T. E. Gregory, *A History of Byzantium*, 2. Aufl. (Oxford 2009)

Grewe (2001)
H. Grewe, »Die Ausgrabungen in der Königspfalz Ingelheim am Rhein«, in: L. Fenske, J. Jarnut und M. Wemhoff (Hg.), *Splendor palatii. Neue Forschungen zu Paderborn und anderen Pfalzen der Karolingerzeit. Deutsche Königspfalzen. Beiträge zu ihrer historischen und archäologischen Erforschung*, Bd. 5, Veröffentlichungen des Max-Planck-Instituts für Geschichte, 11/5 (Göttingen 2001), S. 155–174

Grothe (1999)
A. Grothe, »Zur karolingischen Keramik der Pfalz Paderborn«, in: Stiegemann / Wemhoff (1999), Textband, S. 209–211, Katalog, Bd. 1, S. 144ff.

Grundtvig (1856)
S. Grundtvig (Hg.), *Danmarks gamle Folkeviser*, Bd. 2, Kopenhagen 1856

Gullbekk (2011)
S. H. Gullbekk, »Norway: Commodity Money, Silver and Coins«, in: Graham-Campbell / Sindbæk / Williams (2011), S. 93–112

Gulløv (2000)
H. C. Gulløv, »Natives and Norse in Greenland«, in: Fitzhugh / Ward (2000), S. 318–326

Hägg (1991)
I. Hägg, »Rangsymboliska element i vikingatida gravar. Hedeby – Birka – Mammen«, in: M. Iversen et al. (Hg.), *Mammen. Grav, kunst og samfund i vikingetid*. Jysk Arkæologisk Selskabs Skrifter, 28 (Højbjerg 1991), S. 155–162

Hall (2011)
R. A. Hall, »Burhs and boroughs: Defended places, trade and towns. Plans, defences, civic features«, in: Hamerow / Hinton / Crawford (2011), S. 600–621

Halsall (1971)
G. Halsall, *Warfare and Society in the Barbarian West, 450–900* (London 2003)

Hamerow / Hinton / Crawford (2011)
D. Hamerow, D. A. Hinton und S. Crawford (Hg.) *The Oxford Handbook of Anglo-Saxon Archaeology* (Oxford 2011)

Hårdh (2007)
B. Hårdh, »Oriental-Scandinavian contacts on the Volga, as manifested by silver rings and weight systems«, in: Graham-Campbell / Williams (2007), S. 135–148

Hårdh (2008)
B. Hårdh, »Hacksilver and ingots«, in: D. Skre (Hg.), *Means of Exchange: Dealing with Silver in the Viking Age* (Oslo 2008), S. 95–118

Hårdh (2011)
B. Hårdh, »Viking-Age Silver from Hoards and Cultural Layers«, in: Graham-Campbell / Sindbæk / Williams (2011), S. 281–296

Haywood (1991)
J. Haywood, *Dark Age Naval Power: A Reassessment of Frankish and Anglo-Saxon Seafaring Activity* (Abingdon 1991)

Hedeager (2011)
L. Hedeager, *Iron Age Myth and Materiality: an Archaeology of Scandinavia AD 400–1000* (London 2011)

Hedeager Krag (1999)
A. Hedeager Krag, »Fränkisch-byzantinische Trachteinflüsse in drei dänischen Grabfunden des 10. Jahrhunderts«, in: *Archäologisches Korrespondenzblatt*, 29 (1999), S. 425–444

Hedenstierna-Jonsson / Holmquist Olausson (2008)
C. Hedenstierna-Jonsson und L. Holmquist Olausson, *The Oriental Mounts from Birka's Garrison. An expression of warrior rank and status*, Antiquarian Archive, 81 (Stockholm 2008)

Heeringen / Henderikx / Mars (1995)
R. M. Van Heeringen, P. A. Henderikx und A. Mars (Hg.), *Vroeg-Middeleeuwse ringwalburgen in Zeeland* (Goes und Amersfoort 1995)

Heide (2006)
E. Heide, *Gand, seid og åndevind* (Bergen 2006)

Heijne (2012)
C. von Heijne, »Danska mynt från tusentalet funna i St Peterskyrkan, Rom«, in: *Nordisk Numismatisk Unions Medlemsblad*, 2 (2012), S. 46–48

Helgason et al. (2001)
A. Helgason et al., »mtDNA and the Islands of the North Atlantic: Estimating the Proportions of Norse and Gaelic Ancestry«, in: *American Journal of Human Genetics*, 68 (2001), S. 723–737

Helle (2003)
K. Helle (Hg.), *The Cambridge History of Scandinavia*, Bd. 1, *Prehistory to 1520* (Cambridge 2003)

Henning (2002)
J. Henning (Hg.), *Europa im 10. Jahrhundert. Archäologie einer Aufbruchszeit. Internationale Tagung in Vorbereitung der Ausstellung »Otto der Große, Magdeburg und Europe«* (Mainz 2002)

Herschend / Kaldal Mikkelsen (2003)
F. Herschend und D. Kaldal Mikkelsen, »The main building at Borg«, in: Stamsø Munch/Sverre Johansen/ Roesdahl (2003), S. 41–76

Hilberg (2007)
V. Hilberg, »Silver Economies of the Ninth and Tenth Centuries AD in Hedeby«, in: Graham-Campbell / Sindbæk / Williams (2011), S. 203–202

Hill (1981)
D. Hill, *An Atlas of Anglo-Saxon England* (Oxford 1981)

Hill / Rumble (1996)
D. Hill und A. R. Rumble (Hg.) *The Defence of Wessex: The Burghal Hidage and Anglo-Saxon fortifications* (Manchester 1996)

Hodges (1982)
R. Hodges, *Dark Age Economics: The Origins of Towns and Trade A. D. 600–1000* (London 1982)

Hodges (1988)
R. Hodges, *Primitive and Peasant Markets* (Oxford 1988)

Holand (2003)
I. Holand, »›Pottery‹ and ›Glass vessels‹«, in: Stamsø Munch/Sverre Johansen/Roesdahl (2003), S. 199–229

Holck (2009)
P. Holck, *Skjelettene fra Gokstad- og Osebergskipet*, Antropologiske skrifter, 8 (Oslo 2009)

Hollander (1964)
L. M. Hollander (Übers.), *Heimskringla. History of the Kings of Norway* (Austin 1964)

Holman (1997)
K. Holman, »Defining the Danelaw«, in: Graham-Campbell et al. (2001), S. 1–11

Holmberg / Skamby Madsen (1998)
B. Holmberg und J. Skamby Madsen, »Da kom en snekke. Havnepladser fra 1000- og 1100-tallet«, in: *KUML* (1998) 1997/98, S. 197–225

Hougen (1934)
B. Hougen, »Studier i Gokstadfunnet«, in: *UOÅrbok*, 5, 1931/32 (1934), S. 74–112

Hube (2006)
H.-J. Hube (Übers., Hg. und Komm.), *Snorri Sturluson: Heimskringla. Sagen der nordischen Könige* (Wiesbaden 2006)

Hudson (1992)
B. Hudson, »Cnut and the Scottish Kings«, in: *English Historical Review*, 107 (1992), S. 350–360

Ibsen (2007)
T. Ibsen, »Wiskiauten – Bernstein aus dem Samland«, in: *Archäologie in Deutschland*, 5 (2007), S. 34–35

Ingstad (1995)
A. S. Ingstad, »The Interpretation of the Oseberg-find«, in: Crumlin-Pedersen / Munch Thye (1995), S. 139–147

Jacobsson (1995)
B. Jacobsson, »Utgrävningen av Borgen i Trelleborg, Skåne«, in: G. Fellows-Jensen und N. Lund (Hg.), *Fjortende Tværfaglige Vikingesymposium* (Kopenhagen 1995), S. 12–22

Jagodziński (2010)
M. Jagodziński, *Truso. Między Weonodlandem a Witlandem. Between Weonodland and Witland* (Elbląg 2010)

Jankulak / Wooding (2007)
K. Jankulak und J. Wooding (Hg.), *Ireland and Wales in the Middle Ages* (Dublin 2007)

Jansson (1987)
S. B. F. Jansson, *Runes in Sweden* (Värnamo 1987)

Jensen (1995)
J. S. Jensen (Hg.), *Tusindtallets Danke Mønter fra Den kongelige Mønt- og Medaillesamling. Danish coins from the 11th century in The Royal Collection of Coins and Medals* (Kopenhagen 1995)

Jesch (2001)
J. Jesch, *Ships and Men in the Late Viking Age: the vocabulary of runic inscriptions and skaldic verse* (Woodbridge 2001)

Jesch (2002)
J. Jesch, »Sea-battles in skaldic poetry«, in: Nørgård Jørgensen et al. (2002), S. 57–64

Jesch (2005)
J. Jesch, »Literature in Medieval Orkney«, in: O. Owen (Hg.), *The World of Orkneyinga Saga* (Kirkwall 2005), S. 11–24

Johannsen / Jessen / Jensen (2012)
N. N. Johannsen, M. D. Jessen und H. J. Jensen (Hg.), *Excavating the Mind. Cross-sections through culture, cognition and materiality* (Aarhus 2012)

Jöns (1999)
H. Jöns, »Was the Emporium of Reric the forerunner of Hedeby?«, in: *Bodendenkmalpflege Mecklenburg-Vorpommern, Jahrbuch*, 47 (1999), S. 201–213

Jørgensen, L. (2003)
L. Jørgensen, »Manor and Market at Lake Tissø in the Sixth to Eleventh Centuries: The Danish ›Productive‹ Sites«, in: T. Pestell und K. Ulmschneider (Hg.), *Markets in Early Medieval Europe. Trading and ›Productive‹ Sites, 650–850* (Macclesfield 2003), S. 175–207

Jørgensen, L. (2009)
L. Jørgensen, »Pre-Christian cult at aristocratic residences and settlement complexes in southern Scandinavia in the 3rd–10th centuries AD«, in: Freeden / Friesinger / Wamers (2009), S. 329–354

Jørgensen / Storgård / Thomsen (2003)
L. Jørgensen, B. Storgård und L. G. Thomsen (Hg.), *Sejrens Triumf. Norden i skyggen af det romerske Imperium* (Kopenhagen 2003)

Kähler Holst et al. (2012)
M. Kähler Holst et al., »The Late Viking-Age Royal Constructions at Jelling, central Jutland, Denmark. Recent investigations and a suggestion for an interpretative revision«, in: *Praehistorische Zeitschrift*, 87.2 (2012), S. 474–504

Kalmring (2010)
S. Kalmring, *Der Hafen von Haithabu* (Neumünster 2010)

Kaufmann (2008)
S. Kaufmann (Hg.), *Die Wikinger*, Ausst.-Kat. Speyer 2008/09 (München 2008)

Kennedy (2004)
H. Kennedy, *The Prophet and the Age of the Caliphates: The Islamic Near East from the 6th to the 11th Century* (London 2004)

Kershaw (2013)
J. Kershaw, *Viking Identities: Scandinavian Jewellery in England* (Oxford 2013)

Kind (2002)
T. Kind, »Archäologische Funde von Teilen der Reitausrüstung aus Europa und ihr Beitrag zur Kultur- und Sozialgeschichte der Ottonenzeit«, in: Henning (2002), S. 283–299

Kleingärtner (2013)
S. Kleingärtner, *Die frühe Phase der Urbanisierung an der südlichen Ostseeküste im ersten nachchristlichen Jahrtausend,* Studien zur Siedlungsgeschichte und Archäologie der Ostseegebiete, 13 (Neumünster 2013)

Kola / Wilke (2000)
A. Kola und G. Wilke, *Brücken vor 1000 Jahren. Unterwasserarchäologie bei der polnischen Herrscherpfalz Ostrów Lednicki* (Toruń 2000)

Korpela (2008)
J. Korpela, *The World of Ladoga: Society, Trade, Transformation and State Building in the Eastern Fennoscandian Boreal Forest Zone, c. 1000–1555*, Nordische Geschichte, 7 (Berlin 2008)

Krag (2008)
C. Krag, »The creation of Norway«, in: Brink / Price (2008), S. 645–651

Krag (2009a)
C. Krag, *Olav 2 Haraldsson Den Hellige – utdypning, Norsk biografisk leksikon* (Store norske leksikon 2009)

Krag (2009b)
C. Krag, *Magnus 1 Olavsson Den Gode – utdypning, Norsk biografisk leksikon* (Store norske leksikon 2009)

Krause (1997)
A. Krause (Hg., Übers. und Komm.), *Die Edda des Snorri Sturluson* (Stuttgart 1997)

Krogh (2007)
K. J. Krogh, *Gåden om Kong Gorms Grav. Historien om Nordhøjen i Jelling. Vikingekongernes Monumenter i Jelling,* Bd. 1 (Kopenhagen 1993)

Krogh / Leth-Larsen (2007)
K. J. Krogh und B. Leth-Larsen, *Hedensk og Kristent. Fundene fra den kongelige gravhøj i Jelling*, Vikingekongernes monumenter i Jelling, Bd. 2 (Kopenhagen 2007)

Kurnatowska (2000)
Z. Kurnatowska, »Herrschaftszentren und Herrschaftsorganisation«, in: Wieczorek / Hinz (2000), S. 459, Abb. 306

Larrington (1996)
C. Larrington (Übers.), *The Poetic Edda* (Oxford 1996)

Larsson (2004)
L. Larsson (Hg.), *Continuity for Centuries: a Ceremonial Building and its Context at Uppåkra, Southern Sweden* (Lund 2004)

Larsson (2007)
G. Larsson, *Ship and society: maritime ideology in Late Iron Age Sweden* (Uppsala 2007)

Laurent (1978)
V. Laurent, »Ein byzantinisches Bleisiegel aus Haithabu«, in: *Berichte über die Ausgrabungen in Haithabu*, Bd. 12 (Neumünster 1978), S. 36–40

Lavelle (2010)
R. Lavelle, *Alfred's Wars: Sources and Interpretations of Anglo-Saxon Warfare in the Viking Age* (Woodbridge 2010)

Lawson (1993)
K. Lawson, *Cnut: The Danes in England in the Early Eleventh Century* (London und New York 1993)

Leyser (1993)
K. Leyser, »Ritual, Zeremonie und Gestik: das ottonische Reich«, in: *Frühmittelalterliche Studien*, 27 (1993), S. 1–26

Lidén (1969)
H.-E. Lidén, »From pagan sanctuary to Christian church. The excavation of Mære church in Trøndelag«, in: *Norwegian Archaeological Review*, 2 (1969), S. 3–32

Lindkvist (1988)
T. Lindkvist, *Plundring, skatter och den feodala statens framväxt: organisatoriska tendenser i Sverige under övergången från vikingatid till tidig medeltid* (Uppsala 1988)

Loe et al. (2014)
L. Loe et al., *»Given to the Ground«: A Viking Age Mass Grave on Ridgeway Hill, Weymouth,* DNHAS, 22 (Oxford 2014)

Lönnroth (1997)
L. Lönnroth, »The Vikings in History and Legend«, in: Sawyer, P. H. (1997), S. 225–249

Lucas (2009)
G. Lucas, *Hofstaðir: Excavations of a Viking Age Feasting Hall in North-Eastern Iceland* (Reykjavík 2009)

Ludowici (2002)
B. Ludowici, »Die Halle des Königs. Repräsentative Profanarchitektur der ottonischen Pfalzen im Harzraum«, in: Beuckers / Cramer / Imhof (2002), S. 259–265

Lund (2006)
J. Lund, »Vikingetidens værktøjskister i landskab og mytologi«, in: *Fornvännen*, 101 (2006), S. 323–341

Lund (2009)
J. Lund, *Åsted og vadested: deponeringer, genstandsbiografier og rumlig strukturering som kilde til vikingetidens kognitive landskaber* (Oslo 2009)

Lund, N. (1985)
N. Lund, »The armies of Swein Forkbeard and Cnut: *Leding* or *lið*?«, in: *Anglo-Saxon England*, 15 (1985), S. 105–118

Lund, N. (1994)
N. Lund, »If the Vikings knew a Leding – What was it like?«, in: Ambrosiani / Clarke (1994), S. 98–105

Lund, N. (1996)
N. Lund, *Lið, leding og landeværn. Hær og samfund i Danmark i ældre middelalder* (Roskilde 1996)

Lund, N. (2002)
N. Lund, »If they neglect military service, they shall emend to the king – The Scutage in Danish Charters and Laws«, in: Nørgård Jørgensen et al. (2002), S. 271–275

Lund, N. (2003)
N. Lund, »Naval Power in the Viking Age and in High Medieval Denmark«, in: J. B. Hattendorf und R. W. Unger (Hg.), *War at Sea in the Middle Ages and Renaissance* (Woodbridge 2003), S. 25–34

Lund, N. (2006)
N. Lund, »Leding, skaldekvad og bønder«, in: *Historisk Tidsskrift*, 106 (2006), S. 243–252

Lunde / Stone (2012)
P. Lunde und C. Stone, *Ibn Fadlān and the Land of Darkness. Arab Travellers in the Far North* (Harmondsworth 2012)

Maixner (2010)
B. Maixner, *Haithabu. Fernhandelszentrum zwischen den Welten* (Schleswig 2010)

Makarov (2007)
N. A. Makarov, »The land of the Beormas«, in: Bately / Englert (2007), S. 140–149

Malmer (2007)
B. Malmer, »South Scandinavian Coinage in the Ninth Century«, in: Graham-Campbell / Williams (2007), S. 13–27

Malmros (2002)
R. Malmros, »Leiðangr in Old Norse court poetry«, in: Nørgård Jørgensen et al. (2002), S. 277–286

Malmros (2010)
R. Malmros, *Vikingernes syn på militær og samfund. Belyst genmem skjaldenes fyrstedigtning* (Aarhus 2010)

Mango (2002)
C. Mango, *The Oxford History of Byzantium* (Oxford 2002)

Marcus (1980)
G. J. Marcus, *The Conquest of the North Atlantic* (Woodbridge 1980)

McCormick (2001)
M. McCormick, *Origins of the European Economy. Communications and Commerce AD 300–900* (Cambridge 2001)

Meier (2002)
T. Meier, »Magdeburg zwischen Aachen und Jelling: Repräsentationsarchitektur als semiotisches System«, in: Henning (2002), S. 311–322

Mejsholm (2009)
C. Mejsholm, *Gränsland: Konstruktion av tidig barndom och begravningsritual vid tiden för kristnandet i Skandinavien* (Uppsala 2009)

Metcalf (2006)
D. M. Metcalf, »Inflows of Anglo-Saxon and German coins into the Northern lands, *c.* 997–1024«, in: Cook / Williams (2006), S. 349–388

Meulengracht Sørensen (1983)
P. Meulengracht Sørensen, *The Unmanly Man: Concepts of Sexual Defamation in Early Northern Society* (Odense 1983)

Mikkelsen (1998)
E. Mikkelsen, »Islam and Scandinavia during the Viking Age«, in: E. Piltz (Hg.), *Byzantium and Islam in Scandinavia. Acts of a Symposium at Uppsala University, 15–16 June 1996*, Studies in Mediterranean Archaeology, 126 (Jonsered 1998), S. 48–50

Mikkelsen (2008)
E. Mikkelsen, »The Vikings and Islam«, in: Brink / Price (2008), S. 543–549

Miller (1990)
W. I. Miller, *Bloodtaking and Peacemaking: Feud, Law and Society in Saga Iceland* (Chicago und London 1990)

Mitchell (2011)
S. A. Mitchell, *Witchcraft and Magic in the Nordic Middle Ages* (Philadelphia 2011)

Moesgaard (2006)
J. C. Moesgaard, »The import of English coins to the Northern Lands: some remarks on coin circulation in the Viking Age based on new evidence from Denmark«, in: Cook / Williams (2006), S. 389–434

Moesgaard (2010)
J. C. Moesgaard, »Skattefundene fra Grågård og Pilhus. Harald Blåtands møntreform«, in: M. Andersen und P. O. Nielsen (Hg.), *Danefæ. Skatte fra den danske muld* (Kopenhagen 2010), S. 187–191

Moltke (1976)
E. Moltke, *Runes and their Origin. Denmark and Elsewhere* (Kopenhagen 1976), S. 203

Montgomery (2000)
J. Montgomery, »Ibn Fadlān and the Rūsiyyah«, in: *Journal of Arabic and Islamic Studies*, 3 (2000), S. 1–25

Montgomery (2008)
J. Montgomery, »Arabic Sources on the Vikings«, in: Brink / Price (2008), S. 55–61

Mühlen (1975)
B. von zur Mühlen, *Die Kultur der Wikinger in Ostpreußen*, Bonner Hefte für Vorgeschichte, 9 (Bonn 1975)

Müller-Wille (1970)
M. Müller-Wille, *Bestattung im Boot. Studien zu einer nordeuropäischen Grabsitte* (Neumünster 1970)

Müller-Wille (1976)
M. Müller-Wille, *Das Bootkammergrab von Haithabu* (Neumünster 1976)

Müller-Wille (2009)
M. Müller-Wille, »Emporium Reric«, in: S. Brather, D. Geuenich und C. Huth (Hg.), *Historia Archaeologica. Festschrift für Heiko Steuer zum 70. Geburtstag*, Ergänzungsbände zum Reallexikon der Germanischen Altertumskunde, 70 (Berlin und New York 2009), S. 451–471

Myhre (1992)
B. Myhre, »Kronologispørsmålet og ynglingeættens gravplasser«, in: A. E. Christensen, A. S. Ingstad und B. Myhre (Hg.), *Osebergdronningens grav* (Oslo 1992), S. 272–278

Myhre (1998)
B. Myhre, »The archaeology of the early Viking Age in Norway«, in: Clarke / Mhaonaigh / Ó Floinn (1998), S. 3–36

Myhre / Gansum (2003)
B. Myhre und T. Gansum, *Skibshaugen 900 e. Kr. Borre-funnet 1852–2002* (Vestfold 2003)

Näsström (1996)
B.-M. Näsström, »Offerlunden under Frösö kyrka«, in: Brink (1996), S. 65–85

Näsström (2002)
B.-M. Näsström, *Blot – Tro och Offer i Norden* (Stockholm 2002)

Ní Mhaonaigh (1998)
M. Ní Mhaonaigh, »Friend and Foe: Vikings in Ninth- and Tenth-century Irish Literature«, in: Clarke / Mhaonaigh / Ó Floinn (1998), S. 381–402

Nicolaysen (1882)
N. Nicolaysen, *Langskibet fra Gokstad ved Sandefjord – The Viking-Ship discovered at Gokstad in Norway* (Kristiania 1882)

Niedner (1923)
F. Niedner (Übers. und Hg.), *Die Geschichte vom Skalden Egil*, Thule. Altnordische Dichtung und Prosa, Bd. 3 (Jena 1923)

Nielsen (2006)
A.-L. Nielsen, »Rituals and power: about a small building and animal bones from the late Iron Age«, in: Andrén / Jennbert / Raudvere (2006), S. 243–247

Nilsson (1992–1996)
B. Nilsson (Hg.), *Projektet Sveriges Kristnande*, 5 Bde. (Uppsala 1992–1996)

Noble (2009)
T. F. X. Noble (Übers.), *Charlemagne and Louis the Pious. The Lives by Einhard, Notker, Ermoldus, Thegan, and the Astronomer* (University Park, PA, 2009), Bd. 4

Noonan (1994)
T. S. Noonan, »The Vikings in the East. Coin and commerce«, in: Ambrosiani / Clarke (1994), S. 215–236

Noonan (1999)
T. S. Noonan, »Scandinavians in European Russia«, in: Sawyer, P. H. (1999), S. 134–155

Nørgaard / Roesdahl / Skovmand (1986)
F. Nørgaard, E. Roesdahl und R. Skovmand (Hg.), *Aggersborg gennem 1000 år* (Herning 1986)

Nørgård Jørgensen (2002)
A. Nørgård Jørgensen, »Naval Bases in Southern Scandinavia from the 7th to the 12th Century«, in: Nørgård Jørgensen et al. (2002), S. 125–152

Nørgård Jørgensen (2009)
A. Nørgård Jørgensen, »Harbours and trading centres on Bornholm, Öland and Gotland in the late 9th century«, in: Englert / Trakadas (2009), S. 145–150

Nørgård Jørgensen / Clausen (1997)
A. Nørgård Jørgensen und B. L. Clausen (Hg.) *Military Aspects of Scandinavian Society in a European Perspective AD 1–1300* (Kopenhagen 1997)

Nørgård Jørgensen et al. (2002)
A. Nørgård Jørgensen et al. (Hg.), *Maritime Warfare in Northern Europe. Technology, organisation, logistics and administration 500 BC–1500 AD. Papers from an international research seminar at the Danish National Museum, Copenhagen, 3–5 May 2000* (Kopenhagen 2002)

Nørlund (1948)
P. Nørlund, *Trelleborg*, Nordiske Fortidsminder, Bd. 4.1 (Kopenhagen 1948)

Norr (2008)
S. Norr, »Old Gold – the Helmet in *Hákonarmál* as a Sign of its Time«, in: ders. (Hg.), *Valsgärde Studies: the Place and People, Past and Present* (Uppsala 2008), S. 83–114

Nylén / Lamm (2003)
E. Nylén und J. P. Lamm, *Bildstenar*, 3. Aufl. (Värnamo 2003)

Ó Cróinín (1995)
D. Ó Cróinín, *Early Medieval Ireland, 400–1200* (London und New York 1995)

Ó Floinn (1998)
R. Ó Floinn, »The Archaeology of the Early Viking Age in Ireland«, in: Clarke / Mhaonaigh / Ó Floinn (1998), S. 131–165

O'Donoghue (2010)
H. O'Donoghue, *From Asgard to Valhalla* (London 2010)

Odess / Loring / Fitzhugh (2000)
D. Odess, S. Loring und W. W. Fitzhugh, »*Skræling:* First Peoples of Helluland, Markland and Vinland«, in: Fitzhugh / Ward (2000), S. 193–206

Olsen (1966)
O. Olsen, *Hov, hørg og kirke* (Kopenhagen 1966)

Olsen (1988)
O. Olsen, »Royal power in Viking age Denmark«, in: H. Bekker-Nielsen und H. Frede Nielsen (Hg.), *Beretning fra Syvende Tværfaglige Vikingesymposium*, Odense Universitet 1988 (Aarhus 1989)

Olsen / Schmidt (1977)
O. Olsen und H. Schmidt, *Fyrkat. En jysk vikingeborg*, Bd. 1, *Borgen og bebyggelsen* (Kopenhagen 1977)

Olsen / Skamby Madsen / Rieck (1995)
O. Olsen, J. Skamby Madsen und F. Rieck (Hg.), *Shipshape – Essays for Ole Crumlin-Pedersen* (Roskilde 1995)

Page (1995a)
R. I. Page, *Chronicles of the Vikings* (London 1995)

Page (1995b)
R. I. Page, *Runes and Runic Inscriptions* (Woodbridge 1995)

Pálsson / Edwards (1976)
H. Pálsson und P. Edwards (Übers.), *Egil's saga* (Harmondsworth 1976)

Pálsson / Edwards (1989)
H. Pálsson und P. Edwards, *Vikings in Russia: Yngvar's Saga and Eymund's Saga* (Edinburgh 1989)

Patton (2009)
K. C. Patton, *Religion of the Gods: Ritual, Paradox and Reflexivity* (Cambridge, MA, 2009)

Pedersen (1997a)
A. Pedersen, »Søllested and Møllemosegaard – burial customs in 10th century Denmark«, in: M. Müller-Wille (Hg.), *Rom und Byzanz im Norden. Mission und Glaubenswechsel im Ostseeraum während des 8.–14. Jahrhunderts*, Bd. 1, Akademie der Wissenschaften und der Literatur, Abhandlungen der Geistes- und Sozialwissenschaften Klasse 1997, 3.1 (Mainz 1997), S. 249–278

Pedersen (1997b)
A. Pedersen, »Weapons and riding gear in burials – evidence of military and social rank in 10th century Denmark«, in: Nørgård Jørgensen / Clausen (1997), S. 32–37

Pedersen, A. (2004)
A. Pedersen, »Schwert«, in: J. Hoops, *Reallexikon der Germanischen Altertumskunde*, Bd. 27, 2. Aufl. (Berlin und New York 2004), S. 593

Pedersen, A. (2008)
A. Pedersen, »Viking weaponry«, in: Brink / Price (2008), S. 204–211

Pedersen, U. (2008)
U. Pedersen, »Weights and balances«, in: D. Skre (Hg.), *Means of Exchange: Dealing with Silver in the Viking Age*, S. 119–195

Peets (2013)
J. Peets, »Salme Ship Burials«, in: *Current World Archaeology*, 58 (April/Mai 2013), S. 18–24

Pentz et al. (2009)
P. Pentz et al., »Kong Haralds vølve«, in: *Nationalmuseets Arbejdsmark* (Kopenhagen 2009), S. 215–232

Pestell (2011)
»Markets, emporia, wics, and productive sites: pre-Viking trade centres in Anglo-Saxon England«, in: Hamerow / Hinton / Crawford (2011), S. 556–579

Petersen / Strætkvern (2012)
A. H. Petersen und K. Strætkvern, »Til lands, til vands og i luften med – et vikingeskib på vandreudstilling«, in: I. A. Tank Bronken et al. (Hg.), *Moving Collections. Consequences and processes* (London 2012), NKF-N 2012, S. 165–173

Pons-Sanz (2004)
S. Pons-Sanz, »Whom did al-Ghazāl meet? An exchange of embassies between the Arabs from al-Andalus and the Vikings«, in: *Saga Book*, 28 (2004), S. 5–28

Price, N. (2002)
N. Price, *The Viking Way: Religion and War in Late Iron Age Scandinavia* (Uppsala 2002)

Price, N. (2006)
N. Price, »What's in a name? An identity crisis for the Norse gods (and some of their friends)«, in Andrén / Jennbert / Raudvere (2006), S. 179–183

Price, N. (2008a)
N. Price, »Dying and the dead: Viking Age mortuary behaviour«, in: Brink / Price (2008), S. 257–273

Price, N. (2008b)
N. Price, »Bodylore and the archaeology of embedded religion: dramatic licence in the funerals of the Vikings«, in: Whitley / Hays-Gilpin (2008), S. 143–165

Price, N. (2010)
N. Price, »Passing into poetry: Viking-Age mortuary drama and the origins of Norse mythology«, in: *Medieval Archaeology*, 54 (2010), S. 123–156

Price, N. (2012)
N. Price, »Mythic acts: material narratives of the dead in Viking Age Scandinavia«, in: Raudvere / Schjødt (2012), S. 13–46

Price, N. (in Vorbereitung)
N. Price, »Ship-men and slaughter-wolves: pirate polities in the Viking Age«, in: L. Müller und S. Amirell (Hg.), *Persistent piracy: historical perspectives on maritime violence and state formation* (Basingstoke, in Vorbereitung)

Price, T. D., et al. (2011)
T. D. Price et al., »Who was in Harold Bluetooth's army? Strontium isotope investigation of the cemetery at the Viking Age fortress at Trelleborg, Denmark«, in: *Antiquity*, 85.328 (2011), S. 476–489

Pullen-Appleby (2008)
J. Pullen-Appleby, *English Sea Power, c. 871 to 1100* (Hockwold-cum-Wilton 2008)

Raudvere / Schjødt (2012)
C. Raudvere und J.-P. Schjødt (Hg.), *More Than Mythology: Narratives, Ritual Practices and Regional Distribution in pre-Christian Scandinavian Religions* (Lund 2012)

Redknap (2000)
M. Redknap, *Vikings in Wales. An Archaeological Quest* (Cardiff 2000)

Renaud (2008)
J. Renaud, »The Duchy of Normandy«, in: Brink / Price (2008), S. 453–457

Renaud (2009)
J. Renaud, *Vikings et noms de lieux de Normandie* (Bayeux 2009)

Reuter (1985)
T. Reuter, »Plunder and Tribute in the Carolingian Empire«, in: *Transactions of the Royal Historical Society*, 5. F., 35 (1985), S. 75–94

Reuter (1990)
T. Reuter, »The End of Carolingian Military Expansion«, in: P. Godman und R. Collins (Hg.) *Charlemagne's Heir: New Perspectives on the Reign of Louis the Pious (814–40)* (Oxford 1990), S. 391–405

Reuter (1997)
T. Reuter, »The recruitment of armies in the Early Middle Ages: what can we know?«, in: Nørgård Jørgensen / Clausen (1997), S. 32–37

Richards (2008)
J. D. Richards, »Viking Settlement in England«, in: Brink / Price (2008), S. 368–375

Rieck (2002)
F. Rieck, »The Iron Age Ships from Nydam. Age, Equipment and Capacity«, in: Nørgård Jørgensen et al. (2002), S. 73–81

Rieck (2003)
F. Rieck, »Skibene fra Nydam mose«, in: L. Jørgensen, B. Storgård und L. G. Thomsen (Hg.), *Sejrens Triumf. Norden i skyggen af det romerske Imperium* (Kopenhagen 2003), S. 296–309

Robinson, C. H. (1925)
C. H. Robinson (Hg. und Übers.), *Rimbert: Life of Anskar, the Apostle of the North, 801–865* (London 1925)

Robinson, J. (2004)
J. Robinson, *The Lewis Chessmen* (London 2004), S. 43–55

Roesdahl (1977)
E. Roesdahl, *Fyrkat. En jysk vikingeborg*, Bd. 2, *Oldsagerne og gravpladsen* (Kopenhagen 1977)

Roesdahl (1982)
E. Roesdahl, *Viking Age Denmark* (London 1982)

Roesdahl (1985)
E. Roesdahl, »M. Müller-Wille, Das wikingerzeitliche Gräberfeld von Thumby-Bienebek (Kreis Rendsburg-Eckernförde). Teil I« (Rez.), in: *Zeitschrift für Archäologie des Mittelalters*, 11/1983 (1985), S. 175–178

Roesdahl (1998)
E. Roesdahl, »Cammin – Bamberg – Prague – Léon. Four Scandinavian *Objects d'Art* in Europe«, in: Wesse (1998), S. 547–554

Roesdahl (2002)
E. Roesdahl, »Harald Blauzahn – ein dänischer Wikingerkönig aus archäologischer Sicht«, in: Henning (2002), S. 95–108

Roesdahl (2004)
E. Roesdahl, »En gravplads fra tidlig kristen tid«, in: N. Lund (Hg.), *Kristendommen i Danmark før 1050* (Roskilde 2004), S. 153–158

Roesdahl (2008)
E. Roesdahl, »Om Olav Tryggvessons enestående skib og enestående idrætsfærdighed«, in: C. Paulsen und H. D. Michelsen (Hg.), *Símunarbok. Heiðursrit til Símun V. Arge á 60 ára degnum 5 September 2008* (Tórshavn 2008), S. 210–215

Roesdahl (2011)
E. Roesdahl, »Scandinavia in the melting-pot, 950–1000«, in: S. Sigmundsson (Hg.), *Viking Settlements and Viking Society. Papers from the Proceedings of the Sixteenth Viking Congress, Reykjavík and Reykholt, 16–23 August 2009* (Reykjavík 2011), S. 347–374

Rohrer (2009)
W. Rohrer, »Wikinger oder Slawen? Die Interpretationsgeschichte frühpiastischer Bestattungen mit Waffenbeigabe«, in: A. Klammt und S. Rossignol (Hg.), *Mittelalterliche Eliten und Kulturtransfer östlich der Elbe. Interdisziplinäre Beiträge zu Archäologie und Geschichte im mittelalterlichen Ostmitteleuropa* (Göttingen 2009), S. 28–37

Roland (1992)
Alex Roland, »Secrecy, Technology, and War: Greek Fire and the Defense of Byzantium, 678–1204«, in: *Technology and Culture*, 33.4 (1992), S. 655–679

Róna-Tas (1999)
A. Róna-Tas, *Hungarians and Europe in the Early Middle Ages: An Introduction to Early Hungarian History* (Budapest 1999)

Røthe (1994)
G. Røthe, *Osebergfunnet: en religionshistorisk tolkning* (Oslo 1994)

Sanmark (2004)
A. Sanmark, *Power and Conversion: a Comparative Study of Christianization of Scandinavia* (Uppsala 2004)

Sawyer, B. (2000)
B. Sawyer, *The Viking Age Rune Stones* (Oxford 2000)

Sawyer, P. H. (1971)
P. H. Sawyer, *The Age of the Vikings*, 2. Aufl. (London 1971)

Sawyer, P. H. (1997)
P. H. Sawyer, *The Oxford Illustrated History of the Vikings* (London 1997)

Sawyer, P. H. (1999)
P. H. Sawyer, *The Oxford Illustrated History of the Vikings*, 2. Aufl. (London 1999)

Schilling (2003)
H. Schilling, »Duesminderskatter«, in: *Skalk* (2003), 6, S. 5–12

Schledermann (2000)
P. Schledermann, »East meets West«, in: Fitzhugh / Ward (2000), S. 189–192

Scholz (1972)
B. W. Scholz, *Carolingian Chronicles* (Ann Arbor 1972)

Schramm (1983)
P. E. Schramm, *Die deutschen Könige und Kaiser in den Bildern ihrer Zeit, 751–1190*, 2. Aufl. (München 1983)

Schulze-Dörrlamm (2002)
M. Schulze-Dörrlamm, »Die Ungarneinfälle des 10. Jahrhunderts im Spiegel archäologischer Funde«, in: Henning (2002), S. 107–122

Scragg (1991)
D. Scragg, »The battle of Maldon«, in: ders. (Hg.), *The Battle of Maldon, AD 991* (Oxford 1991), S. 1–37

Sheehan (2008)
J. Sheehan, »The longphort in Viking age Ireland«, in: *Acta Archaeologica*, 79 (2008), S. 282–295

Shepard (1995)
J. Shepard, »The Rhos guests of Louis the Pious: whence and wherefore?«, in: *Early Medieval Europe*, 4 (1995), S. 41–60

Shepard (2008)
J. Shepard, »The Viking Rus and Byzantium«, in: Brink / Price (2008), S. 496–516

Sigurðsson (2008)
G. Sigurðsson, »The North Atlantic Expansion«, in: Brink / Price (2008), S. 562–570

Simek (1993)
R. Simek, *Dictionary of Northern Mythology* (Cambridge 1993)

Sindbæk (2005)
S. M. Sindbæk, *Ruter og rutinisering. Fjernhandel i Nordeuropa* (Kopenhagen 2005)

Sindbæk (2010)
S. M. Sindbæk, »Close ties and long-range relations: the emporia network in early Viking-Age exchange«, in: J. Sheehan und D. Ó Corráin (Hg.) *Ireland in the Viking Age* (Dublin 2010), S. 430–440

Sindbæk (2011)
S. M. Sindbæk, »Silver Economies and Social Ties: Long-Distance Interaction, Long-Term Investments – and why the Viking Age happened«, in: Graham-Campbell / Sindbæk / Williams (2011), S. 51–52

Sjøvold (1974)
T. Sjøvold, *The Iron Age Settlement of Arctic Norway* (Tromsø 1974), S. 156

Skre (2007)
D. Skre (Hg.), *Kaupang in Skiringssal. Kaupang Excavation Project Publications Series*, Bd. 1 (Aarhus und Oslo 2007)

Skre (2008)
D. Skre (Hg.), *Means of Exchange: Dealing with Silver in the Viking Age* (Oslo 2008)

Skre (2011)
D. Skre, »Commodity Money, Silver and Coinage in Scandinavia«, in: Graham-Campbell / Sindbæk / Williams (2011), S. 67–92

Smith (2001)
B. Smith, »The Picts and the martyrs, or did Vikings kill the native population of Orkney and Shetland«, in: *Northern Studies* 36 (2001), S. 7–32

Solberg (1991)
B. Solberg, »Weapon Export from the Continent to the Nordic Countries in the Carolingian Period«, in: *Studien zur Sachsenforschung*, 7 (1991), S. 241–259

Solli (2002)
B. Solli, *Seid. Myter, sjamanisme og kjønn i vikingenes tid* (Oslo 2002)

Sørensen (2001)
A. C. Sørensen, *Ladby. A Danish Ship-Grave from the Viking Age,* Ships and Boats of the North, 3 (Roskilde 2001)

Sporrong (2003)
U. Sporrong, »The Scandinavian Landscape and its Resources«, in: Helle (2003), S. 15–42

Stamsø Munch / Sverre Johansen / Roesdahl (2003)
G. Stamsø Munch, O. Sverre Johansen und E. Roesdahl (Hg.), *Borg in Lofoten. A chieftain's farm in North Norway*, Arkeologisk Skriftserie, 1 (Trondheim 2003)

Steuer (2007)
H. Steuer, »Waagen und Gewichte«, in: J. Hoops, *Reallexikon der Germanischen Altertumskunde*, Bd. 35, 2. Aufl. (Berlin und New York 2007), S. 571, Abb. 77

Steuer (2009)
H. Steuer, »Principles of trade and exchange: trade goods and merchants«, in: Englert / Trakadas (2009), S. 294–308

Stiegemann / Wemhoff (1999)
C. Stiegemann und M. Wemhoff (Hg.), *799 – Kunst und Kultur der Karolingerzeit. Karl der Große und Papst Leo III. in Paderborn,* Ausst.-Kat. Paderborn 1999 (Mainz 1999)

Stokes / Strachan (1975)
W. Stokes und J. Strachan (Hg. und Übers.), *Thesaurus Palaeohibernicus: A Collection of Old-Irish Glosses, Scholia, Prose, and Verse*, 2 Bde. (1901–1903), Oxford 1975 (Reprint)

Strætkvern et al. (2013)
K. Strætkvern et al., »If only ...! Experiences from the conservation of the World's longest Viking Age shipwreck for exhibition and travel«, in: *The 13th ICOM-CC Working Group WOAM Conference proceedings, Istanbul 2013* (in Vorbereitung)

Stummann Hansen / Randsborg (2000)
S. Stummann Hansen und K. Randsborg (Hg.), *Vikings in the West*, Acta Archaeologica, 71/Acta Archaeologica Supplementa, II (Kopenhagen 2000)

Sturtevant (2013)
P. B. Sturtevant, »Contesting the semantics of Viking religion«, in: *Viking and Medieval Scandinavia*, 8 (2013), S. 261–278

Sundqvist (2009)
O. Sundqvist, »The question of ancient Scandinavian cultic buildings with particular reference to Old Norse *hof*«, in: *Temenos*, 45.1 (2009), S. 65–84

Sutherland (2000)
P. D. Sutherland, »The Norse and Native Americans«, in: Fitzhugh / Ward (2000), S. 238–247

Sutherland (2008)
P. D. Sutherland, »Norse and natives in the eastern Arctic«, in: Brink / Price (2008), S. 613–617

Svanberg (2003)
F. Svanberg, *Decolonizing the Viking Age*, 2 Bde. (Stockholm 2003)

Swanton (1996)
M. Swanton (Übers. und Hg.) *The Anglo-Saxon Chronicle* (London 1996)

Szameit (2001)
E. Szameit, »Fränkische Reiter des 10. Jahrhunderts«, in: M. Puhle (Hg.), *Otto der Große. Magdeburg und Europa*, Ausst.-Kat. Magdeburg 2001 (Mainz 2001), Bd. 2, S. 254–256

Thorpe (2008)
L. Thorpe (Übers. und Hg.), *Einhard and Notker the Stammerer: Two Lives of Charlemagne* (Harmondsworth 2008)

Tolley (2009)
C. Tolley, *Shamanism in Norse Myth and Magic*, 2 Bde. (Helsinki 2009)

Tolochko (2008)
O. P. Tolochko, »The *Primary Chronicle*'s ›Ethnography‹ revisited: Slavs and Varangians in the Middle Dnieper Region and the Origin of the Rus' State«, in: Garipzanov / Geary / Urbańczyk (2008), S. 169–188

Townend (2002)
M. Townend, *Language and History in Viking Age England* (Turnhout 2002)

Trillmich (1957)
W. Trillmich (Hg.), *Thietmar von Merseburg. Chronik*, Ausgewählte Quellen zur deutschen Geschichte des Mittelalters, 9 (Berlin 1957)

Tummuscheit (2011)
A. Tummuscheit, *Die Baubefunde des frühmittelalterlichen Seehandelsplatzes von Groß Strömkendorf, Lkr. Nordwestmecklenburg*, Frühmittelalterliche Archäologie zwischen Ostsee und Mittelmeer, Bd. 2, Forschungen zu Groß Strömkendorf, 4.4 (Wiesbaden 2011)

Tyler (1999)
E. M. Tyler, »›The Eyes of the Beholders were Dazzled‹: Treasure and Artifice in *Encomium Emmae Reginae*«, in: *Early Medieval Europe*, 8.2 (1999), S. 247–270

Tyler (2005)
E. M. Tyler, »Talking about History in Eleventh-Century England: The *Encomium Emmae Reginae* and the Court of Harthacnut«, in: *Early Medieval Europe*, 13.4 (2005), S. 359–383

Valtonen (2007a)
I. Valtonen, »Who were the Finnas?«, in: Bately / Englert (2007), S. 106–107

Valtonen (2007a)
I. Valtonen, »Who were the Cwenas?«, in: Bately / Englert (2007), S. 108–111

Varenius (1988)
B. Varenius, *Han ägde bo och skeppslid: om rumslighet och relationer i vikingatid och medeltid* (Umeå 1988)

Varenius (2002)
B. Varenius, »Maritime warfare as an organising principle in Scandinvian society 1000–1300 AD«, in: Nørgård Jørgensen et al. (2002), S. 249–256

Vierck (1984)
H. Vierck, »Mittel- und westeuropäische Einwirkungen auf die Sachkultur von Haithabu/Schleswig«, in: H. Jankuhn et al. (Hg.), *Archäologische und naturwissenschaftliche Untersuchungen an ländlichen und frühstädtischen Siedlungen im deutschen Küstengebiet vom 5. Jahrhundert v. Chr. bis zum 11. Jahrhundert n. Chr.*, Bd. 2, *Handelsplätze des frühen und hohen Mittelalters* (Weinheim 1984), S. 366–422

Vikstrand (2001)
P. Vikstrand, *Gudarnas platser. Förkristna sakrala ortnamn I Mälardalen* (Uppsala 2001)

Vikstrand (2004)
P. Vikstrand, »Berget, lunden och åkern. Om sakrala och kosmologiska landskab ur ortnamnens perspektiv«, in: Andrén / Jennbert / Raudvere (2004), S. 317–341

Vinner (1995)
M. Vinner, »A Viking-ship off Cape Farewell 1984«, in: Olsen / Skamby Madsen / Rieck (1995), S. 289–304

Waitz (1884)
G. Waitz (Hg.), *Vita Anskarii auctore Rimberto*, Monumenta Germaniae Historica, Scriptores Rerum Germanicarum (Hannover 1884), Kap. 7–8

Wallace (2008)
P. F. Wallace, »Archaeological Evidence for the Different Expressions of Scandinavian Settlement in Ireland«, in: Brink / Price (2008), S. 434–438

Wamers (1985)
E. Wamers, *Insularer Metallschmuck in wikingerzeitlichen Gräbern Nordeuropas. Untersuchungen zur skandinavischen Westexpansion* (Neumünster 1985)

Wamers (1991)
E. Wamers, »Pyxides imaginatae. Zur Ikonographie und Funktion karolingischer Silberbecher«, in: *Germania*, 69 (1991), S. 97–152

Wamers (1998)
E. Wamers, »Insular Finds in Viking Age Scandinavia and the State Formation of Norway«, in: Clarke / Mhaonaigh / Ó Floinn (1998), S. 37–72

Wamers (2000)
E. Wamers, »… ok Dani gærði kristna … Der große Jellingstein im Spiegel ottonischer Kunst«, in: *Frühmittelalterliche Studien*, 34 (2000), S. 132–158, Taf. X–XVI

Wamers (2002)
E. Wamers, »The 9th century Danish Norwegian conflict: maritime warfare and state formation«, in: Nørgård Jørgensen et al. (2002), S. 237–248

Wamers (2005)
E. Wamers, »Das Schwert«, in: E. Wamers und M. Brandt (Hg.), *Die Macht des Silbers. Karolingische Schätze im Norden,* Ausst.-Kat. Frankfurt a. M. / Hildesheim 2005 (Regensburg 2005), S. 52–56

Warming (1995)
M. Warming, »Ibn Fadlan in the Context of his Age«, in: Crumlin-Pedersen / Munch Thye (1995), S. 131–138

Warner (2001)
D. A. Warner (Übers.), *Ottonian Germany. The Chronicon of Thietmar of Merseburg* (Manchester 2001)

Warnke (1992/93)
D. Warnke, »Der Hort eines Edelmetallschmiedes aus der frühslawischen Siedlung Rostock-Dierkow«, in: *Offa*, 49/50 (1992/93), S. 197–206

Wendt (2007/08)
A. Wendt, »Viking age gold rings and the question of ›Gefolgschaft‹«, in: *Lund Archaeological Review*, 13/14 (2007/08), S. 75–89

Wesse (1998)
A. Wesse (Hg.), *Studien zur Archäologie des Ostseeraumes von der Eisenzeit zum Mittelalter. Festschrift Michael Müller-Wille* (Neumünster 1998), S. 547–554

Westerdahl (2002)
C. Westerdahl, »The cognitive landscape of naval warfare and defence – Toponymic and archaeological aspects«, in: Nørgård Jørgensen et al. (2002), S. 169–190

Whitelock (1955)
D. Whitelock (Übers. und Hg.), *English Historical Documents* I, *c. 500–1042* (London 1955)

Whitley / Hays-Gilpin (2008)
D. M. Whitley und K. Hays-Gilpin (Hg.), *Belief in the Past: Theoretical Approaches to the Archaeology of Religion* (Walnut Creek 2008)

Wieczorek / Hinz (2000)
A. Wieczorek und H.-M. Hinz (Hg.), *Europas Mitte um 1000 – Beiträge zur Geschichte, Kunst und Archäologie*, Ausst.-Kat. Budapest 2000 et al. (Stuttgart 2000)

Willemsen / Kik (2010)
A. Willemsen und H. Kik, *Dorestad in an International Framework: New Research on Centres of Trade and Coinage in Carolingian Times. Proceedings of the First »Dorestad Congress« Held at the National Museum of Antiquities in Leiden 2009* (Turnhout 2010)

Williams, A. (2009)
A. Williams, »A Metallurgical Study of some Viking Swords«, in: *Gladius*, 29 (2009), S. 121–184

Williams, G. (2001a)
G. Williams, »Hákon *Aðalsteins fóstri*: Aspects of Anglo-Saxon Kingship in Tenth-Century Norway«, in: T. R. Liszka und L. E. M. Walker (Hg.), *The North Sea World in the Middle Ages* (Dublin 2001), S. 108–126

Williams, G. (2001b)
G. Williams, »Military Institutions and Royal Power«, in: M. P. Brown und C. A. Farr (Hg.), *Mercia: an Anglo-Saxon kingdom in Europe* (London 2001), S. 295–309

Williams, G. (2002)
G. Williams, »Ship-levies in the Viking Age: the methodology of studying military institutions in a semi-historical society«, in: Nørgård Jørgensen et al. (2002), S. 293–308

Williams, G. (2005)
G. Williams, »Military obligations and Mercian Supremacy in the eighth century«, in: D. Hill und M. Worthington (Hg.) *Æthelbald, Offa and Beonna*, BAR British Series, 283 (Oxford 2005), S. 101–110

Williams, G. (2007)
G. Williams, »Kingship, Christianity and coinage: monetary and political perspectives on silver economy in the Viking Age«, in: Graham-Campbell/Williams (2007), S. 177–214

Williams, G. (2008)
G. Williams, »Raiding and warfare«, in: Brink / Price 2008, S. 193–203

Williams, G. (2009)
G. Williams, »Hoards from the northern Danelaw from Cuerdale to the Vale of York«, in: J. Graham-Campbell und R. Philpott (Hg.), *The Huxley Viking Hoard: Scandinavian settlement in the North West* (Liverpool 2009), S. 73–83

Williams, G. (2011a)
G. Williams, *Treasures from Sutton Hoo* (London 2011)

Williams, G. (2011b)
G. Williams, »Silver Economies, Monetisation and Society: an Overview«, in: Graham-Campbell / Sindbæk / Williams (2011), S. 337–372

Williams, G. (2012)
G. Williams, »Towns and minting in northern Europe in the early Middle ages«, in: F. Lopez Sanchez (Hg.), *The City and the Coin in the Ancient and Early Medieval Worlds*, BAR International Series, 2402 (Oxford 2012), S. 149–160

Williams, G. (2013a)
G. Williams, »Towns and Identities in Viking England«, in: D. M. Hadley und L. Ten Harkel (Hg.), *Everyday Life in Viking-Age Towns: Social Approaches to Towns in England and Ireland, c. 800–1100* (Oxford 2013), S. 14–34

Williams, G. (2013b)
G. Williams, »Hack-silver and precious metal economies: a view from the Viking Age«, in: F. Hunter und K. Painter (Hg.), *Late Roman Silver: The Traprain Law Hoard in Context* (Edinburgh 2013), S. 381–394

Winroth (2011)
A. Winroth, *The Conversion of Scandinavia: Vikings, Merchants and Missionaries in the Remaking of Northern Europe* (New Haven 2011)

Wintergerst (2007)
M. Wintergerst, *Franconofurd*, 1, *Die Befunde der karolingisch-ottonischen Pfalz aus den Frankfurter Altstadtgrabungen 1953–1993,* Schriften des Archäologischen Museums Frankfurt a. M., 22/1 (Frankfurt a. M. 2007), S. 46–60

Woolf (2007)
A. Woolf, *From Pictland to Alba, 789–1070* (Edinburgh 2007)

Wulff (1865)
Wulff, N. N., »Bericht über die Aufdeckung altpreußischer Begräbnisstätten bei dem zum Gute Bledau gehörigen Vorwerke Wiskiauten«, in: *Altpreußische Monatsschrift*, 2 (1865), S. 641–646

Yorke (1990)
B. Yorke, *Kings and Kingdoms of Early Anglo-Saxon England* (London 1990)

Youngs (1989)
S. Youngs, *»The Work of Angels«: Masterpieces of Celtic Metalwork, 6th–9th centuries AD* (London 1989)

Weitere Quellen

S. Toropov, »Hoards of the Viking Age and Chance Finds of Scandinavian Artefacts in Novgorod Land: the Topography and Composition«, Vortrag, gehalten bei der Konferenz *Eastward and Westward: inter-ethnic contacts at the time of the formation of Rus' of Nowgorod. Culture, Memory and Identity*, St. Petersburg und Nowgorod, 21.–24. Juli 2009

Les Vikings en France, Dossiers d'Archéologie, 277 (Oktober 2002)

geschichtsquellen.de/repPers_10094065X.html

www.wiskiauten.eu

Leihgeber

Die Partner der Ausstellung möchten allen Leihgebern für ihre Unterstützung und Großzügigkeit danken.

Archäologisches und Historisches Museum, Elbląg

British Museum, London

Clemens-Sels-Museum, Neuss

Colchester and Ipswich Museum Service

Dänisches Nationalmuseum, Danmarks Middelalder og Renæssance, Kopenhagen

Dänisches Nationalmuseum, Danmarks Oldtid, Kopenhagen

Dänisches Nationalmuseum, Den kgl. Mønt- og Medaillesamling, Kopenhagen

Finnisches Nationalmuseum, Helsinki

Gotlands Museum, Visby

Instytutu Archeologii i Etnologii PAN – Pracownia Archeologizena w Wolinie

Königliche Bibliothek, Kopenhagen

Kulturhistorisches Museum der Hansestadt Stralsund

Landesamt für Denkmalpflege und Archäologie Sachsen-Anhalt, Halle

Landesamt für Kultur und Denkmalpflege Mecklenburg-Vorpommern, Schwerin

Landesmuseum für Vorgeschichte, Dresden

Museum der ersten Piasten auf Lednica, Lednogora

Museum für Islamische Kunst der Staatlichen Museen zu Berlin, Stiftung Preußischer Kulturbesitz, Berlin

Museum für Naturkunde, Berlin

Museum für Vor- und Frühgeschichte der Staatlichen Museen zu Berlin, Stiftung Preußischer Kulturbesitz, Berlin

Museum in der Kaiserpfalz, Paderborn

National Museum of Ireland, Dublin

National Museums Scotland, Edinburgh

Roskilde Museum, Roskilde

Skulpturensammlung und Museum für Byzantinische Kunst der Staatlichen Museen zu Berlin, Stiftung Preußischer Kulturbesitz, Berlin

Staatliches Historisches Museum, Moskau

Staatliches Vereinigtes Museumsreservat der Stadt Nowgorod

Stiftung Schleswig-Holsteinische Landesmuseen, Archäologisches Landesmuseum, Schloss Gottorf, Schleswig

Universitätsmuseum, Tromsø

Wikingerschiffsmuseum, Roskilde

Exponate

Nach jedem Objekt oder einer Objektgruppe (zum Beispiel bei Hortfunden oder Grabinventaren) stehen Angaben zu Fundstelle, Region und Land, Materialien und grundsätzlichen Maßen sowie ausleihender Institution mit Inventarnummer (soweit vorhanden).

Richtigkeit der Angaben besteht zum Zeitpunkt der Publikation.

Maße sind angegeben in Zentimetern (cm) und in wenigen Fällen in Metern (m), Gewichte in Gramm (g). L = Länge, B = Breite, H = Höhe, Dm = Durchmesser.

Abkürzungen der Museen und ausleihenden Institutionen

ALM
Stiftung Schleswig-Holsteinische Landesmuseen, Archäologisches Landesmuseum, Schloss Gottorf, Schleswig

BM
British Museum, London

Dorset/Oxford
Dorset County Council und Oxford Archaeology

Elbląg
Archäologisches und Historisches Museum, Elbląg

GF
Gotlands Museum, Visby

GIM
Staatliches Historisches Museum, Moskau

Ipswich
Colchester and Ipswich Museum Service

KB
Königliche Bibliothek, Kopenhagen

KGM
Kunstgewerbemuseum der Staatlichen Museen zu Berlin, Stiftung Preußischer Kulturbesitz, Berlin

Lednica
Museum der ersten Piasten auf Lednica, Lednogora

LMD
Landesmuseum für Vorgeschichte, Dresden

LSA
Landesamt für Denkmalpflege und Archäologie Sachsen-Anhalt, Halle

MIK
Museum für Islamische Kunst der Staatlichen Museen zu Berlin, Stiftung Preußischer Kulturbesitz, Berlin

MNK
Museum für Naturkunde, Berlin

MVF
Museum für Vor- und Frühgeschichte der Staatlichen Museen zu Berlin, Stiftung Preußischer Kulturbesitz, Berlin

M-V
Landesamt für Kultur und Denkmalpflege Mecklenburg-Vorpommern, Schwerin

Neuss
Clemens-Sels-Museum, Neuss

NM I
Dänisches Nationalmuseum, Danmarks Oldtid, Kopenhagen

NM II
Dänisches Nationalmuseum, Danmarks Middelalder og Renæssance, Kopenhagen

NM Mønt
Dänisches Nationalmuseum, Den kgl. Mønt- og Medaillesamling, Kopenhagen

NMF
Finnisches Nationalmuseum, Helsinki

NMI
National Museum of Ireland, Dublin

NMS
National Museums Scotland, Edinburgh

Nowgorod
Staatliches Vereinigtes Museumsreservat der Stadt Nowgorod

Paderborn
Museum in der Kaiserpfalz, Paderborn

Roskilde
Roskilde Museum, Roskilde

SBM
Skulpturensammlung und Museum für Byzantinische Kunst der Staatlichen Museen zu Berlin, Stiftung Preußischer Kulturbesitz, Berlin

Stralsund
Kulturhistorisches Museum der Hansestadt Stralsund

TrM
Universitätsmuseum, Tromsø

VS
Wikingerschiffsmuseum, Roskilde

Wolin
Instytutu Archeologii i Etnologii PAN – Pracownia Archeologizena w Wolinie

Das Wikingerschiff

Schiffswrack Nr. 6, *Roskilde 6*, um 1025.
Hafen von Roskilde, Seeland, Dänemark.
Eichenholz. L ca. 37 m
NM I C38308
Abb. 1–5, S. 228–232, S. 234–237

Geschnitztes Fragment der *Roskilde 6*, um 1025.
Hafen von Roskilde, Seeland, Dänemark.
Eichenholz. L 19,8 cm, H 2,8 cm
NM I C38308
Abb. 1, S. 234

Geschnitzter Stab mit Steinkopf, gefunden in Zusammenhang mit der *Roskilde 6*, zweite Hälfte 11. Jahrhundert.
Hafen von Roskilde, Seeland, Dänemark.
Holz, Stein. L 46,0 cm
Roskilde 1482x196
Abb. 10, S. 25

Schiffe und Schiffbau

Treppensteven eines Bootes, 885–1035.
Laig, Isle of Eigg, Inverness-shire, Schottland.
Eichenholz. L 193,0 cm, H 30,0 cm
NMS X.IN 4
Abb. 12, S. 217

Planke mit Riemenloch, spätes 12. Jahrhundert.
Wood Quay, Dublin, Irland.
Holz. L 170,0 cm, H 29,0 cm
NMI TG4
Abb. 13, S. 217

Kielschwein, um 1050.
Gåsehage, Jütland, Dänemark.
Holz. L ca. 260 cm, B ca. 30 cm, H ca. 60 cm
NM I

Steuerruder, 750–1000.
Hevring Flak, Ostjütland, Dänemark.
Eichenholz. L ca. 230 cm
NM II D268/2007

Riemenpaar, um 820.
Oseberg, Sem, Vestfold, Norwegen.
Tannenholz. L ca. 400 cm, B ca. 17 cm
NM I (Replik)
Abb. 14, S. 218

Graffiti eines Schiffs, Wikingerzeit.
Winetavern Street, Dublin, Irland.
Stein. B 25,5 cm, H 31,0 cm
NMI E81:2839b (Replik)

Graffiti eines Schiffs, Wikingerzeit.
Jarlshof, Shetland, Schottland.
Stein. B 17,8 cm, H 6,9 cm
NMS X.HSA 790

Modell/Spielzeugboot, Wikingerzeit.
Haithabu, Schleswig, Lkr. Schleswig-Flensburg, Deutschland.
Erlenholz. L 58,0 cm, B 7,0 cm
ALM KS D 595.038
Abb. 20, S. 226

Modell/Spielzeugboot, Wikingerzeit.
Fishamble Street, Dublin, Irland.
Holz. L 31,5 cm, B 9,0 cm
NMI E172:15183
Abb. 19, S. 226

Tierfigur einer Wetterfahne.
Lolland, Dänemark.
Kupferlegierung, vergoldet. L 9,7 cm
NM II D12128. (464)
Abb. 16, S. 220

Fibel in Schiffsform, Wikingerzeit.
Tjørnehøj II, Fünen, Dänemark.
Kupferlegierung. L 5,5 cm, H 4,4 cm
NM I C37026
Abb. 11, S. 214

Münze mit Schiffsdarstellung, um 825–850.
Hollenæs, Lolland, Dänemark.
Silber. Dm 1,8 cm, 0,9 g
NM Mønt FP 5962.1
Abb. 6, S. 209

Bildstein von Broa, 8. Jahrhundert.
Broa, Gemeinde Halla, Gotland, Schweden.
Kalkstein. B ca. 48 cm, H ca. 74 cm
GF A 2089
Abb. 18, S. 225

Die Welt der Wikinger

Fenster in Kulturen

Hufeisenfibel, einheimische Arbeit.
Bei Strokestown, County Roscommon, Irland.
Silber. L 24,3 cm
NMI 1939:404-5

Schaftunterteil eines Bischofsstabs, 8. Jahrhundert.
Irland.
Kupferlegierung, vergoldet, Bernstein.
L 19,9 cm
NMI P.1019
Abb. 36, S. 53

Durchbrochener Beschlag, 8. Jahrhundert.
Phoenix Park, Dublin, Irland.
Kupferlegierung, vergoldet. L 8,2 cm
NMI P.782.1

Armreif vom Typ Perm.
Ralswiek, Lkr. Vorpommern-Rügen, Deutschland.
Silber. Dm ca. 10 cm
M-V ALM 73/00001 (156/15)

Perlen, 11. Jahrhundert. Russland.
Stein, Karneol, Glas, Silber, Gold.
NM I OA VIII h 31

Zwei Halsreife, zwei Paar Ohrringe, ein Ohrring mit Gehänge aus einem Hortfund, zweite Hälfte 10. Jahrhundert.
Tempelhof/Swiątki, Polen.
Silber. Halsreife Dm 19,0; Dm 13,2 cm; Ohrringe H 6,0–6,6 cm; Gehänge H 8,1 cm
MVF MM II 7278-7284

Paar Schläfenringe einer slawischen Kopfbedeckung.
Usedom und Dargun, Lkr. Ostvorpommern, Deutschland.
Silber. Dm ca. 7 cm
M-V ALM 1996/1527, 82 und IV 87/74

Kreuzkopfnadel mit Kettengehänge, 10.–12. Jahrhundert.
Anduln (Zeipen-Görge)/Ėgliškiai-Anduliai, Rajon Kretinga, Litauen.
Kupferlegierung, Silber. Nadel L 38,6 cm
MFV Ia 462c, Ia 641c
Abb. 13, S. 40

Zwei Hufeisenfibeln mit Drachenkopfenden, 13.–15. Jahrhundert.
Stangenwalde bei Rossitten, Kurische Nehrung/Rybatschi, Oblast Kaliningrad, Russland.
Kupferlegierung. Dm 6,2 und 5,2 cm
MVF PM OPM 10995/1 und 10996/1
Abb. 16–17, S. 40

Hufeisenfibel, 11. oder 12. Jahrhundert.
Oberhof/Aukðtkiemiai, Rajon Klaipėda, Litauen.
Kupferlegierung. Dm 5,3 cm
MVF PM OPM 19085/1

Zwei Armreife mit Tierkopfenden, 10.–13. Jahrhundert.
Oberhof/Aukðtkiemiai, Rajon Klaipėda, Litauen.
Kupferlegierung. Dm 7,7 und 6,5 cm
MVF PM OPM 8256/1, PM OPM 8282/1
Abb. 15, S. 40

Halskette, 9.–10. Jahrhundert.
Treiden/Grinvalde, Bauskas novads, Lettland.
Kupferlegierung, Glas, Bernstein.
Dm 24,3 cm
MFV IIIa 59k

Karolingische Scheibenfibel mit gleicharmigem Kreuz, 9. Jahrhundert.
Marne (Region), Frankreich.
Kupferlegierung, Emaille, Gold. Dm 3,1 cm
BM ML.4123

Axtkopf, 11.–13. Jahrhundert.
Sandnæs (Kilaarsarfik), Nuuk, Sermersooq, Ruinen Gruppe 64V2-III-511 (V51), Grönland.
Walknochen. L 13,9 cm
NM II D11706.222
Abb. 20, S. 43

Axtkopf, 11.–13. Jahrhundert.
Tunuarmiut, Tunulliarfik, Kujalleq, Ruinen Gruppe 60V2-IV-661 (Ø20), Grönland.
Eisen. L 14,8 cm, B 3,0 cm
NM II D7486

Dermoplastik eines Eisbären, 20. Jahrhundert.
Grönland.
Fell, Gips, Draht, Holz. L ca. 180 cm, B ca. 85 cm, H ca. 125 cm
MNK

Teil eines Walrossschädels mit zwei Stoßzähnen.
Grönland.
Walrossknochen und -elfenbein.
B 19,5 cm, H 47,0 cm
Privatbesitz
Abb. 5, S. 34

Flasche, 8./9. Jahrhundert.
Byzantinisch.
Elfenbein. H 23,0 cm
BM 1856,0623.140
Abb. 23, S. 45

Panel eines Kästchens mit Jagdszene, 9. Jahrhundert.
Byzantinisch.
Elfenbein, Holz. L 33,0 cm
BM 1885,0804.1

Kammgriff, um 900.
Byzanz.
Elfenbein. B 10,0 cm, H 10,3 cm
SBM 2006

Tafel mit kufischer Inschrift, 9.–10. Jahrhundert.
Ägypten.
Marmor. L 105,0 cm, H 56,0 cm
MIK I. 4465

An fremdem Ort

Grabinventar eines Mannes mit Streitaxt und »orientalischen« Gürtelbeschlägen, 11. Jahrhundert.

Grab 3/1935, Barshalder, Grötlingbo, Gotland, Schweden.
Eisen, Kupferlegierung, gebrannter Ton.
GF C 8654:6-18

Nadel ostbaltischen Typs, 10. Jahrhundert.
Trelleborg, Seeland, Dänemark.
Kupferlegierung. L 12,8 cm
NM I Q/196

Ostbaltische Hufeisenfibel, Wikingerzeit.
Rakkerbakken, Bornholm, Dänemark.
Kupferlegierung. B 7,2 cm
NM I C33761

Feuerstahl baltischen Typs, Griff mit Darstellung zweier Reiter, Wikingerzeit.
Gyldensgård, Bornholm, Dänemark.
Eisen, Kupferlegierung. B 7,2 cm
NM I C36050
Abb. 14, S. 40

Paar slawischer Schläfenringe für eine Frauenhaube, späte Wikingerzeit.
Bakkegård, Bornholm, Dänemark.
Silber. 2,8 g; 3,9 g
NM I Dnf. 57/97, 58/97
Abb. 12, S. 39

Paar slawischer Ohrringe, 10. Jahrhundert.
Pæregård, Bornholm, Dänemark.
Silber. 4,3 g; 3,8 g
NM I Dnf. 72/93, 73/93

Zweischneidiges Schwert vom Typ Mannheim, um 800.
Sjørring Volde, Thy, Dänemark.
Eisen. L 91,5 cm
NM II D1031

Zungenförmige Fibel, Wikingerzeit.
Vester Egesborg, Seeland, Dänemark.
Kupferlegierung, vergoldet, Weißmetall.
L 6,5 cm, B 2,9 cm
NM I C34084

Kleeblattförmiger Beschlag karolingischer Herkunft.
Trabjerg Bakker, Westjütland, Dänemark.
Silber, vergoldet, Niello. L 5,5 cm
NM I Dnf. 76/91

Kleeblattförmige Fibel im Borre-Stil, erste Hälfte 10. Jahrhundert.
Bornholm, Dänemark.
Kupferlegierung, vergoldet. L 7,3 cm
NM I C20248

Denar der Almoravidendynastie, zur Fibel umgearbeitet.
Schleswig, Lkr. Schleswig-Flensburg, Deutschland.
Gold. Dm 2,5 cm
ALM KS D 375.341

Gefalteter Dirham mit Anhängeröse, 10. Jahrhundert.
Grisebjerggård, Seeland, Dänemark.
Silber. 0,9 g
NM I Dnf. 228/95
Abb. 3, S. 75

Armreif mit drei kleineren anhängenden Ringen und vier gefalteten Dirhams, 10. Jahrhundert.
Sigerslevøster, Seeland, Dänemark.
Silber. 27,2 g
NM I Dnf. 148/96

Fragment einer kufischen Münze.
Dysart, County Westmeath, Irland.
Silber.
NMI 72-1982

Münze Æthelreds II. (978–1016), zum Anhänger umgearbeitet.
Selsø, Seeland, Dänemark.
Silber.
NM II 4069

Paar Scharnierbeschläge mit keltischen Einarbeitungen, zu Fibeln umgearbeitet, 700–1000.
Carna Bhorich, Oronsay, Argyll, Schottland.
Kupferlegierung, vergoldet. L 7,6 cm
NMS X.FC 183-184

Nachahmung einer Fibel irischen Typs, 9. Jahrhundert.
Vårstad, Vågå, Oppland, Norwegen.
Kupferlegierung. Ring Dm 4,3 cm
BM 1891,1021.100

Schieferplatte, im Urnes-Stil verziert, spätes 10./frühes 11. Jahrhundert.
Killaloe, County Clare, Irland.
Stein. L 8,9 cm, B 7,7 cm
BM 1858,0120.1
Abb. 1, S. 30

Ovalfibel mit Fragmenten, zweite Hälfte 9. Jahrhundert.
Finglas, County Dublin, Irland.
Kupferlegierung, vergoldet. L 8,2 cm, B 6,1 cm
NMI 04E900:254:1-2

Wetzstein, vermutlich 9./10. Jahrhundert.
Irland.
Norwegischer Schiefer. L 9,3 cm, B 1,4 cm
NMI 1897.480
Abb. 32, S. 51

Pressmodel für Blechfibeln, 10. Jahrhundert.
Gramzow, Lkr. Ostvorpommern, Deutschland.
Kupferlegierung. Dm 3,5 cm
M-V ALM 2004/1509

Scheibenfibel im Borre-/Jelling-Stil, spätes 9./frühes 10. Jahrhundert.
Dähre, Lkr. Altmarkkreis Salzwedel, Deutschland.
Kupferlegierung. Dm 3,5 cm
LSA HK 2006:7172

Fibel im Urnes-Stil, um 1100.
Laschendorf, Lkr. Müritz, Deutschland.
Silber. B 5,0 cm, H 5,0 cm
M-V ALM 2005/460, 1

Silberhort aus slawischem Schmuck und Anhängern im Borre-Stil, 10./11. Jahrhundert.
Ljubojescha, Region Ilmensee, Russland.
Silber.
Nowgorod Kп 45351 A 215
Abb. 62, S. 68

Silberhort aus Schmuck in slawischer Ausprägung und im Jelling-Stil, 10. Jahrhundert.
Gnesdowo, Oblast Smolensk, Russland.
Silber. GIM 108648, 2683

Grabinventar eines Mannes mit Schwert skandinavischen Typs und Riemenbeschlägen, 9. Jahrhundert.
Jaroslawl, Michailowskoje, Oblast Jaroslawl, Russland.
Eisen, Kupferlegierung, vergoldet.
GIM 41007, 1641

Runenschrift auf Birkenrinde, 12. Jahrhundert.
Smolensk, Oblast Smolensk, Russland.
Rinde. L 13,2 cm
GIM 108043, 2648/1
Abb. 11, S. 25

Gleich und doch verschieden

Paar Ovalfibeln. 9. Jahrhundert.
Inchicore north, Islandbridge, Dublin, Irland.
Kupferlegierung.
NMI R.2420-1

Grabinventar einer Frau mit einem Paar Ovalfibeln, Schmuck und Gegenständen aus Walknochen, zweite Hälfte 9. Jahrhundert.
Tisnes, Tromsøysund, Nord Troms, Norwegen.
Kupferlegierung, Knochen, Glas.
TrM Ts.791-803

Grabinventar einer Frau mit einem Paar Ovalfibeln, Kleeblattfibel, Armreif, Glasperle und Messer, 10. Jahrhundert.
Grab 847, Lejre, Seeland, Dänemark.
Kupferlegierung, vergoldet, Eisen, Glas, Stein.
NM I C30078-C300084

Grabinventar einer Frau mit einem Paar Tierkopffibeln, Scheibenfibel, Perlen, Schnalle und Ketten.
Grab 218A, Ire, Hellvi, Gotland, Schweden.
Eisen, Kupferlegierung, Bernstein, Muschel, Glas.
GF C 9322:165-176
Abb. 3, S. 33

Grabinventar einer Frau mit einem Paar Scheibenfibeln, Kettengehängen, gleicharmiger Bügelfibel, Anhängern, Armreifen und Fingerringen, zweite Hälfte 10. Jahrhundert.
Grab C23, Kjuloholm, Kjulo, Finnland.
Silber, Kupferlegierung, Glas, Karneol.
NMF 8723: 292-294, 266, 302-314
Abb. 18, S. 41

Grabinventar einer Frau mit einem Paar Ovalfibeln, Anhänger und Perlenkette, erste Hälfte 10. Jahrhundert.
Bolschoje Timerewo, Oblast Jaroslawl, Russland.
Kupferlegierung, Silber, Glas, Halbedelsteine, Knochen.
GIM 103949, 2366

Grabinventar einer Frau mit einem Paar Ovalfibeln, Schläfenringen, Halskette, Fibel und Kreuzanhänger, zweite Hälfte 10. Jahrhundert.
Grab 124, Kiew, Oblast Kiew, Ukraine.
Kupferlegierung, Silber, Glas, Halbedelsteine. Fibeln L 11,0 cm; Kette L 15,5 cm
GIM 33602, 1678/1-2, 4-6, 11-12
Abb. 6, S. 23

Handel mit fernen Ländern

Transportfass, Wikingerzeit.
Haithabu, Schleswig, Lkr. Schleswig-Flensburg, Deutschland.
Tannenholz. H ca. 190 cm, Dm ca. 100 cm
ALM KS D 595.222
Abb. 7, S. 36

Grabinventar eines Mannes mit Klappwaage, Gewichten und Vorhängeschloss, möglicherweise Bestattung eines Händlers, spätes 9.–10. Jahrhundert.
Grab 50, Kopparsvik, Visby, Gotland, Schweden.
Eisen, Kupferlegierung.
GF C 12675:50
Abb. 21, S. 179

Zwei Schalen, Wikingerzeit.
Hals, Nordjütland, Dänemark.
Norwegischer Speckstein. H 18,0 cm, Dm 32,0 cm; H 19,0 cm, Dm 38,0 cm
NM I C12529, C12530

Perlen, 9./10. Jahrhundert.
Janów Pomorski/Truso, Polen.
Glas, Silber, Karneol, Bergkristall, Amethyst.
Elbląg
Abb. 26, S. 47

Spinnwirtel, Wikingerzeit.
Schwarz, Lkr. Mecklenburgische Seenplatte, Deutschland.
Owrutscher Schiefer. H 1,5 cm, Dm 3,0 cm
M-V ALM 2009/759,4

Hufeisenfibel, Wikingerzeit.
Janów Pomorski/Truso, Polen.
Kupferlegierung. Dm 7,3 cm
Elbląg MAH 132/90

Einreihiger Dreilagenkamm.
Janów Pomorski/Truso, Polen.
Geweih. B 17,1 cm, H 4,5 cm
Elbląg MAH 200/2005

Zwei Griffe, wahrscheinlich von Messern oder Werkzeug.
Janów Pomorski/Truso, Polen.
Geweih. L 1,8 cm, Dm 1,5 cm; L 1,6 cm, Dm 1,9 cm
Elbląg MAH 738/2006, MAH 739/2006

Perlen, 9. Jahrhundert.
Janów Pomorski/Truso, Polen.
Glas, Bernstein. L 2,3 cm
Elbląg MAH 1175/03, MAH 1183/03

Bernsteinperle und Rohbernstein.
Janów Pomorski/Truso, Polen.
Bernstein. Perle Dm 2,1 cm
Elbląg MAH 737/2006, ME 1117/2663-1155/2701
Abb. 34–35, S. 52

Spinnwirtel, Wikingerzeit.
Schonen, Schweden.
Bernstein.
NM I S191

Beinfessel für Sklaven, 8.–12. Jahrhundert.
Breest, Lkr. Mecklenburgische Seenplatte, Deutschland.
Eisen. L ca. 25 cm, B ca. 13 cm, H ca. 9 cm
M-V ALM WA IV/87/449

Halsfessel für Sklaven, etwa 10.–12. Jahrhundert.
St John's Lane, Dublin, Irland.
Eisen. B 15,0 cm
NMI E173:X119
Abb. 30, S. 51

Halskette mit Perlen und arabischen Münzen, 9. Jahrhundert.
Øster Halne Enge, Nordjütland, Dänemark.
Silber, Stein, Glas.
NM I C5849, C5851, C5852

Perlen und Fragmente aus Bergkristall.
Parchim Löddigsee, Lkr. Parchim, Deutschland.
Halbedelstein.
M-V

Seidenfragmente, vermutlich spätes 10./frühes 11. Jahrundert.
Fishamble Street, Dublin, Irland.
Seide. L 22,0 cm; L 19,5 cm
NMI E172:9498, E172:115566
Abb. 25, S. 47

Armreiffragment.
Lagore, County Meath, Irland.
Gagat.
NMI E14:1368

Armreif und Fingerring sowie Fragment eines Armreifs, vermutlich 10. Jahrhundert.
Fishamble Street, Dublin, Irland.
Gagat/Lignit. Fingerring Dm 2,3 cm; Armreif (Fragment) L 5,7 cm
NMI E172:11218, E172:1964, E172:14860
Abb. 33, S. 52

Glättbrett mit geschnitzten Tierköpfen, 9. Jahrhundert.
Cherrywood, County Dublin, Irland.
Walknochen. L 10,3 cm, B 9,5 cm
NMI 99E0523:536:3

Spielstein und Halbfabrikat.
Fishamble Street, Dublin, Irland.
Walknochen. H 2,7 cm, Dm 3,2 cm; H 3,4 cm, Dm 4,0 cm
NMI E190:3837, E190:2516

Klappwaage mit Behälter und zwei Waaggewichten, 11.–12. Jahrhundert.
Rugard bei Bergen, Lkr. Vorpommern-Rügen, Deutschland.
Kupferlegierung. Waage H 38,0 cm.
MFV II 5134-5136
Abb. 48, S. 58

Schnellwaage.
Janów Pomorski/Truso, Polen.
Eisen, Blei. L 19,5 cm
Elbląg MAH 1568/2008

Gewicht mit eingesetztem Fragment insularer Metallarbeit, spätes 9./frühes 10. Jahrhundert.
East Yorkshire, England.
Blei, Kupferlegierung. L 1,4 cm, B 1,1 cm, 9,4 g
BM 2000,0101.3
Abb. 52, S. 59

Gewicht mit emaillierter Oberseite, spätes 9./frühes 10. Jahrhundert.
East Yorkshire, England.
Blei, Emaille. H 0,8 cm, Dm 1,2 cm, 13,0 g
BM 2000.0101.2
Abb. 51, S. 59

Gewichte mit eingelassener Münze, eines mit der Beschriftung +DVDD/MON/ETA, um 870–875 und 871–899.
England.
Blei, Silber. Dm 3,0 cm, 71,5 g; Dm 2,2 cm, 10,6 g
BM 1991,0304.2, 2000,0201.1
Abb. 50, S. 59

Gewicht mit eingesetztem Fragment insularer Metallarbeit, 9. Jahrhundert.
Selsø-Vestby, Seeland, Dänemark.
Blei, Kupferlegierung. H 1,4 cm, Dm 3,3 cm, 76,5 g
NM I C37134

Gewicht mit Edelmetalleinsatz und Gewicht in Form eines Tierkopfes.
Berg, Buskerud, Norwegen.
Blei, Gold, Silber, Kupferlegierung, vergoldet. L 4,0 cm, B 3,5 cm; L 3,4 cm, H 1,6 cm
NM I CMXXX, CMXXXI
Abb. 7, S. 24

Gewicht in Form eines Tierkopfes, 9. Jahrhundert.
Kilmainham-Islandbridge, Dublin, Irland.
Blei, Kupferlegierung, vergoldet.
L 3,3 cm, B 2,5 cm, H 2,2 cm
NMI R.2413
Abb. 9, S. 24

Gewicht mit pseudo-arabischer Inschrift.
Menzlin, Lkr. Ostvorpommern, Deutschland.
Kupferlegierung. H 2,5 cm, Dm 3,0 cm
M-V ALM 1998/999,1

Sphärische Gewichte mit pseudo-arabischer Inschrift. Wikingerzeit.
Gedehaven, Møn; Skørrebro, Bornholm, Dänemark.
Eisen, Kupferlegierung. 204,9 g; 137,7 g
NM I C31656, C37013

Sphärische Gewichte, Wikingerzeit.
Neble, Südwestseeland, Dänemark.
Kupferlegierung. Dm 3,7 cm; Dm 2,2 cm; Dm 2,1 cm
NM I C30846, C30855, C30856

Fünf Polyedergewichte und ein Kugelzonengewicht, um 865–900.
Yorkshire, England.
Kupferlegierung, Blei. Dm 1,1 cm; H 0,9 cm; H 0,8 cm; H 0,6 cm; H 0,7 cm; H 1,4 cm
BM 2000,0201.2-5, 7; 2000,0206.6
Abb. 49, S. 59

Fünf Polyedergewichte.
Kannikegærdet, Fynegård/Skovgård und Store Frigård, Bornholm; Gedehaven, Møn; Nørholm, Nordjütland, Dänemark.
Kupferlegierung. Fynegård 1,6 g, Store Frigård 2,6 g
NM I C33919, C33932, C34793, C31657, C34502

Polyedergewicht.
Janów Pomorski/Truso, Polen.
Kupferlegierung. H 0,8 cm, 3,8 g
Elbląg MAH 300/2001

Hort aus Armreifen und Barren, 10.–11. Jahrhundert.
Skomentnen/Skomętno, Woiwodschaft Warmińsko-Mazurskie, Polen.
Silber. Armreife Dm 8,5–9,5 cm; Barren L 5,7–14,5 cm; Gesamtgewicht 1890 g
MFV Ia 4062a-q
Abb. 47, S. 57

Pseudo-kufischer Brakteat.
Gulland, Dänemark.
Gold.
NM I 9490

Gussformfragment zur Nachahmung einer arabischen Münze.
Haithabu, Schleswig, Lkr. Schleswig-Flensburg, Deutschland.
Geweih. L 3,3 cm, B 2,6 cm, H 1,0 cm
ALM KS D 594.413
Abb. 39, S. 55

Neun identische Nachahmungen eines Dirhams von Harun-ar Raschid, 807/808, Bagdad.
Hafen von Haithabu, Schleswig, Lkr. Schleswig-Flensburg, Deutschland.
Zinn-Blei-Legierung. Dm 2,2 cm
ALM KS D 604.003-011
Abb. 41, S. 55

Gussform für Barren.
Egholm, Aggersø, Seeland, Dänemark.
Speckstein. L 9,0 cm, B 7,2 cm, H 2,9 cm
NM I C7698

Zerbrochener Gusstiegel mit einer teilweise geschmolzenen Münze.
Janów Pomorski/Truso, Polen.
Gebrannter Ton, Silber. L 4,3 cm, B 3,8 cm
Elbląg MAH 1891/2007

Gusstiegel.
Janów Pomorski/Truso, Polen.
Gebrannter Ton. H 4,0 cm
Elbląg MAH 732/2006

Barren.
Irland.
Gold. L 5,3 cm, B 0,7 cm, 28,3 g
BM 1871,0401.13

Barren, vermutlich 9.–11. Jahrhundert.
Askeaton, County Limerick, Irland.
Gold. L 4,0 cm, B 1,0 cm
NMI 1929:1332
Abb. 45, S. 56

Hackgold mit Prägemuster, spätes 9. Jahrhundert – 1000.
Aldbrough, Yorkshire, und Torksey, Lincolnshire, England.
Gold. L 1,1 cm, 1,0 g; L 1,1 cm, B 1,0 cm
BM 2010,8016.1; 2007,8035.1
Abb. 43–44, S. 56

Karolingischer Becher, der als Behältnis für einen Hort aus Hacksilber und Münzen gedient hat, 10. Jahrhundert.
Vale of York, North Yorkshire, England.
Silber, teilweise vergoldet. Becher H 9,2 cm, Dm 12,0 cm
BM 2009,8027.1-76, 2009.4133.77-693
Abb. 63, S. 69

Hort aus Hacksilber vornehmlich slawischer Herkunft und in der Mehrheit deutschen, aber auch englischen, arabischen, skandinavischen und böhmischen Münzen, um 1020.
Nørremølle, Bornholm, Dänemark.
Silber.
NM I C36843, NM Mønt FP 8165

Hort aus Barrenfragmenten, einem Armreif vom Typ Perm sowie persischen und arabischen Münzen, 9. Jahrhundert.
Anklam, Lkr. Vorpommern-Greifswald, Deutschland.
Silber.
M-V ALM 2009/641

Hort aus drei Spiralringen, 9. Jahrhundert.
Hoffmanslyst, Ostjütland, Dänemark.
Silber. Dm 3,9 cm; Dm 3,9 cm; Dm 3,5 cm
NM I C1074-C1076

Hort aus drei Armreifen.
Carrowmore or Glentogher, County Donegal, Irland.
Silber. B 7,1 cm; B 6,6 cm; B 6,4 cm
NMI 1934:388-390

Hiberno-nordischer Armreif und Fragment, 9. Jahrhundert.
Nørre Alslev, Falster, Dänemark.
Silber. L 19,8 cm, Dm 7,2 cm, 50,0 g; 47,0 g
NM I Dnf. 6/13, 9/13

Unverzierter Ringbarren.
Irland.
Silber. Dm 7,5 cm, 38,2 g
NMI 1888:8

Hort aus fünf Armreifen und fünf Armreiffragmenten, 997–1010.
Burray, Orkney, Schottland.
Silber.
NMS X.IL 242-44, 256-57, 271

Hort aus Griwnas vom Typ Kiew und Nowgorod.
Michailowski-Kloster, Kiew, Oblast Kiew, Ukraine.
Silber. L 6,9–8,2 cm, 152,2–162,3 g; L 11,5–13,5 cm, 194,3–197,3 g
GIM 49878, 1093/5-7 etc.

Krieg und Eroberung

Aus Räubern werden Siedler

Männerschädel mit angefeilten Zähnen, 900–1050.
Köpingsvik, Gotland, Schweden.
Knochen.
GF
Abb. 5, S. 80

Skelette von Erschlagenen aus einem Massengrab, um 1000.
Weymouth, Dorset, England.
Knochen.
Dorset/Oxford
Abb. 30, S. 95

Zwei Halsreife, davon einer mit Runeninschrift, Anhänger und Kruzifix, 11. Jahrhundert. Botnhamn, Lenvik, Troms, Norwegen.
Silber. Reif mit Inschrift Dm 18,0 cm
TrM Ts.1649-52
Abb. 3, S. 126

Hort aus Metall und Gewichten, spätes 9. Jahrhundert.
North Yorkshire, England.
Silber, Eisen.
BM 2006,1203.1-14, 60, 104-11; 2008,4199.1-10
Abb. 2–3, S. 121

Fragmente von Metall und Gewichten, spätes 9. Jahrhundert.
North Yorkshire, England.
Gold, Blei, Kupferlegierung.
BM 2010,8014.1-3; 2008,4200.1-26
Abb. 2–3, S. 121

Reliquiar, irisch oder schottisch, spätes 8. Jahrhundert.
Herkunft unbekannt, Norwegen.
Kupferlegierung, vergoldet, Eibenholz.
L 13,5 cm, B 5,5 cm, H 10,3 cm
NM II 9084. Abb. 31, S. 97

Emaillierter Ring, irisch, 8. Jahrhundert.
Norholm Skole, Nordjütland, Dänemark.
Kupferlegierung, Emaille. Dm 2,1 cm
NM I C32947

Emaillierter Beschlag, irisch oder englisch, 8. Jahrhundert.
Lundemarken, Kundby, Seeland, Dänemark.
Kupferlegierung, Emaille. L 3,4 cm, B 2,35 cm
NM I C38655

Runder anglo-irischer Beschlag, 8./9. Jahrhundert.
Gamborg, Vindinge, Fünen, Dänemark.
Kupferlegierung, vergoldet. Dm 3,3 cm
NM I C35420.
Abb. 14, S. 85

Tierförmiger Beschlag eines irischen oder englischen Hängegefäßes und zerbrochener Silberbeschlag mit dreidimensionalen Tierdarstellungen, teilweise geschmolzen, 8./9. Jahrhundert.
Toftegård, Strøby, Ostseeland, Dänemark.
Silber. L 6,3 cm; L 4,8 cm
NM I C35397, C35398

Runder Beschlag in Durchbruchtechnik von einem irischen oder englischen Hängegefäß, 8. Jahrhundert.
Agerbygård, Østerlarsker, Bornholm, Dänemark.
Kupferlegierung, vergoldet, Bernstein.
NM I C33062

Bruchstück eines Beschlags von einem irischen oder englischen Hängegefäß, 8. Jahrhundert.
Kalmergården, Store Fuglede, Seeland, Dänemark.
Kupferlegierung. L 5,7 cm, B 1,2 cm
NM I C32167 KN 1104

Anglo-irischer Beschlag, Wikingerzeit.
Højehyld, Kølstrup, Fünen, Dänemark.
Kupferlegierung, vergoldet. L 3,5 cm, B 3,5 cm
NM I C38977

Katzenförmiger Beschlag von einem irischen oder englischen Hängegefäß, 8./9. Jahrhundert.
Fugledegård, Store Fuglede, Nordwestseeland, Dänemark.
Silber, vergoldet. H 3,2 cm
NM I FG 213

Auswahl eines Silberhorts, um 905–910.
Cuerdale, Lancashire, England.
Silber.
BM 1838,0710; 1841,0711
Abb. 15, S. 86

Die Waffen der Wikinger

Axtkopf, 950–1050.
Hammersmith, Themse, England.
Eisen. L 21,5 cm, B 20,7 cm
BM 1909,0626.8. Abb. 58, S. 111

Verzierter Axtkopf, spätes 11. – frühes 12. Jahrhundert.
Humikkala, Masku, Finnland.
Eisen, Silber. L 15,3 cm, B 16,2 cm
NMF 8656:47:5
Abb. 23, S. 137

Axtkopf nordostbaltischen Typs, Wikingerzeit.
Kalvomaki, Kokemaki, Finnland.
Eisen.
NMF 1763:1

Axtkopf, 10./11. Jahrhundert.
Oblast Kaliningrad, Russland.
Eisen. L 16,4 cm, B 14,2 cm
MVF PM Pr 9353

Axtkopf mit breiter Schneide, spätes 11./frühes 12. Jahrhundert.
Ubberup, Ugerlose, Seeland, Dänemark.
Eisen. L 19,5 cm, B 18,3 cm
NM I C33110

Axtkopf ostbaltischen Typs, Mitte 10.–11. Jahrhundert.
Viehhof, Kr. Labiau/Tjulenino, Oblast Kaliningrad, Russland.
Eisen. L 15,5 cm, B 5,5 cm
MVF PM V, 167/169. 7970 14i
Abb. 9, S. 81

Axtkopf, spätes 10./frühes 11. Jahrhundert.
Löbertshof, Kr. Labiau/Region Slawjanskoje, Oblast Kaliningrad, Russland.
Eisen. L 24,0 cm, B 19,0 cm
MVF PM III, 72. 848,10
Abb. 10, S. 81

Axtkopf ostbaltischen Typs mit breiter Schneide, 11./12. Jahrhundert.
Laptau, Kr. Fischhausen/Muromskoje, Oblast Kaliningrad, Russland.
Eisen. L 17,0 cm, B 13,0 cm
MVF PM V, 392, 8611a

Verzierter Axtkopf, 11.–13. Jahrhundert.
Teterow, Lkr. Ostvorpommern, Deutschland.
Eisen, Kupferlegierung. L 16,0 cm, B 15,0 cm
M-V ALM XVI, 15
Abb. 19, S. 88

Axtkopf, 11. Jahrhundert.
Oblast Kaliningrad, Russland.
Eisen. L 12,4 cm, B 8,8 cm
MVF PM Pr 1169

Axtkopf, 11./12. Jahrhundert.
Trentitten, Kr. Fischhausen/Saziewo, Oblast Kaliningrad, Russland.
Eisen. L 14,7 cm, B 13,2 cm
MVF PM VIII, 3, 4 II

Axtkopf, 10./11. Jahrhundert.
Oblast Kaliningrad, Russland.
Eisen. L 21,0 cm, B 7,0 cm
MVF PM Pr 9379

Axtkopf mit breiter Schneide, 11./12. Jahrhundert.
Ekritten, Kr. Fischhausen/Wetrowo, Oblast Kaliningrad, Russland.
Eisen. L 23,0 cm, B 33,0 cm
MVF PM Pr 10248

Axtkopf, 11.–13. Jahrhundert.
Oblast Kaliningrad, Russland.
Eisen. L 19,0 cm, B 11,8 cm
MVF PM Pr 9358

Axtkopf, 11./12. Jahrhundert.
Oblast Kaliningrad, Russland.
Eisen. L 14,0 cm, B 9,0 cm
MVF PM Pr 285

Axtkopf, 10.–12. Jahrhundert.
Oblast Kaliningrad, Russland.
Eisen. L 19,3 cm, B 15,0 cm
MVF PM Pr 1156

Axtkopf, 10.–12. Jahrhundert.
Oblast Kaliningrad, Russland.
Eisen. L 15,0 cm, B 10,7 cm
MVF PM Pr 1157

Axtkopf, 11./12. Jahrhundert.
Oblast Kaliningrad, Russland.
Eisen. L 16,2 cm, B 13,5 cm
MVF PM Pr 1158

Axtkopf, 11./12. Jahrhundert.
Oblast Kaliningrad, Russland.
Eisen. L 24,0 cm, B 15,0 cm
MVF PM Pr 1171

Axtkopf, 12./13. Jahrhundert.
Oblast Kaliningrad, Russland.
Eisen. L 20,0 cm, B 15,0 cm
MVF PM Pr 9360

Axtkopf, 10./11. Jahrhundert.
Viehhof, Kr. Labiau/Tjulenino, Oblast Kaliningrad, Russland.
Eisen. L 14,0 cm, B 9,0 cm
MVF

Axtkopf, 10./11. Jahrhundert.
Oblast Kaliningrad, Russland.
Eisen. L 14,8 cm, B 8,3 cm
MVF PM Pr 9364

Waffengrab eines Mannes mit breitschneidiger Axt, spätes 10./frühes 11. Jahrhundert.
Grab 222B, Ire, Hellvi, Gotland, Schweden.
Eisen, Kupferlegierung, Knochen.
Axt L ca. 16 cm
GF C 9322:177-185
Abb. 25, S. 90

Axtkopf mit Einlegearbeiten, erste Hälfte 11. Jahrhundert.
Zentrales Wolgagebiet (Kasan), Russland.
Eisen, Gold, Silber, Niello. L 6,0 cm
GIM 34213, 1959/1. Abb. 20, S. 88

Langbogen.
Haithabu, Schleswig, Lkr. Schleswig-Flensburg, Deutschland.
Eibenholz. L 191,0 cm
ALM KS D 595.21
Abb. 16, S. 87

Blattförmige Pfeilspitzen, Wikingerzeit.
Sørup, Måløv, Seeland, Dänemark.
Eisen. L 9,0–12,5 cm
NM I C24551
Abb. 17, S. 87

Schild, spätes 9. Jahrhundert.
Gokstad, Vestfold, Norwegen.
Holz, Eisen, Leder. Dm ca. 94 cm
VS (Replik)
Abb. 23, S. 89

Schildbuckel, 9. Jahrhundert.
Bolstad, Sogn og Fjordane, Norwegen.
Eisen. Dm 14,0 cm
BM 1891,1021.44
Abb. 22, S. 89

Schildbuckel vom Typ Dublin, 9. Jahrhundert.
Nahe Kilmainham, Dublin, Irland.
Eisen. H 6,5 cm, Dm 8,9 cm
NMI Wk16 (W8, D347)
Abb. 43, S. 105

Konischer Helm, 10. Jahrhundert.
Tschernaja Mogila, Oblast Tschernihiw, Ukraine.
Eisen, Kupferlegierung, vergoldet.
H 25,0 cm, Dm 25,0 cm
GIM 76990, 1539/1
Abb. 44, S. 105

Konischer Helm, 10. Jahrhundert.
Gul 'Bischke, Oblast Tschernihiw, Ukraine.
Eisen, Kupferlegierung. H 23,0 cm
GIM 76990, 1540/1

Trapezförmiges Helmfragment, um 1100.
Ekritten, Kr. Fischhausen/Wetrowo, Oblast Kaliningrad, Russland.
Kupferlegierung. L 10,3 cm, B 11,0 cm
MVF PM Pr 6219

Verzierter Augenschutz eines Helms, späte Eisenzeit/Wikingerzeit.
Gevninge, Seeland, Dänemark.
Kupferlegierung, teilweise vergoldet.
L 8,0 cm, B 5,0 cm
Roskilde 1994 A124x1
Abb. 53, S. 109

Steigbügelpaar skandinavischen Typs, 10./frühes 11. Jahrhundert.
Herkunft unbekannt, ehem. Ostpreußen.
Eisen. H 17,2 cm; H 17,5 cm
MVF Pr 7432a, b

Steigbügelpaar skandinavischen Typs, 10. Jahrhundert.
Herkunft unbekannt, ehem. Ostpreußen.
Eisen. H 15,5 cm; H 15,2 cm
MVF Pr 7433a, b

Steigbügelpaar östlichen Typs, 10./11. Jahrhundert.
Viehhof, Kr. Labiau/Tjulenino, Oblast Kaliningrad, Russland.
Eisen. H 12,3 cm; H 11,6 cm
MVF PM V, 46, 6828, 15

Steigbügelpaar mit Steigriemenschnallen, 10. Jahrhundert.
Starigard/Oldenburg, Lkr. Ostholstein, Deutschland.
Eisen, Zinn. Steigbügel B 12,5 cm, H 22,5 cm
ALM Old. 12 18 89; 12 18 90; 12 18 98
Abb. 45, S. 148

Sporenpaar mit Riemendurchzug und Riemenschnallen, erste Hälfte 10. Jahrhundert.
Grab 21, Starigard/Oldenburg, Lkr. Ostholstein, Deutschland.
Kupferlegierung. Sporen L 14,5 cm, B 7,5 cm; Dorn L 3,2 cm
ALM Old. 2 15 29 (1974); 2 15 30 (1974)
Abb. 46, S. 148

Zwei Trensen, 10.–11. Jahrhundert.
Popelken, Kr. Wehlau/Cholmy, Oblast Kaliningrad, Russland.
Eisen. L 22,0 cm; L. 22,7 cm
MVF PM III 185/6, 1046
Abb. 55, S. 110

Trensen, 9./10. Jahrhundert.
Herkunft unbekannt, ehem. Ostpreußen.
Eisen. L 44,0 cm
MVF PM Pappe 17, Pr 7434

Grabausstattung mit Schnalle, Steigbügeln, Trensen, 10./11. Jahrhundert.
Grab 42, Bludau II, Kr. Fischhausen/Kostrowo, Oblast Kaliningrad, Russland.
Eisen. Trensen L 27,5 cm; Steigbügel H 14,0 cm
MVF PM V, 409, 8758, 42

Lanzenspitze, 10./11. Jahrhundert.
Ekritten, Kr. Fischhausen/Wetrowo, Oblast Kaliningrad, Russland.
Eisen. L 20,3 cm
MVF PM V, 417, 8784

Lanzenspitze, 11. Jahrhundert.
Oblast Kaliningrad, Russland.
Eisen. L 15,6 cm
MVF PM Pr 7853

Lanzenspitze, 10./11. Jahrhundert.
Ekritten, Kr. Fischhausen/Wetrowo, Oblast Kaliningrad, Russland.
Eisen. L 28,8 cm
MVF PM IV, 343, 5766

Lanzenspitze, spätes 10./11. Jahrhundert.
Löbertshof, Kr. Labiau/Slawjanskoje, Oblast Kaliningrad, Russland.
Eisen. L 40,0 cm
MVF PM III, 378, 2405

Drei Lanzenspitzen, 11./12. Jahrhundert.
Viehhof, Kr. Labiau/Tjulenino, Oblast Kaliningrad, Russland.
Eisen. L ca. 29 cm; L ca. 27 cm; L ca. 19 cm
MVF PM V, 46, 6828

Lanzenspitze, 10.–12. Jahrhundert.
Regehnen, Kr. Fischhausen/Dubrowka, Oblast Kaliningrad, Russland.
Eisen. L 37,8 cm
MVF PM V, 235, 8233

Lanzenspitze, 10./11. Jahrhundert.
Viehhof, Kr. Labiau/Tjulenino, Oblast Kaliningrad, Russland.
Eisen. L 27,8 cm
MVF PM Pr 113

Lanzenspitze, 10./11. Jahrhundert.
Viehhof, Kr. Labiau/Tjulenino, Oblast Kaliningrad, Russland.
Eisen. L 33,6 cm
MVF PM Pr 118

Lanzenspitze, spätes 10. – spätes 11. Jahrhundert.
Viehhof, Kr. Labiau/Tjulenino, Oblast Kaliningrad, Russland.
Eisen. L 35,0 cm
MVF PM V, 440, 8866

Lanzenspitze, 10./11. Jahrhundert.
Viehhof, Kr. Labiau/Tjulenino, Oblast Kaliningrad, Russland.
Eisen. L 32,0 cm
MVF PM Pr. 119

Lanzenspitze, 11./12. Jahrhundert.
Oblast Kaliningrad, Russland.
Eisen. L 35,7 cm
MVF PM Pr 1221

Lanzenspitze, 10./11. Jahrhundert.
Oblast Kaliningrad, Russland.
Eisen. L 24,0 cm
MVF PM Pr 7720

Lanzenspitze, 11. Jahrhundert.
Oblast Kaliningrad, Russland.
Eisen. L 30,0 cm
MVF PM Pr 7775

Lanzenspitze, spätes 10./11. Jahrhundert.
Eisliethen, Kr. Fischhausen, Oblast Kaliningrad, Russland.
Eisen. L 29,1 cm
MVF PM OPM 14115

Lanzenspitze, 11. Jahrhundert.
Oblast Kaliningrad, Russland.
Eisen. L 36,6 cm
MVF PM Pr 8298

Lanzenspitze, 11. Jahrhundert.
Oblast Kaliningrad, Russland.
Eisen. L 28,0 cm
MVF PM Pr 8290

Lanzenspitze, 11./12. Jahrhundert.
Oblast Kaliningrad, Russland.
Eisen. L 35,5 cm
MVF PM Pr 8245

Lanzenspitze, 11. Jahrhundert.
Oblast Kaliningrad, Russland.
Eisen. L ca. 30 cm
MVF PM Pr 8224/3

Lanzenspitze, spätes 10. – spätes 11. Jahrhundert.
Auglitten, Kr. Friedland/Progress, Oblast Kaliningrad, Russland.
Eisen. L 33,9 cm
MVF PM V, 248. 8271

Lanzenspitze, erste Hälfte 11. Jahrhundert.
London, England.
Eisen. L 58,0 cm
BM 1856,0701.1376
Abb. 41, S. 104

Lanzenspitze, 9./10. Jahrhundert.
London, England.
Eisen. L 28,7 cm
BM 1856,0701.1441
Abb. 42, S. 104

Damaszierte Lanzenspitze, 9./10. Jahrhundert.
Themse, England.
Eisen. L 37,0 cm
BM 1868,0128.2
Abb. 52, S. 108

Damaszierte Lanzenspitze, 10. Jahrhundert.
Nahe des Flusses Lodden/Twyford, Berkshire, England.
Eisen. L 34,7 cm
BM 1955,0506.1
Abb. 51, S. 108

Lanzenspitze mit Silbereinlagen an der Tülle, 11. Jahrhundert.
Vilusenharju, Tampere, Satakunta, Finnland.
Eisen, Silber.
NMF 18556:595
Abb. 45, S. 106

Lanzenspitze mit Silbereinlagen im Urnes-Stil an der Tülle, 11. Jahrhundert.
Vilusenharju, Tampere, Satakunta, Finnland.
Eisen, Silber. L 33,5 cm
NMF 17208:691

Lanzenspitze mit Silbereinlagen an der Tülle, 950–1050.
See Tissø, Nordwestseeland, Dänemark.
Eisen, Silber. L 35,3 cm
NM I C5356

Parierstange und Schwertknauf eines Ulfberht-Schwertes mit Resten von Silbertauschierung.
Linkuhnen, Kr. Niederung/Rschewskoje, Oblast Kaliningrad, Russland.
Eisen, Silber. Parierstange L 10,0 cm, B 2,2 cm; Schwertknauf L 11,0 cm, B 8,0 cm
MVF PM Pr 303a, PM Pr 303b

Ulfberht-Schwert, 800–950.
Peltomaa, Hämeenlinna (Tavastehus), Häme, Finnland.
Eisen, Kupfer, Silber. L 91,6 cm
NMF 18402:1
Abb. 40, S. 103

Ulfberht-Schwert, 10. Jahrhundert.
Norwegen.
Eisen. L ca. 90 cm
NM I 780

Ulfberht-Schwert, 10. Jahrhundert.
Wiskiauten, Kr. Fischhausen/Mochowoje, Oblast Kaliningrad, Russland.
Eisen, Silber, Kupfer. L ca. 73 cm
MVF PM V, 145, 7746/1
Abb. 2, S. 72–73

Ulfberht-Schwert mit Heft skandinavischen Typs, 10. Jahrhundert.
Schwedt, Lkr. Uckermark, Brandenburg, Deutschland.
Eisen, Silber. L 73,8 cm
MVF If 16773
Abb. 39, S. 103

Grabausstattung eines Mannes mit Ulfberht-Schwert, damaszierter Lanzenspitze skandinavischen Typs, Ring mit Thorshämmern und Werkzeugen, 10. Jahrhundert.
Grab 4, Gnesdowo, Oblast Smolensk, Russland.
Eisen, Kupferlegierung. Schwert L 98,5 cm; Lanzenspitze L 52,3 cm; Ring max. Dm 15,9 cm
GIM 80135, 1071B/67-69, 1798B/66, 1071B/7, 1071B/64-66, 1071B/5
Abb. 6–8, S. 81

Zweischneidiges Schwert mit Silbereinlagen, 9. Jahrhundert.
Nahe Kilmainham, Dublin, Irland.
Eisen, Silber. L 56,8 cm, B 11,3 cm
NMI Wk5
Abb. 38, S. 103

Zweischneidiges Schwert, 9. Jahrhundert.
Søborgsee, Seeland, Dänemark.
Eisen, Messing, Gold. L 87,5 cm
NM I C16430

Zweischneidiges Schwert, 800–950.
Fluss Tudeå, Hejninge, Seeland, Dänemark.
Eisen, Messing. L 94,7 cm
NM I C24554

Zweischneidiges Schwert, 800–950.
Norwegen.
Eisen. L 94,0 cm
NM I N 18

Zweischneidiges Schwert, 800–950.
Fluss Værebro, Gundsømagle, Seeland, Dänemark.
Eisen. L 94,0 cm
NM I C26043

Zweischneidiges Schwert,
10. Jahrhundert.
See Tissø, Nordwestseeland, Dänemark.
Eisen, Kupferlegierung. L 89,0 cm
NM I C8727

Zweischneidiges Schwert,
10. Jahrhundert.
Sørup, Måløv, Seeland, Dänemark.
Eisen, Gold. L 90,0 cm
NM I C24550

Zweischneidiges Schwert, 9. Jahrhundert.
Søborgsee, Seeland, Dänemark.
Eisen, Messing, Gold. L 87,5 cm
NM I C16430

Zweischneidiges Schwert,
10. Jahrhundert.
Wiskiauten, Kr. Fischhausen/Mochowoje,
Oblast Kaliningrad, Russland.
Eisen, Kupferlegierung, Silber. L 71,0 cm
MVF PM III, 261, 2019:B4

Zweischneidiges Schwert vom Typ
Mannheim, um 800.
Sjørring Volde, Thy, Dänemark.
Eisen. L 91,5 cm
NM II D1031
Abb. 58, S. 65

Zweischneidiges Schwert, erste Hälfte
10. Jahrhundert.
Mjönes, Skjerstad, Salten, Norwegen.
Eisen, Kupfer. L 87,5 cm
TrM Ts.4159a

Zweischneidiges Schwert mit
Damaszierung und verzierter Parier-
stange, 9. Jahrhundert.
Søndersø, Nordjütland, Dänemark.
Eisen, Messing, Gold. L 90,4 cm
NM I C1572

Zweischneidiges Schwert mit Silber-
tauschierung an Parierstange und Knauf,
erste Hälfte 10. Jahrhundert.
Wiskiauten, Kr. Fischhausen/Mochowoje,
Oblast Kaliningrad, Russland.
Eisen, Kupferlegierung, Silber. L 49,5 cm
MVF PM III, 261, 2022

Einschneidiges Schwert,
8.–9. Jahrhundert.
Digeråkeren, Øverli, Lom, Oppland,
Norwegen.
Eisen. L 97,0 cm
BM 1891,1021.27
Abb. 46, S. 107

Schwert mit verbogener Klinge,
900–1050.
Löbertshof, Kr. Labiau/Region Slawjans-
koje, Oblast Kaliningrad, Russland.
Eisen. L 84,0 cm, B 12,8 cm, H 13,0 cm
MVF PM III, 78. 848
Abb. 22, S. 180

Schwert mit verbogener Klinge,
9./10. Jahrhundert.
Linkuhnen, Kr. Niederung/Rschewskoje,
Oblast Kaliningrad, Russland.
Eisen. L ca. 73 cm
MVF

Einschneidiges Schwert mit verbogener
Klinge, zweite Hälfte 10./11. Jahrhundert
Linkuhnen, Kr. Niederung/Rschewskoje,
Oblast Kaliningrad, Russland
Eisen. L ca. 83 cm
MVF PM VII, 425, 12731

Schwert mit verbogener Klinge,
10./11. Jahrhundert.
Wiskiauten, Kr. Fischhausen/Mochowoje,
Oblast Kaliningrad, Russland.
Eisen. L ca. 89 cm
MVF PM Pr 2

Schwert mit gefalteter Klinge,
9./10. Jahrhundert.
Linkuhnen, Kr. Niederung/Rschewskoje,
Oblast Kaliningrad, Russland.
Eisen. L ca. 23 cm (gefaltet)
MVF Pr 7430

Schwert mit gefalteter Klinge,
9./10. Jahrhundert.
Herkunft unbekannt, ehem. Ostpreußen.
Eisen. L ca. 18 cm (gefaltet)
MVF PM Pr 266

Schwert mit gefalteter Klinge,
9./10. Jahrhundert.
Herkunft unbekannt, ehem Ostpreußen.
Eisen. L ca. 91 cm
MVF PM Pr 9071

Schwert mit gefalteter Klinge,
9./10. Jahrhundert.
Herkunft unbekannt, ehem. Ostpreußen.
Eisen. L ca. 32 cm (gefaltet)
MVF PM Pr 9079

Schwert mit gefalteter Klinge,
9./10. Jahrhundert.
Herkunft unbekannt, ehem. Ostpreußen.
Eisen. L 32,7 cm (gefaltet)
MVF PM Pr 9091

Schwert mit gefalteter Klinge,
9./10. Jahrhundert.
Linkuhnen, Kr. Niederung/Rschewskoje,
Oblast Kaliningrad, Russland.
Eisen. L ca. 22 cm (gefaltet)
MVF PM Pr 9080

Schwert mit verbogener Klinge,
9.–11. Jahrhundert.
Nahe Kilmainham, Dublin, Irland.
Eisen. L 47,5 cm (verbogen), B 16,0 cm
NMI Wk10
Abb. 24, S. 181

Schwert mit eingerollter Klinge,
9.–11. Jahrhundert.
Grab 126 B, Linkuhnen, Kr. Niederung/
Rschewskoje, Oblast Kaliningrad,
Russland.
Eisen. L 15,5 cm, B 17,0 cm, H 11,0 cm
(gerollt)
MVF Pr 7431
Abb. 23, S. 181

Schwert mit aufgerollter Klinge,
9./10. Jahrhundert.
Herkunft unbekannt, ehem. Ostpreußen.
Eisen. L ca. 83 cm
MVF PM Pr 9074

Schwertortband mit Tierkopf im
Borre-Stil, 10. Jahrhundert.
Korosten, Oblast Schytomyr, Ukraine.
Kupferlegierung. L 7,3 cm
GIM 105009, 2575/1
Abb. 47, S. 107

Schwertortband im Borre-Stil,
10. Jahrhundert.
England.
Kupferlegierung. L 5,8 cm, B 4,7 cm
BM 1997,0102.1
Abb. 48, S. 107

Schwertortband mit Vogelmotiv,
10. Jahrhundert.
Bjergene, Ballerup, Seeland, Dänemark.
Kupferlegierung. L 9,0 cm, B 4,4 cm
NM I C34512
Abb. 50, S. 107

Schwertortband im Jelling-Stil,
10. Jahrhundert.
Selling Hedelod, Ødum, Ostjütland,
Dänemark.
Kupferlegierung. L 9,0 cm, B 4,2 cm
NM I C16418
Abb. 49, S. 107

Schwertortband im Borre-Stil,
10. Jahrhundert.
Herkunft unbekannt, ehem. Ostpreußen.
Kupferlegierung. L 6,0 cm, B 4,0 cm
MVF PM Pr 3370

Schwertortband im Borre-Stil,
10. Jahrhundert.
Nimschütz, Lkr. Bautzen, Sachsen,
Deutschland.
Kupferlegierung. L 6,6 cm, B 3,9 cm
LMD D252/83

Amulette und Miniaturen

Miniaturaxt, Wikingerzeit.
Kannikegærdet, Bodilsker, Bornholm,
Dänemark.
Kupferlegierung. L 3,5 cm, B 2,4 cm
NM I C33319

Geschäftete Miniaturaxt, Wikingerzeit.
Avnsøgård, Avnsø, Nordwestseeland,
Dänemark.
Kupferlegierung, verzinnt. L 10,3 cm
NM I C30205
Abb. 13, S. 173

Anhänger in Schildform, Wikingerzeit.
Nørholm, Nordjütland, Dänemark.
Kupferlegierung. Dm 2,1 cm
NM I C34874
Abb. 12, S. 173

Anhänger in Schwertform, Wikingerzeit.
Kalmergården, See Tissø, Nordwestsee-
land, Dänemark.
Kupferlegierung. L 3,3 cm
NM I KN 794
Abb. 11, S. 173

Zwei Miniaturschwerter, Wikingerzeit.
Stavnsager, Hørning, Ostjütland,
Dänemark.
Silber, Kupferlegierung. L 3,3 cm; L 4,6 cm
NM I C37483, C38871

Miniaturschwert, Wikingerzeit.
Sorte Muld, Ibsker, Bornholm, Dänemark.
Kupferlegierung. L ca. 3 cm
NM I C36929

Miniaturlanzenspitze, Wikingerzeit.
Nørholm, Nordjütland, Dänemark.
Kupferlegierung. L 3,5 cm
NM I C35469

Miniaturlanzenspitze, 10. Jahrhundert.
Trelleborg, Seeland, Dänemark.
Kupferlegierung. L 3,8 cm
NM I C24271/Q329

Kap Arkona

Axtkopf, 10./11. Jahrhundert.
Kap Arkona, Lkr. Vorpommern-Rügen,
Deutschland.
Eisen.
M-V ALM 2012/1091, 203

Pfeilspitzen, Wikingerzeit.
Kap Arkona, Lkr. Vorpommern-Rügen,
Deutschland.
Eisen.
M-V ALM

Verzierter Schwertknauf, 10. Jahrhundert.
Kap Arkona, Lkr. Vorpommern-Rügen,
Deutschland.
Kupferlegierung, Silber, Niello. B 7,6 cm,
H 3,4 cm
M-V ALM 1997/480

Hakensporn, 8./9. Jahrhundert.
Kap Arkona, Lkr. Vorpommern-Rügen,
Deutschland.
Bronze.
M-V ALM 2013/484, 1

Macht und Herrschaft

Orte der Macht

Zusammenstellung von Metallobjekten, Amuletten und persönlichem Schmuck, darunter ein Bleigewicht mit insularer Metalleinlage, ein Anhänger mit Kreuzmotiv, ein Griff finnischen Typs eines Feuerstahls sowie ein Amulettset mit Thorshämmern und Stäben, Wikingerzeit.
Fugledegård und Kalmergården, See Tissø, Nordwestseeland, Dänemark.
Kupferlegierung, Blei, Eisen.
NM I C32167/KN 131, FB 677, KN 721, FG A45
Abb. 3, S. 20

Hort aus Thorshammer, zwei Schwertknäufen, Wetzstein, Pfeilspitze, Miniatur, Fragment einer Schnalle sowie zwei weiteren Schnallen, Wikingerzeit.
Nahe See Tissø, Nordwestseeland, Dänemark.
Kupferlegierung, Eisen, teilweise vergoldet.
NM I KN 636, KN 826, KN 851, KN 876, KN 935, KN 1542, KN 1756; KU 1, KU 499, FG 948, FG 1584, FG 1749, FG 2351

Fragment einer Steinsäule, zweite Hälfte 10. Jahrhundert.
Paderborn (Pfalz), Deutschland.
Sandstein. H ca. 42 cm, Dm ca. 30 cm
Paderborn

Stuckierter Kämpfer, erste Hälfte 9. Jahrhundert.
Paderborn (Bartholomäuskapelle), Deutschland.
Sandstein, Stuck. L ca. 54 cm, B 54 cm, H ca. 26 cm
Paderborn

Wandputzfragmente mit Fresko (Wandbehang), 8./9. Jahrhundert.
Paderborn (Pfalz), Deutschland.
Kalkputz, Farbe.
Paderborn PB70/131, 71/021, 65/167, 65/066

Steinblock mit Fresko, um 800.
Paderborn (Dom), Deutschland.
Sandstein, Kalkputz, Farbe. B 36 cm, H ca. 30 cm
Paderborn

Wandputzfragmente mit Fresko (Stern), um 800.
Paderborn (Pfalz), Deutschland.
Kalkputz, Farbe. Dm ca. 30 cm
Paderborn

Wandputzfragment mit Fresko (Schachbrett), vermutlich erste Hälfte 9. Jahrhundert.
Paderborn (Pfalz), Deutschland.
Kalkputz, Farbe. B ca. 16 cm, H ca. 13 cm
Paderborn

Drei Fensterglasfragmente (rot, grün, blau), 8./9. Jahrhundert.
Paderborn (Pfalz), Deutschland.
Glas. L 2,5–4,0 cm
Paderborn P 68/259b, P 666/103c, P 65/53a

Helm mit Nasenschutz (Replik), Ulfberht-Schwert, Lanzenspitze mit Silbertauschierung und Teile eines Kettenhemds, 9.–11. Jahrhundert.
Ostrów Lednicki, Lkr. Gniezno, Polen.
Eisen, Silber. Helm H 18,5 cm; Nasenschutz 6,0 cm; Schwert L 72,5 cm
Lednica K.50, MPP/A/31/33/84, MPP/A/93/112/99, MPP/A/93/93/99

Miniatur eines Panzerreiters, um 1015.
Leissower Mühle, Kr. Weststernberg/Lisów, Woiwodschaft Lebus, Polen.
Silber. B 2,7 cm, H 3,5 cm
MVF MM II 20427
Abb. 56, S. 110

Zeichen von Macht und Reichtum

Hufeisenfibel mit Distelkopfenden und sehr langer Nadel, erste Hälfte 10. Jahrhundert.
Flusco Pike, Gegend von Penrith, Cumbria, England.
Silber, L 51,2 cm, Dm 19,0 cm
BM 1909,0624.2

Paar Kniebundschnallen und Riemenzungen, erste Hälfte 10. Jahrhundert.
Grab 1058, Lejre, Seeland, Dänemark.
Kupferlegierung, vergoldet. Schnallen L 4,3, cm; L 4,2 cm; Riemenzungen L 3,6 cm; L 3,5 cm
NM I C30138-41
Abb. 32, S. 140

Schwert und Paar Riemenbeschläge mit Verzierung im Tier-Stil, spätes 8./frühes 9. Jahrhundert.
Kalundborg oder Holbæk, Seeland, Dänemark.
Silber, Eisen. Schwert L 59,4 cm; Beschläge L 11,0 cm; L 7,0 cm
NM I C3118, C3119, C3120
Abb. 37, S. 103

Lanzenspitze, 10. Jahrhundert.
Rønnebæksholm, Seeland, Dänemark.
Eisen, Kupfer, Silber. L 46,5 cm
NM I C9488

Axtkopf mit Silbereinlagen im Mammen-Stil, 10. Jahrhundert.
Bjerringhøj, Mammen, Jütland, Dänemark.
Eisen, Silber, Messing. L 17,5 cm
NM I C133
Abb. 22, S. 137

Axtkopf mit Goldeinlagen im Ringerike-Stil, erste Hälfte 11. Jahrhundert.
Botnhamn, Lenvik, Troms, Norwegen.
Eisen, Gold. L 14,1 cm, H 14,0 cm
TrM Ts.11937
Abb. 2, S. 126

Zwei Hufeisenfibeln, 11./12. Jahrhundert.
Treiden/Grinvalde, Bauskas novads, Lettland.
Silber. Dm 4,0 cm; Dm 4,5 cm
MVF IIIa 67h, 69e

Hufeisenfibel mit gravierten Kugelenden, 10. Jahrhundert.
Skaill, Sandwick, Orkney, Schottland.
Silber. L 36,0 cm, Dm 20,0 cm
NMS X.IL 1
Abb. 29, S. 139

Hufeisenfibel mit Distelkopfenden, Wikingerzeit.
Herkunft unbekannt, Irland.
Silber. L 27,4 cm, B 12,0 cm
NMI W39

Riemenenzunge im Jelling-Stil, 10. Jahrhundert.
Anneksgården, Lille Fuglede, Seeland, Dänemark.
Silber, Niello. L 6,4 cm
NM I C38885
Abb. 31, S. 140

Hufeisenfibel mit verbreiterten Enden, spätes 9./frühes 10. Jahrhundert.
Nahe Virginia, County Cavan, Irland.
Silber. L 20,3 cm, B 11,5 cm
NMI W33
Abb. 30, S. 139

Hufeisenfibel mit Kugelenden, 10. Jahrhundert.
Gorodilowo, Woblasz Witebsk, Weißrussland.
Silber, Gold. L 12,9 cm, Dm 11,1 cm
GIM 77034, 376/55, ZV 5310
Abb. 27, S. 139

Hufeisenfibel mit Kugelenden, 10. Jahrhundert.
Rønvika, Bodin, Salten, Norwegen.
Silber. Nadel L 46,0 cm, Ring Dm 19,5 cm
TrM Ts.2556
Abb. 28, S. 139

Hufeisenfibel mit maskenartig verziertem Nadelkopf und Ringenden, 10. Jahrhundert.
Høm, Seeland, Dänemark.
Kupferlegierung, vergoldet und verzinnt. L 11,9 cm, B 6,5 cm
NM I C6605

Grabausstattung einer Frau mit einem Paar Ovalfibeln, Kleeblattfibel und Messer, 10. Jahrhundert.
Grab 1, Ladby, Fünen, Dänemark.
Kupferlegierung, vergoldet, Eisen. Ovalfibel L 10,5 cm; Kleeblattfibel L 5,2 cm
NM I C23035- C23038

Ohrlöffel mit Filigranarbeit am Ende und Einhängering, 10. Jahrhundert.
Gedehaven, Südwestseeland, Dänemark.
Gold. L 5,4 cm
NM I Dnf. 183/90
Abb. 34, S. 141

Riemenzunge, zu einem Anhänger umgearbeitet, Mitte 9. Jahrhundert.
Duesminde 4, Lolland, Seeland, Dänemark.
Silber, vergoldet, Niello. L 6,7 cm
NM I C35317

Dreiflügeliger Schlüsselgriff im Jelling-Stil, 10. Jahrhundert.
Steensgård, Seeland. Dänemark.
Silber, vergoldet. L 5,4 cm
NM I Dnf. 1/98

Schlüssel, 9. Jahrhundert.
Herkunft unbekannt, Dänemark.
Kupferlegierung. L 6,9 cm
NM I 22256

Schlüssel, frühe Wikingerzeit.
Tjørnehøj, Fünen, Dänemark.
Kupferlegierung. L 6,4 cm
NM I C35193

Schlüssel, Wikingerzeit/frühes Mittelalter.
Tystrupgård, Seeland, Dänemark.
Kupferlegierung. L 3,9 cm, B ca. 2 cm
NM I C37188

Schlüssel, Wikingerzeit.
Grab 1, Dråby, Seeland, Dänemark.
Kupferlegierung, Eisen. L 9,8 cm
NM I C26831

Schlüssel, späte Wikingerzeit/frühes Mittelalter.
Gershøj, Seeland, Dänemark.
Kupferlegierung. L 3,7 cm
NM I C32228

Schlüssel, 9. Jahrhundert.
Klyne Mose, Westjütland, Dänemark.
Eisen. L 6,0 cm
NM I CCLXXXIII

Kette mit Tierkopfenden im Jelling-Stil, 10. Jahrhundert.
Fæsted, Westjütland, Dänemark.
Gold. L 62,0 cm
NM I Dnf. 90/11
Abb. 33, S. 141

Gehänge mit Ohrlöffel und Nagelreiniger im Jelling-Stil, 10. Jahrhundert.
Terslev, Seeland, Dänemark.
Silber. Ohrlöffel L 8,3 cm; Nagelreiniger L 10,6 cm
NM I Dnf. 33/11

Friesische Imitation eines Munus-Divinum-Solidus, 9. Jahrhundert.
Haithabu, Schleswig, Lkr. Schleswig-Flensburg, Deutschland.
Gold. Dm 2,2 cm
ALM Hb 2006/13131

Pseudomünzfibel, Wikingerzeit.
Haithabu, Schleswig, Lkr. Schleswig-Flensburg, Deutschland.
Gold.
ALM KS 23107

Solidus des byzantinischen Kaisers Theophilus, umgearbeitet zu einer Fibel, 830/831–840.
Haithabu, Schleswig, Lkr. Schleswig-Flensburg, Deutschland.
Gold. Dm 2,3 cm
ALM KS D 603.010

Grabausstattung einer Frau mit einem Paar Ovalfibeln, einer Scheibenfibel, einer Hufeisenfibel baltischen Typs, über 1000 Perlen aus Glas, Silber und Goldfolie, einem Specksteingefäß, einem Kamm und Resten von Waagen, 10. Jahrhundert.
Grab I/1954, Hagbartsholmen, Steigen, Salten, Norwegen.
Kupferlegierung, Glas, Speckstein, Knochen.
TrM Ts.5281a-b, h-I, m-n, q-r, v
Abb. 14, S. 134

Armreif, 9./10. Jahrhundert.
Sunderland, Tyne and Wear, England.
Gold. Dm 8,4 cm
BM 1990,0606.1

Breitbandiger hiberno-nordischer Armreif, 9.–10. Jahrhundert.
Herkunft unbekannt, möglicherweise Schottland.
Silber. Dm 6,8 cm
BM OA.10303

Tordierter Armreif, 10. Jahrhundert.
Ballacamaish, Isle of Man.
Silber. Dm 7,6 cm
BM 1870,1014.1
Abb. 17, S. 136

Ausstattungsteile einer fränkischen Schwertkoppel: zungenförmiger Riemenbeschlag, kleeblattförmiger Beschlag und drei ovale Beschläge, Mitte 9. Jahrhundert.
Duesminde 4, Lolland, Dänemark.
Silber, vergoldet, Niello. L 9,1 cm; L 8,7 cm; L 5,3 cm; L 5,2 cm; L 6,2 cm
NM I C35316, C35318, C35342-3, C35361

Fränkischer Riemenbeschlag mit eingeritzter Runeninschrift (fuþark), umgearbeitet zur Fibel, Mitte 9. Jahrhundert.
Duesminde 4, Lolland, Seeland, Dänemark.
Silber, vergoldet, Niello. L 7,1 cm
NM I C35338

Filigranfibel mit angesetzter Drahtöse, zweite Hälfte 10. Jahrhundert.
Sperrestrup, Seeland, Dänemark.
Gold. Dm 4,6 cm
NM I 20540
Abb. 36, S. 141

Armreif, 10. Jahrhundert.
Aggersborg, Nordjütland, Dänemark.
Gold. Dm 8,2 cm
NM I Dnf. 130/71

Drachenförmige Fibel, Wikingerzeit.
Irland.
Silber. Nadel L 17,4 cm; Kopf L 6,1 cm, B 2,3 cm
NMI W27

Armreif, 9. – Mitte 11. Jahrhundert.
Gevninge, Seeland, Dänemark.
Gold. L 15,0 cm
NM I (Roskilde 1994 opx8)
Abb. 7, S. 129

Gewandnadel mit Drachenkopf, zweite Hälfte 10. Jahrhundert.
Haithabu, Schleswig, Lkr. Schleswig-Flensburg, Deutschland.
Kupferlegierung. L 16,2 cm
ALM KS D 602.098
Abb. 29, S. 50

Gewandnadel mit Reiterdarstellung, Wikingerzeit.
Gedehaven, Seeland, Dänemark.
Kupferlegierung. L 7,8 cm
NM I C33382

Paar Steigbügel skandinavischen Typs, 10. Jahrhundert.
Ravnholt, Ostjütland, Dänemark.
Eisen, Silber. H 25,0 cm
NM I C20606

Hort aus Teilen von Pferdegeschirr und Zaumzeug im Borre-Stil, erste Hälfte 10. Jahrhundert.
Suputry, Obere Oka, Russland.
Eisen, Kupferlegierung, vergoldet.
Trense L 24,5 cm, B 9,5 cm
GIM 2789
Abb. 47, S. 149

Mähnenstuhl, 10. Jahrhundert.
Søllested, Fünen, Dänemark.
Eichenholz, Kupferlegierung, vergoldet.
L 42,0 cm
NM I 25581
Abb. 49, S. 149

Das Bankett – Imitatio Imperii

Karolingischer Becher und ein Satz Trinkgeschirr, 8. und 10. Jahrhundert.
Østerby, Fejø, Nordlolland, Dänemark.
Silber. Großer Becher H 9,6 cm, Dm 9,6 cm; kleine Schalen max. Dm 7,4 cm
NM I C1458, 1459
Abb. 43, S. 146

Beschläge für ein Trinkhorn, 10. Jahrhundert.
Herkunft unbekannt, Dänemark.
Silber. Max. B 3,3 cm
NM I C24116
Abb. 38, S. 143

Eimer, 10. Jahrhundert.
Bjerringhøj, Mammen, Jütland, Dänemark.
Eichenholz. H 29,5 cm, Dm 29,0 cm
NM I C154
Abb. 37, S. 142

Tablett mit skandinavischer Verzierung, 10. Jahrhundert.
Berlin-Spandau, Deutschland.
Buchenholz. L ca. 47 cm, B ca. 34 cm
MVF If 16215
Abb. 41, S. 144

Tatinger Kanne und trichterförmiger Glasbecher. Repliken von Funden aus Birka, Schweden.
Keramik, Zinnfolie, Glas. Kanne H ca. 24 cm, Dm ca. 11–17 cm; Becher ca. H 16 cm, Dm ca. 10 cm
Paderborn

Zwei Fragmente von trichterförmigen Glasbechern, 9. Jahrhundert.
Paderborn (Pfalz), Deutschland.
Glas. H ca. 3 cm; H ca. 5 cm
Paderborn P 66/40, P 65/119b
Abb. 3, S. 157

Schale mit altbulgarischer Inschrift, erste Hälfte 9. Jahrhundert.
Kammergrab 1, Südgräberfeld-Ost, Haithabu, Schleswig, Lkr. Schleswig-Flensburg, Deutschland.
Kupferlegierung. L 21,3 cm, B 22,2 cm, H 6,0 cm
ALM KS D 610.003
Abb. 40, S. 144

Fragmente Tatinger Kannen, 8./9. Jahrhundert.
Paderborn (Pfalz), Deutschland.
Keramik, Zinnfolie. Max. H 5,2 cm, max. B 6,4 cm
Paderborn div. Inv.-Nrn.

Reliefbandamphore, um 875.
St. Quirin, Neuss, Lkr. Rhein-Kreis Neuss, Deutschland.
Keramik. H ca. 60 cm
Neuss

Zwei Fragmente von Reliefbandamphoren, spätes 9. Jahrhundert.
Paderborn (Pfalz), Deutschland.
Keramik. H 3,0 cm; H 3,9 cm
Paderborn Pb 65/188b, Pb 68/156c

Pingsdorfer Kanne, 10. Jahrhundert.
Pingsdorf, Brühl, Lkr. Rhein-Erft, Deutschland.
Keramik, bemalt. H 34,5 cm, Dm 28,5 cm
MVF Ii 2527

Sieben Schachfiguren, spätes 12. Jahrhundert.
Uig, Isle of Lewis, Äußere Hebriden, Schottland.
Walrosselfenbein. H 8,0–9,8 cm
BM 1831,1101.78, 86, 98, 111, 123-125
Abb. 27, S. 92

Satz aus 37 Spielsteinen, 10. Jahrhundert.
Grab 74, Starigard/Oldenburg, Lkr. Ostholstein, Deutschland.
Kupferlegierung, Silber, Wal- und Walrosselfenbein, Walrossknochen.
Königsstein H 2,4 cm, Dm 3,0 cm
ALM Old. 8 21 065 (1983)
Abb. 44, S. 147

Würfel, Wikingerzeit.
Alaug, Furnæs, Vang, Hedemarken, Norwegen.
Knochen oder möglicherweise Walrosselfenbein. L 3,4 cm, B 2,3 cm
NM I MCLXIX

Halbkugelförmiger Spielstein, späte Eisenzeit/Wikingerzeit.
Hintzegård, Bornholm, Dänemark.
Bernstein. H 1,8 cm, Dm 2,6 cm
NM I C35714

Halbkugelförmiger Spielstein, späte Eisenzeit/Wikingerzeit.
Groß Strömkendorf, Blowatz, Lkr. Nordwestmecklenburg, Deutschland.
Bernstein. H 2,0 cm, Dm 2,0 cm
M-V ALM 1996/518, 19

Bündnisse und Geschenke

Fingerring aus tordierten Vierkantdrähten, 10.–12. Jahrhundert.
East Sussex, England.
Gold. Dm 3,0 cm
BM 1853,0412.71
Abb. 21, S. 136

Geflochtener Fingerring, 10.–12. Jahrhundert.
Hamsey Churchyard, East Sussex, England.
Gold. Dm 2,5 cm
BM AF.537
Abb. 18, S. 136

Geflochtener Fingerring, 10.–12. Jahrhundert.
St Aldates Church, Oxford, Oxfordshire, England.
Gold. Dm 2,6 cm
BM 1905,1108.1
Abb. 19, S. 136

Tordierter Fingerring, 10.–12. Jahrhundert.
Weston Turville, Buckinghamshire, England.
Gold. Dm 2,0 cm
BM 1922,1009.1
Abb. 20, S. 136

Tordierter Armreif, 10.–11. Jahrhundert.
Eastbourne, East Sussex, England.
Gold. Dm 7,9 cm
BM 1990,0707.1

Tordierter Fingerring, Wikingerzeit.
Gyldensgård, Bornholm, Denmark.
Gold. Dm 2,7 cm
NM I C10205

Armreif, Wikingerzeit.
Kalvø, Südseeland, Dänemark.
Gold. 144 g
NM I C38081

Tordierter Fingerring, Wikingerzeit.
Bornholm, Dänemark.
Gold. 30,4 g
NMI C36891

Armreif, erste Hälfte 9. Jahrhundert.
Halleby, Nordwestseeland, Dänemark.
Gold. B 2,0 cm, 68,8 g
NM I C5509
Abb. 8, S. 129

Hort aus sieben Armreifen und einem Fragment, 11. Jahrhundert.
Peenemünde, Usedom, Lkr. Vorpommern-Greifswald, Deutschland.
Gold. 390,1 g
Stralsund 1962:345a-h
Abb. 6, S. 128

Tordierter Armreif.
Rathedan, County Carlow, Irland.
Gold. L 10,1 cm, B 8,8 cm
NMI W193

Tordierter Armreif, Wikingerzeit.
Sörup (Wipholm), Kr. Schleswig-Flensburg, Deutschland.
Gold. L 9,2 cm, B 6,9 cm, 396 g
ALM KS 6421

Jelling – die Einheit des Königreichs

Penny Siefredus' von Northumbria, um 895–900.
Silber. Dm 2,0 cm, 1,5 g
BM 1838.0710,12 38

Penny Æthelstans II./Guthrums von Ostanglien, um 880–886.
Silber. Dm 2,1 cm, 1,4 g
BM 1838,0710.8

Penny Sihtrics II. von Northumbria, um 945.
England.
Silber. Dm 2,0 cm, ca. 1 g
BM 1848.0819,16 9
Abb. 57, S. 154

Penny Anlafs (Olaf Cuarans) von Northumbria, 939–941.
England.
Silber. Dm 2,0 cm, 1,3 g
BM 1862.0930,1
Abb. 57, S. 154

Penny Erik Blutaxts von Northumbria, um 952–954.
England.
Silber. Dm 2,1 cm, 1,2 g
BM E.5081
Abb. 57, S. 154

Penny Sihtrics III. von Dublin, um 995.
Irland.
Silber. Dm 2,2 cm, 1,6 g
BM 1957,0612.16
Abb. 58, S. 154

Penny Æthelreds II., um 991 – um 997.
Kelstrup, Seeland, Dänemark.
Silber. Dm 2,0 cm, 1,3 g
NM Mønt SCBI 846
Abb. 55, S. 153

Hort aus 82 Long-Cross-Pennys aus der Regierunsgzeit Æthelreds II., um 1000.
Tyskegård, Bornholm, Dänemark.
Silber.
NM Mønt FP395, FP5223, FP5447, FP6249
Abb. 35, S. 101

Hort aus 81 Münzen Harald Blauzahns und anderer Könige, 975–980.
Pilhus, Jütland, Dänemark.
Silber.
NM Mønt

Penny Sven Gabelbarts (987–1014), um 995.
Herkunft unbekannt.
Silber. 1,3 g
NM Mønt BP 1021
Abb. 52, S. 153

Penny Olaf Tryggvasons (995–1000), um 995.
Insel Iholm, Dänemark.
Silber. 1,1 g
NM Mønt
Abb. 53, S. 153

Penny Olof Skötkonungs (995–1022), um 995.
Herkunft unbekannt.
Silber. Dm 2,0 cm
NM Mønt BP 34y
Abb. 54, S. 153

Münzen von Fürst Wladimir I. Swjatoslawitsch (980–1015).
Wotnja, Woblasz Mahiljou, Weißrussland.
Silber. Dm 2,6 cm; Dm 2,7 cm
GIM 77012 111/1-2
Abb. 56, S. 154

Gesta Cnutonis regis, Version von 1042 oder wenig später, Teil des *Courtenay Compendium*.
Pergament, Leder.
KB
Abb. 50, S. 150

Beschlag einer Riemenzunge und Riemenschlaufe im Jelling-Stil, 10. Jahrhundert.
Jelling (Kirche), Jütland, Dänemark.
Silber, Niello, teilweise vergoldet. Riemenzunge L 6,7 cm, B 1,2 cm; Riemenschlaufe L 3,0 cm, B 2,0 cm
NM I JL/301, JL/302

Becher, 10. Jahrhundert.
Jelling (Nordhügel), Jütland, Dänemark.
Silber, Niello. H 4,4 cm
NM CCCLXXII

Beschlag, 10. Jahrhundert.
Jelling (Nordhügel), Jütland, Dänemark.
Kupferlegierung.
NM CCCLXXX

Kreuz, 10. Jahrhundert.
Jelling (Nordhügel), Jütland, Dänemark.
Kupferlegierung.
NM 21072

Runenstein des Königs Harald Blauzahn, um 965.
Jelling, Jütland, Dänemark.
H ca. 243 cm
NM I (Replik)
Abb. 2, S. 159 (Original)

Brückenpfeiler, um 1000.
Ravning Enge, Jütland, Dänemark.
Eichenholz.
NM I C31080

Schätze des Königs

Halsreif, 10. Jahrhundert.
Kalmergården, See Tissø, Nordwestseeland, Dänemark.
Gold. Dm 35,0 cm
NM I Dnf. 1/77
Abb. 9, S. 129

Schrein von Cammin, um 1000.
Cammin i. Pomm./Kamień Pomorski (Kathedrale), Polen.
L 56,1 cm, B 35,2 cm, H ca. 28 cm
MVF VIIa 1298 (Replik)
Abb. 11, S. 131

Sieben Filigrankreuzanhänger skandinavischer Machart, 10. Jahrhundert, Teil eines Hortes des 12. oder 13. Jahrhunderts.
Michailowski-Kloster, Kiew, Oblast Kiew, Ukraine.
Silber. B 3,6 cm, H 4,0 cm
GIM 49876, 1091/20/1-7
Abb. 13, S. 132

Hort aus 14 Filigrananhängern, vier Zwischenstücken, einer Scheibenfibel und einem Halsreif, spätes 10. Jahrhundert.
Neuendorf, Hiddensee, Lkr. Vorpommern-Rügen, Deutschland.
Gold.
Stralsund 1873:a-d,f-g,i, 450; 1874: 39 a-b, 91-92, 162, 176
Abb. 12, S. 132

Bergkristallfibel, 11. Jahrhundert.
Kassow, OT Werle, Lkr. Bad Doberan, Deutschland.
Silber, Bergkristall. L 3,8 cm, B 2,9 cm
M-V ALM 1995/676

Große Buckelfibel aus dem sog. Giselaschmuck, 11. Jahrhundert.
Deutschland.
Gold, Bergkristall, Glas, Perlen, Zellenschmelz. H 4,5 cm, Dm 8,5 cm
KGM O-1961,48

Bergkristallfibel, 11. Jahrhundert.
Østergård, Südjütland, Dänemark.
Silber, Bergkristall. L 3,6 cm, B 3,2 cm
NM D48/2000

Buckelfibel, 11. Jahrhundert.
Østergård, Südjütland, Dänemark.
Gold, Bergkristall, Zellenschmelz.
Dm 5,9 cm
NM D47/2000

Glaube und Ritual

Rituale

Grabausstattung, möglicherweise einer Hexe, mit gotländischer Dosenfibel, Schwanenfuß-Anhänger, »Thron«-Amulett, Becher und Kessel, Spieß, spätes 10. Jahrhundert.
Grab 4, Fyrkat, Ostjütland, Dänemark.
Gold, Silber, Kupferlegierung, Niello, Messing, Eisen.
Dosenfibel Dm 6,0 cm; »Thron«-Amulett Dm 1,3 cm; Becher H 3,8 cm, B 4,3 cm; Kessel H 6,0 cm; Spieß L 99,0 cm
NM II D162/1966, D165/1966, D167/1966, D169/1966
Abb. 1–4, S. 196–197

Seeigel-Amulett, Wikingerzeit.
Bregninge, Lolland, Dänemark.
Stein. H 2,2 cm, B 2,6 cm
NM I C14172

Eingerollte Miniaturschlange, 9. – Mitte 11. Jahrhundert.
Dänemark.
Kupferlegierung. L 4,8 cm, B 2,9 cm
NM I 21101
Abb. 17, S. 176

Eingerollte Miniaturschlange, 9. – Mitte 11. Jahrhundert.
Menzlin 5, Lkr. Ostvorpommern, Deutschland.
Kupferlegierung. L 2,5 cm, B 1,5 cm
M-V ALM 2010/1591,1
Abb. 18, S. 176

Spieß, möglicherweise Ausstattung einer Hexe, 10. Jahrhundert.
Fuldby, Seeland, Dänemark.
Eisen. L 56,1 cm
NM I C192
Abb. 15 (rechts), S. 175

Möglicher Kultstab, zweite Hälfte 10. Jahrhundert.
Gävle, Gästrikland, Schweden.
Eisen. L 44,4 cm
NM I 9689
Abb. 15 (links), S. 175

Symbole des Glaubens

Gewandnadel mit Odin-Maske und zwei Raben, Wikingerzeit.
Kalmergården, See Tissø, Nordwestseeland, Dänemark.
Bronze. L 4,5 cm
NM I KU 2745
Abb. 48, S. 195

Sitzenden männliche Figur, vielleicht der Gott Thor, 10. Jahrhundert.
Tschernaja Mogila, Oblast Tschernihiw, Ukraine.
Kupferlegierung, vergoldet. B 2,2 cm, H 4,7 cm
GIM 76990, 1539/77
Abb. 1, S. 164

Odin- oder *Völva*-Figur, Wikingerzeit.
Lejre, Seeland, Dänemark.
Silber, Niello. B 2,0 cm, H 1,8 cm, 9 g
NM I (Roskilde 641 opx455)
Abb. 14, S. 174

Figur, möglicherweise eine Walküre, um 800.
Hårby, Fünen, Dänemark.
Silber, vergoldet, Niello. H 3,4 cm
NM I C39227
Abb. 3, S. 165

»Walküren«-Fibel, 9. Jahrhundert.
Galgebakken, Vrejlev, Vendsyssel, Dänemark.
Silber. H 3,8 cm
NM I C37110
Abb. 2, S. 79

»Walküren«-Figur, 9. Jahrhundert.
Wickham Market, Suffolk, England.
Silber. H 4,0 cm
Ipswich IPSMG R.2003-12
Abb. 3, S. 79

»Walküren«-Fibel, 9. Jahrhundert.
Fugledegård/Bulbrogård, Nordwestseeland, Dänemark.
Kupferlegierung. H 3,5 cm
NM FB 1004
Abb. 4, S. 79

Anhänger in Form einer Frau, Wikingerzeit.
Fugledegård, Nordwestseeland, Dänemark.
Silber, teilweise mit Niello und vergoldet. H 4,0 cm
NM I FG 2234
Abb. 4, S. 166

»Walküren«-Anhänger, Wikingerzeit.
Kalmergården, See Tissø, Nordwestseeland, Dänemark.
Silber, Niello. B 3,5 cm, H 2,7 cm
NM I KN 855
Abb. 1, S. 116

Frauenfigur, Wikingerzeit.
Fugledegård, Nordwestseeland, Dänemark.
Silber. H 4,5 cm
NM I FG 3589
Abb. 6, S. 167

Anhänger in Form einer Frau, 9.–10. Jahrhundert.
Janów Pomorski/Truso, Polen.
Silber. H 2,7 cm
Elbląg MAH 1578/2008
Abb. 5, S. 166

Becher mit Frauendarstellungen, 10. Jahrhundert.
Lejre, Seeland, Dänemark.
Silber. H 4,4 cm, Dm 6,0 cm, 115,0 g
NM I 11373
Abb. 7, S. 167

Darstellung einer slawischen Gottheit (Taschengott), 10./11. Jahrhundert
Schwedt, Lkr. Uckermark, Brandenburg, Deutschland.
Kupferlegierung. H 5,5 cm
MVF If 8110

Anthropomorphes Idol, 10. Jahrhundert.
Wolin, Woiwodschaft Westpommern, Polen.
Bronze.
Wolin 1311/71

Vierköpfige Svantevit-Figur, spätes 9. Jahrhundert.
Wolin (Altstadt), Woiwodschaft Westpommern, Polen.
Eibenholz. H 9,8 cm
Wolin 5193/73

Einköpfige Figur, 10. Jahrhundert.
Wolin (Vorstadtgärten), Woiwodschaft Westpommern, Polen.
Holz.
Wolin 463/00

Figur, vermutlich aus Skandinavien stammend, spätes 10./frühes 11. Jahrhundert.
Gnesdowo, Oblast Smolensk, Russland.
Blei. H 2,9 cm
GIM 111421, 2778/254
Abb. 2, S. 164

Thorshammer und Miniaturstäbe, 10. Jahrhundert.
Knudsker, Bornholm, Dänemark.
Silber.
NM I C5

Axtförmiger Anhänger, unvollendet, 9./frühes 10. Jahrhundert.
Janów Pomorski/Truso, Polen.
Bernstein. L 2,3 cm, B 1,9 cm
Elbląg MAH 17/85

Miniaturfeuerstahl, Wikingerzeit.
Lundeborg, Südostfünen, Dänemark.
Kupferlegierung. L 2,8 cm
NM I C36553

Hort aus Thorshammer und Miniaturfeuerstählen, zweite Hälfte 10. Jahrhundert.
Vålse, Falster, Dänemark.
Silber. Thorshammer L 2,8 cm; Feuerstähle B 2,5–2,7 cm
NM I 3538, 3539, 8439
Abb. 10 (Thorshammer), S. 172

Thorshammer, Wikingerzeit.
Wolin, Woiwodschaft Westpommern, Polen.
Bernstein. L 2,6 cm
Wolin 1025/71

Thorshammer, Wikingerzeit.
Blåvand/Skallingen, Südwestjütland, Dänemark.
Bernstein. L 2,3 cm, B 1,6 cm
NM I C33704
Abb. 35, S. 188

Thorshammer, zweite Hälfte 10. Jahrhundert.
Mandemark, Magleby, Møn, Dänemark.
Silber, vergoldet. L 3,5 cm
NM I C1787

Kette mit Thorshammer, 10. Jahrhundert.
Tågemosen, Spjellerup, Südostseeland, Dänemark.
Silber. Kette L 40,5 cm; Thorshammer L 3,0 cm, B 3,0 cm
NM I Dnf. 17/87

Thorshammer mit Ring und Thorshammer mit Miniaturstäben, zweite Hälfte 10. Jahrhundert.
Rømersdal, Bornholm, Dänemark.
Silber. Thorshammer und Ring L 5,0 cm, B 4,1 cm
NM I 597-598

Amulett in Stuhlform, 10. Jahrhundert.
Gravlev, Nordjütland, Dänemark.
Silber. Dm 1,5 cm
NM I Dnf. 10/04

Finnischer Schmuck mit magischer Bedeutung: Bärenzahnanhänger, frühes 11. Jahrhundert.
Lehtimäki, Kalanti, Varsinais-Suomi, Finnland.
Kupferlegierung, Eisen.
NMF 15131:1-3. Abb. 30, S. 186

Anhänger in Pferdeform, 11. Jahrhundert.
Wolin, Woiwodschaft Westpommern, Polen.
Kupferlegierung. L 2,8 cm, H 2,8 cm
Wolin 24/54

Anhänger vom Typ Perm, Wikingerzeit.
Drag, Tysfjord, Salten, Norwegen.
Kupferlegierung. L ca. 7 cm
TrM Ts. 3301

Anhänger vom Typ Perm mit angehängten Elementen in Form von Schwanenfüßen, Wikingerzeit.
Tulonen, Karkku, Finnland.
Kupferlegierung. L 7,5 cm
NMF 5853:100

Kammförmiges Amulett.
Konventhuset, Roskilde, Seeland, Dänemark.
Kupferlegierung. B 3,8 cm, H 3,2 cm
Roskilde 2509 opx201

Bärentatze und Bärenzahn.
Herkunft unbekannt, Russland.
Ton, Zahn. Tatze L 7,0 cm, B 7,5 cm; Zahn L 8,5 cm
NM I OA VIII h 29-30
Abb. 19–20, S. 177

Pferdefiguren, 11. Jahrhundert.
Ladegård and Billesgravsgård, Bornholm, Dänemark.
Kupferlegierung. L 2,0 cm; L 2,6 cm
NM II D286/2004, D287/2004

Im Zeichen des Kreuzes

Gussform für Kreuze und Thorshammer, zweite Hälfte 10. Jahrhundert.
Trendgården, Nordjütland, Dänemark.
Speckstein. L 9,7 cm, B 3,7 cm, H 3,3 cm
NM I C24451
Abb. 33, S. 187

Scheibenfibel in Filigrantechnik vom Typ Terslev mit einem Kreuz in der Mitte, 10. Jahrhundert.
Øe Mose, Viskum, Jütland, Dänemark.
Silber. Dm 3,5 cm
NM I Dnf. 21/18

Thorshammer mit punziertem Kreuzornament, 10. Jahrhundert.
Haithabu, Schleswig, Lkr. Schleswig-Flensburg, Deutschland.
Silber. L 8,2 cm, B 3,9 cm
ALM KS D 602.074
Abb. 31, S. 187

Petrus-Münze mit Thorshammer, um 912–927.
York, England.
Silber. Dm 1,9 cm, 1,1 g
BM 1915,0507.772
Abb. 32, S. 187

Armreif mit der Darstellung eines stilisierten Hügels, Bäumen und Kreuzen (Golgatha-Motiv), 9./frühes 10. Jahrhundert.
Råbylille, Elmelunde, Møn, Dänemark.
Gold. L 7,7 cm
NM I MMCLV
Abb. 39, S. 189

Durchbrochenes Axtblatt mit kreuzförmiger Aussparung, spätes 10. Jahrhundert.
Stenstugu, Hejde, Gotland, Schweden.
Eisen. L 15,5 cm, Schneide B ca. 14 cm
GF C7642
Abb. 28, S. 185

Agnus-Dei-Fibel, 11./12. Jahrhundert.
Oksholm, Øland, Nordjütland, Dänemark.
Kupferlegierung. Dm 2,6 cm
NM II D311/2009

Agnus-Dei-Fibel, 11./12. Jahrhundert.
Nørholm, Nordjütland, Dänemark.
Kupferlegierung. B 3,8 cm, H 2,9 cm
NM II D391/1994

Fibel in Form eines Vogels, vermutlich eines Pfaus, 11. Jahrhundert.
Toftegård Syd, Südostfünen, Dänemark.
Silber. B 4,7 cm, H 3,8 cm
NM II D6/1996
Abb. 43, S. 191

Kaptorge.
Menzlin, Lkr. Ostvorpommern, Deutschland.
Silber. H 2,0 cm, Dm 1,5 cm
M-V ALM 2005/513

Kaptorge mit vier Pferdeköpfen, 11. Jahrhundert.
Marlow, Lkr. Vorpommern-Rügen, Deutschland.
Silber. L ca. 3 cm, B ca. 2 cm
M-V ALM 865

Kiewer Ei, 10.–12. Jahrhundert.
Usedom, Lkr. Ostvorpommern, Deutschland.
Keramik, glasiert. H ca. 7 cm, Dm ca. 4 cm
M-V ALM 1994/500

Glocke und Klöppel (Repliken), spätes 10. Jahrhundert.
Haithabu, Schleswig, Lkr. Schleswig-Flensburg, Deutschland.
Kupferlegierung, Eisen (Originale).
Glocke H 51,5 cm, Dm 42,6 cm, 2430 g;
Klöppel L 25,0 cm
ALM KS D 602.123, ALM KS D 591.092 (Originale)
Abb. 45, S. 193

Kreuzigungsgruppe, 10. Jahrhundert.
Balhorn, Paderborn, Deutschland.
Walrosselfenbein. B 2,4 cm, H 3,9 cm
Paderborn

Kreuzanhänger (Kreuzigung), 11. Jahrhundert.
Herkunft unbekannt, Dänemark.
Silber. L 3,5 cm, B 2,8 cm
NM II D2355

Kreuzanhänger (Kreuzigung), 11. Jahrhundert.
Havreholm, Ringsted, Seeland, Dänemark.
Kupferlegierung. B 3,9 cm, H 5,5 cm
NM II D174/2001

Kreuzanhänger, Reliquiar, 11. Jahrhundert.
Østermarie, Bornholm, Dänemark.
Silber. B 6,8 cm, H 12,7 cm
NM II D74/2013

Reliquienkreuz und Kette, skandinavisch, um 1100.
Orø, Roskilde Fjord, Seeland, Dänemark.
Gold. Kette L 76,5 cm; Kreuz B 6,2 cm, H 8,3 cm;
Ring Dm 3,5 cm
NM II 10861

Byzantinisches Reliquienkreuz und Kette, zweite Hälfte 11. Jahrhundert.
Gundslevmagle, Falster. Dänemark.
Silber. Kette L 78,5 cm; Kreuz B 6,8 cm, H 9,1 cm; Ring Dm 3,4 cm
NM II 11690, 11465

Kreuzanhänger (Kreuzigung).
Starigard/Oldenburg, Lkr. Ostholstein, Deutschland.
Kupferlegierung. B 2,3 cm, H 3,4 cm
ALM Old. 25.03.029

Kreuzanhänger, 10. Jahrhundert.
Selvejergård, Rø, Bornholm, Dänemark.
Silber. Dm 2,9 cm
NM I C3320

Kreuzanhänger, 10.–11. Jahrhundert.
Fishamble Street, Dublin, Irland.
Bernstein. L 2,5 cm, B 1,6 cm
NMI E190:6248
Abb. 36, S. 189

Kreuzanhänger, 10.–11. Jahrhundert.
High Street, Dublin, Irland.
Gagat. L 1,6 cm, B 1,6 cm
NMI E71:3482
Abb. 37, S. 189

Kruzifix.
Parchim, Lkr. Ludwigslust-Parchim, Deutschland.
Kupferlegierung. L 4,5 cm, B 4,0 cm
M-V ALM LVI 2470

Kreuzemaillescheibenfibel, 950–1050.
Kalmergården, See Tissø, Nordwestseeland, Dänemark.
Kupferlegierung, Emaille. Dm 3,2 cm
NM I KN 807

Kreuzemaillescheibenfibel, 9. Jahrhundert.
Roskilde, Seeland, Dänemark.
Kupferlegierung, Emaille. Dm 2,4 cm
NM II D11652

Plateaufibel mit Kreuzmotiv, 875–1000.
Roskilde, Seeland, Dänemark.
Kupferlegierung, Emaille. Dm 2,0 cm
NM II D761

Plateaufibel mit Kreuzmotiv, 950–1050.
Westlich der Hviding-Kirche, Südwestjütland, Dänemark.
Kupferlegierung, Emaille. Dm 2,3 cm
NM II D72/1987

Kreuzanhänger, gearbeitet aus einem Otto-Adelheid-Pfennig, um 1000.
Øster Vandet, Thy, Dänemark.
Silber. Dm ca. 2 cm
NM Mønt FP 9043
Abb. 41, S. 189

Penny mit Golgatha-Motiv, zweite Hälfte 10. Jahrhundert.
Pilhus, Dänemark.
Silber.
NM Mønt
Abb. 40, S. 189

Penny zum Andenken an den hl. Edmund, um 895–910.
Cuerdale, Lancashire, England.
Silber. Dm 1,9 cm, 1,5 g
BM 1838,0710,767
Abb. 14, S. 27

Penny Sven Estridssons mit Kreuzdarstellung, zum Anhänger umgearbeitet, 1047–1075.
Mildenhall, Suffolk, England.
Silber, vergoldet.
BM 1987,0402.1

Byzantinischer Miliarense von Kaiser Basileios II. (976–1025), umgearbeitet zum Anhänger mit Ring zur Aufhängung.
Herkunft unbekannt, Dänemark.
Silber. Dm 2,1 cm
NM II D361

Zwei Pennys Knuts des Großen vom Typ »Mirabilia fecit«, um 900–905.
Cuerdale, Lancashire, England.
Silber. Dm 1,9 cm; Dm 2,0 cm; 1,4 g; 1,5 g
BM 1838,0710.1396 und 1397
Abb. 27, S. 184

Anhänger aus einem Christiana-Religio-Denar Ludwigs des Frommen (814–840).
Janów Pomorski/Truso, Polen.
Silber. Dm 2,1 cm
Elbląg MAH 1888/2007
Abb. 26, S. 183

Acht Zierbeschläge, einer mit der Darstellung der Taufe Harald Blauzahns, um 1200.
Tandrup Kirke, Horsens, Jütland, Dänemark.
Kupfer, vergoldet. Max. H 20,9 cm, max. B 17,4 cm
NM II D801

Triumphkreuz, um 1100.
Åby, Jütland, Dänemark.
Eichenholz, Kupferlegierung, vergoldet.
H 59,8 cm
NM II D629
Abb. 44, S. 192

Chronologie der Wikingerzeit

	NORDATLANTIKRAUM	BRITANNIEN UND IRLAND	WESTEUROPA	SKANDINAVIEN	RUSSLAND UND DER OSTEN
5. Jh.		*5. Jh.* Angelsachsen aus Dänemark, Norddeutschland und benachbarten Gebieten siedeln sich in England an		*5. Jh.* Helgö am Mälarsee ist bereits Zentrum der Metallverarbeitung und treibt Handel mit dem Ostseeraum und darüber hinaus	
7. Jh.		*7. Jh.* Ähnlichkeiten von Metallarbeiten aus Sutton Hoo und anderen angelsächsischen Gegenständen verweisen auf fortdauernden Kontakt mit Skandinavien			
8. Jh.				*8. Jh.* Herausbildung eines Handelsplatzes in Ribe, der den Handel im ganzen Nordseeraum vorantreibt	
				um 725 Willibrord missioniert die Dänen, jedoch nur mit vorübergehendem Erfolg	
				um 737 Wiederaufbau des Danewerks als Südgrenze Dänemarks	
					um 750 Gründung eines Handelsplatzes in Staraja Ladoga
		um 789 Erster dokumentierter Wikingerüberfall auf England bei Portland in Dorset			
		793 Wikingerüberfall auf das Kloster Lindisfarne			
		794/795 Überfälle auf Northumbria, Irland und Schottland			
			799 Wikingerüberfälle auf Aquitanien		
9. Jh.			*800* Karl der Große lässt an den Küsten Verteidigungsanlagen gegen die Wikinger bauen		
				808 Dänenkönig Göttrik befiehlt die Zwangsumsiedlung von Händlern aus der slawischen Siedlung Reric nach Haithabu und die Instandsetzung des Danewerks	
			810 Göttrik leitet Raubzüge nach Friesland	*810* Ermordung Göttriks	
				820er-Jahre Ebo und Ansgar missionieren die Dänen und Schweden	
	um 825 Irische Mönche verlassen ihre Siedlungen auf den Färöern infolge der Wikingereinfälle				
			834–837 Wiederholte Überfälle auf Dorestad in Friesland		
		837 »Verwüstung« Irlands durch Raubzüge gegen Kirchen, Klöster und Heiligengräber			
					839 Schwedische Abgesandte in Konstantinopel
			Mitte 9. Jh. Die Dänenkönige erhalten Friesland vorübergehend als Lehen von den fränkischen Königen		

	NORDATLANTIKRAUM	BRITANNIEN UND IRLAND	WESTEUROPA	SKANDINAVIEN	RUSSLAND UND DER OSTEN
9. Jh.		*841* Wikingerlager in Dublin und Linn Duachaill (Annagassan)			
			844 Gescheiterter Wikingerüberfall auf Sevilla		
			845 Die Franken zahlen den Wikingern 7000 Pfund Silber, um die Plünderung von Paris zu verhindern; Paris und Hamburg werden trotzdem geplündert		
		850 Wikinger überwintern erstmals in England		*850* Ansgar baut Kirchen in Haithabu und Ribe	
	um 860 Erkundung Islands		*859/860* Wikinger unter Hasteinn unternehmen Raubzüge in Südspanien und Marokko und überfallen in Italien die Kleinstadt Luna, die sie für Rom halten		*860* Erste Überfälle der Rus auf Konstantinopel
					862 Gründung von Dynastien skandinavischer Abstammung in Nowgorod und Kiew
			864 Karl der Kahle lässt Brücken bauen, damit die Wikingerflotten nicht über die fränkischen Flusssysteme landeinwärts vordringen können		
		865 Einfall des »Großen Heidnischen Heers« in East Anglia			
	um 871 Beginn der Besiedlung Islands	*871* Massaker an Wikingerkriegern in Ashdown durch Westsachsen unter Æthelred I. und Alfred; Alfred folgt seinem Bruder auf den Thron			
		876 Ansiedlung des »Großen Heidnischen Heers« in Northumbria			
		878 Niederlage der Wikinger unter Guthrum gegen Alfred bei Edington; Guthrum zieht sich nach der Taufe nach East Anglia zurück			
			885/886 Eine Wikingerflotte belagert Paris		
		spätes 9. Jh. Wikingersiedlungen in Nord- und Westschottland	*891* Vernichtende Niederlage der Wikinger in der Schlacht an der Dijle		
10. Jh.				*um 900* Harald Schönhaar gründet in Norwegen eine Art Oberkönigtum	
		902 Vertreibung der Wikingerherrscher aus Dublin			
					907 Überfall einer Flotte der Rus auf Konstantinopel
			911 Wikingeranführer Rollo erhält die Grafschaft Rouen als Lehen		*911* Vertrag zwischen den Kiewer Rus und dem Byzantinischen Reich
					912/913 Die Flotte der Rus unternimmt Raubzüge im Kaspischen Meer, wird jedoch letztlich von den Chasaren vernichtet
		917 Wiedereinsetzung der Wikingerdynastie in Dublin	*914–936* Die Wikinger besetzen die Bretagne		

10. Jh.

NORDATLANTIKRAUM	BRITANNIEN UND IRLAND	WESTEUROPA	SKANDINAVIEN	RUSSLAND UND DER OSTEN
				922/923 Der arabische Gesandte Ibn Fadlān hält sich bei den Rus im Gebiet der Wolgabulgaren auf und beschreibt detailliert seine Erfahrungen
	927 Æthelstan erobert das von Wikingern besetzte Northumbria und gründet das vereinigte Königreich England	*920er- und 930er-Jahre* Die Grafen von Rouen weiten ihr Gebiet zur Normandie aus		
	937 Æthelstan besiegt bei Brunanburh ein Bündnis von Schotten, Wikingern und Briten aus Strathclyde		*bis 936* Gorm der Ältere begründet in Jelling eine dänische Herrscherdynastie	
	939 Tod Æthelstans und Unabhängigkeit des Wikingerreichs Northumbria			*941* Gescheiterter Angriff der Rus auf Konstantinopel und Vertrag zwischen dem Byzantinischen Reich und Kiew
				943/944 Die Rus besetzen und verteidigen Barda im Kaukasus, geben die Stadt jedoch nach einer Ruhr-Epidemie wieder auf
			948 Nachweislich Bischöfe in Ribe, Århus und Haithabu	
	954 Tod des letzten Königs von Northumbria, Erik Blutaxt			
			958 Tod des Dänenkönigs Gorm des Älteren; sein Nachfolger wird Harald Blauzahn	
			um 960 (Wieder-)Einrichtung der dänischen Oberherrschaft über weite Teile Norwegens unter Harald Blauzahn	
			um 965 Harald Blauzahn konvertiert zum Christentum	*964–971* Krieg zwischen den Rus und den Bulgaren, Chasaren und Byzanz
			um 970 Die neu gegründete Stadt Sigtuna löst Birka als wichtigstes Handelszentrum in der Region ab	
	970er-Jahre Aktivitäten der Wikingerherrscher von der Isle of Man in der Irischen See		*974–981* Haithabu unter ottonischer Herrschaft	
			um 980 Gewaltige Bauvorhaben in Dänemark unter Harald Blauzahn, darunter der Königssitz in Jelling, die Brücke über die Ravning Enge und mehrere Ringburgen	*980* Gründung der Warägergarde als Einheit des byzantinischen Heers
986 Beginn der Landnahme in Grönland durch Erik den Roten			*986* Aufstand gegen Harald Blauzahn, der dabei getötet wird; sein Nachfolger auf dem dänischen Thron wird sein Sohn Sven Gabelbart	
		987–1006 Die Normandie wird Herzogtum		*987* Wladimir I. Swjatoslawitsch, Fürst von Kiew, konvertiert zum Christentum
	991 Sieg der Wikinger bei Maldon in Essex als Auftakt zu einer neuen Serie massiver Überfälle auf England			

	NORDATLANTIKRAUM	BRITANNIEN UND IRLAND	WESTEUROPA	SKANDINAVIEN	RUSSLAND UND DER OSTEN
10. Jh.				*995* Olaf Tryggvason vereinigt Norwegen und führt zwangsweise das Christentum ein; Olof Skötkonung vereinigt erstmals Schweden	
		um 995–1000 Einführung von Münzen eigener Prägung in Dublin		*um 995–1000* Sven Gabelbart von Dänemark, Olaf Tryggvason von Norwegen und Olof Skötkonung von Schweden lassen erstmals Münzen mit ihrem Namen und dem Namen ihres jeweiligen Reichs prägen	
11. Jh.	*um 1000* Entdeckung *Vinlands* und dortiger Siedlungsversuch; Christianisierung Islands			*1000* Olaf Tryggvason fällt in der Seeschlacht von Svold	
		1013 Sven Gabelbart von Dänemark erobert England			
		1014 Schlacht von Clontarf zwischen den Königen von Munster und Leinster mit Wikingern als Verbündeten auf beiden Seiten			
				1015 Olaf Haraldsson erhebt Anspruch auf den norwegischen Thron	
		1016 Sven Gabelbarts Sohn Knut wird König von England			
				um 1025 Bau des Kriegsschiffs *Roskilde 6* in Südnorwegen	
				1028 Knut der Große vertreibt mit Unterstützung norwegischer Anführer Olaf Haraldsson aus Norwegen	
				1030 Tod Olaf Haraldssons in Stiklestad bei dem gescheiterten Versuch, Norwegen zurückzuerobern	*1030–1046* Harald der Harte von Norwegen im Exil in Russland und Byzanz
		um 1035 Thorfinn der Mächtige, Jarl von Orkney, dehnt seinen Herrschaftsbereich auf Teile von Nord- und Westschottland aus		*1035* Tod Knuts des Großen; Norwegen wird unter Magnus dem Guten wieder unabhängig	
					um 1040 Schwedische Expedition unter Ingvar nach Russland und *Serkland* mit katastrophalem Ausgang
		1042 Mit dem Tod von Knuts Sohn Hardiknut endet die dänische Herrschaft in England		*1042–1046* Magnus der Gute von Norwegen beherrscht Dänemark	*1043* Letzter dokumentierter Überfall der Rus auf Konstantinopel
				1046 Magnus der Gute einigt sich auf die Teilung des Königreichs Norwegen mit Harald dem Harten und erhält dafür Haralds Goldschatz	
		um 1050 Gründung des Bistums Orkney		*1048–1064* Harald der Harte versucht vergeblich, Dänemark Norwegen untertan zu machen	
		1058 Der Sohn Haralds des Harten von Norwegen, Magnus, unternimmt Raubzüge in der Irischen See			
		1066 Harald der Harte von Norwegen versucht vergeblich, England zu erobern, und fällt in Stamford Bridge gemeinsam mit den Jarls von Orkney; erfolgreiche Invasion in England unter dem Normannen Wilhelm dem Eroberer			

Dank

Die Herausgeber Gareth Williams, British Museum, London, Peter Pentz, Dänisches Nationalmuseum, Kopenhagen, und Matthias Wemhoff, Museum für Vor- und Frühgeschichte der Staatlichen Museen zu Berlin, danken den Autoren für ihre Mitarbeit an der vorliegenden Publikation: Jan Bill, Wikingerschiffsmuseum, Oslo; Simon Coupland, St Paul's Church, Kingston Hill; Timo Ibsen, Stiftung Schleswig-Holsteinische Landesmuseen, Archäologisches Landesmuseum, Schloss Gottorf, Schleswig; Lars Jørgensen, Dänisches Nationalmuseum, Kopenhagen; Sunhild Kleingärtner, Deutsches Schifffahrtsmuseum, Bremerhaven; Anne Pedersen, Dänisches Nationalmuseum, Kopenhagen; Neil Price, University of Aberdeen; Kristiane Strætkvern, Dänisches Nationalmuseum, Kopenhagen.

Unser besonderer Dank gilt Claudia Bloch, Senior Development Editor beim Verlag The British Museum Press, und Thomas J. T. Williams, Kurator der Ausstellung am British Museum, ohne deren umfassenden Einsatz dieser Katalog nie hätte fertiggestellt werden können.

DÄNISCHES NATIONALMUSEUM

Michael Andersen, Sigrid Koch Andersen, Barbara Berlowicz, Jan Birk, Michael Bjørn, Marianne Blank, Inger Bojesen-Koefoed, Maria Baastrup, Kim Carstensen, Mads Danker Danielsen, David Drost, Vibe Edinger, Gerd Elling, Gitte Engholm, Victor Espinoza, Lene Floris, Anita Frigaard, Morten Gøtsche, Søren Greve, Ida N. Gustav, Linea Hansen, Mikkel Hjorth Hansen, Jakob Have, Jan Junge Haugaard, Christian Hede, Dorthe Hedegaard, Berit Heine, Peter Henrichsen, Rune Hernø, Torben Holst, Maria-Louise Jacobsen, Jan Bruun Jensen, Lars Aasbjerg Jensen, Eva Lilja Jensen, Palle M. Jepsen, Lotte Jespersen, Lise Johansson, Maria Kapsali-Ibsen, Marlene Kramm, Andrea M. Kærn, Dorthe Langkilde, Jakob Tue Larsen, Emilie F. Lephilibert, Kirsten Lindhard, Nellie Joy Lindholm, Lars Lindved, Michel Malfilaître, Søren Mikkelsen, Anne le Boëdec Moesgaard, Karin Mygdal, Kim Møller, Mie Maagaard, Anette Nielsen, Hanne Hjetting Nielsen, Poul Otto Nielsen, Stine Raun Nissen, Singe Nygaard, Leif Olsen, Anne Pedersen, Peter Pentz, Anette Hjelm Petersen, Claus Pliniussen, Natasha Pokupcic, Karen Qvist, Dennis Rosenfeld, Susanne Rydahl, Eva Salomonsen, Erik Sauffaus, Henrik Schilling, Henrik Skou, Maruiska Solow, Anders Steenholt, Mikkel Storch, Kristiane Strætkvern, Henning Nørlem Sørensen, John Nørlem Sørensen, Vera Tang, Rikke Tjørnehøj, Trine Wiinblaud.

Christian Adamsen, Zoja Agabalian, Christine Bechameil, Atelier Brückner, Vibeke Boesgaard Brøndel, Christoffer Cold-Ravnkilde, Engelbrecht Construction A/S, Sune Elskær, Mathilde Fenger, Henning Fode, Thorkild Fogde, Kim Minor Funk, Gahrens + Battermann, G4s A/S, Signe Hegelund, Herfølge Kleinsmedie, Jan Michael Jensen, Tom Jersø, Kaels A/S, Carsten U. Larsen, No Parking, Ejvind Nørgaard, Priebe Sceneteknik A/S, Anne og David Robinson, Jane Rowley, Merete Rude, ShiloTV, SpriteLab, System Standex A/S, Anne C. Sørensen, Marie Tarpø, Ivar Tønsberg, Ulfhednir Viking Warrior Group, Ove Ullerup, Wikingerschiffsmuseum, Roskilde.

BRITISH MUSEUM

Barry Ager, Ben Alsop, Katherine Anderson, James Baker, Colleen Batey, Jane Bennett, David Bilson, Roger Bland, Hannah Boulton, Rosemary Bradley, Lindsey Breaks, Amy Brown, Sue Brunning, Roderick Buchanan, Hayley Bullock, Clio Burroughs, Philip Carley, Jayne Carroll, Lucy Carson, Jago Cooper, Sarah Creed, Vesta Sarkhosh Curtis, Rosie Dalgado, Darrel Day, Stephen Dodd, Tony Doubleday, Stephen Driscoll, Iona Eastman, Chris Entwistle, Alan Farlie, Director, RFK Architects, Daniel Ferguson, Mark Finch, Kirsten Forrest, Allison Fox, Stuart Frost, Paul Goodhead, Pieta Graves, Amanda Gregory, Stephen Harrison, Kathryn Havelock, Coralie Hepburn, Katharine Hoare, Julia Howard, David Hoxley, Katherine Hudson, Caroline Ingham, Bill Jones, Elena Jones, Philip Kevin, Turi King, Louise Loe, Ann Lumley, Joanna Mackle, Jill Maggs, Carolyn Marsden-Smith, Sonja Marzinzik, Katie Maughan, Xerxes Mazda, David McNeff, Beverley Nenk, Nick Newbery, Kate Oliver, Gideon Pain, Helen Parkin, Pippa Pearce, Saul Peckham, Jim Peters, Julianne Phippard, Johanne Porter, Venetia Porter, Neil Price, Susan Raikes, Olivia Rickman, Paul Roberts, David Saunders, Lawrence Schooledge, David Score, Maeve Sikora, Lesley Smith, Jennifer Suggitt, Clare Tomlinson, Will Webb, Rosie Weetch, Patricia Wheatley, Hilary Williams, John Williams, Jonathan Williams, Sam Wyles.

MUSEUM FÜR VOR- UND FRÜHGESCHICHTE DER STAATLICHEN MUSEEN ZU BERLIN

Kuratoren: Marion Bertram, Bernhard S. Heeb, Matthias Wemhoff

Museum für Vor- und Frühgeschichte: Nathalie Boes, Hermann Born, Claudia Bullack, Yvonne de Bordes, Heide Eilbracht, Norbert Goßler, Daniela Greinert, Angelika Hofmann, Christoph Jahn, Horst Junker, Mario Kacner, Christiane Klähne, Susanne Krebstakies, Brigitte Liehm, Bärbel Mucker, Heino Neumayer, Claudia Plamp, Petra Rösike, Franziska Thieme, Benjamin Wehry, Horst Wieder

Stiftung Preußischer Kulturbesitz und Staatliche Museen zu Berlin: Jürgen Bunkelmann, Maren Eichhorn, Christina Haak, Jürgen Harras, Mechtild Kronenberg, Heike Kropff, Tania Lipowski, Anne Mosig, Frauke Probst, Joachim Rau, Elisabeth Rochau-Shalem, Geraldine Saherwala, Nina Schepkowski, Sigrid Wollmeiner

Fachliche Beratung: Sunhild Kleingärtner und Claus von Carnap-Bornheim, Lydia Carstens, Klaus Düwel, Andreas Grüger, Timo Ibsen, Detlef Jantzen, Martin Kroker, Birgit Maixner, Anne Pedersen, Peter Pentz, Alexandra Pesch, Fred Ruchhöft, Jens-Peter Schmidt, Jörn Staecker

Martin-Gropius-Bau: Katrin Mundorf, Susanne Rockweiler, Bert Schülke, Christoph Schwarz, Gereon Sievernich

Architektur, Design, Grafik: harry vetter team – Alina Lang, Isabella Tasch, Harry Vetter, Eva Wegerer, David Winkelmann

Gestaltung, Werbung: Boros – Agentur für Kommunikation

Hirmer Verlag: Petra Ahke, Karen Angne, Barbara Delius, Birgit Lamerz-Beckschäfer, Kerstin Ludolph, Uta Barbara Ullrich

National Geographic: Ralf Bitter, Erwin Brunner, Siebo Heinken

Gebrüder Beetz Filmproduktion: Reinhard Beetz, Onno Ehlers, Jule Kaden, Tanja Schmoller, Georg Tschurtschenthaler

Dänische Botschaft Berlin: Birgitte Tovborg Jensen, Per Erik Veng

Wikingerschiffsmuseum Roskilde: Tinna Damgård-Sørensen, Anton Englert, Ivan Jakobsen, Søren Nielsen, Anne Christina Sørensen

Wasserschutzpolizei Berlin: Andreas Meyer

Wasser- und Schifffahrtsverwaltung des Bundes: Mike Kaus

Abgeordnetenhaus Berlin: Jörg Neumann, Marina Schinke

Bildnachweis

Für die Erteilung der Abbildungsgenehmigung dankt der Verlag allen Rechteinhabern. Sollten trotz gründlicher Recherche Urheberrechtsinhaber nicht genannt sein, bitten wir um Mitteilung berechtigter Ansprüche, um sie in einer folgenden Auflage berücksichtigen zu können.

Seite 8–9

Abb. 1: © The Viking Ship Museum, Denmark. Foto: Werner Karrasch

Abb. 2: © Werner Forman Archives

Einleitung

Abb. 1: © Museum of Cultural History, University of Oslo

Abb. 2: G3, FrGC.10 Donated by George IV, King of England. 2006,0204.1 Purchased with assistance from the Art Fund, the National Heritage Memorial Fund, the British Museum Friends, and a number of individual donations © The Trustees of the British Museum

Abb. 3: © The National Museum of Denmark

Abb. 4: © National Historical Museum Stockholm

Abb. 5: © The British Library Board

Abb. 6: GIM 33602 1678/1-2 © The State Historical Museum, Moscow

Abb. 7: © The National Museum of Denmark

Abb. 8: © The National Museum of Denmark

Abb. 9: © National Museum of Ireland

Abb. 10: Foto: Anette Schmidt, Roskilde Museum

Abb. 11: GIM 108043 2648/1 © The State Historical Museum, Moscow

Abb. 12: © The Árni Magnússon Institute, Reykjavík. Aus: AM 226 fol.,f.2v, 17. Jh. Foto: Jóhanna Ólafsdottir

Abb. 13: © York Archaeological Trust 2014

Abb. 14: 1838,0710.767 Donated by Victoria, Queen of England © The Trustees of the British Museum

Kapitel 1

Abb. 1: © The Trustees of the British Museum

Abb. 2: © Mark Hannaford/JAI/Corbis

Abb. 3: Foto: Raymond Hejdström © Gotlands Museum

Abb. 4: © Science Photo Library

Abb. 5: Foto: John Lee © The National Museum of Denmark

Abb. 6: © Ribe Vikinge Center

Abb. 7: © Wikinger Museum Haithabu

Abb. 8: Karte: David Hoxley

Abb. 9: 1861,1024.1 Donated by James de Carle Sowerby © The Trustees of the British Museum

Abb. 10: © National Museums Scotland

Abb. 11: © The Trustees of the British Museum

Abb. 12: © The National Museum of Denmark

Abb. 13: © Museum für Vor- und Frühgeschichte, Staatliche Museen zu Berlin, Foto: Claudia Plamp

Abb. 14: © The National Museum of Denmark

Abb. 15: © Museum für Vor- und Frühgeschichte, Staatliche Museen zu Berlin, Foto: Claudia Plamp

Abb. 16: © Museum für Vor- und Frühgeschichte, Staatliche Museen zu Berlin, Foto: Claudia Plamp

Abb. 17: © Museum für Vor- und Frühgeschichte, Staatliche Museen zu Berlin, Foto: Claudia Plamp

Abb. 18: Foto: Markku Haverinen, National Board of Antiquities, Helsinki, 2014

Abb. 19: © David Poole/Robert Harding

Abb. 20: © The National Museum of Denmark

Abb. 21: Maxx images / Superstock

Abb. 22: © Reiner Elsen / Mauritius / SuperStock

Abb. 23: 1856,0623.140 © The Trustees of the British Museum

Abb. 24: Foto: Arnold Mikkelsen © The National Museum of Denmark

Abb. 25: © National Museum of Ireland

Abb. 26: © Collection of the Archaeological and Historical Museum in Elbląg. Foto: L. Okoński

Abb. 27: Karte: David Hoxley

Abb. 28: © Aleksey Goss

Abb. 29: © Wikinger Museum Haithabu

Abb. 30: © National Museum of Ireland

Abb. 31: © Wikinger Museum Haithabu

Abb. 32: © National Museum of Ireland

Abb. 33: © National Museum of Ireland

Abb. 34: © Collection of the Archaeological and Historical Museum in Elbląg. Foto: L. Okoński

Abb. 35: © Collection of the Archaeological and Historical Museum in Elbląg. Foto: L. Okoński

Abb. 36: © National Museum of Ireland

Abb. 37: © Collection of the Archaeological and Historical Museum in Elbląg. Foto: L. Okoński

Abb. 38: 2009,4133.685 The Vale of York Hoard was jointly purchased by the British Museum and the York Museums Trust under the 1996 Treasure Act, with funding from the Art Fund, the National Heritage Memorial Fund, the British Museum Friends and the York Museums Trust © The Trustees of the British Museum

Abb. 39: © Wikinger Museum Haithabu

Abb. 40: Foto: John Lee © The National Museum of Denmark

Abb. 41: © Wikinger Museum Haithabu

Abb. 42: © Gabriel Hildebrand/National Historical Museum Stockholm

Abb. 43: 2007,8035.1 Acquired through the Treasure Act. Department for Culture, Media and Sport © The Trustees of the British Museum

Abb. 44: 2010,8016.1 Acquired through the Treasure Act. Department for Culture, Media and Sport © The Trustees of the British Museum

Abb. 45: © National Museum of Ireland

Abb. 46: 1944,0401.56 © The Trustees of the British Museum

Abb. 47: © Museum für Vor- und Frühgeschichte, Staatliche Museen zu Berlin, Foto: Claudia Plamp

Abb. 48: © Museum für Vor- und Frühgeschichte, Staatliche Museen zu Berlin, Foto: Klaus Göken

Abb. 49: 2000,0201.2-5,7 © The Trustees of the British Museum

Abb. 50: 1991,0304.2 und 2000,0201.1 © The Trustees of the British Museum

Abb. 51: 2000,0201.1 © The Trustees of the British Museum

Abb. 52: 2000,0101.3 © The Trustees of the British Museum

Abb. 53: © Gabriel Hildebrand/National Historical Museum Stockholm

Abb. 54: 1878,0509.3 © The Trustees of the British Museum

Abb. 55: © The National Museum of Denmark

Abb. 56: Karte: David Hoxley

Abb. 57: 1891,1021.68-74 © The Trustees of the British Museum

Abb. 58: © The National Museum of Denmark

Abb. 59: 1991,0109.1-9 © The Trustees of the British Museum

Abb. 60: © National Museums Scotland

Abb. 61: 1991,0109.2 © The Trustees of the British Museum

Abb. 62: © Novgorod State Museum

Abb. 63: 2009,8027.1-76; 2009.4133.77-693 The Vale of York Hoard was jointly purchased by the British Museum and the York Museums Trust under the 1996 Treasure Act, with funding from the Art Fund, the National Heritage Memorial Fund, the British Museum Friends and the York Museums Trust © The Trustees of the British Museum

Die Wikinger in arabischen Quellen

Abb. 1: MS. Pococke 375 3v–4r © The Bodleian Library, University of Oxford

Abb. 2: © age fotostock/Robert Harding

Wiskiauten – Handelsplatz an der südlichen Ostseeküste?

Abb. 1: Karte: David Hoxley

Abb. 2: © Museum für Vor- und Frühgeschichte, Staatliche Museen zu Berlin, Foto: Claudia Plamp

Abb. 3 Foto mit freundlicher Genehmigung von Dr. Timo Ibsen © Zentrum für Baltische und Skandinavische Archäologie Schleswig

Abb. 4: Foto mit freundlicher Genehmigung von Dr. Timo Ibsen © Zentrum für Baltische und Skandinavische Archäologie Schleswig

Die Übernahme fremder Objekte

Abb. 1: FOLIO 215v © Bibliothèque Nationale de France

Abb. 2: © Gabriel Hildebrand/National Historical Museum Stockholm

Abb. 3: Foto: Arnold Mikkelsen © The National Museum of Denmark

Abb. 4: © Gabriel Hildebrand/National Historical Museum Stockholm

Abb. 5: © Landesamt für Kultur und Denkmalpflege Mecklenburg-Vorpommern, Landesarchäologie, Domhof 4/5, 19055 Schwerin

Kapitel 2

Abb. 1: 1917,1208.71.199 Donated by Nan Ino Cooper, Baroness Lucas of Crudwell and Lady Dingwall in Memory of Auberon Thomas Herbert, 9th Baron Lucas of Crudwell and 5th Lord Dingwall © The Trustees of the British Museum

Abb. 2: © The National Museum of Denmark

Abb. 3: © Colchester and Ipswich Museum Service

Abb. 4: © The National Museum of Denmark

Abb. 5: © Staffan Hyll

Abb. 6: GIM 80135 1071/69 © The State Historical Museum, Moscow

Abb. 7: GIM 80135 1798/66 © The State Historical Museum, Moscow

Abb. 8: GIM 80135 1071/7 © The State Historical Museum, Moscow

Abb. 9: © Museum für Vor- und Frühgeschichte, Staatliche Museen zu Berlin, Foto: Claudia Plamp

Abb. 10: © Museum für Vor- und Frühgeschichte, Staatliche Museen zu Berlin, Foto: Claudia Plamp

Abb. 11: © The Russian Academy of Sciences

Abb. 12: Karte: David Hoxley

Abb. 13: © Swedish National Heritage Board, Riksantikvarieämbetet

Abb. 14: Foto: Jørgen Nielsen, Odense Bys Museer, Odense

Abb. 15: 1838,0710.1436, 1442, 1168, 1203; 1841,0711.1-741; 1873,1101.1 Donated by Victoria, Queen of England © The Trustees of the British Museum

Abb. 16: © Wikinger Museum Haithabu

Abb. 17: Foto: Arnold Mikkelsen © The National Museum of Denmark

Abb. 18: 1891,1021.29 © The Trustees of the British Museum

Abb. 19: Copyright Landesamt für Kultur und Denkmalpflege Mecklenburg-Vorpommern, Landesarchäologie, Domhof 4/5, 19055 Schwerin

Abb. 20: GIM 34213 1959/1 © The State Historical Museum, Moscow

Abb. 21: 1856,0701.1452 © The Trustees of the British Museum

Abb. 22: 1891,1021.44 © The Trustees of the British Museum

Abb. 23: © Museum of Cultural History, University of Oslo. Foto: Eirik Irgens Johnsen

Abb. 24: Foto: Gareth Williams

Abb. 25: Foto © Raymond Hejdström, Gotlands Museum

Abb. 26: © York Archaeological Trust 2014

Abb. 27: 1831,1101.123-5 © The Trustees of the British Museum

Abb. 28: © The Trustees of the British Museum

Abb. 29: © Museum of Cultural History, University of Oslo. Foto: Eirik Irgens Johnsen

Abb. 30: Oxford Archaeology on behalf of Dorset County Council

Abb. 31: © The National Museum of Denmark

Abb. 32: 1890,0701.3 © The Trustees of the British Museum

Abb. 33: © National Museum Wales

Abb. 34: Karte: David Hoxley

Abb. 35: © The National Museum of Denmark

Abb. 36: © Museum of Cultural History, University of Oslo. Foto: Eirik Irgens Johnsen

Abb. 37: Foto: Arnold Mikkelsen © The National Museum of Denmark

Abb. 38: © National Museum of Ireland

Abb. 39: © Museum für Vor- und Frühgeschichte, Staatliche Museen zu Berlin

Abb. 40: Foto: Markku Haverinen, NBA, 2014

Abb. 41: 1856,0701.1376 © The Trustees of the British Museum

Abb. 42: 1856,0701.1441 © The Trustees of the British Museum

Abb. 43: © National Museum of Ireland

Abb. 44: GIM 76990 1539/1 © The State Historical Museum, Moscow

Abb. 45: Foto: Markku Haverinen, NBA, 2014

Abb. 46: 1891,1021.27 © The Trustees of the British Museum

Abb. 47: GIM 105009 2575/1 © The State Historical Museum, Moscow

Abb. 48: 1997,0102.1 © The Trustees of the British Museum

Abb. 49: Foto: Arnold Mikkelsen © The National Museum of Denmark

Abb. 50: Foto: Arnold Mikkelsen © The National Museum of Denmark

Abb. 51: 1955,0506.1 Donated by G.B. Goffe © The Trustees of the British Museum

Abb. 52: 1868,0128.2 Donated by Capt Oakes © The Trustees of the British Museum

Abb. 53: Foto: Roskilde Museum

Abb. 54: © Historiska Museet, Stockholm, Sweden / Giraudon / The Bridgeman Art Library

Abb. 55: © Museum für Vor- und Frühgeschichte, Staatliche Museen zu Berlin, Foto: Claudia Plamp

Abb. 56: © Museum für Vor- und Frühgeschichte, Staatliche Museen zu Berlin, Foto: Claudia Plamp

Abb. 57: © Museum of Cultural History, University of Oslo. Foto: Kirsten Helgeland

Abb. 58: 1909,0626.8 © The Trustees of the British Museum

Abb. 59: Karte: David Hoxley

Abb. 60: Karte: David Hoxley

Abb. 61: © The Viking Ship Museum, Denmark. Foto: Werner Karrasch

Abb. 62: © Swedish National Heritage Board, Riksantikvarieämbetet

Wikingerkrieger

Abb. 1: © The National Museum of Denmark

Abb. 2: © National Historical Museum (Statens historiska museum) Sweden

Kontinentale Verteidigungsanlagen gegen die Wikinger

Abb. 1: © Getty / Frans Lemmens

Abb. 2: Karte: David Hoxley

Abb. 3: St. Gallen, Stiftsbibliothek, Cod. Sang. 22, S. 140 © Stiftsbibliothek St. Gallen

Wikingerlager in England und Irland

Abb. 1: Karte: David Hoxley

Abb. 2: 2006,1203.1-14, 60, 104-11; 2008,4199.1-10 © The Trustees of the British Museum

Abb. 3: 2010,8014.1-3; 2008.4200, 1-26 © The Trustees of the British Museum

Kapitel 3

Abb. 1: Foto: Kjell Ove Storvik/Lofotr Viking Museum

Abb. 2: Foto: Adnan Icagic. Tromsø University Museum

Abb. 3: Foto: June Åsheim. Tromsø University Museum

Abb. 4: © EyeCadcher Media, Lejre Museum/Roskilde Museum und Nicolai Garhøj Larsen

Abb. 5: © Museum of Cultural History, University of Oslo. Kojan & Krogrold

Abb. 6: Jutta Grudziecki, Kulturhistorisches Museum der Hansestadt Stralsund

Abb. 7: © Roskilde Museum

Abb. 8: Foto: Arnold Mikkelsen © The National Museum of Denmark

Abb. 9: © The National Museum of Denmark

Abb. 10: © De Agostini/The British Library Board

Abb. 11: © The National Museum of Denmark

Abb. 12: © Jutta Grudziecki, Kulturhistorisches Museum der Hansestadt Stralsund

Abb. 13: GIM 49876 1091/20 © The State Historical Museum, Moscow

Abb. 14: Foto: June Åsheim. Tromsø University Museum

Abb. 15: Bohuslen Wikimedia Commons

Abb. 16: © Stockholms läns museum

Abb. 17: 1870,1014.1 © The Trustees of the British Museum

Abb. 18: AF.537 Bequeathed by Sir Augustus Wollaston Franks © The Trustees of the British Museum

Abb. 19: 1905,1108.1 © The Trustess of the British Museum

Abb. 20: 1922,1009.1 © The Trustees of the British Museum

Abb. 21: 1853,0412.71 © The Trustees of the British Museum

Abb. 22: © The National Museum of Denmark

Abb. 23: Foto: Markku Haverinen, NBA, 2013

Abb. 24: © Museum of Cultural History, University of Oslo. Foto: Mona Knudsen

Abb. 25: © Museum of Cultural History, University of Oslo. Foto: Marianne Vedeler

Abb. 26: 1991,0109.1 © The Trustees of the British Museum

Abb. 27: GIM 77034 376/55 © The State Historical Museum, Moscow

Abb. 28: Foto: Ernst Furuhatt. Nordlandsmuseet

Abb. 29: © National Museums Scotland

Abb. 30: © National Museum of Ireland

Abb. 31: John Lee © The National Museum of Denmark

Abb. 32: Foto: Arnold Mikkelsen © The National Museum of Denmark

Abb. 33: © The National Museum of Denmark

Abb. 34: © The National Museum of Denmark

Abb. 35: 1967,0609.1 © The Trustees of the British Museum

Abb. 36: Foto: Arnold Mikkelsen © The National Museum of Denmark

Abb. 37: © The National Museum of Denmark

Abb. 38: Foto: Arnold Mikkelsen © The National Museum of Denmark

Abb. 39: © Universal History Archive/ UIG/The Bridgeman Art Library

Abb. 40: © Wikinger Museum Haithabu

Abb. 41: © Museum für Vor- und Frühgeschichte, Staatliche Museen zu Berlin, Foto: Klaus Göken (bearb.)

Abb. 42: lat. 8085, fol. 61v © Bibliothèque Nationale de France

Abb. 43: © The National Museum of Denmark

Abb. 44: © Wikinger Museum Haithabu

Abb. 45: © Wikinger Museum Haithabu

Abb. 46: © Wikinger Museum Haithabu

Abb. 47: GIM 109343 2712 © The State Historical Museum, Moscow

Abb. 48: © Museum of Cultural History, University of Oslo

Abb. 49: © The National Museum of Denmark

Abb. 50: MS Acc. 2011/5 © The Royal Library (Det Kongelige Bibliotek)

Abb. 51: © The National Museum of Denmark

Abb. 52: © The National Museum of Denmark

Abb. 53: © The National Museum of Denmark

Abb. 54: © The National Museum of Denmark

Abb. 55: © The National Museum of Denmark

Abb. 56: GIM 77012 111/1-3 © The State Historical Museum, Moscow

Abb. 57: 1862,0930.1; 1848.0819,169; E.5081 © The Trustees of the British Museum

Abb. 58: 1957,0612.16 © The Trustees of the British Museum

Abb. 59: © De Agostini/The British Library Board

Abb. 60: Stowe 944, f.6 © The British Library Board

Festhallen und Pfalzen

Abb. 1: © Kaiserpfalz Ingelheim, ArchimediX GbR & Holger Grewe, 2002/5

Abb. 2: © Kaiserpfalz Ingelheim, ArchimediX GbR & Holger Grewe, 2002/5

Abb. 3: Foto: Museum in der Kaiserpfalz, Paderborn

Das königliche Jelling

Abb. 1: Georg Gerster / Panos

Abb. 2: © Carmen Redondo/CORBIS

Abb. 3: © The National Museum of Denmark

Nachbarn an der südlichen Ostseeküste

Abb. 1: National Heritage Board of Poland

Abb. 2: © Landesamt für Kultur und Denkmalpflege Mecklenburg-Vorpommern, Landesarchäologie, Domhof 4/5, 19055 Schwerin

Abb. 3: © Landesamt für Kultur und Denkmalpflege Mecklenburg-Vorpommern, Landesarchäologie, Domhof 4/5, 19055 Schwerin

Kapitel 4

Abb. 1: GIM 76990 1539/77 © The State Historical Museum, Moscow

Abb. 2: GIM 111421 2778/254 © The State Historical Museum, Moscow

Abb. 3: © Odense Bys Museer/Asger Kjærgaard

Abb. 4: © The National Museum of Denmark

Abb. 5: Museum of Archaeology and History in Elbląg

Abb. 6: © The National Museum of Denmark

Abb. 7: © The National Museum of Denmark

Abb. 8: Kenneth Svensson, Arkeologikonsult AB, Sweden

Abb. 9: © SAGNLANDET LEJRE – Denmark

Abb. 10: © The National Museum of Denmark

Abb. 11: © The National Museum of Denmark

Abb. 12: Foto: Arnold Mikkelsen © The National Museum of Denmark

Abb. 13: Foto: Arnold Mikkelsen © The National Museum of Denmark

Abb. 14: Ole Malling, Roskilde Museum

Abb. 15: © The National Museum of Denmark

Abb. 16: © Museum of Cultural History, University of Oslo. Foto: Ove Holst

Abb. 17: Foto: Arnold Mikkelsen © The National Museum of Denmark

Abb. 18: © Landesamt für Kultur und Denkmalpflege Mecklenburg-Vorpommern, Landesarchäologie, Domhof 4/5, 19055 Schwerin

Abb. 19: Foto: Arnold Mikkelsen © The National Museum of Denmark

Abb. 20: Foto: Arnold Mikkelsen © The National Museum of Denmark

Abb. 21: Foto: Raymond Hejdström, Gotlands Museum

Abb. 22: © Museum für Vor- und Frühgeschichte, Staatliche Museen zu Berlin, Foto: Claudia Plamp

Abb. 23: © Museum für Vor- und Frühgeschichte, Staatliche Museen zu Berlin, Foto: Claudia Plamp

Abb. 24: © National Museum of Ireland

Abb. 25: © Museum of Cultural History, University of Oslo. Foto: Eirik Irgens Johnsen

Abb. 26: Museum of Archaeology and History in Elbląg

Abb. 27: 1838,0710.1397; 1838,0710.1396 Donated by Victoria, Queen of England © The Trustees of the British Museum

Abb. 28: Foto: Raymond Hejdström, Gotlands Museum

Abb. 29: © National Historical Museum Stockholm

Abb. 30: Foto: Markku Haverinen, NBA, 2012

Abb. 31: © Wikinger Museum Haithabu

Abb. 32: 1915,0507.772 © The Trustees of the British Museum

Abb. 33: © The National Museum of Denmark

Abb. 34: © The National Museum of Denmark

Abb. 35: © The National Museum of Denmark

Abb. 36: © National Museum of Ireland

Abb. 37: © National Museum of Ireland

Abb. 38: © Museum of Cultural History, University of Oslo. Foto: Eirik Irgens Johnsen

Abb. 39: © The National Museum of Denmark

Abb. 40: © The National Museum of Denmark

Abb. 41: © The National Museum of Denmark

Abb. 42: © Michal Sikorski photography

Abb. 43: © The National Museum of Denmark

Abb. 44: © The National Museum of Denmark

Abb. 45: © Wikinger Museum Haithabu

Abb. 46: © Moesgård Museum, Denmark

Abb. 47: © Westend61 / SuperStock

Abb. 48: © The National Museum of Denmark

Das Frauengrab in Fyrkat

Abb. 1: © The National Museum of Denmark

Abb. 2: © The National Museum of Denmark

Abb. 3: © The National Museum of Denmark

Abb. 4: © The National Museum of Denmark

Ritualplätze am See Tissø

Abb. 1: Foto: Per Poulsen © The National Museum of Denmark

Abb. 2: Foto: Anne Birgitte Gotfredsen © The National Museum of Denmark

Das Oseberg-Schiffsgrab

Abb. 1: © Museum of Cultural History, University of Oslo

Abb. 2: © Museum of Cultural History, University of Oslo. Foto: O. Væring

Abb. 3: © Museum of Cultural History, University of Oslo. Künstlerin: Mary Storm, 1948. Foto: Eirik Irgens Johnsen

Kapitel 5

Abb. 1: 1938,0202.1 Purchased with assistance from the Art Fund and the Trustees of the Christy Fund © The Trustees of the British Museum

Abb. 2: © Antwerp City Museums / MAS / Nationaal Scheepvaartmuseum. Foto: Michel Wuyts

Abb. 3: © The National Museum of Denmark

Abb. 4: © The National Museum of Denmark

Abb. 5: © The Viking Ship Museum, Denmark. Foto: Werner Karrasch

Abb. 6: © The National Museum of Denmark

Abb. 7: © Ted Spiegel/CORBIS

Abb. 8: © Vikingemuseet, Ladby

Abb. 9: Karte: David Hoxley

Abb. 10: Karte: David Hoxley

Abb. 11: © The National Museum of Denmark

Abb. 12: © National Museums Scotland

Abb. 13: © National Museum of Ireland

Abb. 14: © Museum of Cultural History, University of Oslo. Foto: Eirik Irgens Johnsen

Abb. 15: © Museum of Cultural History, University of Oslo. Foto: Ellen C. Holte

Abb. 16: © The National Museum of Denmark

Abb. 17: © Martin W. Jürgensen, The National Museum of Denmark

Abb. 18: Foto: © Raymond Hejdström, Gotlands Museum

Abb. 19: © National Museum of Ireland

Abb. 20: © Wikinger Museum Haithabu

Abb. 21: mit freundlicher Genehmigung des Portable Antiquities Scheme

Die Roskilde 6

Abb. 1: © The Viking Ship Museum, Denmark. Foto: Werner Karrasch

Abb. 2: © The Viking Ship Museum, Denmark. Foto: Werner Karrasch

Abb. 3: © The Viking Ship Museum, Denmark. Foto: Werner Karrasch

Abb. 4: © The Viking Ship Museum, Denmark

Abb. 5: © The Viking Ship Museum, Denmark. Illustration: Morten Gøthche

Abb. 6: © The Trustees of the British Museum

Die Konservierung der Roskilde 6

Abb. 1: © The Conservation Department, The National Museum of Denmark

Abb. 2: © Morten Gøthche, The Viking Ship Museum, Roskilde, Denmark

Abb. 3: © The Conservation Department, The National Museum of Denmark

Abb. 4: © The Conservation Department, The National Museum of Denmark

Abb. 5: © The Conservation Department, The National Museum of Denmark

Register

Das Register folgt der Systematik der nordischen Länder und stellt die Buchstaben Æ, Ø, Å und Þ (auch in der Binnenordnung) an das Ende des Alphabets.

Die **halbfetten** Seitenzahlen beziehen sich auf Angaben in den Bildlegenden.

A

Aachen, Pfalzkapelle 128, 154
Aarhus, Dänemark 53, 192
Abbasiden 48, **48**
Abbo von Saint-Germain 119
Abgaben
regional 90
Seerüstung **113**, 113–115, 224
Ackerbau 34, 36, 42, 125
Acleah, Schlacht von 106
Adam von Bremen 169–171, 207, 213
Adel
fränkisch 36
Wikinger- 17, 63, 86, 123–161, **199**, 231
Adelheid 133
adventus (Zeremonie) 146
Aggersborg, Ringburg, Jütland, Dänemark 112, 151
Aggesen, Sven 159
Aldbrough, England **56**
Alfhild 135
Alfred der Große, westsächsischer König 25, 29, 31, 50, 99, 125, 133, 161
Alphabetisierung 24–25, 70, 193
al-Andalus **70–71**
al-Ghazāl 71
al-Muqtadir 71
al-Tartūshi, Ibrahim ibn Yaqub 62, 71, 80
Amulette 40, **80**, 117, 173, 175, 186, 197, **197**
Amulettringe 168–169
Anduln, Litauen **40**
Angelsachsen 25, 34, 36, 45, 50, 53–54, 61–62, 153, 218
Krieg 77–121, 218
Münzen 50, 54, **57–58**, 62, 100, **101**, 153–154
Weltkarte **23**
Angelsächsische Chronik 95, 113, 218
Anglesey, Wales 99, **99**
Angoulême, Frankreich 119
Anhänger **41**, 68, 74, **75**, 133, 173, 186
Bärenzahn- **186**
»Borre«- 68
Chatelaines 140, **141**
eisern **54**
Filigran- **133**
gombiky 38
halbmondförmig 38
in Form einer Frau **167**
Kreuz 133, **133**, 142, **183**,184, 186, **189**
Miniaturschlangen- **176**
Miniaturschwert- **173**
Münzen als **183**
schildförmig **173**
silbern, mit Schwanenfüßen 197, **197**
Thorshämmer **20**, **172**, **187–188**
»Walküren«- **116**
Annagassan, Irland 98, 120–121
Anneksgården, Dänemark **140**
Ansgar, hl. 62, 131
Anund Jakob 231
Araber 44
Arabisch
Inschrift **46**
Navigation 211
Quellen, Wikinger in arabischen 53, 60–61, 70–71, 74, 80, 82, 181
Sprache 46
arabische Welt 25–26, 27, 45–46, 48, 50, 65, 83, 87, 195
Gewichte 57, **58**
Handel 38, 50, 54, 57, 60, 62
Kalifat 46–49, **48**, 70–71
Krieg gegen die Rus 82–83
Münzen 38, 41–42, **41**, 45–46, 49, 54, **55**, 57, 61–62, 65, 68, 74, **75**, 99
Stahl 87
Weltkarten **71**
Arinbjörn 140
Armod Skæg 144
Armreife 38, 40, **40–41**, **52**, **56**, 60, **60–61**, 68, **68**, **75**, **128–129**, **136**, **189**
Arnulf 106
Arras 119
Asak, Norwegen **111**
Asen *163*, 166
Aserbeidschan 82–83
Asgard 166
Asgautr 221
Ashdown, Schlacht von 98
Askr 166
Askeaton, Irland **56**
Asser 212
Astrid 133
Attila, König der Hunnen 171
Avaldsnes, Norwegen 124, 201
Avnsøgård, Dänemark **173**
Äxte **18**, 87–88, 90, 108, 198, 216, 227, 233–234
aus Walknochen **43**
Bart- **88**
Breit- **90**, **126**, **185**
dänisch, mit Silbereinlage **137**
Miniatur- **173**
mit Kreuzzeichen **185**
ostbaltisch **81**, **137**
Zweihand- 110, **111**

B

Balder 163
Balduin II., Graf von Flandern 119
Ballacamaish, Isle of Man **136**
Balten 39–41, 49
Baltikum/Ostseeraum 20, 38, **40–41**, 41, 46, 48–49, 62, 72–73, 133, 153, 160–161, 209–211, 223
Bankette 142–146
Barda, Aserbeidschan 70, 82–83, 87, 90
Bären
Anhänger aus -zähnen **186**
-klauen 40
-knochen 41
-opfer in Frösön 171
-tatze aus Ton **177**
-zähne 40, **177**
Barren 51, 53–54, 57, **68**, 121, **121**, 153
Gold **56**
Gussform **56**
Silber **56**
Basileios II., byzantinischer Kaiser 97
Bauern 19, 38, 40, 63, 151
waffentragend freie 86, 221
Bauernhöfe **125**, 126–128, 216
Bayeux, Teppich von 27, **143**, 205
Becher 74, 82, 126, 144, **144**, 146, **157**, 158
karolingische **68**, **146**
mit Darstellungen weiblicher Figuren **167**
Beothuk 43
Beowulf (Gedicht) 77, 213, 223
Berg, Norwegen 9, **9**, **24**
Bergen, Norwegen 24, 53
Bergkristall 46–47, 75, 124, 140
Berlin-Spandau **144**
Bernstein 34, 38, 51, **52–53**, **66**, 72, 146, 160, **188–189**
Bernus 85
Berserker 91, **92**, 117
Bertin, hl. 118
Beschlag **143**, 147, 159
Buch- 183
Kästchen 198
Riemen- **75**
rund anglo-irisch **85**
Schwertgurt- 74, **75**
Betten **127**, 128, 178
Biarmen 33–34
Bifröst (»Regenbogenbrücke«) 167
Bildsteine 39, 71
gotländisch 144, 170, 224, **224**
piktisch **37**
Bilowodsk, Russland **61**
Bilsenkraut 196–197
Birka, Schweden 49, 51, 53, **56**, 72–73, **75**, 131, 147, 183
Bjergene, Dänemark **107**
Bjerringhøj, Dänemark **137**, **142**
Blåvand, Dänemark **188**
Bogen und Pfeile 87, **87**, 100, 116
Boleslav II., Herzog von Böhmen 133
Bolesław I. Chroby der Tapfere, König von Polen 133, 161
Bolstad, Norwegen **89**
Boote 34–35, 223–224
Nydam-Boot 204–206
siehe auch Schiffe; Schiffsgräber/Bootsgräber
Borg, Östergötland 168
Borg, Vestvågøy, Norwegen 125–127, **125**
Bornholm, Dänemark 33, **38**, **40**, **101**, 211
Borre, Norwegen **135**, 201
Borre-Stil **68**, **107**, **149**
Botnhamn, Norwegen 126, **126**
Brakteaten
Gold- **55**
Brattahlíð, Grönland 191
Bretagne, Frankreich 85, 178, 200
Brettspiele 142, 146, **147**
Britannien **23**, **27**, 50, 57, 64–65, **154**
Bevölkerung 36, **37**, **63**
Glaube und Ritual 175–182
Wikingerüberfälle auf 84, 101
siehe auch England; Schottland; Wales
Broa, Gotland, Schweden **224**
Brunnen 36, 74, 198–199
Büchergelehrsamkeit 193
siehe auch Alphabetisierung
Buddha, Bronze- 64
Bulgaren 44, 82, 97, 133, **144**
Bündnisse 31
Burgh auf Schouwen, Niederlande 118
Burghead, Schottland **37**
Burgunden 33
burhs 112
Byrhtnoth 99
Byzantinisches Reich 24–25, 44–46, 48–49, 54, 62, 64, 97, 131, 151, 153
Flasche **45**
Gedenktafel **98**

Heere 62, 82, 97–98, 106
Krieg 82, 97–98, 106, 116
Macht und Herrschaft 131
Münzen 45, 154

C

Cammin i. Pom./Kamień Pomorski, Polen **131**, 133
Chasaren-Khaganat 27, 44, 48–49, 54, 82
Chosrau II., persischer König **75**
Christen/Christentum 17, 19, 23, 25, 27, 35, 37, 68, 74, 97, 140, 142, 146, 151, 165–166, 171, 222, 227
Assimilierung der Wikinger 23, 31, 62–63, 71, 129–131, 154, 156–158, 182–195
Bestattungen 135, 186, 191
Christianisierung/Missionare 62–63, 86, 131, 165, 183, 186
Friedhöfe 36
Haltung zur Gewaltanwendung 84–85, 221
in England 37, 135
Taufe 62, 129–131, 146, 156–157
und das Byzantinische Reich 44–45
und die Angelsachsen 36
Widerstand Schwedens 168, 184
siehe auch Kirchen; Klöster
christliche Artefakte **53**, 68, 74, 129, 142, 146, 153–154, **155**, **183**, 186, **191–192**
siehe auch Kreuze; Kruzifix
Clemens, hl. 227
Clonmacnoise, Irland 96
Clontarf, Schlacht von 98
Compiègne, Frankreich 119
Córdoba, Moschee von **71**
Cork, Irland 99
Cuerdale, England **27**, **86**, **184**

D

Dál Riata 36
Damaszieren (Musterschweißen) **80**, 108, **108**
Danegeld 100, 153
Danelag 99
Dänemark 16–21, 23–27, 30, 37, 124–125, 146
Bevölkerung 36
Geografie 31, 33, 35, **35**, 36
Glaube und Ritual 62, 108, 178, 183–184, 186, 223
Handel 50–53
Kontakte und Austausch 30, 34–35
Krieg 85–86, 101, 108–110, 112–113, 131, 233
Macht und Herrschaft 115, 124, 140, 151, 157–159, **158**, 183, 196, 231
Ringburgen 112–113
Schiffe 178, 211–212, 214, 219–220, 223, 227, 231, 233
Danewerk 33
Das Leben des hl. Ansgar 62, 131
Deutscher Orden 73
Deutschland 36, 51, 112–113, 136, 153, 159
Die Nüchternheit besiegt die Ausschweifung **144**
Digeråkeren, Norwegen **107**
DNA-Untersuchungen 23, 50, 64
Dorestad, Niederlande 19, **19**, 97, 153
Dorset-Kultur 43–44
Drachenköpfe **9**, 17, 34, 38, **40**, **50**, 218, 226, **204–205**
Dræby, Dänemark 212–213
Dublin, Irland **8**, **24**, **47**, 50, **51–52**, 63, 98–99, **103**, 104, **105**, 120–121, 154, **154**, **181**, **189**, **217**, **226**, 230

E

East Anglia **27**, 36, 85, 99, 106, 121
Edda 146, 163, 211, 216–217, 221, 230–231
Edelmetallbarren
siehe Barren
Edgitha 133
Edmund der Märtyrer, König von East Anglia **27**
Edmund II. Eisenseite, König von England 101
Eduard der Ältere, König von Wessex 133
Egil Skallagrimsson **26**, 140, 144
Egils saga **26**, 140, 144
Eimer **142**
Einäscherung 177–178, 181–182, 223
Einhard 95
Eiríksmál (Trauer-Preislied) 142–144
Eisen 38, 87, 108, 147, 150, 219
Eisenschüsseln Schlesischen Typs 38
Eisenzeit 19, 40–41, 108, **109**, 124, 168, **170**, 177–178, 212
Ekilla bro, Schweden **84**
Eliten 36, 48, 63–64, 86, 110, 124, 133, 142, 154, 161, 178, 200, 222, 224, 231, 233
siehe auch Macht und Herrschaft
Embla 166
Emly, Irland 121
Emma, Königin **155**, 218
Encomium Emmae Reginae (*Gesta Cnutonis Regis*) **150**, 203, 218
England 17–18, 24, 26–27, 49–51, 53, 61, 65, 92, 98, 135–136, 140, 143, 151, 153, 159, 179, 207, 231
Bevölkerung 36–38, **120**
Krieg gegen und Eroberung durch die Wikinger in 27, 85, 96, 98–101, 104, 112, 115, 151, 206, 218, 221, 227
Ortsnamen der Wikinger in 63–64
Wikingerlager in 99, 120–121
Erik der Rote 191
Erik I. Blutaxt, König von Norwegen **26**, 142, **154**
Erlend, Jarl von Orkney 101
Ermoldus Nigellus (Ermold der Schwarze) 129, 131, 156
Esta, Schweden 220
Estland 179
ethnische Unterschiede 31, 33–34, 46–49

F

Falken 51, 217
Färöer 42–43, 216
Federn 50
Fejø, Dänemark 146, **146**
Felle
Marder- 49, 53
Seehund- 42
Festhallen 124–125, 127–128, **127**, 135, 142–144, 156–157, **156**, 166, 168–169, 171, 191, 211, 213, 221, 224
siehe auch Palas
Feuerstahl **40**, 173
Fibeln **38**, 39, **41**, 64–65, **65–66**, 74, **75**, 124, 133, **139**, 140
der Balten **40**
Dosen- 197
Filigran- **133**, **141**
Hufeisen- **38**, **40**, **139**
Hufeisen-, getrieben **139**
Hufeisen-, mit Kugelenden **139**
Hunterston- 64, **66**
in Schiffsform **214**
in Vogelform **191**
Kleeblatt- 74
Oval- **23**, 64, **65**, 72, **134**
Tierkopf- 33, **33**
»Walküren«- **79**
Figürchen **110**, **164–165**, **174**
Finnas 33–34, 50
Finnland 40–42, 212
Finno-Ugrier 20, **40**, 41
Flandern, Belgien 118–119
Flusco Pike, England **139**
Formwandler 171
Fortbewegungsmittel (Land) 32, 150, 180, 182, **182**, 200, 224
Franken 20, **104**, 133, **140**, 142, 153–154, 157, 159
Ackerbau 36
Kontakte und Austausch 31, 35–36, 45, 62–64, 68, 151
Krieg 85–87, 90–92, 95, 98–99, 102–113, 118–119, 206, 218
Münzen **19**
siehe auch Karolingerreich; ottonisches Reich
Frankfurt, Pfalz, Deutschland 157
Frankreich 18, 62, **75**, 96, 98, 118–119, **131**, 151
Frauen 60, 71–72, 74, 79–80, 83, 86, 112, 121, 144, 151, 166–167, **167**, 171, 173, 175, 223
Fyrkat, Frauengrab von 196–197, **197**
Gräber **23**, 32, **33**, **41**, 64, 72, **75**, 116, **134**, 150, 175, 179, **189**, 196–197, **196–197**, 200
Hausherrin 140, 144
Kleidung 140–142
Kriegerinnen 32–33, 38, **38**, 116–117, **116**, 175
und Jenseitsvorstellungen 167
und Magie 175–177, 196–197
und Pferde und Karren 150
Freya 116, 175
Freyr 171, 199, 223
Friedhöfe 36, 178, 191, **192**, 196–197
Friesen 53
Friesland 49, 85, 98, 126
Frigg 195
Frode, König 223
Frösön, Schweden **170**, 171, 191
Fruchtbarkeitsriten 223
Fugledegård, Dänemark **20**, **79**, **167**
Fuldby, Dänemark **175**
Fünen, Dänemark 151, 212–213, **212**
fylgjur (Schutzgeister) 171, 173
Fyrkat, Dänemark 151, 196–197, **197**
Frauengrab von 196–197, **197**
Ringburg 112
Fæsted, Dänemark **141**

G

Gagat 51
Galgebakken, Dänemark **79**
Gamborg, Dänemark **85**
Gamla Uppsala, Schweden 124, 159, 169–171
Gammel Hviding, Dänemark **35**
Gävle, Schweden **175**
Gedehaven, Dänemark **141**
Gefäße
Flasche, byzantinisch **45**
Glas- **157**
Speckstein- **134**
Trink- 74–75, 144, 146
Gefriertrocknung 234, 236–237
geld (Tributzahlungen) 100
germanische Völker 86, 92
Geschenke 31, 64, 68, 91, 116, 128–129, 131, 133, 140, 147, 150, 211, 216, 226
Gesta Cnutonis Regis (*Encomium Emmae Reginae*) **150**, 203, 218
Gevninge, Dänemark **109**, **129**
Gewichte **24**, 54–61, **58**, **60–61**, **121**, 161, **179**, 226–227
Kugelzonen- 57, **58**, 60
Polyeder-, Kubooktaeder-, Würfel- 57, **58**, 60–61, 74
Gewürze 46
Ginnungagap (»große Leere«) 166
Glas 160, 179

Glaswaren 51, 124, 126, 146, **157**
Perlen 53, **54**, **134**, 140, **161**, **189**, 198
Glaube
christlich 183–195
Landschaften 166–167
Magie und Zauberei 173–177
übersinnliche Welt 165–173
und Ritual 17, 163–201
und Schiffe 223–224
Verstorbene 177–182
Glocken **192**
Gnesdowo, Russland 53, **80**, **164**
Gnesen/Gniezno, Polen 133, 161
Goden (*goði*) 86
Gokstad, Norwegen **89**
Schiffsgrab **95**, 128, 136, 178, 201, 207, 223–224, 227, 229
Gold 15, **19**, 38, 54, **55**, 60, **68**, 87, 124, 126, **126**, 129, 133, **133**, 138, 140, 147, **149**, 156–157, 203, 211, 218, 221, 224–226
Hack- 54, **56, 121**
Goldener Psalter von St. Gallen **119**
Gorm der Ältere, König von Dänemark 128, 151, 158–159, 184
Gorodilowo, Russland **139**
Gorodischtsche, Russland 53
Gotafridus 85
Götar 32
Götavi, Närke, Schweden 168, **169**
Gotland, Schweden 32–33, **33**, **55**, **60**, 71–72, **80**, **90**, 144, 147, 168, 170, **179**, **185**, 197, 224, **224**
Götter 165–168, 173, 195, 198–199, 221, 223, 227
Göttinnen 165, 168, 173
Göttrik 98, 160–161
Gräber **18**, 39, 64, 71, 108, 146, 151, **179**, 182, 184, **211**
Bestattungsrituale 177–182
christlicher Einfluss auf 186, 191
der Reichen 135–136
finnisch 41
Frauen- **23**, 32, 33, **33**, 34, 36, **41**, **75**, **134**, 179, **189**, 196–197, **196–197**, 200
Fyrkat, Frauen- in 196–197, **197**
Grabraub 136, 200–201
Jelling 158–159
Kammergräber 178
Krieger- **18**, 80, **80**, 81, 87, **90**, 95–96, 106, 108–110, **111**, 116–117, 161
lettische 39–40
Massen- 95–96, **95**, 106, 179
prußisch 72–73
Schamanen- 175–177, 196–197
siehe auch Hügelgräber; Schiffsgräber/Bootsgräber
Gregor von Tours 206
»griechisches Feuer« (Waffe) 45, 82
Grisebjerggård, Dänemark **75**
Grobiņa, Lettland 39, 72
Grönland 27, 31, **34**, 42–44, **43**, 191, 208, 211
»Großes Heidnisches Heer« (*micel here*) 85, 99, 119, 179
Grundbesitz 36–38
Belehnung mit 98
Gudbjørn 221
Gudmar 136
Gunnleifr **84**
Gunnulf 224
Gürtel 74, **75**, 140, **141**, 142, 159
-haken **73**
Gyldensgård, Dänemark **40**
Gylfaginning 163
Gøthche, Morten 237

H

Haartrachten 62
Häfen 32, 46, 72, 95–96, 207–209, 211, **213**, 224
Landestellen 207–209
hafskips (»Meeresschiffe«) 208–209
Hagbartsholmen, Norwegen **134**
Hagia Sophia, Konstantinopel **44**, 65
Haithabu, Deutschland **36**, **50**, 50–51, 53, **55**, 62, 71, 73–74, 80, **87**, 125, 131, 136, **144**, 153, 160–161, **187**, **192**, 201, 209, **209**, 219–220, **226**, 227, 230
Bootkammergrab 136, 201
Haithabu 1 (Schiff) 230, **232**
Halleby, Dänemark **129**, 198
Halsketten **54**, 117, 140
Halsreife 60–61, **61**, 68, 126, **126**, **129**, 133
permisch **61**
Halvard 211
Hama, Syrien **46**
hamingja (Geist)/Glück/glücklicher Zufall 171, 173
Hamsey, Friedhof von, England **136**
Handel und Austausch 23, 31, 34–36, 46, 48–62, 68, 71–72, 95, 150–151, 207–214, 224–226
Handelsplätze 18–19, 34, 42, 49–54, 72–73, 91, 160–161
englisch 37
fränkisch 36
Knotenpunkte 51–53
Seehandelsplätze 18, 38, 118
Überfälle auf 97, 120
Hängen (Hinrichtung) 170–171
Harald Blauzahn, König von Dänemark und Norwegen 33, 114, 128, 133, 136, 138, 151–153, 157–159, **159**, 184, 196–197, 201, 213, 227
Harald III. der Harte, König von Norwegen 101, 151, 222
Harald Klak 62, 129–130, 135, 146–147, 156–157
Harald Schönhaar, König von Norwegen 129
Hardiknut, König von England, Dänemark und Norwegen 218, 233
Harz, Gebirge 157
Háttatal (Gedicht) 211
Häuser **35**, 112, 160
der Elite 125–128, **125**, **127**
Grassoden- **43**
Lehmflechtwerk- 73
schiffsähnliches Aussehen 224
Häute 43, 51
Hávamál (eddisches Gedicht) 146
Havhingsten fra Glendalough (Schiff) **8**, 207, 209, 214
Hebriden, Äußere 53, 64, 85, **92**, 101
Heiden/Heidentum/heidnische Riten 19, **20**, 36, 38, 40, 62, 71, 78–79, 85, 97, 99, 106, 119, 121, 156, 159, 164–184, 186, **186–187**, 195, 199, 227
heilige Bäume 167, 170–171
heilige Haine 170–171, 198–199, **199**
Heimdall 221, 227
Heimskringla 216–217
Heinrich I. der Finkler, ostfränkischer König 147
Heinrich II., römischer Kaiser 157
Heirat, politisch motivierte 31, 62, 133, 151
Hel (Unterwelt) 166, 181
Helgeland, Norwegen 29, **32**, 125
Helgeå, Schlacht am 231, 233
Helgö, Schweden 34, 49, 64
Helme 87–90, 104–106, **105**, 108, **109**, 110, 129
Augenumrandung **109**
hiberno-skandinavischer Stil 64, **66**
Hiddensee/Hiddenseer Goldschatz 133, **133**
Hoffmanslyst, Dänemark **61**
Hofstaðir, Island 169
Hollenæs, Dänemark **209**
Hon, Norwegen **139**, **176**
Honig 48
Hordaland, Norwegen **113**
hörgr (Ritualplätze) 168, 171
Horik 131
Hügelgräber (Tumuli) 39, **49**, 72–73, **72–73**, 87, 92, 135–136, **135**, 147, 158–159, **159**, 178, 182, 184, 186, 195, 200–201, 224, 227
Hugleik 206
Humikkala, Finnland **137**
Hungate, York, England **26**
Hunterston, Schottland 64, **66**
Hørning, Jütland, Dänemark **192**
Håkon I. der Gute, König von Norwegen 113, 135
Hålogaland
siehe Helgeland

I

Ibn Dihya 71
Ibn Fadlān, Ahmad 60–61, 71, 74, 80, 181–182, 223
Ibn Hayyān 70
Ibn Miskawayh 70, 82–83, 87, 90
Ibn Rustah, Ahmad 71, 87
Idole **164–165**, 173
Iholm, Dänemark **153**
Ilmensee, Russland 65, **68**
Indien 46
Ine, König von Wessex 85
Inge, König von Norwegen 223
Ingegerd 133
Ingelheim, Pfalz, Deutschland 62, 129, 131, 146–147, 156–157, **156**
Ingvar 84, **84**
Innu 43
Iona 97
Iran 70, 82
Ire, Gotland **33**, **90**
Irland 27, 36–37, 50–51, 53, 57, 60, 64, 104, 140, 154, 207, 214, 230
Bevölkerung **37**, **63**, **120**
Ortsnamen der Wikinger in 63
Plünderungen der Wikinger in 84–86, 96, 98–99
Wikingerlager in 120–121
Islam 49, 65, 68, 183, 195
Island 20, 24, 26, 42–43, **42**, 50, 53, 78, 81, 86, 124, 169, 173–174, 181, 216
Isle of Man 63, 101, **136**
Isle of Thanet, England 98
Italien **45**, **131**, 154
Itil 48

J

Janów Pomorski, Polen **47**, 51, **52**, **54**, 161, **167**, **183**
Jarlabanke von Täby **136**, 138
Jarls von Orkney 63, 98, 101, 201, 221–222, 231
Jaroslaw I. 133, 231
Jelling, Jütland, Dänemark 112, 124, 128, 135, 138, 151, 158–159, **158–159**, 184, 212, 224
Nordhügel 135, 158–159, **159**
Jelling-Stil **107**, **140–141**, **149**, 158–159
Jenseitsvorstellungen 17, 71, 142, 166–167, 177, 181–182
Johannes I. Tzimiskes, byzantinischer Kaiser 133
Jötunheim 166
Judentum 48–49
Jütland, Dänemark **23**, 33, **35**, 49–50, 112, 133, 151, 153–154, 158, 196, 204

K

Kabbe 138
Kalmergården, Dänemark **116**, **129**, **173**, **195**

Kalundborg, Dänemark **103**
Kammergräber 178, 224
siehe auch Gräber
Kanada 43, **43**
Karl der Große, römischer Kaiser **19**, 35, 91, 95, 97, 140, 153–154, 156–157
Aachen 128
Karl der Kahle, römischer Kaiser 98, 119
Karmøy, Norwegen 201
Karneol 41, 46–47, 124, 140
Karolingerreich **18**, **183**
Kontakte und Austausch 35–36, 38, 54, 62, 74, **75**, **141**
Kriege gegen die Wikinger **103**, 104, 110, **119**
Macht und Herrschaft 129, 133, **139**, 142, 146–147, 151, 153, 156–157, **156–157**, **161**
Kaukasus 24, 48, 65, 70
Kaupang, Norwegen 50–51, **189**, 201
Kelstrup, Dänemark **153**
Kent 36, 97, **134**
Kerteminde Fjord 213
Kertinge Nor, Fünen, Dänemark 213, **213**
Ketten/Kettengehänge **40**, 41
»Kiel« (skandinavisches Gebirge) 31–32
Kielschwein 230
Kiew, Ukraine 23, **23**, 53, 133, **133**
Kiewer Rus 44, 449, 63, 82, 133, 135, 231
siehe auch Rus
Killaloe, Irland **30**
Kinder 83, 86, 112, 121, 177, 224, **226**
Kirche/Klerus 36, **78**, 184, 193
Kirchen 36, 74, 78, 115, 121, 127, 133, 146, 156–157, 159, **159**, 168, 171, 183–184, 191, **192**, 193, 195, **195**, 213, 220–221, **222**, **232**
Kjuloholm, Finnland **41**
Kleidung 63, 128, 138–142, 180
Klinkerbauweise 178, 204, 206, 209, 216, 223–224
Klöster 36–37, 50, 62, **78**, 91, 95–97, **97**, 118–121, 133, **133**, 147, **149**, 157, 164, 183, 206, 220
Kniebundschnallen **140**
Knorr (Schiffstyp) 208–209
Knut der Große, König von England, Dänemark und Norwegen 16–17, 27, 33, 101, **150**, 151, 154, **155**, **184**, 214, 218, 221, 231, 233
Knut IV. der Heilige, König von Dänemark 114–115, 220
Köln, Deutschland 96, 119
Königreiche, Entstehung der 150–154
Konrad II., römischer Kaiser 154
Konstantin der Große, römischer Kaiser 156
Konstantin VIII., byzantinischer Kaiser 133
Konstantinopel 44, **44**, 62, 82, **82**, **98**
Kontakte und Austausch 17, 29–75
Fernkontakte 42–49
Handel und Austausch 31, 34–36, 46, 48–62
Kulturaustausch 16, 62–68
mit dem Kerngebiet der Wikinger 31–35, 71
nahe Nachbarn 35–42, 160–161
kontinentale Verteidigungsanlagen **118**, 118–120, 161
Köpingsvik, Schweden **80**
Kopparsvik, Gotland, Schweden **179**
Korosten, Ukraine **107**
Körper, menschlicher 171
Körperschmuck 80
siehe auch Schmuck
Kosmos 166–167
Kreuze **40**, **133**, 142, **184–185**, 186, **187**, **189**
Krieg und Eroberung 17, 77–121, 204–206, 209–212, 214–221, 230–233
Aus Kriegern werden Soldaten 106–115
Aus Räubern werden Siedler 97–101
im Kontext von 102–206
kontinentale Verteidigungsanlagen 118–120, 161
Krieger 92–96
Kriegsschiffe 92–96
militärische Erfolge 106
Reiterei 104, 110, 147
rituelle Aspekte 116–117
und Magie 175
und Religion 184
Krummstabgriff **53**
Kruzifix **192**
Kullaberg, Schweden 74, **75**
Kulturaustausch 16, 62–68
kulturelle Unterschiede 21, 23, 31, 34
Kupferlegierung 64, 140, 146–147, 197
Kvenen 33
Kølby, Dänemark 213
Kår 138

L

Labiau, Russland **81**, **180**
Labrador, Kanada 43
Ladby-Schiffsgrab, Dänemark 136, 212–213, **212**, 227
Laig, Schottland **217**
Landévennec, Frankreich 119
Langbogen **87**
Längbro, Schweden **185**
Langres, Frankreich 119
Langschiffe 17, 78, 96, 123, 207–208, 211, 213–214, 216–218, 220–221, 230, **232**
L'Anse aux Meadows, Neufundland 43–44, **43**
Lanzen **18**, **80**, 87, **88**, 90, 104, **104**, **106**, 108, **108**, **111**, 116–117, 133, 173, 198
Le Clerc, Sébastien **78**
Lehtimäki, Finnland **186**
Leibeigene 19, 50, 63, 221
Leidang, *leiðangr* (Seerüstung) 90, 113–115, **113**, 219–220
siehe auch Abgaben; Seerüstung
Leissower Mühle, Polen **110**
Lejre, Seeland, Dänemark 127, **127**, **140**, 159, **167**, **170**, **174**, 213, 223
Le Mans, Frankreich 119
Leo III., Papst 156
Lettland 39–40, 72
Lewis, Schachfiguren 91, **92**
Lilla Ullevi, Uppland, Schweden 168
Lilleberge, Norwegen **65**
Limerick, Irland 65, 99
Lindisfarne, England 62, 97, 206
Linkuhnen/Rschewskoje, Russland **181**
Litauen 39, **40**
liturgische Geräte 68, 74, 129, 131, 146, 183
Ljubojescha, Russland 65, **68**
Llanbedrgoch, Anglesey, Wales 99, **99**
Löbertshof/Slawjanskoje, Russland **81**, **180**
Loire 50, 98, 119
Lolland, Dänemark 146, 209, **220**
London, England 18, **19**, **88**, **104**, 218
longphuirt (befestigte Lager) 53, 120–121
Lothar I., römischer Kaiser 131
Ludwig der Fromme, römischer Kaiser 31, 129–131, 135, 156, **183**
Lund, Schweden 53

M

Macht und Herrschaft 17, 123–161
»Das gute Leben« 142–150, 221–222
Freunde und Verbündete 128–135
Königreiche 150–154
Machtausdruck 135–142
Machtzentren 124–128
und Schiffe 221–222
Madīnat-al-Salām (Bagdad) 46
Maes Howe, Orkney, Schottland 65
Magie/Zauberei 24, 116–117, 173–177, 196–197, 222–224
Magnus I. der Gute, König von Dänemark und Norwegen 135, 233
Mahlsteine 51
Mähnenstühle (Kummets) **149**, 150
Mainz, Deutschland 119, 129, 156, **156**
Mälartal, Schweden 32, 186–191, **191**
Maldon, Schlacht von 99–100
Malmsmyr, Schweden **60**
Mammen-Stil **137**
Massenhinrichtungen **95**, 96, 106
Matrize **116**
Mauritius, hl. **155**
Meer, Vorstellungen der Wikinger vom 211
Menschenopfer 71, 168, 170–171, 180, 223
Menzlin, Deutschland 160, **176**
Mercia **19**, 36, 85, 91, 97, 99
Messer **57**, 90, 108, 116
Metall 51
Edel- 51, 54–57, 68, 138
siehe auch Kupferlegierung; Gold; Silber
Michailowski-Kloster, Kiew, Ukraine 133, **133**
Middelburg, Niederlande 118, **119**
Middleton, North Yorkshire, England 90
Middleton-Kreuz B **90**
Midgard 166
Midgardschlange 167, 211
Mieszko I., Herzog von Polen 133, 161
Mieszko II., Herzog von Polen 161
Missionare, christliche 62, 131, 165, 183, **183**, 186
Mistivoj 133
Münzen 27, 53–62, 64, **68**, **121**, 153–154, **184**, **189**
angelsächsisch 50, 54, **57**, 62, 100, **101**, 154
arabisch 38, **41**, 42, 46, 49, 54, **55**, 57, 61–62, 65, 68, 74, **75**, 99
byzantinisch 45, 154
deutsch 54
Dirhams (arabisch) 38, **41**, 49, 53–54, **55**, 57, 60, 65, 68, 74, **75**, 99
Gewichte 54–60
Haithabu **209**
Imitate arabischer **55**
Long-Cross-Pennys **101**
Pennys **27**, **57**, **101**, **153–154**
Petrus mit Thorshammer **187**
silbern, sassanidische Drachme **75**
Solidus **19**
westeuropäisch 42
Zweckentfremdung als Schmuck **41**, 74, **75**, **183**
Mære, Norwegen 168

N

Nahrungsmittel 48, 50, 96, 121, 126, 170, 193, 224–226
Nanna 163
Nantes, Frankreich 119
Navigation 211
Nestorchronik 82
Neuendorf, Hiddensee, Deutschland **133**
Neufundland, Kanada 43–44, **43**
Niederlande 36, 118, **119**, **131**, 151
Noirmoutier, Frankreich 119
Nonnebakken, Ringburg, Fünen, Dänemark 112, 151
Nordamerika 23, 25, 27, 31, 43–44, 211
Nordatlantik 23, 27, 42–43, **43**, 51, 61, 79, 81, 151, 200
Nordmänner 20, 27, 33, 42, 71, 81–82, 85, 91–92, 96–99, 102, 106, 117, 120, 150, 164, 166, 195, 204, 223
Nordsee 35–36, 49, 62, 160, 207, 214
»Nordweg« (Schiffsroute) 31

Normandie, Frankreich 27, 63–64, 85, 98
Nornen 166–167
Northumbria 36, 85, 99, 106, 144, **154**, **184**
Norwegen 16–17, **18**, 19–20, 23–27, **24**, 151
Bevölkerung 34
Geografie 31–32, **32**, 33, 36
Glaube und Ritual 178, 183–184, 191
Handel 53
Kontakte und Austausch 30, 35, 43
Krieg 84, 86, 101, 113–114
Macht und Herrschaft 124–126, 129, 140, 231, 233
Schiffe 208, 211, 214, 219, 223, 227, 229, 231, 233
Nottingham, England 96
Nowgorod, Russland 23, 53, 231
Numismatik 26
siehe auch Münzen
Nydam-Boot 204–206, **206–207**
Nylars, Bornholm, Dänemark 211
Nørholm, Dänemark **173**

O

Oberhof/Aukðtkiemiai, Litauen **40**
Odense, Dänemark 53, 221
Odense Fjord, Dänemark 213
Odin 116, 142–144, 166, 170–171, **174**, 175, **195**, 211, 223, 227, **227**
Offa, König von Mercia 91, 97
Ohrlöffel, goldener **141**
Ohrringe **21**, 38
Oissel, Frankreich 98
Olaf Cuaran, König von Jorvik **154**
Olaf II. Haraldsson (später hl. Olaf), König von Norwegen 17, 62, 133, 135, 222, **222**, 231, 233
Olaf Tryggvason, König von Norwegen 153–154, **153**, 216–217, 218, 221–222
Öland, Schweden 32
Oldenburg/Starigard, Ostholstein 146, 150
Olof Skötkonung, König von Schweden 133, 153–154, **153**
Oost-Souburg auf Walcheren, Niederlande 118
Orkney, Schottland 211–212
Orkney- und Shetlandinseln 27, 53, 64, 85, 101
Orléans, Frankreich 96, 119
Ormen den Lange (Schiff) 216–217
Orosius 25, 161
Ortsnamen, wikingische 17–18, **18**, 26–27, 63–64, 99, 101, 169, 195, 199
und Schiffe 211–213
Oseberg, Norwegen **138**
Bildteppich 200, **201**
Schiffsgrab **127**, 128, 136, 170, 178, 182, **182**, 200–201, **200–201**, 207, 217, **219**, 223, 227, 229
Oslo, Norwegen 53, **200**
Oslofjord, Norwegen 17, 31, 33, 51, 229
Ostrów Lednicki, Polen **160**, 161
Ottar (Ohthere) 25, 33–34, 50, 125–126, **208–209**
Reisebericht 29
Ottar (Schiff) **208**, 209
Otto I., römischer Kaiser 133, 147, 154
Otto II., römischer Kaiser **131**, 133, **155**
Otto III., römischer Kaiser 133, **155**
ottonisches Reich 53, 113, 133, **141**, 142, 147, 151, 159
Owrutsch, Ukraine 51

P

Paderborn, Pfalz, Deutschland 156–157, **157**
Palas 156–157, **156–157**
Papsttum 184
Parchim Löddigsee, Deutschland **51**
Paris, Frankreich 96, 119
Paul, Jarl von Orkney 101
Peenemünde, Deutschland **128**
Peltomaa, Finnland **103**
Pelze 34, 38, 48, 50–51, 126, 129, 140, 224–226
Penrith, Cumbria, England 65, **66**, **139**
Perlen 38–39, 41, **65**, 140, 146, 161, 170, **189**
aus Halbedelsteinen **47**, 124
facettierte Bernstein- **52**
Glas- 53, **54**, **134**, **161**, 189, 198
Petschenegen 44, 49, 82
Pfeil und Bogen
siehe Bogen und Pfeile
Pfeilspitzen 87, **87**
Pferde 102, 120, 146–147, 167, 217, **220**
Bestattungen/Opfer 40, 72–73, 169, **170**, 179–181, 198, 200, 223, 224
Sattelzeug 110, **110–111**, 138, 146–150, **148–149**, 180
und Wagen 150
Piasten 133, 151, 161
Pikten 36–37, **37**
Pilgerfahrten 154, 222
Pilhus, Jütland, Dänemark 153, **189**
Planken **92**, 123, 178, 211, 216–217, **217**, 229, 234, 236–237, **236**
Plünderung 23, 31, 49, 62, 68, 82, 86, 91–92, 95, 98–100, 226
siehe auch Raubzüge
Polarkreis 31, 125
Polen 23, 51, 73, 133, 151, 161
Polyethylenglykol (PEG) 2000 234–236, **236**
Popelken, Russland **110**
Portland, Dorset, England 50

Q

Quedlinburg, Deutschland 133
Quierzy, Frankreich 119

R

Ragnar Lodbrok 85
Ragnarök (»Götterdämmerung«) 79, 211
Ragnhild 224
Ralswiek 150
Raubzüge 21, 23, 27, 31, 36, 50, 62, 68, 70, 72, 78, 82, 84–85, 90–100, 113, 120–121, 150–151, 164, 221
Ravning Enge 151, 159
Reims, Frankreich 119
Reiter, bewaffneter Miniatur- **110**
Religion
Misch- 191
siehe auch Christen/Christentum; Heiden/Heidentum/heidnische Riten; Islam
Reliquiar **97**, 133
Rentiere 34, 125, 171
Repton, Derbyshire, England 96, 117, 121, 179
Reric, Deutschland 50, 160, **161**
Ribe, Dänemark 18, 34, **35**, 36, 49–51, 53, 131
Riemendurchzug **148**
Riemenverteiler in Kleeblattform **139**
Riemenzungen **140**, **149**
Riesen 166
Rígsþula (Gedicht) 221
Rimbert 62, 131
Ringburgen 112–113, **112**, 118–119, 151–153, **153**, 159, 196, 224
Ringe **41**, **136–137**, 140
Amulett- 170
Lignit- **52**
permisch 74
Thorshammer **80**
Ringerike-Stil **126**
Ringpanzerhemden 87, **89**, 90
Ringwälle 38–39
Robert von Anjou, König von Neapel 98
Rognvald I., Jarl von Orkney 221
Rollo, Herzog der Normandie 85, 98
Roskilde, Dänemark 16, **25**, 53, 209, 211, 213, 216, 233–234
Roskilde 6 (Kriegsschiff) 16–17, 96, 208, 211, 214, 216, 218, 228–237, 227–228, **228**, **231–232**, 237
Alter 228–229
Artefakte **25**
Eigentümer 231–233
Herkunft 228–229
Konservierung 234–237, **234–237**
Schiffstyp 229–230
Zweck 231–233
Roskilde Fjord, Dänemark 211, 213–216, **214**, **232**
Rostock-Dierkow 160–161, **161**
Ruder **219**
Ruderer 218, 221
Rugard bei Bergen, Rügen, Deutschland **58**
Runen 24–25, **25**, 64–65, **66**, 76, 79–80, 126, **126**, 193, 227, **227**
Runensteine 65, **84**, 114–115, 133, 136–138, **136**, 158–159, **159**, 184–191, **191**, 208, 211–212, 218–221, 224, 227
Runsberga, Schweden **21**
Rus 49, 53, 70–71, 81–83, **82**, 135
Eliten 151
Kaufleute 60–61, **62**
Krieg 80, 81–83, 87, 90, 97–98, 116
Russland 62, 71, 181–182, 223
Handel 53–54, 60, 211
Kriegerbestattungen 81
Kulturaustausch 65
siehe auch Sowjetunion
Rüstung 17, 77–78, 87–90, **89**, 91, 104–106, 108–110, 116, 177
Rønvika, Norwegen **139**
Råbylille, Dänemark **189**

S

Saaremaa, Estland 39
Sachsen 157, 206
Saffariden 48
Saga Siglar (Schiff) 209
Sagas 14–25, **26**, 34, 50, 53, **92**, 124, 216, 218, 221, 223, 231
Glaube und Ritual 171, 174–177
Krieg 78–80, 84–86, 91, 113, 116
Macht und Herrschaft 140, 144, 221–222
Sakralgebäude 161, 168–171, 198–199, **199**
Salomon, König der Bretagne 98
Saltfleetby, England 227, **227**
Salz 38, 161
Samaniden 46, 48
Samen (Lappen) 20, 34
Samland, Russland 72
Sandnæs, Grönland **43**
Sasser 211
Saxo Grammaticus 213, 223
Schädel 82, 198, **199**
Männer-, mit angefeilten Zähnen **80**
Schalen 74, **144**, **146**
Schamanismus 48, 175–177
Schatzfunde **21**, 26, **56**, **60**, 65, 68, **68**, **86**, 100, **101**, **128**, **133**, 146–147, 151, 153, 160–161, **161**
siehe auch Vale-of-York-Hort, England
Schiffbau 216–217, 226
Schiffe 34–35, 87, 92–96, 203–237
Besatzung 220–221
des Adels 126
Holz 216, 229–230, 234–236

Kriegs- 204–206, 209–212, 214–221
Last- 96
Navigation 211
Planken 216–217
Reise- und Handels- 207–214, 221, 224–226
Ruderer 218
Segel 216
Steinsetzung **211**, 212, 224
und Gesellschaft 224–227
und Glaube und Zauberei 223–224
und Status und Macht 221–222
Verzierung 218
siehe auch Boote
Schifffahrtswege, Beherrschung der 34–35
Schiffseinäscherung 181–182
Schiffsgräber/Bootsgräber 39, **92**, 127, 136, 163, 171, 178–182, 200–201, 212–213, 223–224
Gokstad, Norwegen **95**, 127, 136, 178, 201, 207, 223–224, 229
Ladby, Dänemark 136, 212–213, **212**
Oseberg, Norwegen 127, **127**, 136, 171, 178, 182, **182**, 200–201, **200–201**, 207, 218, 223, 229
Schiffswracks 214, 216
Schilde 87, **89**, 90–91, **92**, 99–100, 104, **105**, 108, **111**, 116–117, 173, **173**, 218
Schildmaiden 116
Schläfenringe 38, **38**
Schlüssel **141**, 142
Schminke 80, 197
Schmuck **21**, 51, 57, 128, 161, 197, 198, 224–226
der Balten 40
der Slawen 38, **68**
hybride Kunststile 64
prußisch **73**
Silber **38**
Silber-, mit standardisiertem Gewicht 60–61
Übernahme von Objekten fremder Herkunft als 74, **139**
und Wohlstand 138
siehe auch einzelne Schmuckstücke
Schmucknadeln
Gewandnadel mit Odinmaske **195**
Kreuzkopfnadel mit Kettengehänge **40**
mit Drachenkopf **50**
Schnallen 140, **140**
Schonen 207, 231
Schottland 27, 36–38, 43, 53, 60, 63–64, 85, 101, 207
Schrein von Cammin **131**
Schwarzes Meer 45
Schweden 16, 17, 20, 23, 25
Bevölkerung 33–34, 131
Geografie 31–33
Glaube und Ritual 168–169, 171, 178, 183, 184–91, 223
Handel 53
Kontakte und Austausch 30, 34
Krieg 86, 108, 113, 114–115
Macht und Herrschaft 124, 136–138, 231
Schiffe 211, 219–220, 221, 223
Schwedt **103**
Schwerter 41, 64, **73**, 87, 90, 102–104, **103**, 106–108, **107**, **111**, 116, 129, 146
Heftbeschläge **161**
Ingelrii- 103
karolingisch/fränkisch **18**, 42, **65**, 74, **80**, 102, **103**, 104, 108
mit eingerollter Klinge **181**
mit gebogener Klinge **180**
rituell »getötete« **181**
Sax (einschneidiges Hiebschwert) 90
Typ Mannheim **65**
Ulfberht- **103**, 104
Schwertortband **107**
Schwertscheiden 106, 108
Sciringesheal (Skíringssalr), Norwegen 29, 50
siehe auch Kaupang, Norwegen
See Tissø, Seeland, Dänemark 126–127, **129**, 131, 168, **188**, 198–199, **199**
Seefahrerkultur 34–35
siehe auch Boote; Schiffe
Seerüstung 113–115, **113**, 219–220, 224
siehe auch Abgaben; Leidang
Seide 46, **47**, **138**, 140
Seidenstraße 46, 48
seiðr (Magie) 175, 177
Seile 42, 50, 126
Selling Hedelod, Dänemark **107**
Serkland (arabische Welt) 24, 64, 83, 221
Servierplatte **144**
Sexualität 175
Shetland, Schottland 27, **39**, 53, 63–64, 101, 212
Sidricus 85
Siedlungen 97–101, 151
Signalfeuer 212
Sigtrygg (Sihtric) II. von Dublin **154**
Sigtrygg (Sihtric) III. Seidenbart von Dublin 154, **154**
Sigtuna, Schweden 53, 184, 207
Silber **21**, **38**, 54–62, **56**, **60**, **86**, 99, **101**, 124, 126, **126**, 140, 146–147, 153–154, 197–198, 224–226
Hack- **38**, 54, 57, **68**, **121**
»Silberzeit« 153
Skaill, Orkney, Schottland **139**
Skaldendichtung 25, **26**, 102, 113, 124, 208, 211, 216–217, 219, 223
Skandinavien 16, 17, 20–26, 30–31, 33–34, 74
Glaube und Ritual 168, 171, 177–178, 183, 186, 193, 195, 200
Handel 49–50, 53–54, 60, 72, 95
Krieg und Eroberung 79, 84, 91, 96, 100–101, 104, 106, 110
Kulturaustausch 62, 63, 64–65
Macht und Herrschaft 124, 127–128, 133, 135–136, 147, 150–151, 153, 161
nahe Nachbarn 38, 42
Schiffe 204, 208, 212, 218, 221, 227
Skandinavier 16, 20–23, 31, 33–34, 36
Fernkontakte 45
Glaube und Ritual 164, 183–184, 195, 201
Handel 49
Herkunftsgebiete der 31–35
Kulturaustausch 62, 63, 64, 68
Macht und Herrschaft 140, 151
nahe Nachbarn 38–40, 42
skeið (»Schiff«) 231
skibsfreden 224
Skjöldungen 213, 223
Sklavenhandel 19, 48, 50, **51**, 71, 83, 224–226
Sklavenfessel **51**
Sklavenhalsfessel **51**
Skomentnen, Polen **56**
Skopintull, Hügelgrab, Adelsö, Schweden 147
Skuldelev, Fjordsperre, Dänemark 208–209, 214–216, 228
Skuldelev 1 (Handelsschiff) 208–211, **208**
Skuldelev 2 (Kriegsschiff) 207, 214–216, 230, **232**
Skuldelev 5 (Kriegsschiff) 113, **114**, **232**
Slawen 38–39, 49, 50, 62, 68, 106, 133
Smolensk, Russland **25**, **80**, **164**
Snekkeled, Dänemark 213
Snorri Sturluson 163, 211, 216–217, 230–231
Södermanland, Schweden 136, 211, 221, 224
Söldner 45, 62, 82, 97–98, 106, 113, 151
Sowjetunion 23
siehe auch Russland
soziale Hierarchie 36, 86, 124
siehe auch Eliten; Macht und Herrschaft
sozialer Austausch 38
Spanien 46, 70
Specksteingefäße **111**, **134**, 186
Sperrestrup, Dänemark **141**
Spielsteine 121, 146, **147**
Spielzeug 224, **226**
Spinnwirtel 227, **227**
Sporen **111**, 129, 147, **148–149**, 150, 169, 181
Sprache 33–34, 193
Altenglisch 17–20, 25, 36, 85
Altnordisch 17, 19–20, 26–27, 36, 64, 66, 79, 83, 113, 116–117, 169, 175, 195, 227
Arabisch 46, **46**, 70
Dänisch 33
Finno-ugrisch 20, 33, 41
Gälisch 63
Keltisch 36, 63
Lateinisch 24, 158, 193
Persisch 48, 70
Spånga, Södermanland, Schweden 224
St Aldates Church, Oxford, England **137**
Stab, geschnitzter, mit Steinkopf **25**
Stadtplanung 53, 208
Stahl 87, 108
Tiegel- 87
Stamford Bridge, England 27, 101
Stangenwalde/Rybatschi, Russland 40
Staraja Ladoga, Russland 42, 49, **49**, 53
Starigard, Deutschland 146, **147–148**
Status 36–37, **38**, 43, 54, 60, 74–75, 87, 104, 108, 125, 131, 133, 138, 140, 146, 153, 161, 177, 200, 221–224
Steigbügel 40, 110, **111**, 147, **148**, 150
Steinplatte 46
mit Steinmetzarbeiten **30**
Steinsvik, Norwegen **18**, **103**
Stenstugu, Schweden **185**
Strontiumisotopenanalyse 64, 151
Sutton Hoo, England
Grabhügel 1, Schiffsgrab 92, **92**
Svear 20, 32
Sven Estridsson, König von Dänemark 27, 220
Sven Gabelbart, König von Dänemark, Norwegen und England 16, 27, 100–101, 114, 133, 151, 153–154, **153**, 218, 220
Swjatoslaw, Großfürst von Kiew 82
Søllested, Dänemark **149**
Sørup, Dänemark **87**

T

Tabletts **144**
Täby, Schweden **136**, 138
Talismane 117, 175, 196
Tatinger Kannen 126, 157
Tätowierungen 80
Taufe 62, 129–131, 146–147, 156–157
Taufpatenschaften 31
Tempelhallen 169, 171
Terfinnas 33
Teterow, Deutschland **88**
Texel, Niederlande 118
Textilien 46, **47**, 63, 126, 128, 138–142, **138**, 180
Theodor, hl. **98**
Theodosios, byzantinischer Beamter 131
Theodosios Babutzicus 131
Theophanu, römische Kaiserin 133, **155**
Theophilus 131
Thietmar von Merseburg 133
Thor 68, 116, **164**, 171

Thorberg Skafhug 216–217
Thorkell der Hohe 100
Thorshämmer **20**, 65, **80**, 117, **172**, 173, 186, **187–188**
Thyra, Königin 128, 158–159
Tiere
Opfer 168–169, **169–170**, 171, 180, 198, **199**
und Wikingerbestattungen 180
Wetterfahne in Tierform **220**
siehe auch Pferde
Tilleda, Pfalz, Deutschland 157
Tjørnehøj II, Fünen, Dänemark **214**
Toftegård Syd, Dänemark **191**
Töpferwaren 51, 126
siehe auch Tatinger Kannen
Torksey, Lincolnshire, England **56**, 121
Torslunda, Schweden **117, 199**
Tournus, Frankreich **75**, 119
Tours, Frankreich 119
Tove 133
Transportbehältnisse **36**
Traueroden 142
Trelleborg, Ringburg, Dänemark 112, 113, 151, **153**
»Trelleborg-Haus« 224
Trendgården, Dänemark 186, **187**
Tribute 38, 49–50, 91, 100, **115**, 131, 221
Trichterbecher, gläserne 126, **144**, 146, **157**
Trier, Deutschland 96, 131, **131**
Trinkgeschirr 74–75, 144, 146
Trinkhörner 144, 146
Beschläge für **143**
Trockenfisch 51, 126
Trondheim, Norwegen 53, 222
Truso, Polen **47**, 51, **52**, **54**, 72–73, 160, 161, **167, 183**
Tschernaja, Ukraine **105**, **164**
siehe auch Janów Pomorski
Tschernihiw, Ukraine 53, **105**, **164**
Tumuli
siehe Hügelgräber
Tune 178
Turkvölker 48–49
Twyford, England **108**
Tyr 195, 198
Tyskegård, Dänemark **101**

U

Übernahme fremder Objekte 74–75, **75**, **139**
Überwinterung 85, 96, 98, 121
Uig, Schottland **92**
Ukraine 20, 23, 71, 81
Ulfr **115,** 221
Ull 171
Universum 166
Unterwassersperren 212–214, 216, 224
Unterwelt 166
Uppland, Schweden 32, 136, 138, 212, 221
Uppåkra, Schweden 168
Urbanisierung 23, 44, 34, 53
Urnes, Stabkirche, Norwegen **195**
Urnes-Stil **30**
Utgard 166

V

Vale-of-York-Hort, England **55**, 68, **68**, 146
Valsgärde, Bootsgrab, Schweden 106, 108, **109**, 136
Valsta, Uppland, Schweden 168
vé (Kultstätten) 168
Vendel, Bootsgräber, Schweden 104, 108, **109**, 136
Vestfold, Norwegen 20, 33, 178, 200–201
Vézelay, Frankreich 119
Vieh 34, 37–38, 42, 125, 179, 224–226
Viehhof/Tjulenino, Russland **81**
Vilusenharju, Finnland **106**
vincla (Armreife) 129
Vinland, Nordamerika 27, 43
Virginia, Irland **139**
Völkerwanderungszeit 92
Völva (»Frau mit Stab«, Zauberin) 166, **174**, 175, 196–197
Vordersteven 138, 201, **217**, 224
Vorhängeschloss **179**
Værne Kloster, Norwegen 147, **149**
Vålse, Dänemark **172**

W

Waage **58, 179**
Waffen **18**, 51, **65**, **73**, **81**, 87–88, **87**, **89–90**, 102–104, **103–104**, 106, **106–108**, 108–110, **111**, 116, **121**, 128, 138, 147, 161, 170, 177, 180–181, **180–181**, 185
siehe auch spezielle Waffenarten
Wales 36–37, 63, 99
Walhall (Valhöll) 79, 106, 142–144, 166
Walknochen **43**, 50
Walküren **79**, 116–117, **116**, 144, **165, 166, 173**
Walross
Fell 43, 50, 126
Schädelstück **34**
Zähne 34, **34**, 43, 50–51, 126, 133, 146
Wanen 166
Waräger 62, 82–84, **82**, 97, 106, 116, 151
Warengeld 53–54
Waterford, Irland 99, 121
Wein **36**, 51, 74, 144
»Weißer Christus« 186
Weland 98
»Weltesche« 167, 170
siehe auch Yggdrasil
Weltkarten
angelsächsisch **23**
arabisch **71**
Werkzeuge 26, 31, 51, **51**, 87, 161, 175, 180, 196, 198–199, 214, 216, 222–223
Wessex 36, 85
Weston Turville, England **137**
Westsachsen 25, 50, 99, **100**, 106, 125
Wetterfahnen/Wimpel **220**
Wetzsteine **51, 121**
Wexford, Irland 99
Weymouth, Gräber, Dorset, England 95–96, **95**, 106
wic 18–19
Wickham Market, England **79**
Wikinger
Definition 17–21
Kerngebiete der 31–35, 71, 86
Wikingerburgen *siehe* Ringburgen
Wikingerwelt 23–24, 31–35
Fernkontakte 42–49
Heimat 31–35
nahe Nachbarn 35–42, 160–161
Wikingerzeit 16–27
Ende der 101
Glaube und Ritual 166–168, 173–174, 177–179, 183–184, 186, 191, 197–201
Kontakte und Austausch 30–36, 43–45, 48–50, 53–54, 62, 64, 72, 74
Krieg und Eroberung 79, 84, 101, 104–106, 108, 110, 112–113, 116–117
Macht und Herrschaft 124–125, 127–128, 133, 135, 146–147, 150–151, 153–154, 158–159
Schiffe 204, 207–214, 218–219, 221, 223–224, 228, 230–231
Wiskiauten/Mochowoje, Hügelgräber, Russland 40, 72–73, **72–73**
Wladimir I. Swjatoslawitsch, Großfürst von Kiew **154**
Wochentage 195
Wolfskrieger 117
Wolga 48–49, 71, 80, **88**, 181–182, 223
Wolgabulgaren 44, 48–49, 54, 71, 82
Wolle 216, 219
Woodstown, Irland 121
Wulfstan 25, 161

Y

Yggdrasil 167, 170
siehe auch »Weltesche«
Ynglinger 223
York, England 18, **26**, 27, **187**
siehe auch Vale-of-York-Hort, England
Yttergade, Schweden **115**

Z

Zähne
Bären- 40, **177**
dekoratives Feilmuster 80, **80**
Walross- 34, **34**, 50, 126
Zauberei
siehe Magie
Zauberstab 175–177, **175**, 197
Zaumzeug **110–111**, 147, **149**, 150, 179
Zentralplätze 34, 53
Ziehsöhne 135
Zoe, Prinzessin 133

Æ

Æthelred II. der Unberatene, König von England **57**, 87, 101, **101**, 153–154, **153**, 218
Æthelstan, König von England 113, 135, 140

Ø

Øleifr 211
Øster Vandet, Dänemark **189**
Østerby, Dänemark **146**
Øverli, Norwegen **88, 107**

Å

Åby, Dänemark **192**
Åhus, Schweden 51
Ålborg, Dänemark 53, **211**

Þ

Þingvellir, Island 124
Þjóðólfr Arnórsson 123
Þorsmörk, Tal, Island **42**